영화 속 인간심리

이선형 저

학지사

머리말

저자는 연극 전공자로서 연극평론, 연극연출 그리고 연극치료를 주로 연구하고 있다. 또한 세부 영역으로 실험연극, 이미지연극, 매체연극 등에 많은 관심을 갖고 있다. 원래 영화 보기를 좋아하기도 했지만 이미지연극에 대해 숙고하면서 자연스럽게 영상예술과 더욱 친해졌다.

저자는 그동안 공연예술과 영상예술 사이의 접목 혹은 통합을 꾸준히 모색한 결과 『예술 영화 읽기』 『연극, 영화를 만나다』 등의 책을 출간하였다. 그리고 현재는 상담심리학과에서 상담심리와 연극을 결합시킨 연극심리치료를 연구하고 관련 후학을 양성하면서 예술과 인문학을 통한 인간심리의 이해와 치유에 대해 고민하고 있다.

오늘날 영화는 자본의 유입과 하이 테크놀로지의 발달, 스타 시스템과 스토리의 개발 등에 힘입어 나날이 성장 및 발전하고 있다. 또한 이제 한국에서도 한 해에 천만 명 이상의 관객을 동원하는 영화들이 여러 편 생겨날 정도다. 재미있는 이야깃거리와 화려한 첨단기술을 등에 업은 영화가 대중예술, 예술산업의 총아로 자리매김하고 있는 것이다.

제7의 예술로 일컬어지는 영화는 연기는 물론 문학(시나리오), 미술, 음악, 의상, 무대, CG 기술 등 다양한 예술이 총체적으로 적용되어 탄생하는 종합예술이라 할 수 있다. 그리고 이들 가운데 빼놓을 수 없는 중요한 요소 중 하나는 이야기(스토리)다. 이야기 없는 개인, 이야기 없는 세상이 없듯이 이야기 없는 영화는 없으며 이야기의 완성도에 따라 영화의 흥행 성적이 좌우된다. 우선 이야기가 재미있으면 어느 정도 성공이 보장되기 때문에 제작자나 감독은 좋은 이야기를 발굴하기 위해 무척 애를 쓴다. 영화의 이야기는 시나리오 작가가 처음부터 창작하는 경우가 있고, 기존의 소설이나 희곡, 나아가 만화, 동화, 민담, 신화 등을 각색하는 경우도 있다. 이야기 측면에서 영화는 문학과 밀접한 관계를 맺고 있는 것이다.

영화 속 이야기는 사람들의 이야기다. 이 이야기는 각기 독특한 개성을 지닌 사람들이 한데 어울려 싸우고 화해하며, 미워하고 사랑하는 것으로 구성된다. 또한 영화 속 인물들은 예외 없이 우리가 살아가는 현실에서 만날 수 있는 사람들이다. 그들은 우리와 마찬가지로 심리적 갈등을 겪으며 이에 좌절하고 이를 극복하면서 또는 불행과 희망을 느끼면서 우리가 실제로 살아가는 삶의 양태를 고스란히 보여 준다. 그 인물들을 바라보고 있노라면 나의 모습, 내가 만나는 여러 사람의 모습이 발견된다. 저자가 『영화 속 인간심리』를 집필하게 된 것은 이처럼 영화를 통해 현실을 살아가는 모든 사람의 심리를 만날 수 있기 때문이다. 우리는 영화 속 인물들을 통해 세상을 살아가는 사람들의 다양하고 복잡한 심리를 엿보게 될 것이며, 이들을 엿봄으로써 궁극적으로 나 자신의 마음 탐구에 이르게 될 것이다.

이 책은 열네 편의 영화를 통해 인간심리에 접근하고자 하였다. 그리고 이 책에서 선택한 영화는 문학(소설, 희곡, 만화 등) 및 예술(연극, 미술 등)과 관련이 깊다. 이미 고전으로 평가받은 문학작품은 이야기 구조가 뛰어나며, 그 이야기를 엮어 나가는 인물들의 심리적 상황이 생생하게 전달된다. 원래 책의 제목을 '연극영화와 심리학'으로 할까 고민하였다. 영화의 초창기에 영화의 수준 향상에 공헌한 사람들이 주로 연극인이었고, 현재에도 연극과 영화는 밀접한 관계를 형성하고 있어 두 예술 간의 크로스오버를 집중 조명할 계획을 세웠다. 그러나 글을 써 나가면서 소설과 만화를 원작으로 하는 영화를 삽입하게 되었고, 인문학을 아우르는 좀 더 넓은 범주의 제목이 필요하다는 생각에 이르렀다.

이 책의 맨 처음에 제시한 〈장미의 이름〉은 소설을 원작으로 하고 있으며, 아리스토텔레스의 연극 최초의 비평서인 『시학』을 둘러싼 이야기다. 따라서 이 영화는 연극과 소설과 영화라는 통합적 관점으로 분석이 가능하다. 〈올드보이〉 〈도그빌〉 〈크루서블〉은 『연극, 영화를 만나다』에서 다루었던 영화다. 그러나 이번에는 연극과의 관계에서 벗어나 인간심리 문제를 다루었으므로 전혀 다른 글이라고 할 수 있다. 〈지옥의 묵시록〉과 〈왕의 남자〉는 이전에 논문으로 제출했던 글을 좀 더 유연하게 수정 · 보완한 것이다. 그 외의 영화들은 자체적으로 감동적이며 심리학이나 상담심리학, 예술치료학에서 관심을 갖는 영화들이다. 소재 자체가 상담 방법을 보여 주거나 심리학 및 예술치료학의 이해에 유용한 영화라고 생각한다.

주변 사람들과 부대끼며 현재 이곳을 살아가는 우리야말로 언제든지 심리적 갈등을 겪을 수 있으며 우울과 고통의 강을 건너는 뱃사공이 될 수 있다. 따라서 이 책은 영화에서 만나는 인물들의 다양한 심리를 이해하는 것만을 목표로 하지 않는다. 현재를 살아가는 여러분이 이 책의 영화 속 인물들과 만나면서 삶의 의미를 되새김질하고 용기와 희망, 사랑과 우정을 느낄 수 있다면 더할 나위가 없겠다. 마지막으로 좋은 책 만들기에 성심을 다해 주신 학지사 김진환 사장님, 이규환 과장님 그리고 예쁜 책을 위해 꼼꼼하게 편집을 해 준 이혜진 선생님께 이 자리를 빌려 감사의 마음을 전한다.

차례

ROBIN WILLIAMS
PATCH ADAMS

캐스트
어웨이

Les Misérables

버킷 리스트

세기의 로맨스, 화려한 찬사!
프리다

DAY-LEWIS
RYDER
THE
CRUCIBLE

Apocalypse Now

누들

LIFE IS
BEAUTIFUL

〈장미의 이름〉, 웃음의 의미 찾기

영화는 소설과는 달리 한 번의 상영으로 많은 관객에게 하나의 완결된 이야기를 제시한다. 많은 영화가 소설이나 희곡을 원작으로 하면서도 색다른 면을 보이고 있는 것은 영화만의 독특한 언어로 관객과 만나기 때문이다. 나아가 개인이 아닌 집단적 관객과 만나면서 예상하지 않았던 분위기를 형성하는 것도 커다란 이유가 된다.

『장미의 이름(*Il Nome Della Rosa*)』은 1980년 출판된 움베르토 에코(Umberto Eco)의 소설이다. 이 소설은 볼로냐 대학의 교수이자 기호학자인 에코의 첫 번째 창작소설로서 세계적인 베스트셀러의 반열에 올랐다. 또한 스트레가 상과 메디치 상을 수상하는 영예도 안았다. 소설은 아드소가 한 수도원에서 경험한 7일간의 기록을 1인칭 시점에서 기술하고 있다. 소설은 마치 기행문이나 보고서처럼 7일을 각 시간별로 나누어 시간에 따른 사건의 경과를 상세하게 묘사하고 있다. 1인칭 시점은 화자가 보고 들은 것만을 기술할 수밖에 없는데, 이러한 시점이 영화에서 그대로 적용된다면 모든 사건의 장면은 아드소가 보고 들은 것만을 제시해야 한다. 말하자면 아드소의 눈과 귀가 카메라가 되어 영화의 모든 장면에 그 이야기가 존재해야 하는 것이다. 하지만 영화는 이러한 규칙을 철저하게 지키지는 않는다.

『장미의 이름』은 저자가 철저한 역사적 고증을 거쳐 창작한 역사소설이다. 에코는 자신은 그저 역사적 사실을 배열했을 뿐 새롭게 창작한 것은 아니라고 말한다. 따라서 소설의 인물이나 배경은 엄중하고 세밀한 고증을 거쳐

천사와 수도원의 그림이 동화처럼
펼쳐진 한국어판

미로를 강조한 이탈리어판

윌리엄이 미로를 연구하고 있는
프랑스어판

가톨릭의 권위 뒤에는 죽음이 있음을
표현한 영어판

최적화되어 있다고 할 수 있다. 예를 들어, 엄격한 이단 심문관인 베르나르도 기는 실존 인물로서 파리의 주교였다. 그는 실제로도 이단 심문관이었으며 이단을 심문하는 과정에 대한 저술을 많이 남겼다.

영화에서 살바토레와 레미지오를 심문하는 과정에서 기와 윌리엄은 검사와 변호사의 입장에서 대립하는 양상을 보인다. 그리고 이들의 날카로운 설전을 통해 이단 심문을 하는 재판 과정에 고도의 심리적인 전술이 있음을 알 수 있다. 사실 현대의 재판 과정도 이와 크게 다르지 않다. 검사는 피고의 유죄를 증명하려 하고 변호사는 피고의 무죄를 증명하려 한다. 한 사건에 대해 각자의 시각으로 해석함에 따라 피고는 죄인이 될 수도 있고 아닐 수도 있는 것이다. 영화 역시 관점과 해석에 따라 사건을 바라보는 시선이 달라짐을 보여 준다.

역사소설의 범주에 들 수도 있는 『장미의 이름』은 의문의 연쇄살인 사건의 범인을 추적하는 추리소설이다. 작가가 순수하게 창작한 인물인 윌리엄은 수도원장의 의뢰에 따라 탐정이 되어 돋보기를 들고 수도원의 구석을 탐색하며 범인의 윤곽을 밝혀 나간다. 영화에서 윌리엄 역의 숀 코네리가 증거를 바탕으로 범인을 추적하는 모습은 셜록 홈즈를 빼닮았다. 윌리엄을 바스커빌 출신으로 설정한 것도 아서 코난 도일의 『셜록 홈즈(*Sherlock Homes*)』 시리즈 작품 중 하나인 『바스커빌 가문의 개(*The Hound of the Baskervilles*)』(1901)에서 따온 것이다. 한편, 윌리엄이 지목한 연쇄살인의 범인은 눈이 먼 늙은 사서 호르헤 수도사다. 호르헤 수도사는 역시 장서관의 사서로서 말년에 아르헨티나의 유명한 눈이 먼 작가 호르헤 루이스 보르헤스(Jorge Borges)를 모델로 삼았다. 이는 에코가 보르헤스에 대한 오마주로 늙은 눈먼 사서의 이름을 호르헤로 붙였다고 밝힌 것이다.

"사람들이 나에게 내 소설에 나오는 '호르헤'라는 이름이 소설가 '보르헤스'를 연상케 하는 게 맞는지 왜 보르헤스를 그렇게 사악한 인물로 그리는지에 대한 질문을 했다. 그러나 나는 이 질문에는 대답할 수 없다. 나에게는 그저 장서관을 지키는 장님이 하나 필요했을 뿐이고, 장서관의 장님 사서가 독자들에게 보르헤스를 연상시킨 것일 뿐이다. 그렇다고는 하나 보르헤스에게 진 빚이 있다는 것은 인정한다." (김수진, 2001: 401에서 재인용)

700페이지 이상의 분량의 소설을 두어 시간의 영화로 담는다는 것은 무리다. 또한 소설 언어를 영상 언어로 변형시키는 작업에도 많은 주의를 요한다. 일반적으로 소설을 각색한 영화는 군더더기의 줄거리와 인물을 정리하여 가능한 한 단순하고 산뜻하게 구조화하려고 노력한다. 영화 〈장미의 이름〉(1986)은 소설을 크게 왜곡시키지 않고 무난하게 표현한 것으로 평가를 받았다. 영화에 비해 소설은 줄거리가 좀 더 장황하고 훨씬 많은 인물이 등장한다. 소설에서는 장서관뿐 아니라 수도원 전체가 완전히 불타 버리고 그곳에 살던 사람들이 뿔뿔이 흩어진다. 후에 아드소가 폐허가 된 이곳을 다시 찾아 유적을 발굴하듯 타다 남은 서책들을 주워 모은 다음 그 책들을 번역하는 것으로 소설은 끝을 맺는다. 그러나 소설에는 없는 것이 영화에 새로 삽입된 부분이 있다. 영화에서 농부들이 화형을 거행하는 수도사들의 일행을 공격함으로써 소녀가 살아남는 부분이다. 하지만 소설에는 그런 이야기가 없다. 기가 마차에서 떨어져 죽는 장면도, 아드소와 소녀의 애틋한 헤어짐의 장면도 영화에는 없다.

영화는 상업성과 대중성을 고려하여 관객이 흥미를 느낄 만한 에피소드를 가미했을 것이다. 우리의 연구 대상은 소설보다는 영화 쪽에 있으므로 가능한 한 영화의 내용을 토대로 분석을 할 것이다.

내용과 배경

이 소설은 장 자크 아노 감독에 의해 1986년 영화로 만들어졌다. 영화의 배경과 내용은 가톨릭이 막강한 힘을 행사했던 중세기 1327년 11월 이탈리아의 한 수도원에서 벌어지는 연쇄살인 사건과 이를 악마의 소행으로 보느냐 인간에 의한 살인 사건으로 보느냐의 관점이 대결하는 구조로 이루어져 있다. 당시 가톨릭계는 지식과 권력을 점하고 있었으나 권력 독점에 따른 부패와 타락이 심했고, 가톨릭 내에서도 심한 분열의 양상을 보이고 있었다. 또한 영화의 배경인 14세기 당시에는 프랑스 황제와 교황 사이에 극단적인 대립이 있었다. 프랑스 국왕 필리프 4세는 보니파시우 8세 교황을 습격하여 퇴위시키고 클레멘스 5세 교황을 제멋대로 선출함으로써 소위 '아비뇽의 유수'(1309~1377)라는 사건을 일으킨다. 이로 인해 훗날 로마 교황과 아비뇽 교황이라는 두 교황이 존재하는 우스꽝스러운 일이 벌어지고 만다. 가톨릭계의 극심한 혼란을 야기시킨 대립교황의 상황은 1415년이 되어서야 종료되고 현재의 단일 교황체제가 된다. 당시에는 황제(세속)와 교황(종교) 사이뿐 아니라 가톨릭 내부 역시 갈등에 휩싸여 있었다. 이를테면, 물질과 청빈의 문제로 인해 프란체스코회와 베네딕트회로 분열되어 있었다. 프란체스코회는 수도사들이 민중과 함께하면서 그들을 교화시키는 역할을 해야 한다는 기본 입장을 지녔다. 반면, 베네딕트회 수도사들은 민중 교화 이전에 수도원의 공동생활을 통한 철저한 수도 생활, 청빈, 정결, 순종을 피력하였다. 이러다 보니 거대한 두 수도회는 거의 모든 부분에서 갈등을 겪을 수밖에 없었다. 처음에는 프란체스코회가 보다 우위에 서서 위세를 떨쳤으나 위기 의식을 느낀 베네딕트회 계열의 교황이 프란체스코회를 이단으로 정죄하면서 프란체스코회는 뒨서리를 맞게 되고 결국 베네딕트회가 주류로 올라선다.

영화에서도 베네딕트회는 주류로서 교리와 권위를 옹호하며 기존의 정통성에 도전하는 것을 용납하지 않는 반면, 비주류에 속하면서 경험주의를 바탕으로 이성과 경험을 내세우는 프란체스코회는 개혁을 부르짖고 있다. 주인공인 윌리엄은 프란체스코회에 속하는 인물로 아리스토텔레스를 신봉하고 경험철학의 베이컨(Bacon)의 영향을 강하게 받은 수도사다. 그는 기득권을 수호하고자 하는 베네딕트회의 비리를 합리적이고 과학적인 방법으로 파헤치면서 연쇄살인 뒤에 가려진 거대한 음모를 논리적으로 밝혀내고자 한다. 따라서 프란체스코회 소속인 윌리엄의 행위는 기존의 정통성을 고수하고자 하는 권력에 대한 도전이라고 할 수 있다. 영화에서 검은색 복장의 수도사는 베네딕트회 소속을 뜻하고 진한 밤색 계통 복장의 수도사는 프란체스코회 소속을 뜻한다.

영화의 줄거리는 다음과 같다. 프란체스코회 소속의 수도사인 윌리엄(숀 코네리 분)은 제자인 멜크 수도원의 수련사 아드소(독일인)를 대동하고 프란체스코회 측과 베네딕트회 측 사이의 회담 준비를 위해 회담이 열릴 이탈리아 북부에 있는 베네딕트회의 한 수도원에 도착한다. 그런데 마침 그 수도원에서 젊은 수도사가 의문의 죽음을 당한 뒤 발견되어 수도원의 분위기가 뒤숭숭하였다. 윌리엄의 지적 능력을 잘 알고 있는 수도원장은 그에게 이 의문의 죽음을 조사해 줄 것을 요청한다. 사건을 조사하는 동안에도 연쇄적으로 몇몇의 수도사가 의문의 변사체로 발견된다. 윌리엄은 이 사건의 중심에 장서관이 있다고 보고 그곳을 조사하는 한편, 수도사들을 탐문한다. 이때 교황 측 사절단으로 이단 심문관인 베르나르도 기가 도착한다. 그는 한때 이단 심문관이었던 윌리엄을 정죄한 인물로 그들 사이에 묘한 긴장감이 흐른다. 베르나르도 기는 연쇄적 죽음이 마귀와 관련이 있다고 판단하고 꼽추 수도사 살바토레와 그와 함께 있던 소녀를 마귀로 지목한다. 이 와중에 돌치노 파로서 살바토레를 조종하던 레미지오가 체포된다. 이 사건이 명백하게 장서관과 관련이 있다는 것을 알고 있는 윌리엄은 베르나르도 기와 맞서지만 오히려 조사 대상이 되고 만다. 혼란의 와중에 윌리엄은 정확한 자료와 추론을 바탕으로 장서관의 밀실로 통하는 비밀 통로를 알아낸다. 그들이 도착한 장서관의 밀실에는 예상대로 눈 먼 호르헤 수도사가 기다리고 있었다. 윌리엄은 그곳에서 호르헤와 최후의 단판을 벌인다. 장서관에는 절대로 세상에 알려져서는 안 될 금서가 있었다. 그 금서는 아리스토텔레스가 희극에 대해 저술한 『시학』 제2권이다. 이 책이 왜 금서여야 하는가는 뒤에서 자세히 설명을 할 것이다. 그런데 몇몇 사서가 미로를 통과하여 이 금지된 서책을 읽었고 그 결과 목숨을 잃었던 것이다. 과연 금서에는 어떤 내용이 들어 있기에 호르헤는 목숨을 바쳐 지키려고 하였으며, 금단의 열매처럼 수도사들을 유혹했던 것일까. 한번 들여다본 수도사들을 곧바로 매료시켰던 책, 다시 보고 싶어 견딜 수 없는 중독성을 지닌 이 책은 과연 어떤 책일까? 이 책은 매력적이지만 그 매력으로 사람들을 죽음의 나락으로 떨어트리는 아이러니를 지니며, 금지된 책을 접하려는 욕망, 앎 또는 지식에 대한 욕망으로 사람들을 희생시킨다. 따라서 지식과 희생을 주는 이 책은 약과 독을 동시에 뜻하는 파르마콘(pharmakon)의 의미가 있다고 할 것이다. 금서의 비밀을 풀어내려는 윌리엄에 맞서 끝까지 금서를 고수하려는 호르헤는 독이 묻은 금서를 씹어 먹다가

고의로 장서관에 불을 낸다. 호르헤에게는 금서의 내용이 세상에 알려지느니 차라리 없애 버리는 것이 낫기 때문이었다. 인류 최고의 장서를 보관하는 기독교 정신의 산실이었던 장서관은 이렇게 한낱 재가 되고 만다.

등장인물

주요 인물들

바스커빌의 윌리엄 영국 출신의 프란체스코 수도사로서 전직 이단 심문관이다. "아는 것이 힘이다."로 유명한 경험주의 철학자 베이컨의 이념을 따르며 인문학보다는 자연과학, 기호학 그리고 유명론을 신봉한다. 유명론은 실재론과 대립적이다. 실재론은 신은 보편적 존재로서 모든 개별자는 신으로부터 비롯된다고 생각하고, 플라톤의 이데아 대신 신을 대입시켜 "보편이 앞선다(universaliis ante res)."고 주장한다. 그리고 신플라톤주의와 아우구스티누스의 영향을 받은 실재론은 가톨릭의 주류가 된다. 반면, 아리스토텔레스의 영향을 받은 유명론은 실재론과 반대로 "보편이 뒤따른다(universalis post res)."고 주장한다. 보편이란 다만 이름으로만 존재할 뿐이라는 유명론의 주장에 따르면 신 역시 개념적인 것에 불과하다. 유명론은 인간은 신을 이성적으로 믿을 수 있다고 생각한다. 광신적 믿음이 아닌 이성적 믿음, 이것이 프란체스코회의 믿음이자 윌리엄의 믿음인 것이다. 유명론은 로스켈리누스와 아벨라르두스를 거쳐 윌리엄 오컴으로 이어진다. 이런 점에서 이성과 합리주의, 아리스토텔레스의 철학을 따르는 주인공 이름이 윌리엄인 것은 유명론자인 윌리엄 오컴과 무관하지 않다. 따라서 윌리엄과 호르헤의 대결은 단순히 밝히려는 자와 숨기려는 자의 관계를 넘어 프란체스코회와 베네딕트회의 대결이자, 아리스토텔레스와 플라톤의 대결이며, 유명론과 실재론의 대결이자, 웃음(즐거움)과 울음(슬픔)의 대결이며, 희극과 비극의 대결이라고 할 수 있다.

아드소 소설에서는 서술자이며, 영화에서는 내레이터다. 베네딕토 멜크 수도원의 수련사로서 윌리엄의 제자로 등장한다.

카잘레의 우베르티노 실제 존재 인물인 수도사 우베르티노는 체제나의 미켈레와 함께 중세 유럽 이탈리아 프란체스코 엄격주의파의 영적 지도자이며, 성직자의 청빈을 강조하여 교황의 미움을 산 반교황파의 전설적인 인물이다. 영화에서 우베르티노는 윌리엄과 친구로서 상호 간에 존경하는 관계지만, 윌리엄과는 달리 과학과 이성보다는 마음의 선지적 능력을 신봉하고, 지성보다 신앙이 더 중요하다고 믿는다. 우베르티노는 연쇄살인에 대해 우박, 피, 물을 언급하며 요한계시록의 마지막 나팔 소리가 울릴 것임을 예언한다. 또한 모든 책을 버려야 한다고 주장하는 우베르티노는 책 신봉자인 윌리엄과는 대조를 이룬다.

호르헤 수도원의 전직 사서를 담당했던 늙은 장님 수도사다. 웃음을 악마로 여길 정도로 증오하며 신학에 대해 광신적으로 집착한다. 아리스토텔레스의 저서, 특히 웃음에 관한 희극론인 『시학』 제2권을 목숨 걸고 은폐하려 하면서 이 책에 접근했던 수도사들을 죽음으로 몰아넣은 장본인이다. 아르헨티나의 소설가, 시인, 평론가인 호르헤 루이스 보르헤스를 모델로 하였다.

바라지네의 레미지오 식료계를 담당하는 수도사다. 사하촌(寺下村)의 여자들에게 먹을 것을 주고 그 대가로 성을 제공받는다. 후에 말라키아에 의해 함정에 빠져 돌치노 파의 전과가 드러나면서 베르나르도 기에 의해 화형을 당한다.

살바토레 꼽추이자 추한 모습을 하고 있는 그는 윌리엄에 의해 돌치노 파라는 과거가 밝혀진다. 파란만장한 삶을 살아온 살바토레는 여러 곳을 전전하다가 수도원에서 과거를 숨기고 살아간다. 살바토레는 이단으로서 자신의 과거 행적이 알려질까 봐 윌리엄을 죽이려고 시도하기도 한다. 그는 소녀를 희롱하다 베르나르도 기에 의해 발각되고, 악마의 의식을 거행했다는 판결을 받아 화형에 처해진다. 레미지오와 살바토레가 소속됐던 돌치노 파는 가톨릭 역사에 실존했던 집단으로 매우 극단적인 구호와 행동을 하여 이단으로 정죄된 바 있다. 이들은 청빈을 주장하면서 모두가 가난해야 한다고 외쳤고 부자를 척결의 대상으로 삼았다. 이들은 교황청과 수도원들이야말로 고통받는 민중을 외면하고 사리사욕을 챙기는 부패하고 무능한 집단, 타도해야 할 집단으로 보았다. 영화에서도 수도원이 가난한 민중의 피를 빨아 호의호식하는 것을 볼 수 있다. 돌치노 파는 인간의 평등을 주장하고 부자들에게서 재산을 빼앗아 가난한 자들에게 분배할 것을 주장했다.

베르나르도 기 실제 인물로 교황 측의 사절로 수도원을 방문한 이단 심문관이다. 그는 과거에 윌리엄과의 이단 논쟁에서 승리한 바 있다. 그 결과 윌리엄은 감옥에 투옥되고 방랑 생활을 해야 했으므로 윌리엄에게 그는 가슴 아픈 기억으로 남아 있다. 기가 수도원에 도착했다는 소식이 전해지자 수도원장은 윌리엄에게 수사를 중단해 줄 것을 요구한다. 이제부터 수도원의 살인 사건이 논리적이고 이성적인 수사를 통해 해결되기보다는 이단과 악마를 단죄하는 기의 종교재판으로 해결되기를 바랐기 때문이다.

체제나의 미켈레 이 인물 역시 실제 존재했던 인물이며 프란체스코 수도사로서 윌리엄의 친구다. 그는 교황권과 수도회를 중재하려고 노력하지만 실패한다. 소설에서는 상당히 중요한 인물로 기에 의해 종교 재판을 받아 화형에 처해진다.

죽은 수도사들

오트란토의 아델모 윌리엄 일행이 도착하기 직전에 한 젊은 수도사가 탑 아래 눈 속에서 시체로 발견된다. 그는 오트란토의 아델모이며 사본 채식사다. 주위의 평에 따르면 잘생긴 외모의 아델모는 유머가 있고 희극적인 성향을 지니고 있었다. 이 살인 사건에 대해 조사를 하던 윌리엄은 죽은 아델모의 책상에서 비밀스러운 종이를 발견한다. 이 종이는 그냥 보면 평범하지만 레몬으로 썼기 때문에 불에 달굴 경우 글씨가 드러났는데, 종이에는 금서를 베낀 웃음에 관련된 내용과 금서에 접근할 수 있는 암호가 적혀 있었다. 윌리엄은 이 종이를 만든 사람이 베렝가리오라고 확신하는데, 그 이유는 그가 유일한 왼손잡이이고 종이의 필적이 왼손잡이 필적이기 때문이었다. 윌리엄의 추측에 따르면 아델모가 베렝가리오에게 금서를 보여 달라고 요구했고, 그 대가로 아델모는 동성애를 허락했으며, 베렝가리오는 금서에 다가갈 수 있는 통로를 그 종이에 암호로 써 주었다. 이후 아델모는 동성애의 죄악에 고통스러워하다가 친구인 흑인 서사 베난티오에게 비밀 종이를 건네주고 탑으로 올라가 창밖으로 몸을 내던진다. 그리고 아델모의 죽음에 책임을 느낀 베렝가리오는 죄 많은 육체를 스스로 채찍질하며 벌한다.

살베메크의 베난티오 아델모에게서 비밀 종이를 건네받은 흑인 서사 베난티오는 두 번째 희생자가 된다. 그는 비소에 중독된 채 돼지 피가 가득 담겨 있는 커다란 항아리에 거꾸로 처박힌 상태로 발견된다. 그리스어와 아랍어 번역자이자 아리스토텔레스 전문가로서 베난티오는 아델모와 함께 필사실에서 작업을 해 왔다. 아마 베난티오는 비밀 종이를 해독하여 장서관의 금지된 곳에 들어가 금서를 찾아낸 것이 분명하다. 그리고 베난티오는 금서를 필사실의 자기 자리에 가져와 읽었으며 수수께끼 같은 몇몇 구절을 적었는데 그 후 손가락과 혀가 검게 된 채로 죽은 것이다. 베난티오의 시체를 발견한 베렝가리오는 자신이 의심을 받을까 두려워 그의 시체를 돼지우리로 옮긴다. 윌리엄은 눈에 깊숙이 파인 베렝가리오의 신발 자국을 증거로 그가 베난티오의 시체를 옮겼을 것으로 추측한다. 윌리엄은 베난티오가 일하던 자리에서 금서를 발견하지만 베렝가리오의 교묘한 속임수에 의해 빼앗기고 만다.

아룬델의 베렝가리오 영화에서 뚱뚱한 모습을 하고 있는 보조사서 베렝가리오는 동성애자로서 젊고 잘생긴 남자에게 호감을 보인다. 그 역시 베난티오 자리에 있던 금서를 읽다가 비소에 중독되어 죽게 된다. 비소 중독으로 극심한 통증을 느낀 베렝가리오는 라임 잎으로 목욕을 하려다 욕조에서 익사하고 마는데 그의 손가락과 혀 역시 검은색으로 변했다. 베렝가리오는 겉 모습부터 육욕적이며, 그의 음탕한 시선과 기다란 손톱은 동성애자의 코드를 담고 있다. 그는 동성애를 즐기면서도 한편으로 육욕에서 벗어나지 못하는 자신을 자해한다. 수도원에서는 베렝가리오가 아델모, 말라키아와 긴밀한 관계였다는 소문이 떠돈다.

장크트벤델의 세베리노 네 번째 희생자는 세베리노다. 본초학자로서 식물과 약품에 해박한 세베리노는 윌리엄을 돕는다. 그는 익사한 베렝가리오의 시체를 윌리엄과 함께 검시하면서 검은 손끝과 혀를 발견하고는 과거에 도난당한 독극물에 대해 이야기한다. 그는 시약소에서 금서를 발견하지만 그로 인해 말라키아에게 천구의로 살해된다.

이 영화 포스터에는 윌리엄을 중심으로 좌측에 3명의 인물이 있고 우측에 5명의 인물이 있다. 우측 상단부터 베르나르도 기, 살바토레, 우베르티노가 있고 좌측 상단부터 베렝가리오, 호르헤, 베난티오, 아드소와 이름 모를 소녀가 서로 안고 있다.

힐데스하임의 말라키아 영화에서 깐깐한 모습의 사서인 말라키아는 처음부터 윌리엄의 사건 개입에 반대 입장을 지녔다. 그는 호르헤의 사주로 금서를 발견한 세베리노를 살해하고 금서를 회수하지만, 그 자신 역시 금서를 읽다가 비소에 중독되어 희생되고 만다.

장서관이 불타다

호르헤의 인물 설정과 마찬가지로 영화에서 수도원의 장서관은 보르헤스의 단편소설 『바벨의 도서관(*The Library of Babel*)』에 나오는 장서관을 모티브로 삼고 있다. 소설에서의 장서관은 6각형으로 이루어진 방이 무한히 쌓인 탑과 같은 건물이다. 각 층에는 책장과 책이 가득하며, 서서 잘 수 있는 침대, 화장실이 있다. 이 장서관에서 죽은 시체는 장서관 가운데에 뚫린 공간으로 던져지는데, 시체는 땅에 닿기 전에 공중에서 썩어 없어진다. 이곳의 책들은 세상에 존재할 수 있는 모든 단어를 조합하여 정리한 것이다. 따라서 대부분의 책은 말도 안 되는 단어들을 조합한 쓰레기라고 할 수 있지만, 사람들은 이들 중 어딘가에는 분명 미래 예언서나 인물 열전 등 전체가 망라되어 있는 명서가 존재할 것이라고 믿는다. 이를 찾는다면 나머지 책은 모두 없애 버려도 무관하다. 또한 이곳 장서관에 전체 장서의 목록이 있을 것이라고 생각하고 이를 찾아내려는 사람들도 있다. 이렇듯 『바벨의 도서관』은 바벨탑처럼 환상적인 유희로 가득하다. 바벨탑은 인간이 사용하는 언어는 유한적인데 인간이 이 언어를 통해 신에 이르고자 했던 어리석음을 범한 상징적인 탑이다. 하지만 언어는 결코 완전체가 될 수 없다. 따라서 언어로 이루어진 모든 창작품은 진정한 창작품이기보다는 에코가 말한 것처럼 짜깁기에 불과하다. 과연 천지창조 이외에 절대적인 순수창작이 있을 수 있을까? 소설가가 새로운 작품을 내놓았다고 하지만 이미 존재하는 단어들, 존재하는 이야기들을 새롭게 엮은 것에 불과한 것이 아닌가? 끝없는 미로로 이어진 『바벨의 도서관』에서 사서들은 완벽한 책을 찾아 헤맨다. 영화에서 금서를 찾아 헤매는 사서들, 윌리엄과 아드소의 모습도 이와 비슷하다.

장서관이란 무엇인가? 보통 장서관은 책들을 보관하는 장소다. 베이컨이 말한 것처럼 책은 지식이고 지식은 힘이자 권력이다. 중세기의 수도원은 지식을 독단적으로 소유하면서 권력을 손아귀에 쥐었다. 영화에서 대표적인 지식인은 윌리엄이지만 호르헤 역시 무시할 수 없다. 사서로서 장서관에서 수없이 많은 책을 읽었을 호르헤 수사는 범접할 수 없는 지식을 쌓았을 것이다. 그러나 호르헤를 보면 그야말로 자신의 세계관에 휩싸여 한 발짝도 움직일 수 없는 단단한 도그마(dogma)에 갇혀 있는 수형인이라고 할 수밖에 없다. 그가 접한 책, 그의 지식은 인간을 위해 폭넓게 활용된 것이 아니라 반대로 인간을 죽음에 이르게 한다. 이는 갇힌 지식이 얼마나 위험한 것인가를 보여주는 단적인 예가 된다. 어떤 사조나 종파에 깊이 물들어 그것 이외에는 용납되지 않는 절대적 신념은 인간을 불행으로 이끄는 악마적 요소가 될 위험이 있다. 사실 보르헤스의 문학 작품은 이러한 절대적 지식과 신념의 허망함과 부정적 측면을 보여 준다. 그의 소설 『바벨의 도서관』에서 말하고자 하는 점이 그렇고, 영화 〈장미의 이름〉 역시 이를 보여 주고 있다.

보통 대형 도서관에 들어서면 엄청난 책에 놀라고, 그 책을 모두 읽어 낼 수 없음에 절망하며, 책을 찾아 떠다니는 유람선이 되는 경험을 한다. 물론 완전한 책이란 있을 수 없다. 그럼에도 완전한 책, 절대적 책을 찾아 헤맨다

이 프랑스어판 포스터는 책들로 계단을 만들었으며, 그 계단의 끝에는 종교재판의 희생자들이 불타는 모습이 보인다. 여기서 책과 장서관은 지식이자 엄격한 도그마로서 강한 아집의 인간을 양성하는 도구가 된다.

면 호르헤처럼 눈이 멀거나 다른 수도사들처럼 죽음의 나락으로 떨어질지 모른다. 우리가 책을 읽는 것은 도그마에서 탈출하기 위한 것이지 그 안에 갇히려는 것이 아니다. 자유롭기 위해 지식을 탐구해야지 옭아매기 위한 수단으로 지식을 탐구해서는 안 된다. 그러한 탐구 의식은 아집이자 독재이자 폭력이 되고 만다. 그렇다면 많은 사람을 죽음으로 몰아넣은 장서관이 불탄 것은 인간에게 오히려 희망이 될 수도 있다. 불타 버린 책, 사라져 버린 지식, 장서관의 잔해는 절대적 믿음과 신념의 잔해이며 변화와 새로움의 시작을 알리는 것이다. 즉, 고정되지 않고 새롭게 변화됨을 추구하는 거대한 화재는 카오스의 세계가 된다. 이 세계는 불변의 세계가 아니라 계속적으로 변하는 세계다. 신의 세계가 아닌 인간의 세계인 것이다. 이렇게 보면 장서관을 불태워 버린 영화 〈장미의 이름〉이나 소설 『바벨의 도서관』은 절대적 진리를 부정하고 변화의 철학이라 할 수 있는 해체주의나 포스트모더니즘 계열의 작품이라 할 수 있다. 푸코, 데리다, 들뢰즈 같은 철학자가 보르헤스를 언급한 까닭이 바로 여기에 있다.

〈장미의 이름〉과 『시학』

〈장미의 이름〉에서 설정된 가장 중요한 사항은 아리스토텔레스의 저서 『시학(*Peri Poiētikēs*)』과 관련되어 있다. 고대 그리스 비극을 다룬 『시학』은 최초의 연극 비평서다. 고대 그리스의 '비극'은 오늘날 흔히 "말하는 내용이 참 비극적이다." 하는 비극과는 의미가 다르다. 그리스 시대의 비극은 연극의 가장 대표적인 장르로 그리스의 국가적 행사로 실시된 연극축제였다. 비극경연이라고 하면 요즘 여름철에 지방자치단체에서 벌이는 연극축제를 연상할 수 있을 것이다. 그러나 고대 그리스의 비극경연은 도시국가의 모든 시민이 참여하는 대대적인 범국가적 행사였고, 비극경연에서 우승한 작가는 가장 영예로운 자가 되었다. 고대 그리스의 3대 비극작가는 아이스킬로스(Aeschylos), 소포클레스(Sophocles), 에우리피데스(Euripides)다. 그리고 비극경연에서 각각 아이스킬로스가 52회, 소포클레스가 24회, 에우리피데스가 4회 우승을 차지한 바 있다. 아리스토텔레스는 『시학』에서 당시 유행하던 비극의 규칙을 규정하고 있다. 예를 들면 이런 식이다. "비극이란 진지하며 완결된, 크기를 가진 행위의 재현이다. 여러 종류 속에서 각 부분에 맞게 양념된 언어를 사용한다. 서술을 통해서가 아니라 행동하는 사람들을 통해 이루어진다. 연민과 공포를 통해 그런 종류의 격정적인 것들을 깨끗하게 한다"(Aristoteles, 1449b: 24-28).

그런데 재미있는 것은 아리스토텔레스는 『시학』 6장에서 서사시와 희극을 다음에 언급할 것이라고 밝히지만 서사시만 언급했을 뿐 희극에 대한 언급은 없다는 것이다. 아리스토텔레스는 저서 『수사학(*Rhetoric*)』에서 웃음에 대한 것들을 『시학』에서 정리했다고 말하지만 『시학』에서 웃음에 대한 기록은 없다. 3세기경에 고대 그리스 철학자들을 연구한 그리스의 전기작가인 디오게네스 라에르티오스(Diogenes Laertios)는 아리스토텔레스의 『시학』이 두 권으로 되어 있다고 주장한 바 있다. 그러나 현재 전해오는 것은 『시학』 한 권뿐이다. 어떤 학자는 이러저러한 근거를 바탕으로 그가 정말로 『시학』 두 권을 썼지만 희극에 관한 제2권은 분실되었을 것이라고 추정하였으며, 어떤 학자는 아리스토텔레스가 쓰겠다고 했지만 쓰지 않았을 것이라고 주장한다. 소설의 저자인 에코는 이러한 학계의 상충된 주장에서 『장미의 이름』의 힌트를 얻었을 것이다. 그리고 작가적인 상상력을 발휘하여 소설에서는 중세의 수도원의 불타 버린 장서관에서 『시학』 제2권이 사라졌다고 가정하고 있는 것이다.

의문점은 왜 비극에 대한 비평서임에도 제목을 연극학 혹은 비극학이라고 하지 않고 '시학'이라고 했는가 하는 점이다. 아리스토텔레스는 시를 첫 번째 원리라고 언급하고 비극이 어떤 점에서 서사시보다 우월한지를 설명한다. 당시의 모든 비극은 운문으로 쓰였으므로 비극의 모든 대사는 일종의 시가 되는 셈이다. 요즘 연극에서 만나는 일상어의 대사가 쓰인 것은 18~19세기를 거치면서 나타난 현상이다. 산문의 역사에 비해 운문의 역사는 대단히 오래된 전통을 지니고 있다. 셰익스피어의 작품들도 운문으로 되어 그를 시인으로 부르고 있음은 주지의 사실이다.

웃음의 미학

희극에 대한 『시학』 제2권이 사라졌다고 가정한다면, 정말 중세기는 영화 속 인물 호르헤처럼 웃음을 불경으로 간주했던 것일까? 한 번 화를 내면 그만큼 늙게 되고 한 번 웃으면 한 번 젊어진다는 일노일노(一怒一老) 일소일소(一笑一少)를 언급하는 사회, 웃으면 복이 온다고 생각하며 웃음이 만병통치약으로 각광을 받고 있는 현시대를 살아가는 우리로서는 웃음의 금지를 이해하기가 어렵다. 하지만 영화의 수도원 풍경을 보면 이해가 될 것 같기도 하다. 영화는 중세 수도원의 일상이나 건물 구조, 수도사의 모습, 행동, 사고는 물론 식사 절차까지도 세밀하게 묘사하고 있다. 한 예로 수도원에서 식사하는 모습을 보자. 모두가 경건하게 식사를 하는 자리에서 한 수도사가 책을 읊는다. "수도사는 침묵해야 한다. 오로지 질문을 받았을 때를 제외하고는 자신의 생각을 말하지 말아라. 수도사는 웃지 말지니 그것은 바로 어리석은 자들만이 웃음으로 제 목청을 높이기 때문이다." 이 구절을 읊을 때 눈 먼 호르헤의 입술이 따라 움직인다. 그는 침묵을 권장하고 웃음을 금지하는 이 구절을 평생의 경구로 삼았음이 분명하다. 수도사는 웃어서는 안 된다는 이 말을 가슴 깊숙히 안고 살아가는 호르헤에게 웃음이란 얼마나 불경스러운 일인 것인가.

영화에서 베난티오가 죽기 직전에 책을 읽는 흥미로운 장면이 있다. "지혜가 늘수록 슬픔도 느나니 지식을 늘리는 자는 슬픔 역시 늘리는 것이로다." 라는 구절을 읽을 때 그 앞에는 호르헤가 앉아 있다. 아마도 호르헤가 읽어달라고 부탁했을 것이다. 달싹거리는 입술로 보아 호르헤는 이 구절도 외우고 있다. 지혜와 지식이 늘수록 슬픔이 커진다는 것은 식자우환(識字憂患)이나 '아는 것이 병이다.'와 비슷한 의미를 지니고 있다. 호르헤의 입장에서는 이는 지식에 대한 분명한 반대의 뜻을 의미하며, 나아가 수도사들은 지식이 커지는 만큼 슬픔에 잠겨 있어야 한다는 뜻이기도 하다. 결국 지식인인 수도사는 결코 웃어서는 안 된다는 의미가 담겨 있는 것이다. 그런데 동일한 장소에서 베난티오의 목소리가 그대로 이어지면서 장면이 전환된다. 이번에는 베난티오의 목소리에 간간이 웃는 소리가 곁들여진다. 그곳에 호르헤는 없으며 베난티오는 혼자서 은밀하게 책을 읽고 있는 중이다. 이따금 웃던 베난티오는 쥐 소리가 나자 깜짝 놀란다. 아무도 모르게 몰래 책을 훔쳐보는 것이다. 베난티오가 호르헤 앞에서 공식적으로 읽었던 책이 슬픔에 관한 것이라면 은밀하게 읽은 책은 웃음에 관한 것이 분명하다. 그리고 이 책을 읽으면서 웃었던 대가로 베난티오는 죽음에 이르게 된다.

그렇다면 호르헤는 왜 철저하게 웃음을 금지시킨 것일까? 왜 그는 아리스토텔레스 『시학』 제2권을 봉인하려 했던 것일까? 지식은 슬픔이라는 믿음도 있지만 또 다른 이유가 분명히 있을 것이다. 사실 가톨릭의 역사에서 프란체스코회는 웃음에 관대했던 반면, 베네딕트회는 그렇지 않았다. 베네딕트회를 대표하는 호르헤의 생각은 웃음을 용인하는 윌리엄과의 설전에서 잘 드러난다. 호르헤가 말한다. "웃음은 악마의 바람으로 얼굴의 근육을 일그러뜨려 원숭이처럼 보이게 하지요." 그러자 윌리엄이 대꾸한다. "원숭이는 웃지 않습니다. 웃음은 인간의 전유물입니다." 그러자 호르헤는 죄악 역시 인간의 전유물이라고 말하며 웃음은 죄악이라고 암시한다. 그러면서 성서에 예수가 웃었다는 기록이 없다고 말한다. 그러자 윌리엄은 성인들도 희극을 사용해 신앙의 적들을 비웃었다고 반박한다. 여기서 웃음은 비웃음, 즉 풍자적 웃음이다. 윌리엄은 한 예를 든다. "이교도들이 성 마우로를 끓는 물에 집어던졌을 때 목욕물이 너무 차다고 하여 술탄이 손을 넣었다가 데였다."는 것이다. 그러자 기분이 상한 호르헤가 대답한다. "끓는 물에 잠긴 성인은 치기어린 장난은 하지 않으십니다. 비명을 참고 진리를 위해 고통을 받으실 뿐이죠." 윌리엄도 지지 않는다. "하지만 아리스토텔레스는 그의 『시학』 제2권을 희극을 진리의 도구로 설명하는 데 바쳤습니다." 그러자 호르헤는 웃음을 불경스러워하는 자신의 속마음을 진지하게 내비친다. "웃음은 인간을 공포로부터 해방시킵니다. 두려움이 없다면 신의 존재도 필요 없게 되지요. 인간은 두려움의 대상이 있어야 신앙을 필요로 하므로 두려움으로부터 해방되어서는 안 됩니다. 그러니 웃어서는 안 되는 것이지요." 그렇다. 인간이 신을 찾을 때는 고통과 두려움이 엄습할 때다. 슬픔의 눈물이 가득 고여 있을 때다. 행복한 웃음이 넘쳐난다면, 행복에 대해 어떠한 의심도 없고 아무런 불안도 없다면 과연 누가 신을 찾을 것인가? 따라서 웃음이 인간을 두려움에서 해방시키고 신의 말씀에서 멀어지게 할 수 있다고 지적한 호르헤의 생각은 옳다. 이런 이유 때문에 오로지 신의 종으로서 신을 섬기고자 하는 호르헤에게 있어 웃음은 절대로 인정할 수 없는 것이다. 수도원 곳곳에 새겨진 조각상은 아름다운 천사의 형상이 아니라 온갖 기괴하고 끔찍한 악마의 형상이다. 이는 필시 인간으로 하여금 악마의 존재를 잊지 않고 두려움에 시달리도록 하기 위함일 것이며, 신에게 매달리도록 하기 위함일 것이다.

영화 종반에 이르러 윌리엄과 호르헤는 웃음에 대해 두 번째 논쟁을 벌인다. 그것은 훨씬 긴박한 순간에 이루어진다. 윌리엄과 아드조가 온갖 장애물을 뚫고 금서가 있는 장서관의 비밀 장소에 들어서자 호르헤가 그들을 기다리고 있다. 윌리엄은 호르헤에게 희극에 관련된 그리스 책을 보고 싶다고 한다. 그러자 호르헤는 순순히 책을 건넨다. 책에 비소가 묻어 있는 것을 알고 있는 윌리엄은 장갑을 끼고 책장을 넘기며 다음의 구절을 읽는다. "천박한 인물들과 그들의 결점에서 즐거움을 취함으로써 희극이 우리의 기쁨을 자극하는 방법에 대해서 논의해 본다." 윌리엄이 읽은 내용을 보면 희극은 천박한 인물들과 그들의 결점을 들춰내어 웃음을 유발시키는 것으로 되어 있다. 아리스토텔레스는 『시학』 2장에서 간단하게 비극과 희극을 비교한다. "희극은 현실적 인간 이하의 악인을 표현하려 하고, 비극은 그 이상의 선인을 표현하려고 한다." 희극은 악인을 표현하고 비극은 선인을 표현한다는 것이다. 비극을 희극보다 우위에 둔 아리스토텔레스는 희극에서 풍자적인 요소를 언급하기도 한다. 그는 『시학』 4장에서 이렇게 언급한다. "일부 시인은 풍자시인 대신에 희극시인이 되고, 일부 시인은 서사시인 대신에 비극시인이 되었다. 비극은 희극보다 더 위대하고 가치 있는 형태다." 베르그송이 『웃음(*Le Rire*)』에서 몸의 '기계적인 경직성'이 웃음을 유발시킨다고 한 것처럼 길거리에서 돌에 걸려 넘어지는 사람을 보면 웃지만, 그 사람이 심하게 다친다면 더 이상 그 사람은 웃음의 대상이 아니다. 아리스토텔레스 역시 『시학』 5장에서 웃음은 중대한 고통이나 해를 끼치지 않는 범위에서 잘못이나 실수를 드러냄으로써 이루어진다는 점을 언급한다. "희극은 보통인 이하의 악인을 모방한다. 특히 우스운 것은 타인에게 고통이나 해악을 끼치지 않는 일종의 과오 또는 추악함이다."

윌리엄은 장갑을 낀 손으로 책장을 넘기며 호르헤를 다그친다. "책을 없앤다고 웃음이 없어집니까?" 그러나 호르헤는 흔들리지 않는다. "천박한 자들은 계속 웃겠지만 이 책을 본 학자들이 모든 것에 대해 웃을 수 있다고 주장하면 어떻게 되나? 하나님까지도 비웃을 것인가? 세상은 혼란에 빠질 것이다. 그러므로 나는 세상을 혼란에 빠트리는 것을 봉인할 것이다." 호르헤는 독이 묻은 책을 찢어 씹는다. 죽음으로 금서가 세상의 빛을 보는 것을 막겠다는 단호한 행동이다. 그리고 마지막 궁지에 몰렸다고 판단한 호르헤는 등불을 내리쳐 불을 내고 만다. 온갖 지식의 보고가 들어 있는 장서관은 이렇게 허무하게 불타 버린다. 지식과 책을 사랑한 호르헤와 윌리엄이지만 한 사람은 장서관을 송두리째 없애려 하고 다른 한 사람은 지키려 하는 묘한 입장에 빠진다.

프란체스코회에 소속된 수도사로서 웃음을 옹호하는 윌리엄은 정말로 웃음을 어떻게 생각할까? 윌리엄은 웃음이 없는 세상, 흥겨움이 없는 사회, 엄숙함과 질서만 있고 신에 대한 성스러운 경배만 있다면 이 세상은 매우 지루한 곳이 될 것이라고 생각한다. 사람들이 위험천만한 만년설에 오르고 하이킹을 하고 여행을 떠나는 것, 모험을 향해 떠나는 것, 사랑을 나누는 것은 행복을 찾기 위한 것이 아닌가? 이러한 모험에 상상력과 창조력으로 온갖 위험한 이야기와 환상적인 세계를 만들어 내는 예술을 덧붙일 수 있을 것이다. 플라톤이 젊은이들을 환각의 위험한 세계로 빠트릴 것이라며 예술을 멀리하고자 했던 것도 예술의 이러한 특성을 알았기 때문이다. 여하튼 윌리엄의 생각을 따라가다 보면 웃음이란 사랑처럼 위험할 수도 있지만 인생을 즐겁고 유쾌하게 만드는 것임을 알 수 있다.

희극과 비극

희극(comedy)은 일반적으로 유쾌하게 웃을 수 있는 연극을 말한다. 엄밀하게는 저잣거리에서 억지웃음을 유발하는 저급한 소극(笑劇, farce)과 구분되며 문학적인 수준이 있는 해학극(諧謔劇)을 일컫는다. 'comedy'의 어원은 그리스어의 'komoidia'다. 'komoidia'는 'komos[주연(酒宴), 행렬]'와 'oida(노래)'의 두 단어가 결합된 것이다. 두 단어의 결합을 통해 술을 마시고 춤을 추며 익살과 해학을 곁들인 무리들이 노래를 부르며 행진한 것에서 희극이 탄생했음을 알려 준다. 어원적으로 볼 때, 희극은 일정한 형태의 무대와 연기자, 관객을 필요로 했던 비극에 앞서 생겨났으며 인간의 본능적 유희와 관련되어 있음을 알 수 있다.

희극의 인물들은 제 꾀에 속아 넘어가는 바보이며, 목표를 세우지만 궁극적으로는 비운을 맛본다. 또한 인물들은 어리석고 이기적이며 약삭빠르게 행동하지만 타인에게 비극적 고통을 주지는 않는다. 인물들이 고통과 악의 나락으로 떨어진다면 그것은 희극이 아닌 비극이 되고 말 것이다. 과욕과 허영, 위선으로 가득 찬 희극적 인물들은 스스로 웃음거리가 될 것이라는 사실을 깨닫지 못한다. 보통 희극은 낭만희극(romantic comedy), 상황희극(comedy of situation), 성격희극(comedy of character), 사상희극(comedy of ideas), 풍속희극(comedy of manners), 사회희극(social comedy), 절망희극(black comedy), 풍자희극(satire comedy) 등으로 나뉜다.

희극을 비극과 비교해 볼 때 비극의 감정인 슬픔은 오래 남지만 희극의 감정인 기쁨은 빨리 사라진다. 비극은 긴긴 밤에 잠을 이루지 못하게 하지만 희극은 깊은 잠에 빠져들게 한다. 희극은 자신의 우월성을 확인시켜 주기 때문이다. 희극은 자기만족을 극대화시키는 알약으로서 일종의 치료적인 효과가 있다고 하겠다. 희극을 비극과 비교해 보면 다음과 같다.

희극	비극
피지배층	지배층
이성(logos)	감정(pathos)
웃음(즐거움)	눈물(카타르시스)
감정 분리	감정 이입
사회체제 비판	사회체제 순응
더 못남을 모방	더 잘남을 모방
오래 남지 않음	오래 남음

영화 속 파르마콘

에코는 소설에서 파르마콘(pharmakon)을 다음과 같이 정의하고 있다. "독약이라는 말씀은 의미에 따라 달라집니다. 소량일 때는 보약일 수 있으나, 과복할 경우에는 치명적인 것도 있기는 합니다."(이윤기 역, 2009: 134) …… "말씀드렸다시피, 독과 약은 종이 한 장 차입니다. 그리스어로 '파르마콘'은 이 두 가지를 동시에 일컫는 말이지요"(이윤기 역, 2009: 136). 영화에서도 파르마콘의 이런 의미가 곳곳에서 드러나고 있다. 인간과 삶의 형태를 엄격한 잣대로 명확하게 규정지을 수 없다는 신념이 작용하고 있는 것이다. 독과 약의 양면성을 의미하는 파르마콘은 선과 악의 양면성에도 적용된다. 사실 도그마에 사로잡혀 있는 사람은 자신의 반대자를 악으로 규정할 것이다. 예컨대, 윌리엄의 입장에서 베르나르도 기는 악인이지만 기의 입장에서는 전혀 다르다. 누구를 기준으로 하느냐에 따라 선은 악이 될 수 있고 악은 선이 될 수 있다. 깊은 신앙심으로 자신의 세계에 몰입되어 있는 호르헤는 어떤가? 에코는 호르헤를 자신의 종교를 지키는 데 혈안이 된 미친 늙은이로만 규정하고 있지 않다. 윌리엄 역시 이 점을 알고 있으므로 "영적 희열과 광기의 차이는 종이 한 장이다."라고 말한다. 윌리엄은 선이며 호르헤는 악이라는 일방적인 결정은 옳지 않다. 이들의 대결에서 내용 자체만을 본다면 호르헤가 승자일 수 있고 겨우 서너 권만을 손에 들고 불타는 장서관을 빠져 나온 윌리엄이 패배자일 수 있다.

검게 그을린 윌리엄의 낙담한 모습에서 지식의 양면성을 생각해 볼 필요가 있다. 지식(서책)은 인간을 이롭게 하는 것인가? 지식은 선한 것인가? 그러나 영화는 꼭 그렇다고 답하지 않는다. 경우에 따라 지식은 악마가 될 수 있음을 보여 준다. 영화는 인물들을 선과 악으로 나누고 악의 패배, 선의 승리라고 선언하지 않는다. 언뜻 보기에는 카메라가 줄곧 윌리엄의 행적을 쫓기에 그의 손을 들어주는 것처럼 보인다. 합리적이고 이성적인 윌리엄은 자유롭고 개방적인 사고의 소유자처럼 보인다. 그러나 윌리엄이 지나치게 지식에 몰두하는 것은 성서를 맹신하여 선한 사람을 마녀로 몰아 단죄하는 베르나르도 기와 크게 다를 바 없다. 물론 윌리엄은 살인 사건을 밝혀냄으로써 그의 과학적 사고는 승리한 것처럼 보인다. 그러나 영화는 그의 지식의 원천이자 보고인 장서관을 불태움으로써 그 역시 패배하였음을 보여 준다. 만일 영화가 『시학』 제2권을 윌리엄의 손아귀에 쥐어 주는 것으로 끝을 맺었다면 이러한 해석은 달라질 수 있다. 그러나 장서관은 재만 남은 채 사라지고 윌리엄은 망연자실함으로써 지식에 대한 맹신이 얼마나 위험하고 허망한 것인가를 보여 준다. 지식의 숭배자로서 지식과 경험을 과신하는 그의 모습에서 누군가는 오만함을 느끼기도 한다. 프란체스코회의 원로인 우베르티노의 태도는 이 점을 잘 보여 준다. 윌리엄과 우베르티노는 친구로서 서로 존경하는 사이로 교회의 청빈에 대해서도 의견의 일치를 보고 있다. 그런데 지식과 이성을 중시하는 윌리엄과 달리 수도사들의 연쇄적인 죽음을 요한계시록의 예언과 연계시키는 우베르티노에 의해 둘 사이에는 묘한 긴장감이 흐른다. 우베르티노는 베르나르도 기를 피해 떠날 때 윌리엄에게 그의 허영과 지적 자만을 지적하고, 머릿속의 추론에 의지할 게 아니라 마음이 지닌 선지적 능력에 의지하라고 조언한다. 지성을 멈추고 예수님의 상처를 생각하며 모든 책을 버리라고 주문한다. 그리고 요한계시록이 실천될 것이라고 말한다. 그가 책을 죄다 버리라는 것에는 지식에 대한 맹신 역시 맹목적 신앙이나 광기와 다를 바 없다는 전언이 담겨 있다. 그리고 스승 윌리엄과 헤어진 아드조는 스승을 생각하며, 지적 자만으로 행했던 스승의 허물을 용서해 달라고 기도한다. 제자의 눈에도 윌리엄은 지식의 오만함으로 가득 찬 인간으로 보였던 것 같다.

불타는 장서관을 보면서 윌리엄은 문득 깨달음을 얻는다. 자신 역시 진리라는 것에 집착했다는 것을 순간적으로 깨달은 것이다. 영화에서는 생략되어 있지만 소설에서 윌리엄은 다음과 같이 말한다(이윤기 역, 2009: 762-763).

> "인류를 사랑하는 사람의 할 일은 사람들로 하여금 진리를 비웃게 하고, 진리로 하여금 사람들을 웃게 하는 것일 듯하구나. 진리에 대한 지나친 집착에서 우리 자신을 해방시키는 일…… 이것이야말로 우리가 좇아야 할 궁극적인 진리가 아니겠느냐?"

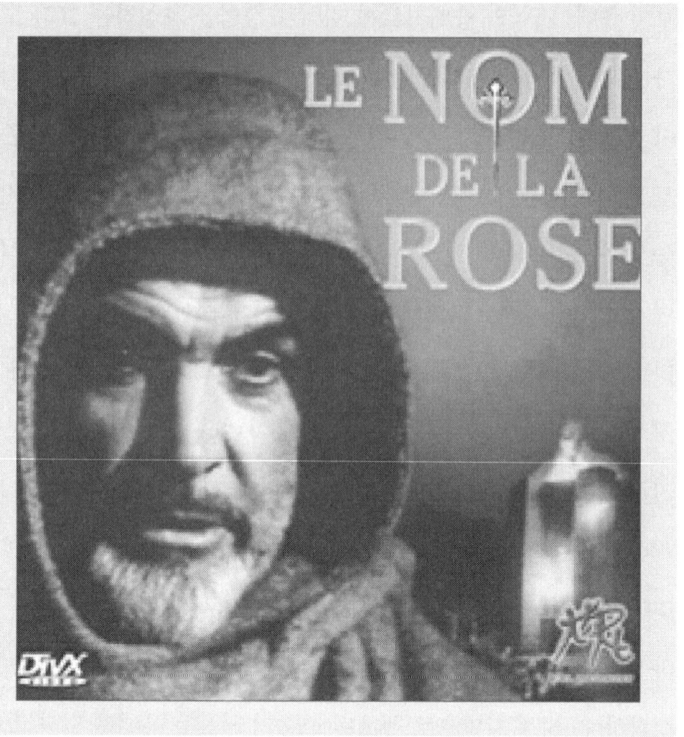

포스터 내에서 우측 아래 불타는 장서관 지붕에 악마의 형상이 나타나 있다. 지식을 독점하여 민중을 호도시켰던 수도원의 장서관은 악마 자체였던 것이다.

지식과 권력을 쌓아 놓은 장서관이 자기오만에 휩싸이게 하는 것이라면 장서관은 악마와 다를 바 없다. 불타는 장서관에 나타난 악마의 형상은 이와 관련이 있다.

윌리엄에게 지식이 파르마콘이라면 아드조에게는 여자가 파르마콘이다. 수도원 안에서 우연히 소녀와 육체적 관계를 맺은 아드조는 그녀가 머릿속에서 떠나지 않는다. 소녀에 대한 생각은 젊은 남자의 욕정 이상의 것이다. 소녀가 마녀로 몰렸을 때 아드조가 그녀의 생명을 위해 성모 마리아에게 간절히 기도하는 것은 소녀가 마녀가 아님을 명백히 알고 있기 때문이기도 하지만, 그녀에 대한 애틋하고 간절한 마음이 있었기 때문이다. 수도사의 사랑의 대상은 오로지 신뿐이어야 한다. 따라서 아드조의 소녀에 대한 사랑의 감정은 그를 곤혹스럽게 만든다. 아드조는 스승에게 불가해한 이 여자에 대해 질문한다. 이에 윌리엄은 성경을 인용하여 여자를 설명한다. 잠언에 "여자는 남자의 영혼을 유린한다."고 되어 있고, 전도서는 "죽음보다 더 쓴 게 여자"라고 써 있다는 것이다. 그런데 이처럼 불결한 피조물인 여자를 하나님은 왜 창조하였을까? 그건 여자의 경험이 없는 윌리엄 자신도 알 수 없다. 윌리엄은 다만 여자와의 사랑이 없다면 그 인생은 아마 바람 한 점 없는 잔잔한 바다를 항해하는 돛단배와 같이 매우 안전하고 평온할 것이라고 말한다. 하지만 또 한마디를 덧붙인다. 그렇지만 인생은 참으로 지루할 것이라고……. 이것이 의미하는 것이 무엇인가? 결국 안전한 것이 꼭 행복한 것만은 아니며, 위험하지만 재미있고 아름다운 삶을 살도록 해 주는 것, 그것이 여자라는 뜻이 아니겠는가. 아드조에게는 여자가 안전과 위험, 고통과 즐거움을 동시에 갖고 있는 파르마콘인 것이다. 영화는 아드조와 소녀가 다시 한 번 만날 수 있는 기회를 제공한다. 화형에 처해질 뻔했다가 살아남은 소녀는 윌리엄과 아드조가 길을 떠날 때 그를 기다려 애틋한 이별의 정을 나눈다. 그리고 시간이 흘러 늙은 아드조의 목소리가 들린다. 나이가 들 대로 든 아드조가 영화의 마지막을 장식하는 독백이 재미있다. 오랜 세월 동안 만난 수많은 얼굴 중에서 가장 뚜렷하게 떠오르는 얼굴이 소녀임을 부끄럽게 고백하고 있는 것이다. 오랜 세월 동안 꿈에서 지울 수 없었던 얼굴, 속세에서 유일한 사랑이었던 소녀가 머릿속에 각인되어 있다는 것은 그만큼 인간에게 있어 남녀의 사랑이 얼마나 위대한 것인가를 보여 준다.

생각해 보기

1. 〈장미의 이름〉을 통해 소설과 영화의 관계에 대해 생각해 보자.

2. 아리스토텔레스의 『시학』은 어떤 책인가?

3. 카타르시스(catharsis)란 무엇인가?

4. 고대 그리스의 비극은 무엇인가?

5. 수도사들이 죽은 이유는 무엇인가?

6. 호르헤가 장님인 것은 어떤 의미가 있는가?

7. 호르헤가 목숨을 걸고 『시학』 제2권을 지킨 이유는 무엇인가?

8. 중세에서 웃음을 금지시킨 이유는 무엇인가?

9. 불탄 장서관의 의미는 무엇인가?

10. 지식이란 무엇인가?

11. 파르마콘(pharmakon)이란 무엇인가?

〈굿 윌 헌팅〉과 인간중심상담

〈굿 윌 헌팅(Good Will Hunting)〉(1997)은 하버드 대학교를 졸업한 배우 맷 데이먼(윌 헌팅 역)이 대학 시절에 과제로 써 본 소설을 원작으로 하고 있다. 비록 원작은 사회적으로 성공한 유명한 소설이 아닌 리포트의 수준이었지만 그는 영화에 출연한 또 다른 배우 벤 애플렉과 공동으로 새롭게 시나리오를 집필하여 영화로 사회에 커다란 반향을 불러일으킨다. 거스 밴 샌트(Gus Van

포스터에 제시된 상담자 숀 교수와 내담자 윌의 모습이 인상적이다. 동등한 위치에서 나란히 앉아 있는 두 사람의 표정은 편안해 보이고 마치 친근한 친구 같다. 이러한 관계야말로 인간중심 상담의 기본이다.

Sant Jr.) 감독은 2003년 〈엘리펀트〉로 칸 영화제에서 황금종려상을 차지한 바 있다. 〈굿 윌 헌팅〉은 가난하지만 천재적인 수학적 재능을 지니고 있는 윌이라는 젊은 주인공을 중심으로 환경의 중요성, 만남과 관계의 문제, 상처의 극복 과정을 잘 보여 주고 있다. 아울러 이 영화에서 상담사 숀 교수의 상담 기법을 통해 인간중심상담이 어떤 것인지도 알 수 있다.

주인공 윌

영화의 주인공 윌은 보스턴 근교 남쪽 출신의 아일랜드계로 수학에 천재적인 재능을 지닌 청년이다. 윌은 대학에 다녀야 할 나이지만 집안 형편이 좋지 않아 대학에 진학하지 못하고 대신 MIT 대학교에서 청소원으로 일을 한다.

윌의 과거는 영화 전반에 걸쳐 그가 언뜻 내비치는 이야기를 종합하여 어렴풋이 파악할 수 있다. 어린 시절 그의 환경은 불운했으며 일찍이 그는 의붓아버지 밑에서 자라났다. 윌은 몇 번이나 입양과 파양을 반복적으로 당했으며 그중 세 번은 가정 폭력으로 인해 강제 파양되었다. 그 가운데 가정 폭력을 일삼았던 한 의붓아버지는 가죽혁대로 윌을 때릴 정도로 가혹한 사람이었다. 이처럼 윌은 가정 폭력의 희생자였으며 이로 인해 커다란 외상을 지니게 되었다.

어른에게 학대를 당한 아이는 어른에게 복수하려는 마음으로 일부러 나쁜 짓을 하는 경향이 있다. 윌도 범죄를 저질러 소년원에 수감된 전력이 있다. 또한 윌은 여자친구 스카일라와 데이트를 할 때 자기 형제가 12명이나 된다고 하면서 이름을 순서대로 줄줄 외우는데 형제가 12명이라는 말은 신빙성이 없어 보인다. 왜냐하면 윌은 현재 가족과 완전히 단절되어 살고 있었고 가족보다는 비슷한 환경을 지닌 또래 친구들을 더욱 소중하게 생각했기 때문이다. 특히 윌을 형제인 양 챙기는 처키와는 둘도 없이 친한 사이이다.

윌의 성격과 행동을 보면 외상을 지닌 사람의 특징을 그대로 보여 준다. 이를테면 외상을 입은 사람은 버림받지 않기 위해 친밀한 관계에 지나치게 집착한다. 이는 처키와의 관계에서 분명하게 드러난다. 또한 타인의 지지를 받아들이지 못하며, 감각을 추구하는 행동에 몰두하거나 격렬한 분노를 표출한다(김세준 역, 2012: 463). 이를 구체적으로 살펴보면 다음과 같다.

첫째, 윌은 폭력적이다. 유치원 때 자기를 때렸다는 이유만으로 패싸움을 벌이는 윌의 모습은 폭력적일뿐더러 과거의 원한을 깨끗이 잊지 못하는 성격을 보여준다. 또한 법정에서 밝혀지는 그의 전과는 폭행죄 2번, 차량 절도죄, 경관 사칭죄, 상해, 절도, 체포 불응죄 등으로 매우 다양하다. 하지만 스스로를 변호하여 기각을 시킨 전력이 있다.

가정 폭력의 위험성

폭력가정에서 자란 아이가 폭력적이 될 확률이 높다는 사실은 잘 알려져 있다.

2010년 한국가정법률상담소에서 '성인지(性認知)적 관점에서 본 아동·청소년의 폭력문제와 정책'을 주제로 세미나가 열렸다. 그리고 이 세미나에서 가정폭력에 노출된 아이들이 학교 폭력의 가해자가 될 확률이 높다는 연구 결과가 발표되었다. 가정에서 형성된 폭력에 대한 인식이 사회생활에 그대로 적용된다는 결과를 보여 주고 있는 것이다.

또한 2010년 한국가정법률상담소에서 전국 초 · 중 · 고교생 998명을 대상으로 '폭력예방교육 실태 및 폭력에 대한 인식'에 대해 조사하였다. 그리고 응답자의 51%는 부모의 폭력을 목격했으며, 68%는 부모로부터 학대를 받은 경험이 있다고 답했다. 또 둘 중에 하나라도 경험한 사람은 전체 응답자의 76.6%였다. 또한 이렇게 가정 폭력에 노출된 학생들이 학교 폭력에 가담할 가능성이 큰 것으로 조사됐다. 부모의 폭력을 목격한 학생들 중 학교 폭력 가해자는 응답자의 64%로, 피해자 54.8%보다 비율이 높았다. 아동학대 경험자들 중에도 학교 폭력 가해자가 62.9%로 피해자 54.2%보다 많았다.

가정 폭력의 환경에서 자란 학생들이 학교 폭력에 가담할 확률이 높은 까닭은 우울, 불안 그리고 공격성 수준이 가정 폭력을 겪지 않은 학생들에 비해 높았기 때문인 것으로 풀이된다. 가정 폭력을 경험했다 하더라도 타인과 소통이 원활하고 신뢰감을 형성할 경우 우울, 불안, 공격성이 줄어드는 것으로 조사되었다.

출처: 헤럴드경제. 2010년 11월 24일자 보도자료.

둘째, 윌은 사람을 믿지 못한다. 친구들을 제외한 어느 누구에게도 믿음을 주지 않는다. 그는 타인에게 마음을 열거나 믿음을 주지 못하여 진정한 소통이 사실상 불가능하다. 어린 시절에 사랑을 제대로 받지 못한 사람은 남을 믿지 못하는 경향이 강하고 마음을 주었다가 상처받을까 봐 두려워한다. 따라서 윌이 여자친구 스카일라를 사랑하지만 그녀에게 자신의 진심을 보여 주지 못하는 것도 버림받음에 대한 두려움 때문이다. 버림받음에 대한 두려움 역시 외상으로 고통받은 사람의 특징이다. 이러한 사람은 "타인에 대한 헌신과 친밀한 관계를 갖는 것을 회피한다. 그들은 관계가 다시 분열되는 데 대한 무의식적 공포를 갖고 있으며, 서로를 알아 갈 충분한 시간을 갖지 않은 채 성급하게 관계를 맺으려 하기 때문이다"(김세준 역, 2012: 463).

셋째, 윌은 마음의 문을 굳게 닫고 있다. 누군가 도움을 주려고 해도 도움을 받아들이려 하지 않는다. 이 때문에 상담 전문가를 만났을 때 윌은 오히려 그를 조롱한다.

넷째, 윌은 세상에 대해 냉소적이다. 비뚤어진 성격으로 윌은 부랑아 같은 말투와 행동을 보인다. 또한 인내심이 없고 싸움을 일삼으며 사회에 대해 부정적인 태도를 가지고 있다. 자신의 재능에 대해 커다란 자부심이 있지만 자기보다 떨어지는 또래들이 아이비리그 대학생인 반면, 자신은 청소부나 잡역 일을 해야 하는 현실을 불만스러워한다. 그리고 그 불만은 기성세대에 대한 불신, 사회질서에 대한 비웃음, 폭력적인 성향으로 나타난다. 재미있는 것은 비록 윌이 사회에 대해 냉소적이고 반항적이긴 하지만, 자신의 지식과 두뇌를 과시하고 싶은 욕구를 지니고 있다는 점이다. 이는 사회계층에 대한 열등의식을 우월한 부분으로 만회하려는 열등감의 심리학의 관점에서 바라볼 수 있다. 가령 윌은 MIT 대학교 구내에서 청소부를 한다든가, 얼굴을 감추고 난이도가 엄청 높은 수학 문제를 푼다든가, 하버드 대학교 근처의 술집을 들락거린다든가, 대학생들과의 열띤 토론을 통해 자신의 지식 능력을 과시하고 싶어 한다. 하지만 우격다짐식의 경쟁과 무조건적인 승리 쟁취를 통해 열등감을 해소하려는 것은 일시적으로 기분을 전환하는 데는 도움이 될지 모르지만 결코 건강한 열등감의 극복 방식이 아니다. 윌은 열등감에 사로잡혀 있으며 자존감이 미약한 상태다. 윌이 누구나 부러워할 만한 두뇌를 지니고 있으나 정작 그 자신은 심한 열등감을 갖고 있는 것을 보면 인간은 누구나 열등의식이 있는 것은 확실하다.

열등감의 심리학

생활양식의 근본을 결정하는 요인으로 열등감에 주목한 심리학자는 알프레드 아들러(Alfred Adler)다. 그에 따르면 인간은 누구나 열등감이 있다. 비록 자신이 현재 남들이 부러워하는 위치에 있는 사람이더라도 자신보다 더 나은 사람과 비교하여 스스로를 평가하면서 열등감을 느낀다는 것이다. 그러므로 "열등감은 결코 질병이 아니라 건강하고 정상적인 노력과 발전을 위한 자극제 역할을 한다. 무능력감이 한 개인을 압도해 더 이상 유용한 행동을 촉진하지 못하고, 오히려 그 개인을 우울하게 하고 발전을 방해할 때 열등감은 병리적인 상태가 된다"(신진철 역, 2015). 이러한 비교 열등감이 생기는 것은 인간이란 항상 더 나은 상태를 실현하기 위한 존재, 즉 우월성을 추구하는 존재이기 때문이다. 아들러는 결국 인간은 열등감을 극복하면서 자기를 완성해 나가야 한다고 주장한다.

이처럼 인간은 누구나 열등감이 있기 때문에 이를 어떻게 극복하느냐에 따라 건강한 심리와 생활양식을 갖게 된다. 즉, 자신에게 부족한 점을 인정하며 의지를 가지고 열등감을 극복하기 위해 노력할 때 어느덧 자기완성의 상태에 도달할 수 있다. 아들러는 말한다. "정상인은 우월한 콤플렉스가 없을 뿐 아니라 우월감이라는 감정조차 느끼지 않는다. 정상인은 우리가 성공에 대한 욕망을 느끼는 것처럼 자연스럽게 우월성을 추구한다. 우월성 추구의 노력이 일을 통해 건전하게 표현된다면 모든 정신병의 근원인 자신에 대한 거짓 평가로 이어지지 않는다." 예를 들어, 건강에 자신 없던 사람이 건강해지기 위해 열심히 운동을 한 결과 건강도 회복하고 더불어 훌륭한 운동선수가 될 수도 있다. 하지만 이런 노력이 보상받지 못하고 성공적으로 이루어지지 않을 경우 병적인 열등감을 지닐 수 있다.

심한 열등감 때문에 일상생활에 영향을 받거나 과도한 우월성을 추구하다 실패하게 된다면 이는 건강하지 못한 결과로 이어진다. 심한 열등감 콤플렉스는 문제가 생겼을 때 사회에 유용한 방식으로 해결하지 못하는 사람들이 갖는 태도다. 아들러에 따르면 열등감 형성에는 부모의 양육 태도, 부모의 역할 등이 중요하다.

영화에서도 모든 인물이 열등감을 가지고 있음을 엿볼 수 있다. 윌은 또래 대학생들에게 열등감이 있고, 램보 교수는 윌에게 열등감이 있으며, 조교 역시 윌에게 열등감이 있다. 일류 의과대 학생인 스카일라는 아버지 부재의 열등감이 있다. 한편, 열등감을 극복한 인물들도 있는데 이를테면 처키는 친구 윌에 대한 진정성으로 열등감을 극복한다. 숀 교수는 인간에 대한 사랑과 진정한 삶이 무엇인지를 탐구하면서 열등감을 극복한다.

윌과 처키

발달심리학에 따르면 인간은 나이가 들어 감에 따라 점차 관계의 영역을 넓혀 간다. 처음에는 주 양육자와 관계를 맺지만 어린이집이나 유치원, 초등학교, 중·고등학교에서 점차 관계의 범위를 확대시킨다. 교류 범위의 확대는 더욱 많은 사람과 관계를 맺게 된다는 뜻이다.

발달단계가 정상적으로 이루어진다면 나이를 먹을수록 그 어떤 관계보다 친구는 더욱 소중한 존재가 된다. 청소년기에 이르면 부모보다도 친구들과 어울리기를 좋아하는데 이는 자연스러운 현상이다.

윌은 어릴 때부터 세 명의 친구와 한 패거리를 형성했다. 그들은 교육을 제대로 받지 못하고 일용직이나 공사장에서 막일을 하는 등 유사한 환경을 지녔다. 하지만 그들은 의리로 똘똘 뭉쳐 있으며 서로를 위해 패싸움도 마다하지 않는다. 머리가 비상한 윌은 특히 친구들의 자랑거리다. 따라서 그들 사이의 실제적인 우두머리인 처키(벤 에플렉 분)는 윌을 끔찍하게 아낀다. 처키는 윌의 일자리도 알아봐 주고 일터에 갈 때 매일 아침 윌의 집에 들러 그와 함께 동행한다. 처키가 운전할 때 운전석 옆자리는 항상 윌의 차지다. 처키에게 똑똑한 윌은 자신의 욕망을 대리 만족시켜 주는 인물이기도 하다. 숀이 영혼이 통하는 친구가 있느냐고 물었을 때 윌은 처키를 언급한다. 처키의 말투는 투박하고 거칠지만 진정한 친구를 생각하는 배려심을 느낄 수 있다.

윌은 스카일라가 떠난 후 숀과의 여섯 번째 만남에서 정말로 원하는 것이 무엇이냐는 숀의 질문에 대답하지 못한 자신에 대해 골똘히 생각한다. 그리고 이후 처키와의 대화는 윌이 생각을 바꾸는 데 결정적인 역할을 한다. 윌은 처키에게 평생 이웃을 하면서 함께 살겠다고 말한다. 그러나 이 말에 처키는 예상과는 달리 만일 윌이 20년 후에도 노무자로 살면서 자기 집에 와서 비디오나 보고 있다면 윌을 죽여 버리겠다고 강하게 말한다. 커다란 재능이 있음에도 변화에 대한 두려움으로 이곳에서 썩는다는 것은 자신에 대한 모욕이라는 것이다. 처키는 덧붙여 말한다. "내 생애 최고의 날이 언젠지 알아? 내가 너희 집 골목에 들어서서 네 집 문을 두드려도 네가 없을 때야. 안녕이란 말도 작별의 말도 없이 네가 떠났을 때라고. 적어도 그 순간만은 행복할 거야." 친구의 말 한마디에 램보나 숀의 말에도 꿈쩍하지 않던 윌에게 변화가 생겨난다. 진정한 친구란 이런 것이다.

윌의 생일을 맞이하여 친구들은 비록 고물이지만 자동차를 한 대 선물한다. 자동차는 윌에게 새로운 인생을 향하여 떠나라는 메시지를 주고 있다. 처키, 스카일라 그리고 숀과의 만남으로 변화된 윌은 더 이상 과거의 그가 아니다. 윌은 처키가 말한 것을 그대로 실행한다. 따라서 친구들에게 작별의 인사도 없이 그들이 선물한 자동차를 타고 스카일라를 찾아 먼 길을 떠난다. 아침이 되자 처키 일행은 윌이 떠난 것도 모르고 그를 데리러 오는데 윌이 사라진 것을 알게 된 처키는 섭섭한 감정을 드러내는 대신 희미한 미소를 짓는다. 처키의 표정은 과연 진정한 친구란 어떤 것인지를 생각하게 만든다.

윌과 스카일라

스카일라는 남부럽지 않은 여유로운 가정에서 자랐으며 밝고 명랑하며 꾸밈이 없는 인물이다. 하지만 아버지의 죽음으로 상처를 입었고 외로움을 타는 인물이기도 하다. 자신의 감정에 충실한 그녀는 미래에 대한 두려움이 없지 않으나 이를 극복하고자 노력한다. 그녀의 안정적인 성격과 진취성은 윌과는 매우 대조적이다. 영화에서 윌과 스카일라의 만남과 숀과의 상담은 시간적으로 교차되어 있다. 따라서 윌과 스카일라의 관계 변화를 통해 숀과의 상담 과정에서 윌이 어떤 사고의 변화가 일어나는지 파악할 수 있다.

윌과 스카일라의 첫 데이트 장소는 마술가게다. 두 사람은 이상한 안경을 쓰거나 변장을 하면서 자기를 소개한다. 그녀는 영국에서 좋은 학교를 다녔고 현재 하버드 대학교 학생이며 장래 스탠퍼드 대학교 의학전문대학원에 진학하고자 한다고 자신을 소개한다. 남부러울 것 없는 환경에서 자란 그녀는 아무런 맺힘 없이 해맑다. 그녀는 자기를 소개하면서 과장된 안경도 써 보고 왕관도 써 본다. 두 사람이 계속 변장을 하는데 특히 자신에 대해 전혀 말하지 않는 윌을 통해 그들의 관계가 소통의 관계로 진입하기 어려울 것임을 보여 준다. 특히 가면들은 페르소나의 모음으로 속마음을 감춘 상태를 시각적으로 보여 주는 것이라 할 수 있다.

영화는 윌과 숀의 상담이 끝난 후 윌과 스카일라의 관계를 조명하는데, 이는 상담을 통해 변화된 윌의 모습을 여자친구와의 관계를 통해 다시 한 번 보여 주는 것이라고 하겠다. 이를테면, 세 번째 상담을 마친 뒤 윌은 스카일라에게 전화를 한다. 하지만 그는 아무 말 없이 전화를 끊는다. 네 번째 상담이 끝난 후 윌은 스카일라가 있는 여학생 기숙사로 직접 찾아가 그녀에게 데이트를 신청한다. 이전의 망설임에서 벗어나 직접적인 행동을 하게 된 것은 윌의 생각에 변화가 생겼다는 것을 보여 준다.

데이트 장소는 개들의 경주장이다. 마술가게처럼 폐쇄된 장소가 아닌 야외의 신나는 경주장은 그들 사이에 진전이 있음을 의미한다. 궁금한 것이 많은 스카일라는 즐거운 기분으로 질문하고 윌은 대답한다. 스카일라는 윌에게 고향이며, 어린 시절이며, 형제와 친구 등에 대해 묻는다. 그러나 윌의 대답은 건성이다. 아일랜드 가톨릭계 가족이며 형제가 열둘이나 되고 자신은 열세 번째 막내라고 하는데 왠지 사실 같지 않고 성서 이야기를 둘러대는 것 같다. 형제를 자주 만나냐는 질문에는 형제들과 같은 동네에 살고 그중 셋은 함께 산다고 거짓말을 한다. 아마도 셋은 친구들을 염두에 둔 것이다. 그리고 스카일라의 끈질긴 요구에 윌은 결국 처키를 비롯한 친구들을 소개하지만 형제들 소개는 뒤로 미룬다. 물론 고아인 그에게 친형제가 있을 리 없다. 혹은 여러 가정을 전전하면서 생겨난 여러 입양 형제들을 지칭한 것일 수도 있겠다.

다섯 번째 상담이 끝나고 장면이 바뀌면서 윌은 스카일라와 함께 침대에 누워 있다. 윌의 재능에 감탄한 스카일라는 진정으로 윌에게 사랑을 느낀다. 스카일라는 13세 때 아버지를 여의었다. 그녀는 아버지가 그리워 단 하루라도 아버지와 함께할 수 있다면 상속받은 유산을 몽땅 돌려주고 싶은 마음이지만 어쩔 수 없는 현실을 감내하며 살아간다. 하지만 외로운 그녀 앞에 윌이 나타났고 스카일라는 진심으로 사랑하는 윌에게 캘리포니아로 함께 떠날 것을 제안한다. 스카일라의 캘리포니아 행 제안은 사랑하는 사람과 그저 함께하고 싶은 바람을 나타낸 것이다. 하지만 윌에게 그녀의 제안은 심각하다. 그가 그토록 두려워하는 순간, 상대와 너무 가까워진 나머지 서로의 단점들이 드러날 순간이 온 것이다. 윌은 이렇게 말한다. "캘리포니아에 함께 갔다가 네가 나한테 싫어하는 점이 있다는 걸 알게 되면 같이 가자고 했던 말을 후회하게 될지도 몰라. 하지만 그때쯤엔 우리 관계가 너무 깊어져서 관계를 끊고 싶은 마음을 억누르며 마지못해 함께 살게 될 거야." 스카일라는 두려워하는 윌의 모습을 간파한다. 그러고는 하지 말아야 할 말을 하고야 만다. "그럼 왜 못 간다는 거야? 뭐가 그렇게 두려워? 두려워하지 않는 게 있기나 해? 아무것도 도전하지 않는 안전한 세계에 살면서 자신이 변하게 될까 봐 아무것도 못하잖아!" 그녀 역시 생판 몰랐던 한 남자와 미지의 곳으로 떠난다는 사실이 두렵다. 하지만 이러한 두려움에 직면하지 못한다면 이 세상에서 할 수 있는 일은 없다고 생각한다. 스카일라는 두려워하는 윌을 보지만 정작 윌은 이를 인정하지 않는다. 윌의 두려움, 이는 숀이 지적한 것이기도 하다. 단 한 번도 이곳을 떠난 적이 없으며 무엇인가 새로운 것을 도전해 본 적도 없이 친구들 틈에서 살아온 윌은 결국 스카일라와 함께 떠날 수 없음을 분명히 한다. 그녀를 사랑하지만 그녀와 함께 미지의 세계로 모험을 떠날 엄두가 나지 않았던 것이다. 그래서 마음에도 없는 말을 하고 만다. "널 사랑하지 않아."

여섯 번째 상담을 마친 후 윌은 막 떠나려는 스카일라에게 전화를 건다. 윌의 전화에 스카일라는 사랑한다는 말을 하고 윌의 대답을 기다리지만 윌은 끝까지 진심을 말하지 못한다. 공항에서 그녀는 혹시나 윌이 올까 기대하지만 윌은 끝내 나타나지 않는다. 윌은 호숫가의 벤치에 앉아 창공의 비행기를 보며 깊은 생각에 빠진다. 윌은 상처받은 마음을 그대로 간직하고 있는 한 스카일라와 함께 떠날 수 없을 것이다. 미지의 세계로의 도전을 두려워하는 윌은 친구 등 뒤에 숨어야만 마음을 놓는 가련한 비겁자일 수도 있다. 그러던 윌이 숀에게 마지막 상담을 받은 후 마음이 크게 움직인다. 고물 자동차를 몰고 자신이 몸담고 있던 둥지를 떠난다는 사실은 이제부터 그의 삶이 전혀 다른 삶이 되리라는 것을 보여 준다.

숀과 램보

MIT 교수이자 저명한 수학자로서 오직 학문의 길에 매진하는 램보는 전형적인 학자다. 그는 학문에 대한 열정도 대단할뿐더러 자신이 이뤄 낸 학문적 성취에도 커다란 자부심을 갖고 있다. 그는 수학 분야의 노벨상이라 할 수 있는 수리 조합학에서 수훈상을 수상한 경력의 소유자이기도 하다. 숀은 현재 벙커 힐 단과대학(Bunker Hill Community College)에서 심리학을 가르치고 있다. 영화가 상당히 진행된 후에야 비로소 등장하는 덥수룩한 수염의 숀은 강의 중이다. 그는 학생들에게 '믿음(trust)'의 중요성을 언급하고 있다. 남녀 관계뿐 아니라 의사와 환자, 상담사와 내담자 사이에 믿음이 있어야만 서로 마음을 터놓을 수 있다. 그리고 믿음은 영화에서 강조하는 중요한 핵심어로, 윌과 숀 사이에 있을 앞으로의 전개 과정에서 가장 중요한 단어가 된다.

램보는 숀을 만나기 전 윌에게 다른 정신상담 전문가를 만나도록 권유한다. 그러나 정신치료를 받아야 한다는 권고 사항에 대해 강하게 반발하는 윌은 그들을 골탕 먹이려고 작정한다. 윌은 그들을 만나기 전 그들의 저서를 정독하고 그들이 어떤 성향을 가지고 있는지 면밀하게 파악한다. 정신상담 전문가 헨리는 교과서적으로 윌에게 접근하는데 그에게 호되게 당하고 다시는 윌의 상담을 하지 않겠다고 선언한다. 헨리는 TV에도 출연했던 저명인사이지만 윌에 대한 접근 방식이 숀과는 근본적으로 달랐다. 한 예로 헨리와 윌은 책상을 앞에 두고 헨리가 높은 의자에 윌이 낮은 의자에 앉음으로써 공간적으로 권력 관계를 노출시킨 수직적 관계를 드러냈지만, 숀과 윌은 동등한 높이의 의자에 앉아 마주봄으로써 수평적 관계를 유지한다. 감독이 미장센을 통해 숀의 인본주의적 상담 기법을 보여 주고 있는 것이다.

또 다른 심리치료 전문가는 프로이트가 좋아했던 최면을 통해 윌을 치료하려 하나 그 역시 실패하고 만다. 이후 5명의 전문가가 상담 시도를 했지만 윌은 그들을 계속 농락했고 마지막으로 램보는 한 사람을 생각해 낸다. 그는 바로 MIT 대학교 시절 동창으로 한 방을 쓸 정도로 절친한 친구였던 숀이다. 램보가 왜 마지막에 가서야 숀을 생각했을까? 처음에 그는 숀에게 상담을 시킬 생각이 없었다. 비록 절친한 사이였지만 그들 사이에는 건너지 못한 근본적인 사고의 차이가 있었기 때문이다. 두 사람은 만나기만 하면 토론을 벌이고 티격태격 싸우는 관계였다. 이러한 상황에도 램보가 숀을 찾은 것은 윌에게 일반적인 상담심리치료는 더 이상 의미가 없다는 것을 깨달았기 때문이다. 또한 숀과 윌이 동향이라는 점도 작용을 했다. 영화에서 보스턴 남부의 동향이란 썩 좋지 않은 환경을 뜻한다. 그리고 이 환경은 지역적인 것뿐만 아니라 가정적인 것도 포함한다. 영화에서 밝혀지지만 윌의 과거는 숀의 과거와 너무나 닮아 있다. 고아로 입양되어 여러 집을 전전한 윌, 어린 시절부터 소년원에 수감되었던 윌의 모습에서 가정 폭력을 하고 알코올에 중독된 아버지를 둔 숀의 모습이 유사하다고 본 것이다. 그리하여 램보는 유사한 과거를 지닌 숀이 궁극적으로 윌의 상담 적격자가 될 수 있다는 판단을 한다. 결과적으로 이러한 램보의 판단은 옳았다. 숀은 전혀 강제성을 띠지 않고 윌로 하여금 스스로 결정하도록 안내를 했으니 말이다.

다섯 번째 상담이 끝났을 때 맥주 집에서 숀과 램보가 만난다. 램보는 윌이 많이 좋아졌다고 하면서 자신의 입장에서는 윌이 얼른 자신의 능력을 발휘해 인류에 공헌해 주었으면 하는 바람을 피력한다. 램보는 서둘러 윌의 미래를 보고 싶어 하는 것이다. 그러나 숀이 보기에 윌은 아직 과거조차 제대로 정리되지 않았다. 윌에 대해 지대한 관심을 갖고 있는 두 사람이지만 그에 대한 근본적인 생각은 매우 다르다. 윌에 대한 두 사람의 논쟁은 사실 두 인물의 성격, 인생관을 바탕으로 한다. 윌이 이 세상을 변화시킬 수도 있는 천재라는 것을 의심하지 않는 램보는 그가 재능을 마음껏 펼칠 수 있도록 올바른 길로 인도해 줘야 한다고 생각한다. 그러나 숀은 천재적인 수학 이론가였지만 폭탄 테러범이 되고만 한 청년을 인용하면서 윌이 스스로 결정할 수 있도록 돕는 것이 정말 도와주는 것이라고 생각한다. 인간은 본래 자유와 책임, 조절 능력이 있다고 생각하는 숀은 방향을 제시하여 올바른 길로 인도해야 한다는 램보에게 방향의 제시와 조작은 다른 것이라고 반박한다. 두 사람의 말 모두 일리가 있다. 앞선 세대가 방향을 제시해 주고 밀어 줘야 한다는 말도 옳은 말이며, 스스로 선택하도록 결정의 기회를 줘야 한다는 말도 옳은 말이다.

여섯 번째 상담 이후 숀의 연구실을 방문한 램보와 숀은 다시 한 번 심하게 부딪힌다. 그들이 고함을 치며 싸우는 과정에서 그들의 과거의 행적이 살짝 드러난다. 그들은 친한 친구였지만 램보가 친구인 숀의 믿음을 배신했던 것 같다. 아마도 어떤 중대한 선택의 순간이 왔을 때 램보는 윗사람에게 잘 보이는 쪽을 택한 반면, 숀은 양심을 따른 것처럼 보인다. 램보의 관점으로는 학생 시절 더욱 똑똑했던 사람은 숀이지만 현재 학자로서 승승장구하는 것은 자신이므로 숀은 실패자나 마찬가지다. 하지만 숀은 그때 양심적인 선택을 했고 현재 직업에 만족하며 결코 실패자라고 생각하지 않는다. 또한 젊은 시절의 램보는 하나의 목표를 세우면 그에 도달하기 위해 스스로를 엄청 몰아붙였던 것 같다. 치열한 경쟁에서 승리하지 못하거나 목표에 도달하지 못하면 인생의 낙오자가 된다고 생각했던 것이다. 이들은 각자의 인생관과 생활 태도를 윌에게 그대로 적용시킨다. 숀이 램보가 윌을 몰아치도록 놔두지 않겠다고 말하자 램보는 제발 윌에게 패배감을 심어 주지 말라고 큰 소리를 친다.

상담심리 기법에 있어 램보가 행동주의자라면 숀은 인본주의자일 것이다. 인간에 대한 존엄성과 스스로 정화 능력이 있다고 믿는 숀의 상담 방식은 로저스(Rogers)의 인본주의 상담과 유사하다. 인본주의 상담 기법에서 상담사는 내담자에게 감정을 이입하고 아무런 조건 없이 긍정적인 관심을 갖도록 한다. 그리고 상담사가 이러한 태도를 갖기 위해서는 인간은 합리적이고 긍정적인 존재라는 기본적인 사고가 필요하다. 즉, 인간은 사랑, 창조성, 자유, 합리성, 의미, 가치, 자아실현을 이룰 수 있는 존재이며, 스스로 목표와 행동 방향을 결정하고 책임도 수용할 수 있는 자유로운 존재라는 사고를 갖고 있어야 한다는 것이다. 그리고 이렇게 상담사가 인간에 대해 믿음, 내담자에 대해 긍정적인 관심을 갖게 되면 내담자는 자연스럽게 성장을 하게 된다고 생각한다. 숀 역시 처음에는 윌과의 관계 설정에 어려움을 겪는다. 하지만 결코 윌에게 강압적이거나 지시적이지 않으며, 동등한 위치에서 윌이 스스로를 돌아보고 깨우치며 성장할 수 있도록 한다. 인본주의 심리치료는 내담자가 자기존중감에 이르도록 하는 일곱 단계를 다음과 같이 제시한다. 이 단계가 숀과 윌의 상담에 그대로 적용되는 것은 아니지만 어느 정도 기본적인 틀이 되고 있다.

- 1단계: 신뢰감이 부족한 상태에 있는 내담자는 자신에 대한 이야기를 할 수 없다. 친밀하게 터놓지 못하는 대화는 피상적이다.
- 2단계: 내담자가 자신이 충분히 수용 및 존중되고 있음을 느끼고 가끔 감정이나 경험을 드러내지만 이를 남의 탓으로 돌리기도 한다.
- 3단계: 자신이 지속적으로 수용되고 있다는 느낌을 받으면서 점차 긴장감이 완화되고 사적인 감정 표현을 더 많이 하게 된다.
- 4단계: 개방적이며 자유로운 감정의 흐름이 가능하지만 여전히 솔직하지 못한 면이 있고 강렬한 감정에 대한 직면은 어렵다.
- 5단계: 여전히 두려움이 있긴 하나 부인했던 감정이 의식으로 표출되고 공감적 수용이 일어나 경험과 일치하는 진정한 '나'가 되고자 한다.
- 6단계: 부인했던 감정을 현재의 경험으로 수용한다. 자신의 문제를 주체적으로 대처하고 경험을 있는 그대로 표현할 수 있다.
- 7단계: 치료자의 도움 없이 문제를 해결할 수 있는 자신감을 갖게 됨으로써 자유롭게 경험하고 충분히 기능하는 인간으로 성장한다.

출처: 권석만(2012: 297-298).

이에 반해 램보로 대변되는 행동주의는 심리적 탐구의 대상을 의식에 두지 않고 외형적으로 나타나는 행동에 두는 입장이다. 인간이란 자극에 따라 반응하는 존재이므로 학습을 통해 적절히 자극하고 반응을 강화시킨다면 바람직한 행동으로 변화시킬 수 있다고 본다. 종소리와 먹이로 자극한 파블로프(Pavlov)의 개 실험은 행동주의의 원조라 할 수 있다. 또한 행동주의를 제창한 미국의 심리학자 왓슨(Watson)은 자신에게 어린아이를 맡기면 원하는 인물로 키울 수 있다고 호언장담을 한 바 있다. 이렇듯 행동주의는 자극을 위한 처벌과 보상을 매우 중시한다. 훈련소에서 한 달가량 훈련을 받으면 완전한 군인의 모습이 되는 것은 행동주의의 주장을 뒷받침한다. 사실 부모가 자녀를 체벌하는 것이나 칭찬할 일이 있을 때 자장면을 사 주는 것은 모두 처벌과 보상에 해당하는 것으로 알게 모르게 우리는 일상에서 행동주의 상담 이론을 실천하고 있다. 따라서 영화에서 윌을 방임할 것이 아니라 방향을 제시해야 한다는 램보의 주장은 행동주의적 태도인 것이다.

윌과 숀

아내와 사별하고 홀로 사는 숀은 윌과 유사한 과거가 있는 사람으로 윌의 상황과 처지를 십분 공감한다. 그는 특별한 기법을 동원하기보다는 진정한 라포를 형성하여 윌의 마음이 저절로 열리게 하는 인간중심 상담 기법을 사용한다. 영화에서 총 8회기의 상담이 이루어지는데 상담의 관점에서 그 전개를 살펴보면 매우 흥미진진하다.

첫 회기의 만남은 누구나 그렇듯이 호기심으로 가득하다. 램보의 주선으로 윌은 숀의 연구실을 찾는다. 당연히 윌은 앞서 상담 전문가들에게 한 것처럼 숀을 망신시키려고 작정하고 있으므로 목소리, 몸짓, 태도, 눈빛이 자신만만하다. 할 테면 해 보자는 식이다. 낯선 공간이지만 자신감에 찬 윌은 준비가 되었으니 상담을 시작하자고 한다. 이에 숀은 두 사람만 있겠다고 하면서 램보와 조교를 내보낸다. 이제 본격적으로 두 사람의 대결이 시작된다. 상담에서 첫 만남은 너무나 중요하다. 숀이 인사를 하자 윌은 듣는 둥 마는 둥 그의 연구실을 훑어본다. 그리고 숀의 말에는 대꾸도 하지 않은 채 자기가 하고 싶은 말만 한다. 하지만 숀은 윌의 이러한 태도를 불편해하지 않고 윌의 말을 뒤쫓으며 대화를 한다. 대화를 이끌어 가는 사람은 윌이고 숀은 그 뒤를 따라간다. 윌은 책장의 책을 보며 쓸모없는 책이라고 말하고, 역도에 대한 이야기를 늘어놓으며 자신의 지식을 설파한다. 그리고 벽에 걸려 있는 숀이 그린 그림을 발견하고는 그것으로 숀의 상처를 건드릴 수 있음을 직감한다. 그 그림은 파도가 넘실거리는 바다 한가운데 조그만 돛단배에 몸을 의지한 한 사람이 필사적으로 노를 젓고 있는 그림이다.

윌은 그림이 한마디로 쓰레기라고 폄하한다. 윌은 계속해서 왜 그림이 쓰레기인지 설명하고 숀은 마지못해 그에게 동조하는 식의 이야기를 진행한다. 윌은 계속 그림을 훑어보며 숀을 자극할 수 있는 것이 무엇일지를 찾는다. 그의 눈은 야수의 눈처럼 번득거린다. 윌은 숀을 고흐와 비교한다. 곧 귀를 자를 것 같다는 것이다. 이번에도 숀은 "당장 프랑스 남부로 이사 가서 고흐로 이름을 바꿀까?"라며 그 말을 받아넘긴다. 이에 다시 윌이 반격한다. 그림 속에는 폭풍이 곧 덮칠 듯한 풍전등화의 모습이 있는데 그것이 곧 숀이라는 것이다. 그림의 작가를 통해 그의 심리 상태를 분석하는 윌의 모습에서 누가 상담사이고 누가 내담자인지 구분할 수 없다. 그럼에도 숀은 고분고분하

폭풍우 속에서 작은 배에 의지하여 삶을 향해 위태롭게 노를 젓고 있는 사람은 필시 숀 본인일 것이다. 그림은 그림을 그린 당사자의 많은 것을 내포하고 있다.

게 윌이 말하는 모든 것을 수용한다. 윌이 "어쩌면 힘든 현실을 피하려고 정신과 의사가 됐는지도."라고 말하자 여전히 숀은 그렇다고 동의한다. 하지만 결국 윌은 먹잇감을 찾아내고야 만다. "잘못된 짝과 결혼했나 보군요." 아내의 이야기가 나오자 드디어 숀이 발끈한다. 눈치를 챈 윌은 계속해서 다그친다. "부인을 잘못 만난 거죠? 무슨 일이죠? 배신하고 도망갔어요? 딴 남자랑 눈이 맞아서?" 윌은 숀의 상처를 집요하게 물고 늘어진다. 이번에 숀은 대답하지 않는다. 대신 안경을 벗고 과격하게 윌의 목을 낚아챈다. "다시 내 아내를 모욕했다간 널 그냥 두지 않겠어." 그리고 첫 만남에서 관계는 더 이상 진전되지 않는다. 첫 만남에서 숀은 윌의 계획대로 커다란 상처를 입고 만다. 그럼에도 숀은 램보에게 다시 윌을 보내라고 말한다. 혼자 남게 된 숀은 그림을 보며 윌이 한 말을 곱씹고 자신을 다시금 되돌아본다. 아니면 아내 생각을 했을지도 모른다.

보통 상담사는 내담자가 무슨 말을 하든 냉정할 것을 주문한다. 그런데 로저스는 모든 것을 내담자에게 맡겨야 한다고 말한다. 상담사는 내담자를 전적으로 수용해야 한다는 것이다. 영화에서는 첫 만남에서 상처를 받는 것은 내담자가 아닌 상담사다. 윌이 숀의 아픈 곳을 찔렀을 때 숀은 마음 깊은 곳에서 올라오는 분노의 감정을 감추지 않고 바로 표출한다. 기분이 상했음을 숨기지 않고 터뜨린 것이다. 상담사도 한 인간이다. 내담자를 참고 견디며 인내하는 것에도 한계가 있다. 또한 꾹꾹 참는 것이 오히려 내담자에게 가식으로 보일 수도 있다.

상담사로서 숀의 태도에는 배울 점이 많다. 그는 윌이 이미 만난 다양한 전문가와는 달리 윌과 동등해지려고 노력한다. 서로 마주보고 앉는 공간적인 차원에서도 그렇거니와 대화에서도 결코 강압적이거나 지시적이지 않다. 첫 만남에서 오히려 윌이 공격하고 숀은 방어한다. 윌은 자기가 하고 싶은 말을 마음대로 하고 숀이 받아 주는 식이다. 또한 숀은 결코 위선적이지 않다. 기분이 나빴을 때 속으로 삭이지 않고 나쁘다고 표현하고 멱살을 잡기도 한다. 그리고 첫 상담이 끝난 후 깊은 생각에 빠져드는 것은 윌이 아닌 숀이다.

두 번째 회기는 야외에서 이루어진다. 두 사람은 백조들이 떠노는 한가한 호숫가의 벤치에 자리를 잡는다. 먼저 이야기를 꺼내는 것은 윌이다. 그러나 이번에 숀은 윌의 말에 대꾸도 하지 않고 자신의 말을 이어 간다. 말을 하는 내내 카메라는 숀의 얼굴을 클로즈업하고 있기 때문에 화면에 윌이 끼어들 자리가 없다. 평소에 말이 많던 윌은 침묵하고 오직 숀 혼자서만 말을 한다. 숀이 이야기를 하고 있는 동안 그의 곁에는 아내가 있을 뿐 윌은 없다. 숀이 하는 말의 요지는 이렇다. 첫 번째 회기에서 윌은 그림 하나로 숀의 인생을 마치 다 아는 것처럼 말하며 그의 아픈 삶을 잔인하게 난도질했으며 숀은 윌이 한 말을 생각하느라 잠을 이룰 수 없었다. 그런데 갑자기 숀에게 어떤 깨달음이 전해 왔다. 그것은 윌이 그저 어린애일 뿐이고 자신이 무슨 이야기를 하는지 잘 모른다는 사실이었다. 그 생각에 이르자 숀은 모든 것을 잊고 편하게 잠자리에 들 수 있었다. 뜻도 모르고 의미도 없이 지껄이는 말에 상처를 입을 필요는 없지 않은가? 숀이 그러한 결론에 도달한 것은 윌이 단 한 번도 보스턴을 떠난 적이 없으며, 그가 알고 있는 모든 지식은 오직 책을 통해 얻은 것에 불과하다는 것을 알았기 때문이다. 윌의 말은 마음이 아닌 머리에서 맴도는 말, 진심이 아닌 허울에 불과한 말이라는 것을 간파했던 것이다. 숀은 몇 가지 예를 들어 윌의 지식이 얼마나 피상적인가를 지적한다. 예를 들어, 윌에게 미켈란젤로를 묻는다면 그는 많은 지식을 동원하여 상세하게 설명을 하겠지만, 실제로 가 보지 않은 이상 〈천지창조〉를 그린 시스티나 성당의 아름다움과 그 내음에 대해서는 전혀 알 수 없을 것이다. 여자에 대해서도 마찬가지다. 여자에 대해 책을 인용하면서 온갖 지식을 늘어놓을 수는 있겠지만, 진정으로 사랑하는 여인 옆에서 눈뜨며 느끼는 행복이 뭔지는 모를 것이다. 머리가 아닌 몸과 마음으로 직접 경험한 적이 없을 테니까. 말하자면 아름다운 그림을 보고 황홀경에 빠져 본 적도 없으며, 진정으로 사랑한 여인이 암으로 죽어 갈 때 느끼는 상실감이 어떤 것인지도 알 수 없을 것이다. 절망적인 상실감은 자신보다 타인을 더 사랑할 때 느낄 수 있는 것이기 때문이다. 숀은 윌이 누구를 진심으로 사랑해 본 적이 없으므로 이러한 느낌을 가질 수 없을 것이라고 생각한다. 아름다운 관계나 사랑에 대한 설명은 지적인 것으로는 부족하고 몸과 마음으로 다가섰을 때야 가능하다. 그러니 숀에게 윌은 지적 자신감이 가득하기보다는 오만에 가득 찬 겁쟁이 어린애로만 보일 수밖에 없던 것이다. 숀은 윌에게 직접 묻는다. 물론 대답을 기대하는 것은 아니다.

"너 고아지? 네가 얼마나 힘들게 살았고 네가 뭘 느끼고 어떤 앤지 올리버 트위스트만 읽어 보면 다 알 수 있을까?" 한 권의 책으로 한 사람의 고통스러운 인생을 다 이해할 수는 없다. 그러므로 숀은 책 따위에 뭐라고 쓰여 있든 쓸모없으며 스스로에 대해 자신이 누구인지 말하는 것이 중요하다고 말한다. 따라서 윌이 자신이 누구인지 말할 수 있을 때에만 도움을 주겠다고 선언한다. "우선 네 스스로에 대해 말할 수 있어야 해. 자신이 누군지 말야. 그렇다면 나도 관심을 갖고 대해 주마. 하지만 그렇게 하고 싶지 않지? 자신에게 어떤 말을 할까 겁내고 있으니까. 네가 선택해, 윌." 과연 지금까지 단 한 번도 스스로에 대해 말한 적이 없는 윌, 자신을 드러내기를 겁내고 있는 윌은 어떤 선택을 할 것인가?

세 번째 회기가 이루어졌다. 그것은 윌이 계속 상담 받기를 원했다는 의미다. 그러나 겉으로 보기에 이 회기에는 아무런 일도 일어나지 않는다. "No smoking."이라는 숀의 말 이외에는 두 사람 모두 한 시간 동안 침묵으로 일관한다. 비록 말은 없었지만 이번 회기는 두 사람 사이에 일종의 기 싸움이 팽팽하게 벌어진 만남이다. 숀은 램보에게 말한다. "원치 않을 때는 말하지 않겠다는 일종의 시위야. 그래서 더 질 수 없는 거야." 마음을 열지 않는 내담자에게 침묵은 오히려 큰 메시지가 될 수 있다.

네 번째 회기에서도 두 사람은 여전히 침묵으로 일관한다. 숀은 졸고 있고 침묵을 먼저 깬 사람은 윌이다. 특별한 이야기를 하는 것도 아니다. 윌은 썰렁한 비행기 이야기며 여자 이야기를 해 댄다. 이에 숀은 건성으로 듣고 건성으로 대답한다. 윌이 새로 생긴 여자친구 이야기를 하자 숀은 그럼 전화를 하라고 한다. 그러자 윌이 대답한다. "그러다 똑똑하지도 않고 재미없는 여자란 것만 알게요? 지금 이대로가 완벽하다고요. 이미지 망치기 싫어요." 좀 더 깊이 알게 되면 단점이 드러나고 그동안 쌓아 왔던 이미지를 망치게 될 것이므로 적당한 거리로 지내겠다는 것이다. 윌의 심리를 간파한 숀이 말한다. "반대로 완벽한 네 이미지를 망치기 싫어서겠지. 정말 대단한 인생철학이야. 평생 그런 식으로 살면 아무도 진실되게 사귈 수 없어." 사람을 믿지 못해서든, 이미지를 망치고 싶지 않아서든 윌은 관계 맺음에서 일정 거리 이상을 다가서지 못한다. 그는 이야기를 할 때도 빙빙 돌리면서 사변적인 이야기만 늘어놓을 뿐 정작 자신에 대해서는 털어놓지 못한다. 가까워진 관계로 인해 고통과 상처를 입을까 봐 두려워하는 것이다. 윌이 겁쟁이 어린애로 보였던 것도 이런 까닭이다. 이러한 윌의 태도를 보며 숀은 아내에 대해 이야기한다. 세상을 떠난 지 2년이나 되었지만 아내의 방귀 등 자신만이 알고 있는 아내의 사소한 버릇들만 생생하게 기억난다는 것이다. 사랑하는 부부 사이에는 남들에게 단점으로 보일 수 있는 사소한 버릇이 오히려 사랑스럽게 느껴질 수 있다. 완벽한 인간이란 없으며 누구나 단점이 있을 수밖에 없다. 그런데 자신의 단점을 감추려 한다면 두 사람 사이에 거리를 좁히는 것은 불가능하다. 남녀가 진정으로 사랑을 하게 되면 단점조차도 사랑스럽다. 숀의 말처럼 사랑은 불완전한 서로의 세계로 서로를 끌어들이는 마력이 있다. 스스로 완벽해서 상대방에게 흠 잡힐 일이 없어야 되는 것이 아니라, 단점이 장점이 되고 상호 보완이 됨으로써 서로가 완벽해지는 것이 중요한 것이다.

다섯 번째 회기에서 윌은 숀이 쓴 책을 읽었고 그의 삶을 생각했다고 말한다. 이번에 윌이 숀의 책을 읽은 것은 그의 약점을 찾아내거나 성향을 파악하기 위해서가 아니다. 그에 대해 알고 싶었기 때문이다. 그만큼 윌은 숀에 대해 관심이 생겨난 것이다. 숀은 윌에게 다시 아내에 대해 말한다. 야구 결승전이 벌어진 날 아내를 만났는데 결승전을 보지 못한 것을 전혀 후회하지 않는다는 이야기다. 그리고는 이어서 야구 이야기를 할 때 의기투합한 두 사람이 흥분하여 신나게 움직이며 떠들어 대는 장면이 흥미롭다. 이 장면에서 두 사람 사이의 개선된 라포를 느낄 수 있다.

상담사가 자신의 아픈 과거를 이야기하는 것은 이례적이다. 비록 사랑하는 아내가 병들어 저세상으로 떠나고 그 고통이 현재의 삶을 짓누르고 있지만 숀은 아내에 대한 추억을 떠올리며 감사한 마음으로 살아간다. 그리고 그는 정말 아내를 사랑했으며, 아내를 통해 누군가를 사랑하는 것이 얼마나 행복한 것인지를 알게 되었다고 말한다. 하지만 이번 회기에서도 내담자인 윌은 자신의 문제를 전혀 꺼내지 않는다.

여섯 번째 회기에 이르러 드디어 숀과 윌은 진지한 대화를 시작한다. 국가정보원 면접관 앞에서 이상한 헛소리를 마구 해 대다가 갑자기 숀의 연구실로 장면이 전환되는 것을 보면 아마도 윌이 숀에게 면접 상황을 신이 나서 설명한 것 같다. 이번 회기에서 숀은 윌에게 두 가지 중요한 질문을 한다. 하나는 영혼의 짝이 있느냐는 것이다. 그리고 영혼의 짝을 만나기 위해서는 먼저 다가서야 한다는 말도 덧붙인다. 스카일라와의 관계에서 그녀가 다가서자 물러나고만 윌은 먼저 다가서야 한다는 말에 가슴이 찔렸을 것이다. 또 하나의 질문은 정말 하고 싶은 것이 무엇인가 하는 것이다. 사실 숀 역시 윌의 재능을 아까워한다. 그래서 진짜 하고 싶은 것이 무엇이냐고 묻는다. 그러자 윌은 목동이 하고 싶다고 대답한다. 여전히 헛소리를 지껄인다고 생각한 숀은 윌에게 당장 나가라고 한다. 하고 싶은 것이 무엇이냐는 간단한 질문에도 정직하게 대답을 하지 못하는 것은 새로움, 도전, 모험을 두려워하는 겁쟁이일 뿐이라고 생각했기 때문이다. 숀이 말한다. "넌 누구한테나 헛소릴 지껄여 대. 간단한 질문에도 정직한 대답을 못하지. 왜냐하면 넌 너 자신을 모르기 때문이야."

자, 이제 우리 모두가 대답할 차례다. 우리는 혹은 여러분은 영혼의 짝이 있는가? 여러분이 정말로 하고 싶은 것은 무엇인가? 숀은 마음의 문을 끝까지 열지 못하는 윌을 쫓아낸다. 마음의 문을 열지 않는 한 더 이상의 상담은 무의미하기 때문이다. 밖으로 나온 윌은 허한 마음에 스카일라에게 전화를 걸지만 마음속에 있는 말을 끝끝내 하지 못한다. 그리고 공항에서 윌을 기다리던 스카일라는 결국 혼자서 캘리포니아 행 비행기를 탄다.

일곱 번째 회기는 상담이 시작되기 전 윌 문제로 숀과 램보가 크게 다툰 상태다. 윌은 밖에서 두 사람이 큰 소리로 다투는 소리를 모두 듣는다. 숀은 램보에게 윌이 현실을 회피하고 사람을 믿지 못하는 까닭이 사랑하는 사람들에게서 버림받았기 때문이라고 소리친다. 그 때문에 방어 심리로써 사람들이 떠나기 전에 먼저 떠나게 만들고 있다는 것이다. 램보가 떠나고 윌과 숀이 남게 되자 윌은 숀에게 어린 시절 폭행의 경험을 묻는다. 숀은 알코올 중독자인 아버지에게 당한 폭행을, 윌은 의붓아버지에게 당한 폭행을 말한다. 그리고 두 사람 사이에 최고의 공감대가 형성된다. 윌은 자신에 대해 묻는다. "애정 결핍 같은 건가요? 버림받을까 두려워하는 거? 그래서 제가 스카일라와 헤어진 걸까요?" 이때 상담사로서 숀은 가장 중요한 말을 한다. "네 잘못이 아냐!"라는 말이다. 이 장면은 최고의 명장면이다.

숀: 네 잘못이 아냐.

윌: 알아요.

숀: 내 눈을 똑바로 쳐다봐. 네 잘못이 아니야.

윌: 알아요.

숀: 네 잘못 아냐.

윌: 안다고요.

숀: 아냐, 몰라. 네 잘못이 아니다.

윌: 알아요.

숀: 네 잘못이 아냐.

윌: 알았어요.

숀: 네 잘못이 아냐. 네 잘못이 아냐.

윌: 성질나게 하지 말아요.

숀: 네 잘못이 아니야.

윌: 성질나게 하지 말란 말이에요. 선생님만이라도!

숀: 네 잘못이 아니었어. 네 잘못이 아냐.

윌: (두 사람이 포옹하고 윌이 운다.) 젠장, 정말 죄송해요.

숀: 다 잊어버려.

숀의 가슴에 묻혀 윌은 실컷 운다. 아마 그는 평생 처음으로 남에게 자신의 감정을 솔직하게 표현했을 것이다. 이제 윌이 보는 세상은 이전의 세상과는 전혀 다른 모습일 것이다. 카메라는 빠르게 움직이는 전철 차창 밖을 하염없이 바라보는 윌의 모습을 잡고 있다.

시작이 있으면 끝이 있는 법, 상담의 마지막 회기가 왔다. 윌은 램보가 소개해 준 회사에 취직하기로 결정했다는 말을 하고 숀은 네가 원해서 한 것이냐고 묻는다. 윌이 그런 것 같다고 하자 숀은 정말 원하는 것을 할 때 축하를 받을 수 있다고 생각하기에 그제야 축하의 말을 건넨다. 윌이 고맙다는 인사를 하자 숀은 고마운 것은 자기라고 말한다. 숀 역시 윌, 램보 등과 일련의 사건을 겪으면서 다시금 자신을 되돌아본 기회를 가졌던 것이 분명하다. 숀처럼 상담사는 내담자를 통해 항상 배워 가는 존재가 되어야 한다. 숀은 장거리 여행을 계획하고 있다. 그는 그의 인생에서 자신이 어떤 패를 쥐고 있었는지 탁자에 늘어놓고 돌아볼 생각이라고 말한다. 인생을 되돌아보고 정리하겠다는 의미다. 그리고 윌에게 건네는 마지막 말은 "네 마음을 따라가라."는 것이다. 숀은 알고 있었다. 윌이 회사에 취직을 하는 것이 정말 원해서가 아니라는 것을. 이렇게 상담은 끝이 났다.

결말을 향하여

영화의 결말에 이르면 윌은 램보의 바람대로 회사에 출근하는 대신 친구들이 마련해 준 중고차를 타고 스카일라를 만나기 위해 먼 서부로 떠난다. 그의 떠남은 상처가 완전하게 치유되었음을 의미하며, 자신의 모습 그대로를 수용할 수 있게 되었음을 뜻한다. 자신이 원하는 길을 스스로 결정하게 된 것이다. 윌의 떠남이 램보의 패배를 의미하는 것일까? 꼭 그렇지만은 않다. 윌의 미래는 누구도 알 수 없다. 램보가 원했던 것처럼 위대한 수학자가 되어 다시 나타날 수도 있지 않은가? 다만 그가 무엇을 하든 자신을 들볶고 몰아세워 이루는 것이 아닌 진심으로 원하는 것일 때 그만큼의 가치가 있을 것이다.

상담사와 내담자의 관계는 무척이나 어려운 관계다. 상담사도 한 인간이기 때문이다. 숀 역시 훌륭한 상담사의 자질을 보여 주었으나 개인적으로 성장기의 아픔, 학창 시절의 문제, 아내의 죽음이라는 커다란 상처를 안고 있는 한 인간이다. 따라서 상담에 있어 내담자의 전이 못지않게 상담사의 역전이는 너무나 중요하며, 항상 경계해야 할 부분이다. 영화 〈굿 윌 헌팅〉에서도 상담사와 내담자의 관계 설정의 어려움을 제시하고 있는데, 특히 성(性)과 관련하여 재미있게 표현한 부분이 있다. 이를테면, 헨리와의 상담에서 윌은 그에게 모욕을 주고자 게이를 언급한다. 또한 숀과 윌의 마지막 만남에서 윌이 상담사와 내담자가 이렇게 친밀해도 되냐고 묻자, 숀은 지나가는 말투로 호모와 관련한 성적 농담을 한다. 영화에서는 모든 상담사가 남자였기 때문에 남자 동성애의 표현이 나왔을 것이다. 사실 자신의 치부까지도 털어놓아야 하는 내담자는 어느 정도 라포가 형성되고 나면 상담사에게 많은 것을 의지할 수밖에 없다. 따라서 상담에서는 동성이든 이성이든 개인적으로 성적인 친밀한 관계가 되는 것을 엄격히 금한다. 한국상담심리학회 상담 전문가 윤리강령에서도 다음과 같이 이 점을 명시하고 있다.

① 상담심리사는 내담자와 어떠한 종류이든 성적 관계는 피해야 한다.
② 상담심리사는 이전에 성적인 관계를 가졌던 사람을 내담자로 받아들이지 않는다.
③ 상담심리사는 상담 관계가 종결된 이후 최소 2년 내에는 내담자와 성적 관계를 맺지 않는다. 상담 종결 이후 2년이 지난 후에 내담자와 성적 관계를 맺게 되는 경우에도 상담심리사는 이 관계가 착취적인 특성이 없다는 것을 철저하게 검증해야 한다.

사실 상담의 모든 윤리강령에는 기본적으로 성적 관계의 금지를 명시하고 있는 것이다.

영화는 인물의 얼굴, 특히 논쟁을 벌이는 인물 그리고 심리적 갈등을 그리는 윌과 숀의 얼굴을 클로즈업한다. 클로즈업 쇼트(close-up shot)의 효과는 얼굴을 상세하게 볼 수 있어 인물의 심리를 섬세하게 파악할 수 있다는 것이다.

> "그리피스에 의해 새로운 의미로 정립된 클로즈업은 감독의 연출적 의도를 가장 적극적이고 효과적으로 전달하는 쇼트로, 이후 영상 매체에서 기본적인 규칙으로 인식되고 활용되고 있다. 이러한 클로즈업은 단순히 피사체를 크게 확대하여 보여 주는 것에 그치는 게 아니라 관객의 심리적 동화를 요구하는 특별한 쇼트로서 관객이 지닌 내면적 감성을 자극한다" (이태구, 2014: 55).

이처럼 영화는 두 사람 사이에서 오가는 심리적 갈등, 변주, 동요, 화해 등을 언어가 아닌 클로즈업된 표정으로 보여 주면서 관객의 동화를 이끌고자 한다.

영화는 숀과 윌의 얼굴을 자주 클로즈업 시키고 있다. 윌과 숀의 관계에서 이들의 시선을 주목해 보면, 처음에는 자신만만하고 똑바로 쳐다보던 윌은 숀의 말을 수용하게 되면서 점차 숀의 시선을 피하는 경우가 많아진다.

생각해 보기

1. 윌의 '인생 그래프'를 작성해 보자.

2. 각자 인생 그래프를 작성해 보자.

3. 윌의 '조하리의 창'을 작성해 보자.

4. 각자 '조하리의 창'을 작성해 보자.

5. 열등감이란 무엇인가?

6. 스스로 생각할 때 자신의 열등감은 무엇인가?

7. 자신의 열등감을 극복하려고 노력한 적이 있는가? 그 결과는 어떻게 되었는가?

8. 친구에 대해 생각해 보자.

9. 윌과 스카일라는 어떻게 되었을까?

10. 윌의 미래는 어떻게 되었을까?

11. 각자는 영혼의 짝이 있는가?

12. 각자는 정말로 하고 싶은 것이 무엇인가?

3

〈패치 아담스〉와 연극치료

두려움과의 대화(1988)

• 톰 새디악(Tom Shadyac) 감독 작

• 출연 배우

로빈 윌리엄스(헌터 패치 아담스 역)

모니카 포터(캐린 피셔 역)

• 톰 새디악 감독의 필모그래피

〈에이스 벤츄라〉(1994)

〈너티 프로페서〉(1996)

〈라이어 라이어〉(1997)

〈패치 아담스〉(1998)

〈브루스 올마이티〉(2003)

〈억셉티드〉(2006)

〈에반 올마이티〉(2007)

〈척 앤 래리〉(2007)

〈아이 엠〉(2010)

• 톰 새디악의 저서

『두려움과의 대화』(2014)

톰 새디악은 헐리우드의 영화감독으로서 많은 히트작을 제작하였으며, 특히 『두려움과의 대화(*Life's Operating Manual: With the Fear and Truth*)』의 저자라는 점이 눈에 띈다. 이 책의 원제목은 '인생사용 매뉴얼(Life's Operating Manual)'이다. 이 책은 두 주인공이 우리의 인생 그리고 우리가 살아가고 있는 사회가 어떻게 작동하고 있는지를 통렬한 대화를 통해 유쾌하고 실감나게 풀어낸 것으로 평가되고 있다. 두 주인공은 우리 마음속에서 실제로 작동하는 두 마음, 곧 두려움과 진리를 대변한다. 새디악은 두 마음 사이에서 자신이 어떻게 두려움이 아닌 진리를 따르게 되었고, 그 결과 삶이 어떻게 달라졌는지 사적인 이야기를 곁들여 풀어낸다. 서평을 인용하면 다음과 같다.

> 코미디 영화로 흥행에 성공해서 큰돈을 번, 세상 사람들에게는 성공의 모델이요, 꿈을 이룬 사람으로 추앙을 받던 할리우드의 영화감독 톰 새디악. 대저택에 값비싼 골동품과 예술 작품, 최고급 카펫 등을 갖추고 전용 비행기로 가고 싶은 곳은 어디든 날아다니며 살던 그가 주변 사람들이 살아가는 모습을 구체적으로 들여다보면서 자신의 인생이 뭔가 잘못되었다는 생각에 불편함을 느끼기 시작한다. 자신이 벌어들이는 파격적인 돈이 주변 사람들의 결핍과 불공정과 관련될 뿐 아니라 심지어 그 원인이기도 하다는 것을 깨닫게 된 것이다. 그는 어릴 때부터 사랑과 연민에 대한 종교의 가르침에 관심이 많았고, 매일 아침 기도를 하고 일기를 쓰면서 예수, 노자, 루미, 간디, 에머슨, 소로, 토머스 머튼, 헨리 나우웬 같은 사람들의 말을 양식으로 삼았다. 또 '상대가 너에게 대우해 주기 바라는 대로 그를 대우하라.' '이웃을 네 자신처럼 사랑하라.'와 같은 말을 삶의 중

요한 원칙으로 여기며 사람들을 돕고 봉사하는 삶을 살기를 바랐다. 그러나 배우들이 연기할 수 있도록 먹을거리를 마련하고 무대를 정리하는 사람들은 인간으로서의 품위를 지키기도 어려울 정도로 곤궁하게 사는 데 반해, 영화 한 편에 수백만 달러에서 수천만 달러를 받고 또 요구하는 자신의 모습은 자신이 바랐던 삶과는 너무도 먼 것이었다. 그는 마음속 깊은 곳에서 자기 인생이 균형을 잃었다는 느낌이 일었다. … 마침내 그는 대저택과 전용 비행기를 처분해서 재산을 사회에 기부하고 스스로는 이동식 주택과 자전거를 선택함으로써 지금까지와는 전혀 다른 맥락에서 풍요와 행복을 누리며 살게 되었다고 말한다. 그렇게 삶이 변화되어 가던 중에 그는 자전거 사고로 뇌진탕을 겪게 되고, 고통 속에서 어쩌면 이러다 죽을지도 모른다는 생각과 함께 "진짜 네가 누군지 너의 이야기를 한 번도 말하지 않고 죽을 수는 없어."라는 마음의 이야기를 듣는다. 그래서 그는 무엇이 세상을 병들게 했고 그것을 바로잡기 위해 할 수 있는 일이 무엇인지를 묻는 다큐멘터리 영화 〈아이 엠〉을 만들었고, 그 영화에서 다룬 문제의식을 자신의 이야기와 연결시켜 한 권의 책을 쓰기 시작한다. 영화감독 톰 새디악이 이 책을 쓴 연유다.

출처: 추미란 역(2014).

진지한 자기성찰과 삶에서 의미 찾기를 게을리하지 않은 감독의 영화에는 뭔가 특별한 것이 있을 것 같다. 관례와 이념의 테두리를 벗어나 경쾌하고 코믹하면서도 삶의 참 가치를 보여 주는 〈패치 아담스(Patch Adams)〉(1998)에서도 이러한 감독의 성향이 잘 드러난다.

패치의 불행한 삶

인간이 태어나서 병들고 늙는 과정에서 의사의 손길은 꼭 필요하다. 세상에는 많은 의사와 환자가 있다. 의사는 개인의 성격이나 인생관 또는 세계관에 따라 환자와의 관계를 설정한다. 어떤 의사는 나름의 의학적 지식을 바탕으로 매우 진지하게 환자의 상태를 점검하고 종합하여 처방을 취한다. 반면, 어떤 의사는 환자를 친구처럼 대하면서 편한 상태에서 환자가 자신의 몸 상태를 말할 수 있도록 한다. 또 어떤 의사는 자고로 의사란 권위가 있어야 한다고 믿는다. 환자가 믿고 따를 수 있는 카리스마가 필요하다는 것이다. 환자가 우습게 보면 안 되기 때문에 어느 정도 권위를 세우고 책임 있게 진료를 해야 한다고 생각한다. 환자 가운데는 이런 모습의 의사를 선호하는 환자도 있다. 의사의 성격이나 의술이야 어떻든 결과적으로 병이 낫는 것이 중요하다는 것이다. 따라서 의사의 어떤 태도가 옳고 그른지를 판단하기는 어렵다. 판단할 필요도 없다. 환자를 대하는 각각의 고유한 방식을 인정하면 되는 것이고 진료를 잘해서 환자의 병이 완치될 수 있으면 되는 것이니까. 그렇지만 이러한 원론적인 이야기에서 벗어나면 갑자기 문제점들이 많아진다. 의사든 환자든 모두 인간이고 서로 간에 소통의 문제로 인해 오해가 생기기도 하며 갈등이 발생하기도 한다. 특히나 중한 병을 앓고 있는 환자는 모든 것을 의사에게 전적으로 맡겨야 하므로 어쩔 수 없이 을의 입장이 되는 수가 많다. 이러한 경우 의사의 말 한마디와 환자를 대하는 태도는 환자의 감정, 판단력을 좌지우지할 수 있는 막강한 힘을 가지게 된다. 이미 병원을 들어서는 순간 환자는 약자가 되어 버리는 것이다.

영화 〈패치 아담스〉는 실화를 바탕으로 환자와 친구가 되어야 한다는 입장을 지닌 한 의사의 이야기를 감동적으로 그리고 있다. 패치로 불리는 그의 원래 이름은 헌터다. 영화가 시작되면 불행한 환경을 비관하는 헌터가 우울증에 시달리는 모습이 나온다. 그리고 영화의 오프닝 크레디트(opening credits)의 장면에서 흰 눈으로 뒤덮인 꼬불꼬불한 산길을 버스가 달려가고 있다. 음악은 조용하면서도 우울하다. 카메라는 버스 안을 비추고 내레이터의 생기 없는 목소리가 들린다. "인생이란 언젠가는 모두 자신의 집으로 돌아간다." 목소리는 자신의 심정을 무거운 다리를 이끌고 눈 속을 걷는 사람으로 묘사한다. 빙빙 제자리를 도는 줄도 모르면서……. 버스 안의 헌터는 자존감이 완전히 바닥에 떨어져 있어 자신이 작게만 느껴진다. 그의 귀갓길은 쓸쓸하다. 행복하고 따뜻해야 할 집이지만 오히려 그는 폭풍을 느낀다. "내 인생의 행로 가운데서 내가 어두운 숲에 있음을 발견했다."는 단테의 시구는 헌터의 우울한 심정을 대변한다. 가야 할 길을 찾지 못한 채 어두운 숲을 방황하고 있다면 더 이상 살아야 할 가치를 찾지 못할 것이다. 집에 도착한 헌터는 참담한 심정으로 약병을 꺼내 든다. 생을 마감하려고 하는 것이다.

영화에서는 정확하게 제시하고 있지 않지만 의사 프랙과의 면담 장면을 보면 그는 불우했던 어린 시절을 보낸 것이 틀림없다. 아버지는 정상적인 삶을 살 수 없는 사람이었다. 아마도 약물에 중독되었을 가능성이 크고 무기력한 삶을 살았을 것이다. 그러한 아버지의 행동을 보면서 어린 헌터는 그 원인이 자신에게 있다고 생각했다. 흔히 불우한 가정환경에서 부모에게 문제가 생길 경우 그 자녀는 부모의 불행을 자신의 책임으로 돌리는 경우가 빈번하다. "내 인생이 꼬인 것이 너 때문이야." "너만 없었다면 다른 삶을 살았을 텐데." 등 별생각 없이 던지는 부모의 한마디는 아이의 가슴을 비수처럼 파고

든다. 헌터가 아홉 살 때 그의 아버지는 죽음을 맞이했는데 죽기 직전 아들에게 전쟁이 자신의 정신적 문제의 원인인 것 같다는 말을 한다. 이 한마디로 어린 헌터는 그동안 가졌던 죄책감에서 벗어날 수 있었지만 성인이 되어서도 여전히 미성숙한 상태가 된다. 한 해에 일곱 번이나 이사를 하고 한 직장에 집중하지 못해 여러 곳을 전전하는 그의 삶은 정착, 안정과는 거리가 멀다. 대인관계 실패, 사회 부적응, 무기력은 모든 일에 환멸을 느끼고 집으로 귀환하는 헌터의 정신적 상태를 보여 준다. 그리고 그는 자살을 시도하지만 미수에 그치고 만다. 하지만 갑자기 정신이 번쩍 든 헌터는 스스로 정신병원을 찾아간다.

영화의 전반부를 장식하는 '패어팩스' 정신병동에서의 체험은 이전의 헌터와 이후의 헌터로 양분할 수 있게 해 준다. 이름도 패치로 바꾼다. 인생의 방향 감각을 상실하고 어둠 속에서 헤매던 사람이 헌터였다면 이제는 자신이 해야 할 바가 정확히 무엇인지를 깨닫고 이를 향해 나아가는 패치가 된 것이다. 과연 정신병동에서 무슨 일이 있었던 것일까?

정신병동에서의 만남

헌터는 정신병동에서 몇몇 사람을 만난다. 이들 중 주요 인물은 넷 정도로 요약할 수 있다. 그중 첫 번째는 의사 프랙이다. 그와의 첫 면담에서 헌터는 진지하게 불행했던 어린 시절을 이야기한다. 그러나 의사의 태도는 헌터를 실망시킨다. 환자의 말을 제대로 들어 주기는커녕 눈도 마주치지 않고 커피에 몰두하는 의사를 보면서 헌터는 더 이상 진지한 이야기를 하지 않고 되지도 않은 소리를 마구 늘어놓는다. 아마도 헌터가 패치가 되어 의대에 입학하게 되었을 때 그는 프랙과 같은 의사는 절대 되지 않겠노라고 다짐했을 것이다. 프랙은 반면 교사로서 헌터에게 중요한 교훈을 주었다. 프랙의 태도는 우리가 누군가를 만날 때 이런 식으로 대해서는 안 된다는 것을 보여 준다. 비록 의사와 환자의 관계지만 처음 만남에서 무관심과 무성의한 태도를 보인다면 첫 단추를 잘못 꿴 것이 되고 만다. 실망한 환자는 절대로 의사를 신뢰하지 않을 것이므로 그들의 진심 어린 관계(라포) 형성은 불가능하다. 의사나 전문상담가가 아니라도 우리는 살아가면서 무수히 많은 사람을 만난다. 경우에 따라서는 이야기를 잘 들어 주고 도움을 주어야 할 위치에 있기도 할 것이다. 그러한 때에 프랙 같은 태도를 보인다면 헌터가 그랬듯이 두 사람의 관계는 파국을 맞게 될 것이다. 귀 기울여 잘 들어 주는 것이야말로 상대방에게 신뢰감을 주는 가장 중요한 요소다.

두 번째 사람은 손가락을 펴 들고 몇 개로 보이냐고 묻고 다니는 아더 맨델슨이다. 수학자이자 가장 혁신적인 사람이라고 평가받았던 아더는 헌터처럼 스스로 정신병원에 입원한 사람이다. 아더는 만나는 사람마다 손가락 네 개를 펴 들고 몇 개냐고 묻는다. 그리고 네 개라고 대답하면 바보고 미쳤다며 떠들어 댄다. 하지만 오히려 사람들은 그가 비정상이라고 수군대면서 미쳤다고 말한다. 누가 옳고 누가 그른 것인가. 아더의 행동은 많은 점을 시사한다. 손가락 네 개를 펴 들고 몇 개냐고 물으면 열이면 열, 네 개라고 대답할 것이다. 네 개가 아니라면 오히려 이상하다. 하지만 아더는 그 대답이 틀렸다고 말한다. 틀렸다기보다는 바보 천치나 하는 대답이라고 경멸한다. 그러면 아더는 과연 몇 개라고 대답하기를 바라는 것일까? 아더에게 호기심을 느낀 헌터는 아더의 방을 찾는다. 아더의 책상 위에 놓여 있는 종이는 종이컵이 새는 바람에 젖어 있다. 헌터는 테이프로 간단하게 새는 종이컵을 수선해 준다. 그리고 그 모습을 바라보던 아더는 헌터에게 다가가 진지하게 다시 손가락이 몇 개로 보이냐고 묻는다. 네 개라고 대답하자 아더는 문제에 초점을 맞추면 해결책을 찾을 수 없다고 말한다. 손가락을 지나 다른 곳을 바라보게 되면 손가락 숫자가 고정되지 않고 마구 변한다는 것이다. 즉, 손가락 자체를 바라보는 것이 아니라 손가락 너머를 보면 다른 사람들이 보지 못하는 것을 볼 수 있고, 다른 사람들이 보기를 원하지 않는 것을 볼 수 있다는 것이다. 영화에서 헌터가 손가락 너머를 바라보자 손가락이 흐릿해지면서 여러 개로 나뉜다. 헌터의 모습을 바라보던 아더는 보통 사람들은 두려움과 순응과 게으름 때문에 새로운 것을 보려고 하지 않는다면서 사람들이 보기를 원하지 않는 것을 보라고 권한다. 사실 아더는 헌터가 자신을 찾아왔을 때부터 헌터가 무슨 생각을 하고 있는지 알아보았다. 아더가 알려 주고 싶은 것은 익숙한 눈이 아닌 자유롭게 열려 있는 눈으로 바라보면 매일 세상을 새롭게 바라볼 수 있고, 세상은 전혀 다른 모습으로 나타나게 된다는 사실이었다. 그리고 기존의 관습이나 주어진 규칙에 물들지 않고 깨어 있는 정신으로 사물을 볼 수 있는 사람이 일반적 시각과는 전혀 다른 방식으로 세상을 바라볼 수 있다는 것이 이 영화가 전하고자 하는 중요한 메시지다. 패치라고 이름을 붙여 준 사람도 아더다. 아더는 종이컵을 고쳐 준 헌터에게 이제부터 패치(Patch)라고 부르겠다고 말한다. 패치는 '구멍 난 데를 때우거나 장식용으로 덧대는 데 쓰이는 조각'이나 '상처를 가리는 천 조각' '반창고 혹은 혈관 수술용의 패치'를 뜻한다. 헌터는 기꺼이 이름을 패치로 바꾸면서 앞으로의 삶에서 다른 사람의 상처를 치료해 주는 조각이 되기를 소망한다. 아더와의 만남으로 헌터는 일상의 시각에서 벗어나 그동안 보지 못했던 것을 보게 된다. 그의 인생이 새롭

초점을 손가락에 맞추지 않고 손가락 너머에 맞추자 손가락이 여러 개로 나타나기 시작한다. 문제에 초점을 맞추면 문제를 풀 수 없다는 전언이 담겨 있다.

게 열린 것이다. 그러한 사실은 비니와 루디와의 만남에서도 잘 드러난다.

세 번째 사람은 긴장증 환자인 비니다. 말을 하지 못하는 그는 휠체어에 앉아 허공만을 응시하고 있다. 그의 특징은 오른손이 늘 하늘을 향해 있다는 것이다. 집단상담은 동일한 문제가 있는 개인들이 모여 집단을 이루고 그들 사이에서 상호 의견을 교환함으로써 서로에게 도움이 될 수 있도록 하는 상담 방식이다. 같은 처지와 상황, 비슷한 감정을 겪은 사람들이기 때문에 자신의 경험이 상대방에게 도움을 줄 수 있고 반대로 다른 누군가로부터 도움을 받을 수도 있다. 집단상담은 참여자들 사이에 활발한 역동이 일어나 감정과 의견이 자유롭게 교환될 때 효과적이다. 그러나 참여자 가운데 타인의 시선에 자신의 치부를 드러내는 것을 어려워하거나 상호 교류를 원하지 않는 사람이 있다면 역효과가 날 수도 있다. 집단상담의 리더는 전체의 의견을 조율하고 균형을 맞추어 역동이 일어날 수 있는 분위기를 조성해야 한다. 속도를 조절해 주고 방향을 잡아 주는 역할을 하는 사람인 것이다. 그런데 의사 프랙과 환자들 사이에 있었던 짧은 집단상담은 의사의 고지식하고 권위적인 태도로 인해 참여자들과 갈등을 드러내는 것으로 끝을 맺는다. 프랙은 집단상담의 리더의 자격이 전혀 보이지 않는다. 권위적 자의식에 함몰되어 있는 그는 습관적인 시각에 젖어 자신의 것 이외에는 보려고 하지 않는다. 그는 아더가 말한 새롭게 바라보기, 습관 깨트리기에 전혀 동참할 생각이 없다. 참여자 중 하나가 집단상담의 장소가 비좁다는 의견을 제시한다. 아마도 그는 폐쇄공포증 환자일 수도 있다. 집단상담의 공간은 누구나 편안함을 느낄 수 있는 공간이어야 한다. 신체의 불편함은 심리적 불안 상태를 야기하므로 공간 상태가 만족스럽지 못하다면 집단상담은 실패할 확률이 높다. 그럼에도 의사는 공간이 비좁다는 참여자들의 의견을 완전히 무시한다. 이때 헌터가 분위기를 바꾸고자 여전히 하늘을 향해 손을 들고 있는 비니를 보고 질문이 있는 것 같다고 말한다. 헌터의 성격으로 볼 때 비니의 신체적 상태를 무시하거나 우스갯거리로 만들 생각이 있었던 것은 아니다. 그것은 분위기를 가볍고 즐겁게 하기 위한 헌터 스타일의 유머다. 하지만 의사는 헌터의 행동거지를 단호하게 막는다. "병을 우스갯거리로 만드는 게 웃긴다고 생각해요, 헌터?" 그럼에도 헌터를 비롯한 환자 참여자들은 의사에게 동의하기는커녕 그 상황을 즐긴다. 만일 노련한 집단상담 리더였다면 오히려 이러한 상황을 적극적으로 활용하여 즐겁고 재미있으며 유익한 집단상담을 진행했을 것이다. 그러나 권위가 손상되었다고 느낀 의사가 간호사들을 부르면서 이 상황은 어설프게 종결되고 만다. 이 집단상담은 의사와 헌터, 의사와 환자들 사이에 엄청난 관점의 차이를 노출시켰다. 헌터의 관점은 이렇다. 첫째, 비니가 무슨 생각을 하고 있는지는 아무도 모른다. 둘째, 비니가 비록 말을 하지는 않지만 다른 사람들보다 더 많이 알 수도 있다. 따라서 자신들과 동일한 환자로 대해 주고 집단상담에 동참시켜야 한다는 것이 헌터의 생각이다.

사실 참여자들이 비니와 벌이는 놀이는 그를 놀린다기보다 함께 어울린다고 보는 것이 옳다. 그러나 의사는 비니를 긴장병 환자로 선언하고는 더 이상 다른 가능성을 따지려고 하지 않는다. 한번 내린 선고에 고착화되어 있는 것이다. 그러자 환자들이 웃고 떠들고 재미있어 하는 것이 비니에 대한 것이 아니라 어느새 의사에 대한 놀림이 되어 버렸다. 의사가 지니고 있는 철옹성 같은 고정관념을 비웃고 있는 것이다. 그리고 헌터의 생각과 행동은 겉으로 드러나는 현상만 바라보지 말라는 아더의 교훈과 정확히 일치한다. 비니는 항상 집단상담에 참여하였지만 있어도 없는 존재였다. 아무도 말을 걸지 않았고, 아무도 상관하지 않았다. 그러나 헌터의 장난기 어린 행동 그러나 그를 하나의 인간으로 대하는 태도에서 처음으로 집단의 구성원이 되었다는 느낌을 받지 않았을까? 그랬을 수도 있다는 생각은 우리를 유쾌하게 한다. 물론 카메라가 헌터를 중심으로 잡고 있기 때문에 비니에 대한 이러한 관점은 관객이 모든 것을 헌터의 시선으로 바라본다는 전제를 바탕으로 한다. 관객은 헌터 편이지 의사 편이 아니다. 따라서 한 가지 짚고 넘어가야 할 것은 집단상담에서 프랙의 말처럼 누군가의 약점을 우스갯거리로 만들어서는 안 된다는 것이다. 집단상담은 상호 감정과 의견을 나누는 자리지 다른 사람과 갈등을 일으키는 장소가 아니다. 영화에서 비니는 프랙이나 헌터의 투사로서 나타날 뿐 자신의 감정 상태인지를 주체적으로 보여 주지 않기 때문에 프랙 말대로 기분이 상했는지, 아니면 그 상황을 즐겼는지 알 수는 없다. 다만 프랙을 제외한 집단상담에 참여했던 모든 환자가 매우 유쾌한 시간을 보냈다는 것은 확실하다.

네 번째 사람은 룸메이트인 루디다. 루디는 다람쥐 증후군 환자다. 첫 만남에서 루디는 헌터의 팔에 털이 많은 것이 신경 쓰여 헌터에게 팔에 털이 많다고 지적한다. 헌터가 방에 들어올 때 다람쥐들이 함께 들어왔다고 믿는 루디는 헌터를 배신자로 규정한다. 그는 다람쥐가 무서워 침대를 떠나지 못할뿐더러 밤에는 화장실에도 가지 못한다. 헌터는 침대에 앉아 거의 뜬눈으로 밤을 새우는 루디를 설득해 보려고 하지만 실패한다. 루디의 눈에는 방 안의 다람쥐들이 자신을 해칠 기회를 엿보고 있는 것이다. 그러던 중 어느 순간 패치는 그 상황을 자신의 눈이 아닌 루디의 눈으로 보기 시작한다. 그것은 아더가 가르쳐 준 교훈이기도 하다. 새로운 시각을 가지자 정말로 다람쥐가 있는 것 같다. 패치는 손가락 총을 만들어 다람쥐 사냥을 시작한다. 이제 두 사람은 함께 다람쥐 잡기 놀이에 빠져든다. 얼핏 보기에 두 사람은 그냥 장난을 치거나 놀이를 하거나 혹은 역할연기 또는 연극을 하는 것 같다. 하지만 그들은 다람쥐와 전쟁을 벌이는 중이다. 침대를 옆으로 세워 진지를 만들고 망원경으로 적을 살핀다. 최후에 바주카포를 발사하면서 적은 섬멸되고 그들은 마침내 승리한다. 그리고 다람쥐가 없어지자 루디는 화장실을 갈 수 있게 된다.

허구와 실제: 연극치료

영화 속에서 연극놀이를 하는 두 사람을 통해 바로 연극이 갖고 있는 치료의 효과를 확실하게 볼 수 있다. 병실이라는 무대는 포화가 자욱한 전쟁터가 되었고 두 사람이 용감하게 싸운 덕택에 루디는 문제를 해결하게 된다. 만일 패치가 의사와 마찬가지로 그의 말을 듣지 않고 아무것도 없으니 안심하라고 설득했다면, 다람쥐는 여전히 그곳을 활보했을 것이고 루디는 밤새 공포에 떨었을 것이다. 연극은 이처럼 가상의 공간과 사건을 만들어 문제를 겉으로 들춰내고 이를 해결하는 특징이 있다. 허구성과 실제성을 동시에 간직하고 있는 것이다. 따라서 연극은 가상을 통해 현실의 문제에 접근하고자 한다.

연극치료가 매력적인 것은 일차적으로 연극이 지닌 허구성 덕택이다. 연극 속에는 꾸며진 이야기가 있고, 그 이야기를 엮어 가는 역할들이 있다. 연극배우가 역할을 맡아 가상의 세계를 재현하면 관객 또한 배우들이 만들어 내는 허구의 세계에 기꺼이 동참한다. 연극치료에서도 연극이라는 가상의 세계를 인지하고 있는 참여자는 허구성의 도움을 받아 안전한 느낌 속에서 억압된 무의식, 통제된 정서, 과거의 미해결 과제를 밖으로 꺼내 놓게 된다. 그리고 참여자가 연극치료의 공간에서 언어, 동작, 움직임으로 역할을 창조할 때 어느 순간부터 허구성이 사라지고 실제적 사태로 변화한다. 루디가 헌터와 함께 다람쥐와 전쟁을 벌이고 그들을 퇴치했을 때에는 그것이 놀이가 아닌 실제라고 믿었기 때문이다. 그 믿음이 있었으므로 루디는 화장실에 갈 수 있었던 것이다. "참여자는 역할을 창조하고 그 안에서 실제 감정과 조우한다. 참여자가 울고, 화내고, 소망할 때 그것은 허구로서 경험되지 않는다. 진짜 눈물이 흐르고 진짜 분노가 폭발하는 것이다" (이효원 역, 2005: 33).

연극치료에서는 허구의 세계가 실제가 되고 실제의 세계가 허구가 되는 기막힌 전이가 일어난다. 이곳에서는 허구에서 실제로 들어가고 또 실제에서 허구로 나오는 순환이 계속된다. 루디의 경우처럼 허구를 현실로 철석같이 믿고 있는 경우가 효과적일 수 있지만 반대로 연극은 허구일 뿐이라는 것을 의식하는 경우도 효과적일 때가 있다. 결국은 연극의 세계가 허구라는 믿음이 있기 때문에 이에 적극적으로 동참할 수 있는 것이다. 참여자가 역할을 하면서 허구의 세계가 아닌 실제를 경험하는 것이라고 굳게 믿는다면, 현실의 고통을 감당할 수 없기 때문에 마음의 문을 열 수 없는 상황이 생겨날 수 있다. 현실은 벗어나거나 돌이킬 수 없는 견고함을 지니고 있다. 한번 지나간 것은 영영 되돌아오지 않는 냉정한 현실은 후회와 고통을 안겨줄 뿐이다. 반면, 허구의 세계는 은밀하고 자유로우며 안전하다. 후회의 순간을 되돌릴 수도 있고 자신이 바라는 방향으로 조절할 수도 있다. 그러나 가상은 가상일 뿐 언제까지나 그곳에 머물 수는 없다. 어쩔 수 없이 현실로 되돌아오면 여전히 두려움이 메아리친다. 오히려 가슴 아픈 과거가 더욱 확대되고 고통의 현실이 부각될 뿐이다. 그런데 연극은 이러한 허구의 세계를 후회 없이 현실화시키는 마력을 지니고 있다. "허구적인 것이 또한 현실적이다"(이효원 역, 2005: 34). 이처럼 연극치료는 허구와 사실, 과거와 현재의 변증법을 통해 과거를 극복하고 변화를 위해 결심을 할 수 있도록 도와준다. 즉, 안전한 극적 공간에서 허구를 현실화시키거나 과거를 현재화시켜 그를 극복하도록 해 준다. 일상적 현실이 연극적 현실로, 과거가 현재로, 현실이 상상으로 전이됨으로써 경험과 인식의 전환이 가능해지는 것이다. 현실을 비추는 거울인 무대는 또 다른 종류의 현실이다. 가상의 현실, 임의적 현실인 무대에서 관객은 무대에 의해 반사된 자신의 실제 모습을 바라본다. 연극치료를 통해 참여자는 가슴 깊숙이 간직하고 있던 문제를 전적으로 펼쳐 보게 되고, 이에 실제적으로 다가서게 되는 것이다. 그리고 가상의 공간에서 고통받는 자신을 발견한 관객-참여자는 무대에 투영된 이미지를 현실로 가져온다. 이는 허구의 무대라는 안전한 거리에서 진행되기 때문에 관객-참여자는 마치 연극을 관람하듯 문제의 자신을 알아차리게 된다. "연극치료는 삶으로부터의 도피라기보다 삶으로서 연극의 한 형식인 것이다"(이효원 역, 2005: 34).

심리치료에서 흔히 사용되는 역할연기 같은 연극적 기법은 심리치료를 위한 중요한 수단이다. 연극치료에서 역할은 한 걸음 더 나아가 참여자로 하여금 이야기가 구체화된 가상의 공간에서 실제를 경험하도록 한다. 극적 공간에서 상상이나 꿈속에서 있음직한 일들이 마법처럼 펼쳐지고 내가 거기에 직접 참여하고 있다는 사실이 중요하다. 고통 속에서 물러설 수밖에 없었던 욕망, 시퍼렇게 멍든 가슴, 소리칠 수 없었던 외침을 말이나 이미지나 소리로 표현하는 것에 그치지 않고 이들 종합적으로 아우르면서 현실의 장소에서 직접 몸으로 체험하는 것은 연극치료의 커다란 특징이다. 이를테면 텔레비전 중계를 보는 것이 아니라, 운동장에서 잔디를 밟고 땀 흘리며 뛰는 것이 연극치료의 실체인 것이다. 체험의 참여자는 자기 모습을 있는 그대로 생생하게 재현시키면서 자신을 냉정하고 객관적으로 바라보고 사고와 행동의 변화를 일으킬 수 있게 된다. "연극치료 과정에서 내담자들은 그러한 이미지를 창조하여 거듭 살펴보고 인식하고 통합함으로써 보다 건강하고 기능적인 정체성을 도모하게 된다. 여기서 우리는 가상과 현실의 맥락을 오가는 드라마의 변증법적 본질이 연극치료의 개념적 기초일 뿐 아니라 실질적 근거임을 확인할 수 있다" (이효원 역, 2002: 73).

헌터에서 패치로

패치는 루디와의 전쟁 놀이로 다람쥐 퇴치에 성공한 후 크게 깨닫는다. 그는 더 이상 병원에 머무를 이유가 없어졌다. 패치는 의사에게 퇴원하겠다고 통보하면서 루디와 있었던 사건에서 다른 사람과 연결됨을 느꼈다고 말한다. 패치가 루디를 고쳐 준 것이 아니라 루디가 패치를 고쳐 준 것이다. 루디를 통해 타인을 돕는다는 것이 진정 무엇인지를 깨달은 패치는 사람에 대해 좀 더 배우고 그들을 돕겠다는 결심을 한다. 의대에 입학한 후 한 친구가 패치에게 왜 의사가 되고 싶으냐고 묻자 패치는 이렇게 대답한다. "사람들을 돕고, 그들과 연결되고 싶어. 의사는 사람들이 가장 약할 때 만나지. 치료를 제공할 뿐 아니라 조언과 희망을 제공해. 그것이 정말 의사가 되고 싶은 이유야." 패치는 사람들을 돕고 그들과 소통하며 가장 약한 상태에 있는 환자들에게 조언해 주고 희망을 전하기 위해 의사가 되고 싶어 한다. 누군가를 돕는다는 것은 자기를 잊어버릴 정도의 몰입이 필요하고 그럴 때 최고의 기쁨이 생겨난다. 훗날 여자친구 캐린과의 대화는 이 점을 잘 보여 준다.

> 패치: 정신병동은 정말 나한테 유익했어.
>
> 캐린: 의사가 어떻게 도와줬어?
>
> 패치: 의사가 도와주지 않았어. 환자들이 도와줬어. 그들을 도움으로써 내 자신의 문제를 잊어버릴 수 있다는 사실을 깨닫게 해 줬어. 난 다른 이들을 도와줬어. 엄청난 기분이었어, 캐린. 루디라는 환자가 있었어. 그가 소변을 보게 도와줬지. 생애에서 처음으로 내 문제들을 잊어버렸어. 놀라운 도취였어.

패치의 인간관은 독특하다. 사람은 뇌나 신경 등에 의해 이미 짜인 반응에 지배받는 것이 일반적이다. 그럼에도 패치는 상황을 바꾸면 그 반응을 변화시킬 수 있다고 믿는다. 그는 단순히 사람들의 신체적 병을 치료하는 의사가 아닌 인간을 치료하는 의사가 되고 싶어 한다. 그리하여 환자와 격리된 의사, 환자의 가슴속으로 들어가지 못하는 의사가 아닌 "사람들에게 뛰어들고 인간의 바다로 들어가는" 의사가 되겠다고 다짐한다. 이러한 인간관을 보여 주는 좋은 예가 있다. 대학병원에 가면 흔히 교수가 학생들을 데리고 환자의 상태를 점검하면서 학생들을 교육시킨다. 이때 그들에게 환자는 교육을 위한 실험용 쥐와 크게 다를 바 없다. 어렸을 때 당뇨에 걸린 환자를 앞에 놓고 교수는 이렇게 말한다. "피 순환이 잘 안 되고 당뇨병 신경장애야. 보다시피 수종이 생긴 당뇨병 궤양이고 탈저정 증상이 보인다. 질문 있나?" 한 학생이 그럼 어떻게 치료를 해야 하는지 질문하자 교수는 혈당량을 고정시켜야 하고 절단할 수도 있다고 대답한다. 환자는 무척이나 당황스러운 표정을 짓는다. 다리를 그때 패치가 뒤에서 살며시 나선다. "이름이 뭐예요?" 그렇다. 이름을 불러주는 순간 환자는 실험용 대상에서 한 인간으로 되돌아온다. 패치가 실천하고 싶은 것은 이처럼 환자를 진정한 인간으로 대하고 그의 이름을 불러 주어 환자의 신체적 · 심리적 회복, 나아가 환자의 자존감과 인간성을 회복해 주는 데 있었던 것이다.

시인 휘트먼

의대생 패치가 좋아하는 미국 시인이 있다. 그 시인은 1855년 시집 『풀잎(*Leaves of Grass*)』을 낸 월트 휘트먼(Walt Whitman)이다. 휘트먼은 포(Poe), 디킨슨(Dickinson)과 함께 미국 19세기 문학사에서 주요 작가로 평가받고 있는 사람이다. '자유시의 아버지'로 불리는 휘트먼의 시는 그 내용과 형식에서 파격적이었으므로 당대 문학계에 충격을 주었다. 그는 시를 통해 정신과 육체를 동등하게 존중하고 정치적 자유를 향유할 것과 열린 정신을 가질 것을 촉구했다. 이러한 자유로움과 열린 정신은 패치의 사고와 일치한다고 하겠다. 휘트먼은 육체의 가치를 높이면서 성욕을 대담하고 강렬하게 표현하기도 했다. 때문에 『풀잎』이 초판 발행되었을 때 외설적이라는 비판이 일었고 2판 발행에서는 출판사가 거부하는 일도 생겨났다.

남북전쟁 당시 휘트먼은 육군 병원에 자원하여 간호사로 일하게 된다. 이곳에서의 경험을 토대로 1863년 신문에 '위대한 환자군(The Great Army of the Sick)'을 기고한다. 링컨이 암살된 후 발표한 시 〈오 캡틴! 마이 캡틴!(O Captain! My Captain!)〉은 시인으로서 그의 명성을 높여 준 시다. '오 캡틴! 마이 캡틴!'은 영화 〈죽은 시인의 사회〉의 마지막 장면을 떠올리게 한다. 그리고 공교롭게도 〈패치 아담스〉의 주인공 패치와 〈죽은 시인의 사회〉의 주인공 키팅 선생은 모두 로빈 윌리엄스가 맡아 열연하였다. 〈죽은 시인의 사회〉의 마지막 장면에서 제자의 죽음에 책임을 지고 떠나는 키팅 선생을 향해 학생들은 책상에 올라가 키팅 선생의 별명인 '오 캡틴! 마이 캡틴!'를 외침으로써 그를 지지한다. 이를 제일 먼저 외친 학생은 토드인데 키팅 선생은 그를 변화시키기 위해 휘트먼의 초상화와 대면시킨 적이 있다. 결국 두 영화는 휘트먼의 시적 정신을 바탕으로 하여 새로운 시각으로 세상을 바라보기와 인간성 회복으로 서로 연결되어 있다고 볼 수 있다.

의대생 패치

늦은 나이에 의대생이 된 패치의 천방지축 행동은 월콧 학장의 입장에서 보면 말썽꾸러기이자 눈엣가시다. 무엇보다도 패치는 의사의 권위적인 태도를 너무나 싫어한다. 그러나 의사로서 권위를 가져야 한다고 믿는 학장은 패치의 행동이 광대 놀이로 보일 뿐이다. 또한 패치는 관행이나 규칙을 깨고 싶어 한다. 예를 들어, 3학년이 되어야 환자를 볼 수 있다는 규칙은 그저 규칙일 뿐이고 그 규칙 때문에 환자를 돕고 싶어도 도울 수 없다는 것은 모순이라고 생각한다. 그는 동급생들에게 자신의 이상을 설명하고 동참할 것을 촉구한다. 그러나 학장의 눈치를 볼 수밖에 없는 동급생들은 규율에서 벗어나는 것이 두렵기만 하다. 그러던 중 손님들이 의료계의 폐단을 이야기하던 카페에서 우연히 패치의 머리를 스쳐가는 것이 있다. 그는 카페의 소품과 몇 가지 음식 재료로 간단하게 사람의 형상을 만든 다음 한 걸음에 달려가 캐린에게 보여 준다. 그리고 뭐가 보이느냐고 묻는다. 이러한 패치의 태도와 말투는 영락없이 아더와 닮았다. 캐린은 파슬리와 나팔이 보인다고 대답한다. 그러자 패치가 말한다. "아니, 아니, 아니, 물건 건너를 봐. 그것을 꿰뚫어 봐. 여기 봐. 그것들을 희미하게 만들어. 제일 처음 보이는 걸 말해 봐." 문제 자체에 집착하지 말라는 아더처럼 패치 역시 물건 너머를 볼 것을 주문한다. 그리하여 광대처럼 생긴 사람의 형상을 시작으로 패치의 상상력은 만인이 평등하고 웃음으로 가득 찬 무료병원에 귀착된다. "세상에서 첫 번째 생긴 재미있는 병원이 될 거야. 자유 형식의 건물이 될 거야. 미끄럼틀이 있고 비밀 통로가 있고 오락실이 있고……. 유머를 사용해 아픔과 고통을 치료할 거야. 의사들과 환자들이 동료로 함께 일할 거야. 직위도 없고, 상관도 없고, 사람들을 돕는 꿈을 실현하기 위해 세상 곳곳에서 몰려올 거야. 기쁨이 삶의 방법인 공동체를 배우는 게 가장 높은 목표이고, 사랑이 궁극적인 목적인 곳" 바로 이것이 의사로서의 패치의 이상이었던 것이다.

그러나 패치의 이상은 현실이라는 커다란 벽에 부딪힌다. 지금까지 계승되어 온 의료 체계, 의사들의 사고방식은 너무나 단단해서 한 개인이 바꾸기는 쉽지 않다. 오히려 패치 자신이 희생될 판국이다. 그러나 패치는 굴하지

카페에서 우연하게 만들어진 얼굴로부터 패치는 미래의 건물을 꿈꾸는데 그것은 코가 달린 기이한 병원 건물이다.

않고 계속해서 질문한다. "왜 그래야 하죠? 왜 바꾸면 안 되죠?" 하고 말이다. 그는 아더의 도움을 받아 무료진료소를 만들고 가난하고 소외된 사람들을 위한 의료 행위를 실천한다. 그의 꿈이 실현되는 것처럼 보인다. 그러나 그러한 와중에서 사랑하는 여자친구 캐린이 졸지에 죽음을 당하고 패치는 절망의 늪에 빠진다. 그는 그녀의 죽음을 전적으로 자신의 책임으로 돌린다. 인간은 선하다고 믿었던 가치관이 일순간 무너진 패치는 절벽 앞에 선다. 그런데 원망의 목소리로 신을 부정하던 바로 그 순간, 캐린이 되고 싶어 했던 나비가 날아와 패치의 가슴에 앉는다. 절망의 바닥에서 고통스러워하던 패치는 나비의 날갯짓을 통해 신의 현현(顯現)을 보게 된다. 다시 힘을 얻은 패치는 힘찬 발걸음으로 학교에 복귀한다. 하지만 이번에는 학장이 내린 퇴학통보가 그를 기다리고 있다. 한 개의 장애물을 넘으면 또 다른 장애물이 그를 기다리고 있다. 그러나 그가 도왔던 사람들이 이번에는 그를 도움으로써 패치는 난관을 극복한다. 영화의 마지막에 이르면 드디어 그는 의대를 졸업하게 된다. 패치가 험난한 고난을 이겨내고 의사 자격증을 취득했다는 것은 그의 삶의 방식이 어떤 사람들에게는 불편함을 줄 수 있지만, 누군가를 사랑하고 도움을 주고자 하는 마음은 궁극적으로 숭고한 가치가 있다는 의미를 담고 있다.

영화는 현재 패치의 상황을 간략하게 소개하면서 끝을 맺는다. "그는 그 후 12년 동안 집을 기지로 사용한 가정 의료원을 열고 1만 5,000명이 넘는 사람들을 무료로 치료했다. 그리고 지금은 웨스트버지니아에 105에이커의 땅을 사서 거준타이트 병원을 짓고 있는 중이다. 오늘까지 1,000명이 넘는 의사가 패치의 운동에 동참하기 위해 기다리고 있다". 비록 사랑하는 사람의 희생이 있었지만 의사 패치는 자신의 원대한 꿈을 실현했다.

생각해 보기

1. 『두려움과의 대화』는 어떤 종류의 책인가?

2. 패치의 어린 시절은 어땠을까?

3. 의사 프랙은 환자에게 어떤 태도를 보였는가?

4. 패치가 아더 맨델슨에게서 얻은 교훈은 무엇인가?

5. 비니와 함께 했던 집단상담의 의미는 무엇인가?

6. 루디와의 전쟁 놀이는 패치에게 어떤 의미를 주었는가?

7. 연극치료란 무엇인가?

8. 웃음치료란 무엇인가?

9. 패치와 월콧 학장의 대립은 무엇을 의미하는가?

10. 패치(patch)의 의미는 무엇인가?

〈캐스트 어웨이〉와 관계심리학

영화 제목 'cast away'는 '~을 물리치다, 제거하다, 버리다 또는 난파하다'의 뜻이다. 명사 'castaway'는 '배가 난파되어 표류하다가 외딴 섬에 이르게 된 조난자'를 뜻하며, 'be cast away'는 '(항해 중) 조난당하다'의 뜻이 있다. 영화 〈캐스트 어웨이(Cast Away)〉(2000)는 제목처럼 무인도에 조난되었다가 구사일생으로 살아남은 한 남자의 이야기를 다루고 있다.

포스터의 클로즈업된 주인공의 표정에서 공포, 두려움, 고독, 낙담 등을 읽을 수 있다.

디포의 소설 『로빈슨 크루소』

무인도에서의 혼자의 삶을 그린 영국의 대니얼 디포(Daniel Defoe)의 소설 『로빈슨 크루소(*Robinson Crusoe*)』(1719)는 영화 〈캐스트 어웨이〉의 원작이다. 로버트 저메키스(Robert Zemeckis)가 감독하고 톰 행크스, 헬렌 헌트 등이 출연하였다. 저메키스는 〈백 투 더 퓨쳐〉(1985), 〈포레스트 검프〉(1994), 〈콘택트〉(1997) 등의 흥행작을 만들어 낸 감독이다.

디포의 소설에서 무인도에서의 고립이라는 주제는 해양술의 발달과 밀접한 관련이 있다. 이미 1492년 콜럼버스는 신대륙을 발견하였고, 1585년에 영국은 스페인의 무적함대를 격파하며 단숨에 해양을 지배하는 강대국이 되었다. 그리고 1620년 메이플라워호는 신대륙을 향해 출발하였으므로 당시의 사람들 사이에는 바다에 대한 도전과 탐험의 욕구가 팽배했다고 할 수 있을 것이다. 그들에게 항해는 곧 부와 명예를 의미하는 것이었다. 바다는 미지의 세계이자 모험의 장소였고 바다로 나간다는 것은 언제든지 죽을 수 있다는 것을 의미하기도 하였지만 배를 타고 목적지에 들렀다가 무사히 귀환한다면 부를 거머쥘 수 있었다. 이처럼 바다라는 미지의 세계와 그 미지의 세계를 향한 열정은 소설에도 그대로 반영되고 있다. 디포의 『로빈슨 크루소』뿐 아니라 당시 영국의 작가 스위프트의 풍자소설 『걸리버 여행기(*Gulliver's Travels*)』(1726)가 발표된 것도 이 즈음이다.

『로빈슨 크루소』는 순전히 작가의 상상력으로 창작된 소설이 아니다. 이 소설은 18세기 초 실제로 무인도에서 생활을 하다 영국으로 귀환한 한 남자의 실화를 바탕으로 하고 있다. 실화의 주인공은 영국인 알렉산더 셀커크

(Alexander Selkirk)다. 하지만 셀커크는 로빈슨 크루소처럼 폭풍우로 배가 난파되어 무인도에 상륙한 것은 아니다. 그는 선장과의 불화로 인해 칠레 해안으로부터 약 650킬로미터 떨어진 무인도인 마스아티에라 섬에 버려졌던 것이다. 그는 이곳에서 약 4년 반 동안 고독한 삶을 살아야 했다. 그러다가 1709년 영국 선박에 의해 구조되었고 1711년 본국으로 귀환하게 된다. 셀커크의 이야기는 수필가 리처드 스틸(Richard Steele)에 의해 1713년 『영국인(*The Englishman*)』에서 언급되면서 세상에 널리 알려지게 된다.

디포는 셀커크로부터 영감을 받아 『로빈슨 크루소』를 썼다고 언급하고 있다. 이 소설의 발표 당시 원제는 『요크의 선원 로빈슨 크루소의 생애와 이상하고 놀라운 모험(*The Life and Strange Surprising Adventures of Robinson Crusoe of York*)』이었다. 소설에서 거센 폭풍우에 의해 배가 난파되고 홀로 살아남은 주인공 로빈슨 크루소는 겨우 섬에 도착하여 그곳에서 자급자족하며 삶을 살아가기 시작한다. 그리고 무인도에서 28년 만에 구조되지만 사실 그 섬은 무인도가 아니었다. 그곳은 식인종이 사는 섬이었지만 구역이 달라 로빈슨 크루소가 식인종의 존재를 알기까지는 무려 15년이란 세월이 걸린 것이다.

이 소설은 로빈슨 크루소가 난파선에서 운반한 식량, 무기, 의류, 연장 등을 기초로 자연을 일구며 생명을 부지하는 놀라운 생명력을 보여 주며, 한 인간이 자연환경 속에서 홀로 떨어져 어떻게 살아갈 수 있는지 인간의 지혜와 힘을 보여 주고 있다.

〈캐스트 어웨이〉의 줄거리

영화 〈캐스트 어웨이〉의 배경은 현대다. 소설에서 로빈슨 크루소는 평범한 뱃사람이지만 영화에서 주인공 척 놀랜드(톰 행크스 분)는 물류배송 업체인 페덱스(Fedex)의 간부급 직원이다. 현대사회에서 택배와 같은 물류배송은 갈수록 중요해지고 있다. 학생들에게 요즘 제일 기다리는 게 무엇이냐고 질문하면 많은 학생이 택배라고 대답할 정도다. 택배에서 가장 중요한 것은 시간이기 때문에 배송업체에서 일한다는 것은 그만큼 바쁜 생활을 한다는 뜻이다. 현대인에게 시간은 금이다. 따라서 현대인은 시간을 절약하기 위해 아낌없이 돈을 지불한다. 이를테면 서울에서 부산을 이동할 수 있는 교통수단은 비행기, 기차, 버스, 승용차 등 다양한데, 이동 비용의 차이는 순전히 시간과 관계가 있다. 시간을 얼마나 단축하느냐에 따라 교통 비용이 상승하는 것이다. 더구나 택배와 같은 물품 배달의 생명은 속도다. 빠르면 빠를수록 그만큼 큰 이익을 낼 수 있기 때문에 물류배송에서 시간은 단순히 돈으로 환산할 수 없을 정도로 중요하다.

영화의 첫 장면은 페덱스 회사의 차가 황무지를 질주하며 사거리를 지나 핑크색 천사 날개가 있는 박스를 가져가는 것으로 시작된다. 이 첫 장면은 마지막 장면과 중첩되어 주인공의 미래에 대한 메시지를 전달한다. 핑크색 천사 날개 박스는 모스크바에서 정부와 살고 있는 한 남자에게로 보내진다. 그리고 또 다른 상자 하나는 모스크바 페덱스 지사에서 직원들에게 시간을 강조하는 주인공 척에게로 배달된다. 척은 상자를 열어 직원들에게 그 안의 시계를 보이며 이렇게 말한다. "시간은 우릴 냉정하게 지배합니다. 시간은 우리가 아프든 말짱하든 굶었든 술 취했든 국적이 어디든 관심조차 없어요. 불과 같아서 우릴 파괴하거나 따뜻하게 해 줘요. 페덱스에서 시간은 우리의 존재 이유요. 시간을 무시하거나 깔보고 낭비하는 것은 절대 범해선 안 돼요."

이렇듯 삶이 시간 자체가 되어 버린 척에게 사생활은 뒷전이다. 틈틈이 짬을 내어 여자친구 켈리에게 전화를 해 보지만 통화하는 것조차 쉽지 않다. 이처럼 영화가 시작 부분에서 주인공이 시간을 쪼개고 쪼개어 바쁜 나날을 보내는 사실을 강조하는 것은 장차 무인도에서 겪게 될 또 다른 시간 개념과 대조시키기 위해서다.

너무나 바쁜 나머지 짬이라고는 전혀 없었던 그는 한순간 비행기가 바다에 추락하면서 전혀 다른 차원의 시간 속에서 살게 된다. 일반적으로 원시에서 현대로의 이행은 시간의 흐름이 빨라진다는 것을 의미한다. 원시시대에서 시간의 흐름이 거의 움직임이 없는 구렁이나 강물과 같다면 현대에서 시간의 흐름은 유속이 엄청 빠른 계곡의 물살 같다고나 할까? 따라서 주인공에게 어느 순간 갑자기 닥쳐 온 무인도에서의 삶은 현대에서 원시로 되돌아간 것으로, 시간의 개념으로 보면 빠른 계곡물에서 느린 강물로 되돌아간 것이 된다. 켈리가 선물한 시계가 멈춰버린 것도 이러한 현상을 강조한다. 고립된 섬 혹은 원시시대의 삶에서 먹고 마실 것을 구하는 것 이외에 구태여 무슨 할 일이 있겠는가? 누굴 만날 일도 없고, 출근할 일도 없고, TV를 볼 일도 없다. 배를 채우는 것 말고는 아무것도 할 일이 없다는 것은 원시의 삶 자체인 것이다. 현대인 가운데 며칠이고 아무것도 할 일이 없는 상황을 견딜 수 있는 사람이 과연 얼마나 될까? 고립된 섬에 갇힌 척은 살아남기 위해 당장 필요한 물과 식량을 찾아 나선다. 현대사회를 살아가는 우리는 물과 식량을 찾기 위해 척처럼 그러한 직접적인 노력을 하지 않는다. 먹을거리를 구하기 위해 많은 시간을 투자하는 대신 몇 걸음만 걸어 지갑만 열면 값싼 비용으로 아주 간단하게 먹고 마시는 문제를 해결할 수 있기 때문이다.

도구와 문명

척이 무인도에서 살아남기 위해 최우선적으로 필요한 것은 물이다. 그만큼 물은 생명에 있어 중요하다. 목마른 그에게 우연히 코코넛 열매가 떨어진다. 코코넛 즙은 그의 목마름을 해결해 줄 것이다. 그러나 코코넛의 즙을 마시기 위해서는 껍질을 벗겨야 한다. 그는 맨손으로 코코넛의 껍질을 벗기려고 해 보지만 워낙 단단해서 코코넛 즙을 마시는 것이 거의 불가능해 보인다. 척이 몇 방울의 코코넛 즙을 마시는 과정은 마치 원시인이 도구를 만들어 가는 과정과 흡사하다. 돌을 날카롭게 만들어 껍질을 벗기고 뾰족한 돌로 구멍을 만드는 등 엄청난 노력을 한 끝에 드디어 즙을 마실 수 있게 된다. 석기시대가 도래한 것이다. 나무 끝을 뾰족하게 하여 꽂게나 물고기를 잡아 허기를 채우기도 하고 천을 찢어 임시방편의 신발도 만든다. 영락 없는 원시인의 모습이다. 하지만 다행히 그에게 도움이 될 만한 일들이 생겨난다. 승무원의 시체와 비행기에 실려 있던 몇몇 물품이 파도에 떠밀려 온 것이다. 척은 시체에서 손전등과 구두를 구한다. 비록 작지만 구두는 큰 도움이 된다. 비디오테이프, 서류, 배구공, 스케이트, 망사로 된 여성용 드레스와 같은 물품들은 무인도에서 별로 유용하지 않을 것 같다. 하지만 앞으로 이 모든 것은 척이 살아가는 데 훌륭한 도구가 된다. 스케이트 날은 칼이 되고 거울이 되며 심지어 치아를 빼는 치과 도구도 된다. 망사는 그물이 되며, 비디오테이프의 테이프는 뗏목을 만들 때 훌륭한 끈이 된다. 그리고 배구공은 주인공의 고독을 달래 주는 가장 절친한 친구가 된다.

영화에서 보면 인간이 환경에 잘 적응하여 좀 더 편안한 삶을 살아가는 것은 순전히 도구 덕택인 것 같다. 로빈슨 크루소가 그랬던 것처럼 척 역시 도구를 활용하여 환경에 적응하고 무인도의 주인이 되어 간다. 파도에 떠내려온 물건 중에 하나는 첫 장면에서 보았던 핑크색 천사 날개가 그려져 있는 상자도 있다. 그런데 어찌된 일인지 척은 이 상자를 뜯지 않는다. 천사의 날개를 문명사회로의 귀환이라는 희망의 징표로 생각했을 수도 있고, 물건 하나만이라고 고객의 손에 정확히 전달하겠다는 직업 의식일 수도 있겠다. 그리고 영화의 종반부에 문명사회로 귀화한 척은 이 상자를 고객에게 전달하는 과정에서 새로운 인생을 장을 연다.

만남 그리고 관계: 윌슨과의 우정

무인도에서 척이 겨우 먹을거리를 해결하자 이번에는 또 다른 중대한 문제가 생겨난다. 바로 인간은 혼자는 살 수 없다는 명제가 그 앞에 나타난 것이다. 신기하게도 유대감, 사랑, 소통, 동감, 부, 명예, 권력은 결코 혼자서는 충족될 수 없다. 혼자서는 충족할 수 없는 현상이 나타나는 것은 타인이 존재할 때 비로소 개인의 삶이 완성될 수 있다는 뜻이다. 권력만 해도 그렇다. 아무리 강한 권력을 뽐낼 수 있다 해도 혼자라면 아무런 의미가 없다. 『어린 왕자』에서 어린 왕자는 소행성을 여행하면서 왕의 별을 방문한다. 이 작은 별에는 왕이 혼자 살고 있다. 혼자인 왕은 지고의 권력을 행사하려 들지만 대상이 없기에 허공에 헛발질하듯 허무한 명령만 내린다. 누군가 인정해 주지 않는 한 왕 자신이 생각하는 권력이란 헛된 것에 불과하다. 혼자인 왕은 결코 권력자가 될 수 없다. 이렇듯 권력이나 명예는 그것을 봐 주고 존중해 줘야 하는 다른 사람이 있어야 비로소 의의와 가치가 생겨난다. 혼자가 된 척 역시 바로 말할 수 있는 상대 혹은 자신을 바라봐 줄 누군가가 없다는 중대한 문제에 직면한다. 말할 상대가 없다는 것은 심각하다. 물론 상대가 없을 때 중얼거릴 수는 있지만 중얼거림은 말의 대화적 쓰임새와는 그 성질이 전적으로 다르다. 혼잡한 인파 속에서 혼자 중얼거려 보라. 주위의 사람들이 다들 이상한 눈으로 쳐다볼 것이다. 중얼거림은 자신 내면과의 대화일 수 있지만, 타인과의 소통을 위한 대화는 아니다. 내면과의 대화도 필요하긴 하지만 더 나아가 타인과 주고받는 대화는 인간의 정상적인 사고와 행동을 위해 매우 중요하다. 카페의 커피 값에는 커피 자체의 가격뿐 아니라 오랫동안 수다를 떨 수 있는 장소 제공의 비용도 포함되어 있다. 저녁의 선술집이 시끄러운 것은 낮 동안 대화에 굶주렸던 사람들이 취기를 빌미로 못다 한 이야기를 마음껏 할 수 있기 때문이다. 우리는 살아가기 위해 누군가와의 연대감을 필요로 한다. 연대감이 필요한 이유는 서로를 향해 자신에 대해 말하기 위해서다. 친구가 필요한 이유 역시 마음껏 말하고 싶기 때문이다. 타인과 대화를 할 때 자신의 존재감을 확인할 수 있고 자기가 살아 있다는 믿음이 생겨난다.

혼자가 된 상황에서 누군가와 대화를 할 수 없게 된 척이 할 수 있는 것은 두 가지가 있다. 누군가를 만나거나 그곳을 탈출하여 인간 사회로 되돌아가는 것이다. 그러나 이 두 가지 방안은 처음부터 가능하지 않다. 척은 이야기하기 위해 누군가를 대신할 방법을 찾는데 다행히 두 가지 방법을 찾았다. 하나는 여자친구 켈리로부터 크리스마스 선물로 받은 시계 속 사진이며 또 다른 하나는 배구공 윌슨이다. 그런데 척이 가장 사랑하는 윌슨은 영화가 전개되는 과정에서 헤어지게 된다. 그리고 그것은 척에게 있어 엄청난 불행이자 슬픔이 된다. 아무튼 시계 속 켈리의 사진은 도상으로서 척이 그녀의 이미지를 생생하게 되살리는 데 큰 도움을 준다. 그런데 사진 속 인물은 곁에 있다는 느낌을 주지만 고정된 이미지라는 한계를 극복하기 어렵다. 영정 사진이 처음에는 마치 죽은 사람이 살아 있는 듯한 느낌을 주지만 시간이 갈수록 생동감은 사라지고 오래된 기억처럼 희미해지는 것과 같다. 그럼에도 켈리의 사진은 고립된 척에게 상당한 위안을 준다. 또 다른 존재는 배구공 윌슨이다. 무인도 해안으로 떠내려 온 수하물 가운데 배구공이 하나 있다. 그곳에서 배구공은 거의 쓸모가 없는 것이지만 우연한 기회에 배구공은 척의 가장 확실한 친구가 된다. 나무를 문질러 불을 지피려던 척은 손바닥에 큰 상처를 입게 되고 화가 난 나머지 곁에 있던 배구공을 멀리 던져 버린다. 그런데 우연히도 손바닥의 핏자국이 선명하게 찍힌 배구공이 사람의 얼굴과 닮아 있다. 척은 배구공에 적혀 있는 상표 '윌슨'을 따서 그에게 '윌슨'이란 이름을 붙여 준다. 그리고 배구공 윌슨은 비록 말할 수 없는 존재이지만 이제부터 척에게는 대화의 상대자로서 너무나 소중한 존재가 된다. 혼자 사는 사람에게 자기 말을 들어 주는 반려견이 큰 의미가 있는 것처럼 말이다. 허공에 대고 하는 말, 중얼거림과는 달리 어떤 상대와 하는 대화는 그 내용이 달라진다.

이미지로 존재하는 켈리의 사진과 역할을 부여받은 실존적인 배구공 윌슨 사이에는 차이점이 있다. 켈리가 영화적이라면 윌슨은 연극적이다. 켈리의 이미지는 실사와 똑같이 생겼지만 촉각으로 인지할 수 없다. 영화의 멋진 장면을 실제로 만지려고 한다 해도 그저 스크린의 촉감에 지나지 않는다. 켈리

의 사진을 만지면 사랑하는 여자의 얼굴을 쓰다듬는 것이 아니라 인화지를 만지는 것일 뿐이다. 반면에 배구공 윌슨은 촉감으로 인지할 수 있다. 윌슨은 배구공일 뿐이지만 사람이라고 가정하고 윌슨의 역할을 부여하자 정말 살아 있는 윌슨이 된다.

벙어리 배구공 윌슨은 말도 하지 못하고 표정이나 반응을 보이지도 못하지만 척의 동반자가 된다. 척과 윌슨의 대화는 일방적이지만 매우 의미심장하다. 척이 말을 건네고 다양한 감정을 실어 보내지만 윌슨은 항상 같은 모습으로 그 자리에 있을 뿐이다. 그런데도 그런 윌슨에게 척은 온갖 감정을 표현한다. 그렇다면 정말로 웃고 울고 화내는 감정을 무생물체인 배구공에게 표현하는 것이 가능한 것일까? 척에게 있어 그것이 가능한 까닭은 윌슨이 전적인 투사의 대상이기 때문이다. 척이 처해 있는 상황이나 그때그때의 감정에 따라 윌슨이 마치 자신을 노려보는 것 같기도 하고, 동의하는 것 같기도 하며, 의견에 반대하는 것 같기도 하다. 우리가 행복한 마음으로 달을 바라볼 때와 불행한 마음으로 달을 바라볼 때, 달이 나에게 비치는 모습이나 감정이 달라지는 것과 흡사하다. 현재 자신의 감정을 달에게 투사하기 때문이다. 여러분 중에 누군가가 자신을 미워한다고 느끼는 경우가 있다면 혹시 자신이 그 사람을 미워하는 것은 아닌가 생각해 보기를 바란다.

더 이상 배구공이 아닌 윌슨은 척의 감정 상태에 따라 긍정적이 되기도 하고 부정적이 되기도 한다. 긍정적인 한 예로 척이 불을 얻게 되는 것이 결정적으로 윌슨의 존재와 관계가 있다. 불을 붙이기 위해 나무를 비벼 대면서 척은 윌슨의 시선에 신경을 쓴다. 누가 자신의 행위를 봐 주고 있다는 것은 커다란 힘이 된다. 아무도 없는 객석을 앞에 두고 혼신의 연기를 한다는 것은 불가능하며, 운동선수가 텅 빈 경기장에서 온 힘을 다해 경기에 열중하기는 힘들다. 척 역시 윌슨이 없었다면 불을 얻기 어려웠을지도 모른다. 누군가가 존재하고 그의 시선을 의식할 때 사고와 행동은 달라진다. 윌슨의 시선으로부터 척은 기운을 얻게 되고 불을 지피는 데 성공한다. 타인의 시선은 분명 나의 행동거지나 성격 형성에 영향을 미친다. 타인의 시선에 애정이 들어 있다면 개인의 자존심 강화에 긍정적일 수 있다. 이는 영아가 정상적인 발달을 하기 위해서는 주 양육자와 안정적인 애착 관계가 형성되어야 한다는 애착이론(attachment theory)과도 상통한다. 안정적으로 애착 관계를 지닌 사람들은 상호의 관계를 긍정적으로 생각하고 상대방의 시선에서 용기를 얻는다. 척이 뗏목을 타고 험난한 파도를 넘는 과정에서도 윌슨은 커다란 역할을 한다. 척은 끊임없이 윌슨에게 소리친 덕택에 파도의 고비를 넘긴다.

한편, 윌슨의 시선이 부정적으로 작용하는 경우도 있다. 영화에서 화가 머리 끝까지 난 척이 딱 한 번 윌슨을 던져 버리는 엄청난 사건이 벌어진다. 척이 탈출용 뗏목을 만들기 위해 끈을 구하는 과정에서 일어난 일이다. 비디오테이프를 사용하기도 하고 작은 섬 전체를 뒤져 나무줄기를 가져와 끈을 만들었지만 그것으로는 부족했다. 그에게 30피트짜리 끈이 있긴 했다. 척은 이 끈을 섬의 가장 높은 곳 절벽에 나무로 만든 사람 형상의 목에 걸어 두었다. 그러니까 척은 언제든지 죽을 생각을 하고 있었고 그 최후의 순간에 사용하려고 마음먹었던 바로 그 끈이었다. 그런데 목숨을 걸고 섬을 탈출하기로 작정하고 뗏목을 만들게 되면서 척은 죽음을 생각했던 자신이 부끄러워졌다. 윌슨에게 부끄러운 마음을 들켜 버린 척은 절벽에서 가져온 끈을 보이며 이렇게 말한다. “자살 이야기는 그만 하라고. 네가 옳다고. 그냥 실험만 하고 포기한 건 잘한 거라고.” 그렇지만 한편으로 자살하고 싶었던 심정이 있었음을 솔직하게 고백하면서 자신의 심정을 윌슨에게 투사한다. 다시는 그런 생각하지 말라고 윌슨에게 덮어씌우는 것이다. 그리고 이제는 배구공과 놀다가 죽느니 차라리 바다로 나가겠다고 선언한다. 외로운 섬에서 배구공에 의지하면서 언제든지 죽어 버릴 수도 있다는 나약한 생각에 휩싸였던 자신에게 너무나 화가 난 척은 윌슨을 힘껏 던져 버리고 만다. 자신의 나약함, 치욕을 들켰을 때 상대방의 시선은 따갑게 느껴질 수밖에 없다. 보이고 싶지 않은 것을 보이고 말았을 때 타인의 시선은 견딜 수 없는 지옥이 된다. 그러나 척은 윌슨을 차마 버릴 수 없다. 곧바로 애타게 울부짖는 척의 목소리가 멀리 메아리친다. 윌슨과 다시 만난 척은 “다시는 널 버리지 않겠다.”고 다짐한다. 이처럼 무인도에서 윌슨의 시선은 척에게 때로는 용기를 불어넣어 주고 때로는 난처하게 하지만 궁극적으로 그에게 위안을 주고 힘을 준다. 인간관계는 심리적 갈등과 고통의 근원이면서 동시에 만족과 행복을 준다. 자신의 욕구와 타인의 욕구가 상호작용을 하는 과정에서 인간은 발전하고 변화를 일으킨다. 인격화된 윌슨은 척과 훌륭한 상호작용을 함으로써 그가 삶의 에너지를 찾도록 한 원동력이 된다. 다시 사이가 좋아진 척은 손등에 피를 내어 윌슨을 정성스럽게 색칠한다. 정성을 다하는 척의 모습을 보면서 그가 절대고독을 견딜 수 있었던 것은 윌슨이 있었기 때문이 아닐까 하는 생각이 든다.

타인은 지옥?

척이 윌슨을 내던진 사건은 '타인은 지옥'이라는 관점을 이해하는 데 도움을 준다. 사르트르(Sartre)의 실존주의 관점에서 보면 타인의 시선은 나의 자유를 침해한다는 불안함을 주고 나를 경직되게 하므로 타인과의 만남은 두려운 것이 될 수 있다. 하기야 낯선 누군가가 자꾸 나를 쳐다보면 기분이 나쁘다. 타인과의 관계, 타인의 시선을 언급할 때 사르트르의 '타인은 지옥이다(L'enfer, c'est les autres)'라는 말이 떠오른다.

사르트르는 1943년에 쓰고 1944년에 공연한 희곡 〈닫힌 방(Huis Clos)〉에서 "타인은 지옥이다."라는 말을 했다. 이 말의 의미는 무엇일까? 사르트르는 이 때문에 타인은 독이라는 오해를 많이 받았다고 고백하면서 어떨 때 타인이 지옥이 되는가를 설명한다. 그에 따르면 문제의 근원지는 나 자신이다. 자신을 인식할 때 나의 주체성보다는 타인의 시선을 더욱 의식하는 사람이 있다. 나를 판단할 때 나의 주체성으로 판단하는 것이 아니라 타인이 나를 어떻게 생각하는가가 더 중요하게 된다면 그때 타인은 지옥이 된다. 하지만 내가 타인의 시선으로부터 자유롭다면 타인은 결코 지옥이 아니다.

타인과의 관계 속에서 실존의 문제를 이해하기 위해서는 즉자(卽自, en soi)와 대자(對自, pour soi)로 구분되는 실존적 존재를 이해할 필요가 있다. 즉자는 존재 이유도 존재 의미도 없이 그냥 있는 그대로의 존재다. 즉자는 일종의 잉여물이며 아무런 창조 능력도 없고 의지도 없으며 죽은 존재인 사물처럼 그냥 실존할 뿐이다. 반대로 대자는 뚜렷한 의식으로 세상을 바라보는 존재다. 대자는 의식을 통해 세상이 존재하도록 하기 때문에 스스로를 발견하는 것은 혼자로부터가 아니다. 대자적 존재가 자신을 발견하는 것은 사람들과 섞여 있을 때, 그들의 시선을 의식할 때다. 그러나 타인에 대한 의식이 지나쳐 주체성이 상실되었을 때 그는 대자가 아닌 즉자가 되고 타인은 지옥이 되어 버린다. 살아 있어도 살아 있는 것이 아닌 사람, 남의 시선을 지나치게 의식하는 사람, 죽은 듯이 사는 사람들 사이에서 타인은 지옥일 뿐이다. 반대로 주체성을 지니고 대자적 존재로서 타인과의 관계맺음 속에서 살아가는 사람에게 타인은 결코 지옥이 아니다. 대자적 존재로 자신을 채워 가는 사람에게 타인은 삶에서 가장 필연적 요소가 된다. 인간의 실존은 세상을 의식하고 투기(projet)하며 내가 의식하고 나를 의식하는 누군가와 함께할 때 가능해진다. 요약하면, 즉자적 존재에게 타인의 시선은 지옥이지만 대자적 존재에게 타인의 시선은 오히려 실존적 근거가 된다. 한마디로 남의 눈치를 심하게 보며 남이 어떻게 생각할까를 중시하는 사람을 즉자적 존재, 남의 시선을 어느 정도 인식하며 자의식에 충실한 사람은 대자적 존재라고 할 수 있다.

척과 윌슨의 관계에서 윌슨의 시선은 보통 척이 대자적 존재가 되게 한다. 그의 시선 덕택에 척은 살아갈 용기를 얻었으므로 대자적 존재라고 할 수 있다. 하지만 꼭대기에 올라 죽음을 생각했을 때, 그 사실로 인해 윌슨의 시선을 견딜 수 없었을 때 척은 즉자적 존재로 변화하였으며 이때 윌슨은 지옥이 된다. 우리 각자에게 타인은 어떤 존재인가? 각자는 타인의 시선에 의해 대자적 존재가 되는가, 즉자적 존재가 되는가?

관계의 중요성

모든 자연은 관계를 형성하고 있다. 관계가 필수불가결한 것이라면 타인이 지옥이 되어서는 안 된다. 생명체와 무생명체를 포함한 모든 존재는 관계 맺음을 통해 자신의 존재를 드러낸다. 이름 없는 들풀은 그 존재를 위해 흙이 필요하고 비바람과 햇볕이 있어야 한다. 들풀은 씨앗만으로는 그 존재감을 드러낼 수 없다. 인간도 관계 속에서만 생명을 유지할 수 있으며 관계를 통해 자신의 존재를 확인할 수 있다. 관계는 한곳에 머물지 않고 몸 안에서 순환하는 피처럼 변화하고 순환한다. 관계가 한곳에 머문다는 것은 관계가 더 이상 진전되지 않고 단절되어 있다는 의미이며, 이는 곧 죽음을 뜻한다. 척과 윌슨의 만남처럼, 척과 켈리의 만남처럼 인간의 관계 형성은 흙과 교류하는 들풀의 씨앗처럼 우연 속에서 시작된다.

태어날 때의 울음소리는 관계 맺음의 시작을 알리는 소리다. 또한 태어남으로 인해 잘릴 수밖에 없는 탯줄, 즉 태아에서 갓난아기로의 변화는 한 존재와의 유일한 관계에서 벗어나 새롭고 다양한 관계를 맺는 신호다. 탯줄이 잘림으로써 신생아는 독립적인 개체가 되고 그로부터 자유로운 관계 맺음을 시작한다. 에덴동산에서의 퇴출은 인간에게 불행한 일일 수 있지만 변화와 새로운 관계 형성이라는 점에서는 독립된 인간, 책임질 줄 아는 인간으로의 변화를 의미한다. 그러므로 참 삶을 살아가는 사람은 가장 이상적인 관계를 형성할 줄 아는 사람이다.

코헛(Kohut)의 자기심리학에 자기대상(self object)이라는 개념이 있다. "인간은 자신의 경험을 반영해 주고 동일시할 수 있는 사람이 있을 때만 자기 자신을 응집력 있는 단위로 체험할 수 있는데, 이러한 대상을 자기대상이라고 한다. 모든 인간이 자기대상을 필요로 하는 이유는 인간이 고립적인 존재가 아니라 타인과의 관계성 속에서 형성되고 유지되는 존재이기 때문이다" (김정규, 1998: 20). 자기대상은 타인을 자신의 한 부분으로 체험하는 현상으로 삶에서 꼭 필요한 정신적인 산소다. 이를테면 유아가 엄마의 사랑을 느낄 때 비로소 살아 있음을 느낀다. 무인도에서 척이 가장 힘들었던 것은 타인과의 관계성이 제로였기 때문이다. 과거에 인간이 신화적인 인물을 창조한 것이나 현대인들이 연예인이나 스포츠 스타에게 열광하는 것은 그들에게서 자기대상을 만들고, 이를 통해 스스로 고립적인 존재가 아니라는 것을 확인하고자 하기 때문이다.

한편, 대인관계 나아가 공동체를 강조한 심리학자로 아들러가 있다. 열등감의 심리학을 창시한 아들러는 개인 대 개인의 문제를 넘어서 사회 속의 공동체의 일원으로의 역할을 강조한다. 아들러가 보기에 인간의 모든 행동은 사회적 맥락을 기본 전제로 한다. 영화의 전반부에서 회사의 간부로서 척이 보여 준 행동은 바로 사회적 맥락에 따른 행동이다. 그런데 사회로부터 분리되자 그의 행동은 전혀 다른 양상으로 나타난다. 이렇듯 개인의 행동은 대인관계뿐 아니라 공동체 의식 그리고 사회에 대한 관심으로부터 비롯된다. 사실 사회적 구성원으로 살아갈 수밖에 없는 인간은 다른 사람과의 비교 속에서 열등감을 생성한다. 인간이면 누구나 열등감이 있기 때문에 중요한 것은 열등감을 갖지 않는 것이 아니라 어떻게 열등감을 극복하느냐 하는 것이다. 아들러가 보기에 인간이 열등감을 갖는 것은 지극히 정상적인 것이며, 이는 창조적 삶의 근원이 되기도 한다. 또한 확고한 공동체 의식이 열등감에서 벗어날 수 있도록 한다고 본다. 아들러는 인간이 지니고 있는 불안감은 공동체적 연대감을 통해 상쇄할 수 있으며, 자신을 누군가와 연대시킬 때 행복한 삶을 살 수 있다고 말하고 있다. 영화에서 척은 극적으로 켈리와 재회할 수 있게 되었으나 두 사람의 관계는 결코 과거로 돌아갈 수 없다. 사회를 떠받치고 있는 체계와 윤리가 그들 앞을 가로막고 있기 때문이다. 켈리와의 재결합이 불가능하게 되자 척은 다시 슬픔, 불행, 고통을 느낀다. 그러나 공동체 의식의 소중함을 몸소 체험한 척은 사랑하는 켈리의 행복을 진심으로 빌며 그녀의 가족에게 돌려보낸다. 그러나 이러한 헤어짐이 고독이나 고통으로 이어지지 않으며, 또다시 누군가와 관계를 맺을 때 더욱 성숙한 태도로 임할 수 있도록 한다.

실제로 톰 행크스는 영화를 촬영할 때 "연기 상대라곤 나무와 바람뿐이었다. 마치 무성영화를 만드는 것 같았다."고 실토했다고 한다. 연기 상대가 없는 연기자는 중얼거릴 수밖에 없기 때문에 이 영화가 무성영화라는 느낌을 가질 수도 있을 것이다. 가상의 인물인 윌슨과의 대화 역시 중얼거림이며 혼자만의 연기일 뿐이다. 상대가 없는 연기를 펼치며 배우 톰은 고독을 느꼈던 것이다. 두 손이 마주쳐야 박수 소리가 난다. 한 손만으로는 그저 허공을 가를 뿐 아무런 소리를 만들어 내지 못한다. 연기자에게 있어 상대역이 없다는 것은 그 자체로 고독이다. 그러므로 이 영화는 고독에 대한 영화이며, 배구공-윌슨과의 우정에 대한 영화이자 인간관계의 소중함을 일깨워 주는 영화라고 할 것이다.

바다로 나가다

4년의 시간이 흘렀다. 4년 전 척은 멀리 지나가는 배를 발견하고는 구명보트를 타고 바다로 나가려고 시도를 하였으나 거대한 파도에 상처만 입고 실패한 적이 있다. 이후론 감히 바다로 나갈 생각을 하지 못했다. 밀려오는 파도를 뚫는다는 것은 불가능하다고 생각했을 것이다. 그리고 그 사이 척은 무인도에 완전히 적응했다. 덥수룩한 머리와 수염, 날렵하게 물고기를 잡는 동작, 움직임 등이 자연 속을 살아가는 원시인을 닮았다. 신체와 정신 그리고 심리적으로 원시인이 되어 버린 척에게 어느 날 우연히 플라스틱 널빤지가 파도에 떠밀려 온다. 척은 널빤지에 쓰여 있는 영문자 'BAKERSFIELD'를 보는 순간 까마득히 잊고 있던 자신의 과거를 문득 떠올리게 된다. 'BAKERSFIELD'는 미국 서부 캘리포니아 주에 있는 도시의 이름이다. 척은 언젠가부터 무인도에서 생존하는 것에 익숙해져 버렸을지도 모른다. 하지만 그는 미국산 널빤지를 보는 순간 심리적으로 학습된 무기력을 자각하는 계기가 된다. 널빤지 자체는 무인도를 빠져나가는 뗏목 제작에 도움이 된다. 그리고 그는 이제 뗏목을 만들어 바다로 나갈 결심을 한다. 그것은 목숨을 건 지극히 위험한 모험이 될 터이다. 익숙해진 환경에서 다시 바다를 향해 나간다는 것은 모험과 변화와 새로움을 추구한다는 의미다. 비록 켈리의 사진과 윌슨이 있긴 하지만 그들로부터 대타적 유대감을 채울 수는 없다. 혼자라는 느낌은 삶을 위협하는 가장 무서운 적이다. 사는 것이 아무리 힘들어도 누군가가 자신의 안위를 염려해 주고 있다는 믿음이 있다면 삶을 지속할 수 있다. 영화에서 척이 죽음을 무릅쓰고 바다로 나간 것과는 달리, 소설에서 로빈슨 크루소가 지나

가는 배에 구조되기까지 섬에 남아 있었던 것은 식인종으로부터 구출한 흑인 프라이데이와 그의 아버지 그리고 스페인 사람이 있었기 때문이다.

척은 뗏목을 만들어 탈출을 감행한다. 망망대해에 손바닥만한 뗏목을 띄운다는 것은 자살 행위나 다름없다. 그러나 아무도 없는 무인도에서 홀로 살아남는다면 무슨 의미가 있을까? 남아 있어도 아무런 희망이 없다면 죽을지언정 떠나는 것이 백번 낫다. 척과 윌슨은 드디어 파도를 넘어 망망대해로 나간다. 그러나 그들을 기다리고 있는 것은 엄청난 폭풍우다. 그 와중에 척은 가장 슬픈 일을 겪게 된다. 바로 윌슨과의 헤어짐이다. 태풍이 몰아치고 험난한 파도가 덮쳤을 때 그들은 이를 이겨낸다. 하지만 그 와중에 윌슨이 뗏목에

서 떨어져 나간다. 이를 뒤늦게 알아차린 척은 그를 구하기 위해 필사의 노력을 기울이지만 결국 실패하고 만다. 윌슨을 허무하게 떠나보낸 척의 고통스러운 울부짖음이 넓은 바다를 가득 채운다. 아마도 그들의 헤어짐과 비탄함에 젖은 척의 모습은 이 영화의 하이라이트일 것이다.

윌슨과의 헤어짐으로 이제 척은 완전히 삶의 의욕을 상실한다. 그는 더 이상 삶에 희망을 기대하지 않고 노를 버린 후 죽음을 기다린다. 4년간 동고동락했던 윌슨과의 헤어짐이 견딜 수 없는 상실감을 안겨 주었던 것이다. 그런데 삶을 포기하는 바로 그 순간 척은 우연히 지나가던 선박에 의해 구조된다. 삶이란 이런 식인가보다. 그것은 기적이지만 기적이 아닐 수도 있다. 윌슨이 없었다면, 뗏목을 만들지 않았다면, 무인도를 떠나는 모험을 하지 않았다면 그러한 기적은 일어나지 않았을 테니까.

다시 문명사회로

척이 문명사회로 돌아오면서 영화는 새로운 국면을 맞이한다. 이제 그는 과거의 그가 아니다. 무인도에서 4년간의 체험으로 척에게 엄청난 변화가 생겼다. 그는 어떠한 난관이 닥쳐도 결코 포기하지 않는 강인한 사람이 되어 있었다. 척은 친구에게 자신이 무인도에서 어떻게 견디었는지를 설명한다. 사실 그는 무인도에서 3년째 되던 해 죽으려고 작정한 적이 있다. 시간이 흐르면서 탈출할 가능성이 그만큼 희박해지고 병들거나 부상을 입어 죽을 수도 있겠다는 생각이 들었던 것이다. 그리하여 척이 스스로 결정하고 선택할 수 있었던 단 하나는 바로 언제 어떻게 그리고 어디에서 죽느냐 하는 것이었다. 마치 그리스 비극을 보는 듯한 참으로 흥미로운 발상이다. 지금까지 그가 겪은 갖가지 사건들이 전혀 예측할 수 없었던 우연의 연속이었다면 혹시 신의 개입이 있었던 것은 아닐까? 그리스 비극 작가라면 그렇게 생각했을 것이 분명하다. 그리스인들은 인간의 운명이 신탁(信託, oracle)으로 정해진다고 생각했으니까. 그래서 인간이 스스로 결정할 수 있는 일이란 아무것도 없이 주어진 숙명대로 살아가야 한다고 생각했으니까. 척은 끝없는 무인도 생활에서 자신이 왜 무슨 이유로 무인도에 혼자 있게 되었는가를 따져 보았을 것이다. 자신의 욕망이나 의사 결정과는 아무런 관계 없이 현재 상태에 처하게 된 것을 보면 인간이 주체적으로 자기의 앞가림이나 제대로 할 수 있겠는가? 그래서 그는 생각 끝에 최후의 결단을 내렸을 것이다. 누구의 영향도 받지 않고 자기 운명을 스스로 결정하고 이를 실행하기로 말이다. 그것은 바로 죽음이다. 그리하여 척은 밧줄을 만들어 꼭대기에 올라갔다. 그리고 밧줄이 제대로 작동하는지 실험을 하였는데 통나무 무게를 견디지 못하고 나뭇가지가 부러지고 말았다. 그 바람에 죽을 생각이 가셔 버린 척에게 순간 한 줄기의 깨달음이 밀려온다. "그때 편안한 깨달음이 밀려왔어. 난 느꼈던 거야. 어떻게든…… 살아야겠다고 말야! 어떻게든! 난 살아 있어야만 했어! 희망을 가질 이유가 없었어도! 그래서 버틴 거야. 살아나기 위해! 난 끝까지 버텼어." 우리에게 경험이 중요한 것은 그 경험을 바탕으로 새롭게 태어날 수 있기 때문이다. 젊은이들에게 책을 읽도록 하는 것, 예술품을 감상하도록 하는 것, 여행을 하면서 새로운 사람, 새로운 문화, 새로운 세상을 만날 것을 권하는 것은 변화를 일으켜 새롭게 태어날 기회를 제공받기 위해서다. 죽음의 문턱에서 살아남은 척은 누구도 해 보지 못한 경험을 통해 전혀 다른 사람이 된다. 그는 다시 만난 문명사회에서 진짜 소중한 것이 무엇인지를 분명하게 깨닫는다. 우리는 사회와 문명이 주는 혜택 덕택에 불편을 느끼지 못하고 살고 있다. 전기가 얼마나 귀중한지, 컴퓨터나 인터넷이 얼마나 편리한지 잘 알지 못한다. 그저 스위치만 켜면 어둠을 환히 밝힐 수 있는 문명의 이기를 감사하는 마음 없이 사용한다. 이제 척은 알게 되었다. 켈리가 얼마나 소중한 존재인지, 라이터가 얼마나 편리한 물건인지, 맛있게 먹는 음식이 얼마나 귀한 것인지를. 그는 단걸음에 여자친구를 만나고 싶어 한다. 그녀를 만나면 모든 정성을 다해 사랑하고 행복한 삶을 살 것이라 생각한다. 그러나 불행히도 켈리에게 4년이란 너무 긴 시간이었다. 그 사이 그녀는 척의 죽음을 인정하고 다른 남자와 결혼해 버렸다. 드라마는 이런 식이다. 마음을 고쳐먹었는데 상황은 변해 있다. 영화는 곤란한 상황에 빠져 있는 두 남녀를 조명한다. 너무나 사랑하지만 인생의 동반자가 될 수 없는 처지. 자, 이제 두 사람은 어떻게 할 것인가? 무인도에서 삶의 근원이었던 켈리이지만 척은 이미 다른 남자와 가정을 꾸린 그녀에게 더 이상 집착하지 않기로 결심한다. 무인도를 경험한 척은 사랑하는 여자를 놓아주는 것이 어떤 의미인지 잘 알고 있다. 하지만 마지막으로 꼭 한 번 켈리를 보고 싶어 한다. 척은 비 오는 한밤중에 켈리를 찾아가 그녀가 그동안 얼마나 아파했으며 얼마나 고통스러워했는지 알게 된다. 척은 무인도에서 함께했던 사진이 든 시계를 켈리에게 돌려준다. 그리고 그동안 켈리가 보관해 온 자동차를 타고 떠난다. 이렇게 사랑하는 두 사람은 가슴 아프지만 아름다운 이별을 한다. 척은 이별의 아픔 그리고 그 극복에 대해 친구에게 말한다.
"하지만 그녀를 다시 잃어버렸어. 그녀를 갖지 못해 정말 슬퍼. 하지만 그녀가 섬에서 같이 있어 줬기에 기뻐. 이제 뭘 해야 할지도 알게 됐어. 난 계속 살아갈 거야. 내일이면 태양이 떠오를 거니까! 파도에 또 뭐가 실려 올지 모르잖아."

대신 영화는 그에게 새로운 길을 제시한다. 우선 그에게 사거리가 제시된다. 허허벌판의 사거리는 그 자신이 어느 방향이라도 선택할 수 있는 자유가 있음을 보여 준다. 사거리와 더불어 무인도에서 배송 물건 중 뜯지 않았던 천사 날개의 상자도 하나의 열쇠가 된다. 그리고 그 날개 상자가 척에게 새로운 인연을 예고하는 것으로 영화는 끝을 맺는다.

생각해 보기

1. 삶에서 친구란 어떤 의미인가?

2. 소설 『로빈슨 크루소』와 영화 〈캐스트 어웨이〉의 내용을 비교해 보자.

3. 포스트에서 클로즈업된 주인공의 얼굴은 어떤 감정을 담고 있는가?

4. 주인공이 물류배송 업체의 직원인 것은 어떤 의미가 있는가?

5. 각자에게 타인은 어떤 존재인가? 여러분은 타인의 시선에 의해 대자적 존재가 되는가, 즉자적 존재가 되는가?

6. 척과 배구공 윌슨은 어떤 관계인가?

7. 척이 무인도를 탈출하게 된 직접적인 계기는 무엇인가?

8. 배구공 윌슨을 떠나보냈을 때 척의 심정은 어땠을까?

9. 내가 무인도에 고립되었다면 나에게 가장 위로가 될 것은 무엇인가?

10. 척의 미래를 그려 보자.

〈레 미제라블〉과 변화의 심리

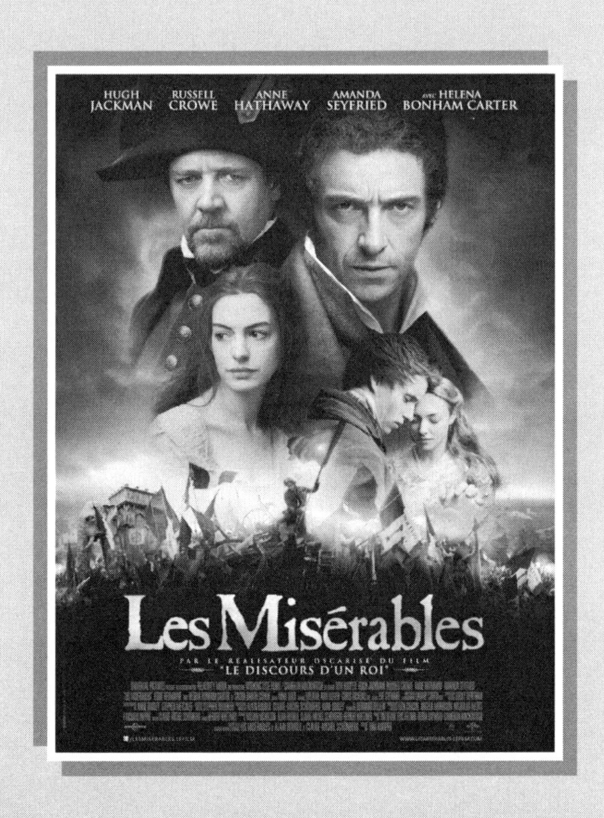

『레 미제라블(*Les Misérables*)』(1862)은 19세기 프랑스 낭만주의의 선구자로 인정받고 있는 위대한 작가 빅토르 위고(Victor Hugo)의 소설이다. 제목 '레 미제라블'의 뜻은 '불쌍한 사람들'이며, 국내에는 소설의 주인공 이름인『장발장』으로도 번역되어 소개된 바 있다. 공화주의 옹호자였던 위고는 1851년에 루이 나폴레옹(나폴레옹 3세)의 쿠데타에 반기를 들어 국외로 추방된다. 그는 장발장이 19년을 감옥 생활을 한 것과 똑같은 시기를 국외에서 보낸다. 그는 망명 시기에 창작에 전념하여 걸작들을 발표하였는데『레 미제라블』도 이때 나온 것이다. 보불전쟁에서 패해 나폴레옹 3세가 몰락하자 그는 민중들의 열렬한 환호 속에서 파리로 귀환한다. 그리고 위고는 유언장에 가난한 사람들을 위해 4만 프랑의 돈을 남긴다고 썼다.『레 미제라블』에서 보여 준 민중에 대한 사랑이 그저 허구의 이야기가 아니었던 것이다. 그가 죽었을 때 프랑스는 국장으로 예우를 하였고 현재 그는 국립묘지인 팡테옹에 안장되어 있다.

소설『레 미제라블』의 배경은 1832년에 봉기한 프랑스 6월 혁명이다. 1789년 프랑스대혁명이 일어나 루이 16세를 단두대에서 처형함으로써 왕정은 무너졌으나 거듭된 정치권의 갈등으로 민생은 더욱 비참한 나락으로 빠져든다. 그 결과 1830년에 7월 혁명, 1832년 6월 혁명, 1848년 2월 혁명이 연속적으로 발생한다. 소설의 배경인 6월 혁명은 1830년 7월 혁명의 결과로 세워진 루이 필리프 1세의 7월 왕정에 불만을 품고 있던 공화주의자들이 일으킨 봉기다.

입헌 군주 루이 필리프 1세는 왕족 출신이지만 혁명을 지지하고 시민을 대변하겠다고 공언함으로써 시민의 지지를 얻었다. 그는 약속을 이행하려고 노력하였으며 언론 출판의 자유와 부르주아의 산업 활동을 보장하는 정책을 폈다. 이러한 정책 덕택에 부르주아 계층은 부를 축적할 수 있었으나 가난한 민중은 더욱 비참한 지경에 빠지게 된다. 그로 인해 〈레 미제라블〉에서 만날 수 있는 부랑아, 알코올 중독자, 노동자, 매춘부들이 양산되었다.

기아와 질병에 신음하던 민중은 극한 상황에서 분노를 표출시키며 혁명을 향해 나아간다. 그 기폭제가 된 것은 1831년 공업도시 리옹의 노동자들의 폭동이었다. 자본가들과 최저임금을 협상하는 과정에서 노동자들은 불만이 생겨났고 그들은 거리로 나서게 된다. 그들이 부르짖은 구호는 "일하면서 자유롭게 살던가 싸우다 죽자(Vivre libre en travaillant ou mourir en combattant)." 였다. 정부는 이들의 행동을 반란으로 규정하고 잔인하게 탄압했다. 그러자 정부의 무자비한 진압에 분개한 학생들과 노동자들은 7월 왕정에 반기를 들고 거리로 쏟아져 나오기 시작했다. 결정적인 계기는 1832년 6월 5일 라마르크의 장례식이었다. 영화에서도 언급되는 라마르크는 나폴레옹 부관 출신의 국회의원으로 '민중의 편'으로 평가받는 인물이다.

1862년 소설이 발행되었을 때 실린 서문에는 작가가 당시 시대의 세 계층의 문제로 고민하고 있음을 보여 준다. 그것은 낙오된 노동자, 굶주림으로 인해 몸을 파는 여자 그리고 어두운 환경으로 인해 비뚤어진 아이이다. 위고는 자신의 소설이 이러한 문제를 해결하는 데 도움이 되길 바랐다. 따라서 소설에서 가난한 노동자와 매춘부, 거리의 아이들을 쉽게 만날 수 있으며, 장발장, 팡틴 그리고 코제트는 이러한 인물들을 대변하고 있다.

청년 마리우스는 왕당파인 외할아버지와 갈등을 일으키고 사랑하는 코제트와 헤어지게 됨으로 심한 심적 고통을 겪는다. 또 죽은 아버지가 공화당파였다는 사실을 알게 되면서 왕당파에 더욱 분노하게 되고, 이런 차에 친구들과 7월 왕정을 전복시키기 위해 6월 혁명에 적극적으로 가담한다. 주인공 장발장이 6월 혁명의 소용돌이에 빠지게 되는 것은 순전히 코제트가 흠모하는 마리우스 때문이다. 실제로 시위대는 파리 시내에 바리케이드를 치고 용감하게 저항하였으나 800여 명 이상의 사망자를 내고 패퇴하고 만다. 소설은 6월 혁명 이후 2년이 지나 장발장이 묻힌 묘지에 관한 이야기로 끝을 맺지만 2012년에 개봉된 뮤지컬 영화는 장발장의 평온한 죽음과 감동적인 시위대의 합창을 엔딩 장면으로 설정하고 있다. 소설 『레 미제라블』은 파리를 배경으로 민중의 혁명, 젊은 남녀의 사랑, 쫓고 쫓기는 경찰과 도둑 등이 얽혀 있어 자체로 스릴이 넘치는 줄거리를 지니고 있다.

그동안 위고의 소설 『레 미제라블』은 연극, 뮤지컬, 영화, 인형극 등으로 각색되어 전 세계에서 성황리에 상연 및 상영되었다. 1980년에는 앨범이 발매되었으며, 같은 해 10월 영화감독 로버트 허슨이 제작한 뮤지컬이 런던과 브로드웨이에서 공연되었다. 한편, 캐머런 매킨토시의 제작으로 1985년 런던에서 개막 공연을 한 후 가장 오래 공연되고 있는 뮤지컬 〈레 미제라블〉은 그 명성에 걸맞게 토니상, 그래미상, 로런스 올리비에상 등을 수상하였다. 매킨토시는 흥행신화의 성공작인 〈캣츠〉 〈오페라의 유령〉 〈미스 사이공〉 등을 제작한 바 있는데, 〈레 미제라블〉은 〈미스 사이공〉에 참여했던 극작가 알랭 부빌과 음악가 클로드 미셸 쇤베르그가 작곡했으며 로렌스 코너가 연출을 맡았다. 장발장의 'What Have I Done?', 자베르의 'Javert's Suicide', 팡틴의 'I Dreamed a Dream', 혁명의 노래인 'Do You Hear the People Sing?' 등은 잘 알려진 유명한 노래다. 이 뮤지컬은 2012~2013년 한국 배우들로 구성되어 전국 순회공연을 한 바 있다.

2012년 개봉된 뮤지컬 영화 〈레 미제라블〉도 이 뮤지컬을 원작으로 하고 있다. 이 영화는 국내에서도 600만 명에 육박하는 관객이 보았을 정도로 인기를 끌었다. 영화감독을 맡은 토머스 조지 후퍼는 영국 출신으로 〈킹스 스피치〉(2010), 〈댐드 유나이티드〉(2009) 등을 제작하였다. 이 영화는 수상 실적도 좋은 편이다. 제70회 골든 글로브 코미디 · 뮤지컬 부문에서 작품상을 수상하였고, 제85회 영국 아카데미 시상식에서 여우조연상(앤 해서웨이), 분장상, 음향상의 3개 부문을 수상했다.

국내 최초의 연극 〈레 미제라블〉은 1958년 제목 〈장발장〉으로 소록도에 자리한 국립소록도병원에서 한센병 환자들에 의해 공연된 것으로 보고되고 있다. 이 공연은 순전히 그들의 역량으로 제작되었으며 2시간여의 공연이 이루어졌다고 한다. 공연이 끝난 후 약 1,000여 명의 관객은 감동의 눈물을 흘리며 우레와 같은 박수를 보냈다고 하니 당시 공연장의 열기가 어땠는지 짐작이 간다. 장발장의 기구한 인생 스토리가 한센병 환자들에게 평범하게 다가왔을 리 없다. 그들은 장발장의 삶을 거울에 비추듯 함께 웃고 울면서 심리적 위안을 받았을 것이다. 최근에는 '50대 연기자 그룹'이 연극 〈레 미제라블〉(국민성 대본, 박장렬 연출)을 제작하여 관심을 끌었다. 2011년에 첫 공연을 시작으로 2012년 예술의 전당에서 공연을 하였고, 2013년에는 부산시민회관에서 공연을 하였으며, 2014년 제35회 서울연극제에 이르기까지 4년 동안 공연이 되었다. 또한 60여 명에 이르는 대학로 최대 규모의 출연진을 자랑하는 작품으로 3시간 공연에 아역배우부터 70대의 노배우에 이르기까지 폭넓은 연령층의 배우들이 무대에 오른다. 이 공연의 장르는 분명 연극이지만 다섯 곡의 노래를 곁들여 감동을 더하고 있다. 연극은 장발장이

▲ 영화 포스터(한국어판)

◀ 1862년 소설 초판 표지

▲ 연극 포스터(대학로예술극장)

뮤지컬 포스터 ▶

감옥에서 나오는 장면부터 시작된다. 배경막이 양쪽으로 열리면서 강한 역광을 등에 업고 장발장이 걸어 나오는 장면은 매우 생생하며 인상적이다. 연극의 마지막 장면은 벤치다. 장발장은 그곳에 앉아 유모차를 끌며 행복해하는 코제트와 마리우스 부부를 흐뭇하게 바라본다. 장발장이 벤치에서 운명을 맞게 될 때, 그를 에워싼 시민들이 노래를 부르며 막이 내린다. 연극의 이 마지막 장면은 영화와 다른 듯하면서도 약간은 비슷한 콘셉트라고 하겠다.

장발장의 변화: 미리엘 주교와의 만남

영화에서 장발장과 미리엘 주교의 만남은 장발장의 석방 장면 이후에 성사된다. 영화에서 그들의 만남이 시간의 흐름 속에서 자연스럽게 이루어지는 반면 소설의 첫 장면은 미리엘 주교를 자세히 소개하는 것으로부터 시작된다. 그만큼 소설은 장발장에게 영향을 끼친 미리엘 주교를 강조하고 있다. 소설[1]에서는 장발장이 오랜 형기를 살게 된 이유를 다음과 같이 밝히고 있다.

> "어느 일요일 저녁 장 발장은 굶주린 조카들을 보다 못해 거리에 나가 빵집 유리창을 깨고 빵을 훔치다가 붙잡혔다. 그는 가택 침입과 절도 혐의로 체포되었고 유죄판결을 받아 5년형을 받았다. 감옥에 있는 동안 그는 딱 한 번 누이 소식을 들었다. 여섯 아이들은 어떻게 되었는지 모르고 누

1) 여기에서 인용한 소설 번역본은 인터넷에 올라와 있는 '레 미제라블_빅토르위고.pdf(http://blog.creation.net/wp-content/uploads/1/cfile24.uf.024c843750EOC7591E9A2A.pdf)'에서 발췌한 것이다.

이는 막내 하나만 데리고 파리 빈민가에서 살고 있다고 했다. 그 후로는 영영 아무 소식도 듣지 못했다. 감옥에 들어간 지 4년째 되던 무렵 탈옥할 기회가 왔다. 하지만 곧 붙잡혔고 그 죄로 형이 3년 추가되었다. 그리고 또 다시 탈옥을 시도했지만 또 붙잡혔고 마침내 모두 19년이라는 긴 세월을 비참하게 감옥에서 보내야 했다."

빵 한 조각이 빌미가 되어 장발장은 19년이란 형기를 살아야 했던 것이다. 그는 형기를 마치고 가석방이 되었지만 정상적인 삶을 살아갈 수 없었다. '장발장, 석방된 죄수. 19년간 징역살이를 했음. 가택 침입 절도죄로 5년, 네 번의 탈옥 기도로 14년. 극히 위험한 인물임!' 이라고 쓰여 있는 통행증 때문에 어디를 가든 사람들은 그를 위험 인물로 간주하고 쫓아냈다. 정상적인 사회의 일원이 될 수 없게 된 장발장은 그 원인을 외부에서 찾는다. 즉, 사회가 자신을 이렇게 만들었다고 생각하는 것이다. 굶주리는 조카를 위해 빵 한 조각 훔친 죄로 19년 형을 살다니 이것은 너무하지 않은가? 이 사회는 부자만을 위한 사회로 부자를 더욱 살찌우고 가난한 사람은 더욱 비참하게 만들고 있지 않은가? 굶어 죽을 판에 빵 한 조각을 훔치는 것이 뭐가 그리 대수인가? 그게 그토록 큰 죄란 말인가? 그는 자신이 이런 신세가 된 것은 빵 조각을 훔쳐서가 아니라 세상을 쥐락펴락하며 가난한 사람들의 피를 빨아먹고 사는 부자나 권력자, 그들 때문이라고 생각했다. 장발장은 철저하게 사회를 원망한다. 소설에서는 장발장의 생각이 다음과 같이 표현되어 있다.

"그는 자기처럼 가난한 집안에 태어나 아무것도 갖지 못한 사람들, 세상에서 가장 불쌍한 사람들을 사회가 이렇게 가혹하게 대한다는 것은 옳지 못한 일이라는 생각을 갖게 되었다. 그래서 그는 잘못은 사회에 있다고 단정하고 사회에 대한 미움을 가지게 되었다. 자기 운명을 사회 책임으로 돌리고 언젠가는 그 책임을 따져 묻겠다고 생각했다. 사회가 그에게 해 준 것이라고는 나쁜 일뿐이었다. 그는 어려서부터 지금껏 따뜻한 말과 친절한 눈길을 만난 적이 없었다."

영화에서 가석방된 장발장이 미리엘 주교를 만나기 전에 사람들로부터 어떠한 대우를 받는지를 보여 준다. 아이들은 그에게 돌을 던지고 어느 누구도 일자리를 주지 않으며 집단으로 구타당하기도 한다. 그들은 장발장의 과거가 무엇이고 왜 형을 살아야 했는가는 관심이 없다. 다만 그가 들고 다니는 통행증에 쓰여 있는 대로 그는 극히 위험인물일 뿐이다.

〈레 미제라블〉은 한마디로 '변화'에 대한 영화라고 할 수 있다. 장발장은 한순간 번개를 맞은 것처럼 몸부터 영혼까지 송두리째 변하는 순간을 맞는다. 그 결정적인 계기는 사람과의 만남이다. 인간의 변화는 누군가를 필요로 한다. 그리고 인간은 인간관계 속에서 변할 수 있다. 감옥에서 나오긴 했지만 장발장은 생존에 대한 최소한의 배려도 없는 척박한 환경 속에서 고단한 삶을 살아간다. 그는 살기 위해 사람들의 눈을 피해 다녀야 했으며, 먹기 위해 훔쳐야 했다. 자신을 받아 줄 사람은 아무도 없다는 절망감과 허기짐은 그의 관심을 오로지 하나에만 집중시킨다. 생존이 바로 그것이다. 세상과 벽을 쌓으며 피곤하고 지친 장발장이 어둡고 차가운 성당 벽에 기대어 있을 때 미리엘 주교가 불을 들고 나타난다. 장발장은 또 누군가 자신을 해코지할 것으로 생각하고 흠칫 놀란다. 그리고 강한 피해의식을 지닌 그는 누군가 다가오면 일단 경계부터 한다. 그런데 예상과는 달리 미리엘 주교는 추위에 떨고 있는 그를 성당 안으로 이끈다. 뿐만 아니라 따뜻한 식사와 안락한 침대도 제공한다. 하지만 지금까지 사람들에게 냉대를 받아 온 장발장으로서는 이러한 호의도 의심스러울 뿐이다. 장발장의 입장에서 호의를 있는 그대로 받아들이지 못하고 의심을 품는 것은 당연하다. 그는 잠을 이루지 못하고 뒤척인다. 그리고 결국은 모두가 잠든 깊은 밤 값이 나가는 은쟁반과 식기들을 훔쳐 달아난다. 그는 왜 호의를 도둑질로 갚았을까? 그것은 첫째, 생존 본능에 따른 것이고, 둘째, 인간을, 즉 인간의 호의를 의심했기 때문이다. 따뜻한 음식과 잠자리를 제공한 수도원에서 그에게 든 단 하나의 생각은 감사보다는 앞으로 살아가는 데 유용할 값나가는 물건들을 훔쳐야겠다는 생각이었을 것이다. 그렇지만 그러한 나쁜 생각은 그의 천성과는 크게 관계가 없다고 생각한다. 사실은 잘 모른다. 천성이 착한 사람일 수도 있고 나쁜 사람일 수도 있지만 여하튼 중요한 것은 현재 그는 어두운 밤중에 수도원의 값나가는 물건들을 훔쳐 달아났다는 것이다. 오로지 생존만을 생각하고 그다음 일은 생각할 겨를이 없었던 장발장은 곧바로 경관들에게 붙잡히는 신세가 된다. 그는 거짓말을 한다. 훔친 것이 아니라 주교가 준 것이라고. 하지만 그의 말을 곧이곧대로 들을 리 없는 경관들은 그를 대동하고 의기양양하게 주교 앞에 나타난다. 이제 주교의 말 한마디면 장발장은 살아서는 영원히 감옥에서 나올 수 없게 된다. 그런데 주교는 아무런 망설임이나 고민 없이 그 물건들은 그가 훔친 것이 아니라 자기가 준 선물이라고 경관들에게 거짓말을 한다. 덧붙여 장발장에게 왜 가장 값비싼 은촛대는 가져가지 않았냐고 하면서 은촛대마저 챙겨 준다. 예기치 않은 주교의 말에 오히려 놀란 사람은 장발장이다. 그가 지금까지 경험한 바에 의하면 주교는 당연히 도둑놈이라고 말을 했어야 했다. 예상 외의 발언은 그를 엄청난 충격으로 몰아넣는다. 그리고 몽둥이로 머리를 맞은 것처럼 지금까지 살아온 방식이 틀렸다는 순간적인 깨달음을 얻는다. 주교의 거짓말 한마디! 그것은 장발장의 영혼을 송두리째 뒤흔들었다. 경관들의 표정은 주교의 말을 믿지 못하겠다는 눈치지만 그렇다고 어떻게 해 볼 도리도 없다. 그리고 주교 덕에 장발장은 자유의 몸이 된다. 주교는 그의 머리에 손을 얹고 따뜻한 한마디를 거든다. "장발장, 내 형제여. 당신은 이제 악이 아닌 선에 속하는 사람입니다. 내가 값을 치르는 것은 당신 영혼을 위해서입니다. 나는 당신 영혼을 어두운 생각에서 끌어내 하느님께 바치려는 것입니다." 영화에서 미리엘 주교의 감동적인 노래도 내용이 거의 유사하다. "높디높으신 분의 뜻에 따라 이 귀한 은식기로 새사람이 되시오. 순교자들의 간증과 예수의 고난과 피로써 하나님께서 당신을 어둠에서 구했으니 당신 영혼을 그분께 맡기시오." 미리엘 주교의 예상 외의 말과 행동에 충격을 받은 장발장은 모든 불운에 대한 책임을 사회에 돌렸던 자신에 대해 처음으로 깊이 생각하기에 이른다. 지금까지 누구든 장발장을 범죄자로 몰았을 뿐 선한 사람으로 생각한 적이 없으며, 그의 죄를 대신 치러 준 사람도 없었다. 하지만 미리엘 주교는 장발장 내면에 있는 어두운 생각을 전부 끌어내겠다고 하지 않는가? 충격을 받은 장발장은 새삼 자신을 되돌아본다. 지금 자기가 무슨 행동을 하고 있는가? 자기를 알아주지 못한다고 원망하고, 자기를 나쁜 도둑으로 몰아세우는 사람들을 원망만 하지 않았던가? 장발장은 정말 자기가 좀도둑이었다는 사실을 새삼 깨닫는다. "그는 자기의 지난 삶을 바라보았다. 그것은 끔찍스러웠다. 그는 자기의 영혼을 바라보았다. 이제는 부드러운 빛이 그 삶과 영혼 위를 비추고 있었다."

장발장의 심경 고백은 상담에서 내담자의 변화를 위한 첫 단계와 닮았다. 자기를 돌아보는 것은 변화를 위한 첫 단추가 된다. 장발장이 살아오는 동안 평생 처음으로 들었던 누군가의 따뜻한 말 한마디는 몸 안으로 완전하게 흡수된다. 앞으로 장발장은 미리엘 주교처럼 인간이 보일 수 있는 최선의 사랑을 베풀겠다고 온 힘을 다해 다짐한다. 그리고 이 다짐은 진정한 변화를 일으킨다.

상담에서 핵심적 목표는 참여자로 하여금 진정한 변화를 일으키도록 하는 데 있다. 융의 분석심리학을 바탕으로 하는 심리치료는 보통 네 단계를 거쳐 내담자를 치유한다.[2] 첫 단계는 고백(confession)이다. 무엇인가 말할 수 없는 것, 가슴속에 묻어 두었던 것을 말로 표현하는 것은 치유의 기본이다. 두 번째 단계는 해명 혹은 명료화(elucidation)다. 상담사는 꿈의 분석을 통해 내담자의 억압된 무의식, 신경증의 요인이 무엇인지를 분명하게 밝힌다. 세 번째 단계는 교육(education)이다. 내담자에 대한 통찰이 이루어져 문제가 명료화되었다면 사회에 대한 적응과 정상화를 위한 적절한 교육이 필요하다. 마지막 네 번째 단계가 변화(transformation)다. 스스로 자신을 뒤돌아보고 자신의 현재 상황을 이해하게 되면서 내가 이래서는 안 되겠구나, 앞으로는 이런저런 방식으로 살아야겠구나 하고 다짐하는 최종 단계다. 장발장이 네 단계를 순차적으로 밟아 가는 것은 아니지만 의식의 흐름에서 고백, 변화에 이르는 부분은 어느 정도 일치한다고 하겠다. 영화에서는 고뇌 끝에 자신을 찾게 되는 명료화 단계가 밝음과 어둠의 영상 언어로 표현되고 있다.

미리엘 주교의 태도는 우리에게 어떤 교훈을 주는가? 그는 장발장이란 인간을 개조시키려고 마음먹은 적은 없다. 그는 평소 살아온 방식대로 장발장

---

2) http://welfare5.com/bbs/index.php?document_srl=13199

주교와 헤어진 후 장발장은 홀로 남아 자신을 되돌아보게 되는데 그의 마음은 여전히 선과 악의 혼란한 중간 상태에 머물러 있다. 세상이 자신을 혹독하게 다루었다는 생각이 들다가도 왜 주교는 자기에게 자비를 베풀었을까를 생각하기도 한다. 영화에서 그가 선한 생각을 할 때는 조명이 얼굴을 밝게 비추는 반면, 어두운 생각을 할 때는 그의 얼굴에 진한 그림자가 드리운다. 위의 왼편 사진에서 장발장의 얼굴은 밝음과 어둠으로 양분되어 있어 그의 내면이 양쪽에서 고뇌하고 있음을 보여 준다. 오른쪽 사진은 완전히 새롭게 태어날 것을 결심하는 외침의 장면으로 더 이상 얼굴에 어둠이 없다.

을 대하고 경관의 질문에 대답했을 뿐이다. 그에게는 어떤 인위적인 목적도 없었다. 일단 주교는 지저분하고 냄새나는 거지를 수도원 안으로 들였다. 사람들이 기피하는 낯선 거지였지만 굶주리고 헐벗고 있었기 때문에 측은지심이 들었다. 주교는 평소의 소신대로 신의 말씀에 따라 행동에 옮겼다. 그에게 중요한 것은 인간으로서 측은지심과 생명보다 소중한 하나님의 말씀을 실천에 옮긴다는 사실이다. 그것은 주교에게 있어 무엇과도 바꿀 수 없는 커다란 기쁨이었다. 그런데 잘 먹여 주고 재워 준 거지가 한밤중에 성스럽고 귀중한 물건들을 자루에 쓸어 담고 도망을 쳤다. 이때 미리엘 주교는 무슨 생각을 했을까? 그 또한 물건이 아깝지 않은 것은 아니었겠지만 그의 행동 역시 하나님의 메시지라고 생각하고 기꺼이 마음을 정리했을 것이다. 그 물건들이 가난한 자를 위해 쓰였다면 오히려 물건은 값진 일을 한 것이다. 그래서 장발장이

잡혀 왔을 때 주교는 놓고 간 물건이 있다면서 은촛대를 얹혀 준다. 그는 목적의식 없이 정말 단순히 사랑을 실천한 것이다. 여기에 중요한 포인트가 있다. 상담자나 치료사가 처음부터 내담자나 환자를 변화시키는 것을 목적으로 삼는다면 그 변화는 진정한 변화가 되기가 어렵다. 스스로의 깨달음에 의한 변화가 아니기 때문이다.

장발장의 변화에서 중요하게 작용하는 것은 수치심이다. 장발장은 주교의 말과 행동 때문에 처음으로 수치심을 느낀다. 그는 "주교는 나에게 자유를 주었고…… 예리한 칼처럼 수치심이 날 찌르네."라고 말한다. 수치심을 느낀 장발장은 자신에 대해 숙고하는 시간을 갖는다. 인간에게 수치심이란 무엇인가? 수치심은 스스로 존중감이 약해지거나 방향 감각이 없어져 걷잡을 수 없는 곳으로 흘러가는 것을 막아 주는 댐 같은 것이다. 스피노자(Spinoza)는 『에티카(*Ethica*)』에서 치욕과 수치에 대해 말한다.

> "치욕(pudor)이란 우리가 부끄러워하는 행위에 수반되는 슬픔이다. 반면, 수치(verecundia)란 치욕에 대한 공포나 소심함이고 추한 행위를 범하지 않도록 인간을 억제하는 것이다."

다른 사람에게 비난받을 만한 행위를 했을 때 느끼는 슬픔이 치욕이고, 이러한 치욕을 당할까 봐 두려워하는 것 그리하여 그러한 행위를 하지 않도록 억제하는 것이 수치심이라는 것이다. 장발장이 수치심을 느꼈다는 것은 더 이상 도둑질과 같은 치욕스러운 행위를 하지 않을 것이라는 의미이며, 수치심을 느낀다는 것은 습관적인 도둑질에 마비되었던 양심이 되살아났다는 의미이기도 하다. 주교의 따뜻한 한마디는 그에게 수치심을 안겨 주었고 새롭

새 사람이 되고자 결심한 장발장은 가석방 증명서를 찢는 것으로 새로움의 의식을 거행한다. 현재의 신분증을 없앤다는 것은 자기 과거의 죽음을 외적으로 표현한 것이다. 심리치료나 예술심리치료에서도 마지막 회기에 종종 과거의 자기에 관한 것, 후회스러운 것, 없애 버리고 싶은 것을 종이게 쓰게 한 다음 불에 태우거나 찢어 버리는 의식을 거행한다. 이 의식 행위는 과거의 죽음과 새로 태어남에 대한 상징이다. 따라서 장발장의 행동은 그동안의 신분과 정체성을 완전히 없애 버리고 전적으로 새로운 사람으로 거듭나겠다는 다짐이다.

영화의 전반부의 마지막이라고 할 수 있는 위의 장면은 장발장이 찢어 버린 신분증이 하늘로 솟아올라 빛 속으로 빨려 들어가는 것이다. 그의 어두웠던 과거의 증명서가 빛 속으로 빨려 들어가면서 앞으로 그가 어둠의 세계가 아닌 밝음의 세계에서 살아갈 것이라는 것을 암시한다.

게 선한 인간으로 변화할 수 있는 계기가 된다. 머리끝에서 발끝까지 변한 장발장은 이제부터 완전히 새로운 사람으로 거듭난다. 그는 결코 과거의 장발장으로 되돌아가지 않을 것이며 가장 고귀하고 양심적이며 헌신적인 사람이 될 것이다. 이 점을 이해할 때 새로운 삶을 살아가는 장발장이 왜 그렇게 정직하려 했고 헌신적이고자 했던가를 비로소 이해할 수 있게 된다.

영화 〈레 미제라블〉에서 장발장의 대사 가운데 특히 눈길을 끄는 것이 있다. 장발장이 신분증을 찢으면서 자신에 대해 새로운 이야기(story)를 쓰겠다고 다짐하면서 울부짖는 대사다. "이 세계에서 벗어날 거야. 장발장의 세계로부터…… 이제 장발장은 없어. 다른 이야기가 시작될 거야." 더 이상의 장발장은 없으며 이제부터 '다른 이야기'가 시작될 것이라는 이 대목은 요즘 활발하게 연구되고 있는 이야기치료의 개념과 정확하게 일치한다.

'이야기치료(Narrative Therapy)'란 무엇인가

보통 개인은 자신의 살아온 길을 이야기로 엮어 표현할 수 있다. 이야기는 삶의 각본인 것이다. 한 인간이 경험한 이야기는 어느 드라마 못지않게 극적인 사건들로 가득하다. 그런데 심리적 문제를 안고 있는 많은 내담자는 만일 자신에게 기회가 주어진다면 지금까지와는 다른 방식으로 살고 싶다는 바람을 나타낸다. 장발장이 그랬던 것처럼, 지금까지의 자신의 이야기를 싹 지우고 새롭게 쓰고 싶다는 것이다. 이처럼 이야기치료는 언제든지 이야기는 재창조될 수 있다는 사실로부터 시작되며, 과거의 이야기는 수정될 수 없는 고정된 이야기가 아니라 변화 가능한 것으로 간주한다. 즉, 이야기치료는 내담자의 부정적인 과거를 지우고 새롭게 이야기를 쓸 수 있도록 돕는 치료인 것이다. 또한 이야기치료는 인간이란 완전체로 굳어 버린 존재(being)가 아닌 되어 가는 존재(becoming)라는 기본적인 전제가 깔려 있다.

마이클 화이트(Michael White)와 데이비드 엡스턴(David Epston)은 변화의 사상을 기반으로 이야기치료를 주창한 사람들이다. 이야기치료 기법의 가장 큰 특징은 질문 형식이지만 질문이 정형화되어 있지는 않다는 것이다. 화이트는 질문과 대답의 반복으로만 이야기치료의 회기를 구성한다. 질문에 답하면서 내담자가 직접 자신에 대해 입으로 말한다는 것은 문제를 외재화한다는 점에서 의의가 크다.

이야기치료의 기본적인 전제는 다음과 같다.

- 인간은 다양한 삶의 이야기 속에서 자신과 다른 사람들의 이야기를 듣고 말하며, 그런 이야기에 의해 자신의 정체성이나 삶의 방식에 영향을 받으며 살아가는 존재다.
- 상담에서 내담자의 삶의 이야기에는 어떤 주제와 동기가 깔려 있고, 다양한 표현 방식 속에서 나타나며, 그 시대와 사회의 이데올로기의 영향

을 받는다.

- 삶의 이야기는 과거-현재-미래의 시간성 속에서 전개되는데, 상담에서 내담자의 삶의 이야기도 그런 시간성의 영향을 받는다.
- 상담에서 상담자는 내담자의 나와 다른 삶의 영역에서 경험한 이야기를 듣게 되면서 그 이야기를 진지하게 이해해 보려고 하는데, 이때 상담자는 어쩔 수 없이 내담자의 이야기를 자기 나름대로 해석해 보게 되며, 그 해석 방식이 내담자의 문제 이야기의 진단과 치료에 중대한 영향을 미친다.
- 이야기는 우리 자신과 우리의 삶과 우리의 영혼에 대해서 어떤 의미를 부여하는 방식으로 구성된다. 우리가 의미를 찾을 때 이야기는 우리에게 일어나고 있는 것들을 이해하기 위한 수단을 제공해 준다.
- 은유는 단순히 문학적인 표현 수단으로서가 아니라 상담에서 우리가 모르는 삶의 영역을 탐색할 수 있는 효과적인 수단이 되기도 하고, 우회적이고 간접적이지만 내담자의 심층세계에 영향을 미치는 강력한 힘을 갖고 내담자의 왜곡된 문제 이야기를 전격적으로 고쳐 주기도 하는 치료적 수단이 될 수 있다.
- 이야기치료에서는 상담 과정 속에서 이야기의 치료적 기능을 촉진시켜 나가며, 치료를 불러일으키는 삶의 이야기를 찾아 적용하는 데 주력한다.

출처: 양유성(2004).

이야기치료에서 내담자는 자신의 지식과 사고, 문화적 배경을 근거로 이야기를 만들 수 있어야 한다. 따라서 상담자의 질문은 내담자의 배경을 토대로 이루어진다. 내담자가 자신이 처한 환경, 지식, 기술, 인식을 알고 있지 못할 때 질문을 통해 스스로 깨닫도록 해야 하는 것이다. 이렇듯 내담자가 몸담고 있는 환경과 문화를 기반으로 이야기를 만들어 간다는 점이 중요한데, 그곳은 그가 살아가야 할 토양이기 때문이다.

장발장의 인간성

장발장은 남의 물건을 훔친 범죄자다. 그런데 생각해 봐야 할 것은 빵을 훔친 이유가 자신이 먹기 위해서가 아니라는 것이다. 그가 빵을 훔친 이유는 홀로 사는 누이와 조카들이 먹을 것이 없어 굶고 있었기 때문이다. 소설을 보면 가난한 그의 부모는 어렸을 때 죽었고 손윗누이와 둘만 남게 된다. 누이는 결혼을 하였으나 남편이 죽자 아이들과 생활고에 시달리게 된다. 그나마 그녀에게 위안이 된 것은 남동생 장발장이었다. 장발장은 어린 조카들의 배고픔을 달래 주고자 빵을 훔치고 만다. 우리 속담에 삼일을 굶으면 담을 넘는다는 말이 있다. 영화에서 볼 수 있는 것처럼 당시 프랑스의 하층민들의 삶은 형편없었고 굶주림에 시달렸다. 장발장이 비록 범죄자이긴 하지만 그의 부정적 행위는 인간의 기본적인 욕구와 관련된 것이고, 자신이 아닌 어린 조카를 위해 빵을 훔쳤다는 사실에서 그가 본래 비양심적이고 다른 사람을 해치는 인간이라고 보기는 어렵다. 오히려 타인을 위해 행동을 실천한 사람이라고 할 수 있다. 비록 장발장은 오랫동안 감옥에서 비인간적인 대우를 받으며 본래의 인간성을 잊어버렸지만 그 근본에는 이타심이 자리 잡고 있었다. 그리고 바로 이런 점 때문에 그에게 어떤 계기가 주어졌을 때 완전히 새로운 사람이 될 수 있었다고 생각한다. 영화에서 그의 인간됨을 보여 주는 몇몇 장면이 있다.

첫째, 경찰들이 다른 사람을 장발장으로 오해하고 법정에 세웠을 때다. 장발장은 이미 모든 과거를 완벽하게 세탁하고 부와 명예를 거머쥔 상태였다. 공장을 운영하여 엄청난 돈을 벌었으며, 굶주리고 헐벗은 사람들을 아낌없이 도와 주민의 존경 대상이 되어 시장의 지위에까지 올랐다. 하지만 이때 그곳에 부임한 자베르 경감의 입을 통해 어느 누군가가 장발장이 되어 자신의 죄를 뒤집어쓰게 되었다는 사실을 알게 된다. 그는 선택의 기로에서 고뇌한다. 그냥 새로운 이름으로 존경받는 시장으로 살아갈 것인가 아니면 자신이 장발장이라는 것을 밝혀 억울하게 누명 쓴 사람을 구제할 것인가? 이것은 우리에게 던지는 질문이기도 하다. 그리고 그 선택은 개인의 삶의 방식을 결정하는 것이기도 하다. 이런 상황에 처하게 된다면 과연 우리는 어떤 행동을 할 것인가? 양심의 가책을 느끼며 "내가 장발장이오." 하고 법정으로 달려갈 수 있을 것인가? 솔직히 그런 용기를 낼 수 있는 사람은 그리 많지 않다. 장발장 역시 갈등에 갈등을 거듭한다. 다른 사람이 잡혔다면 이제부터 안심하고 살 수 있다. 반대로 자신이 장발장이라는 진실을 말하면 그동안 쌓아 온 모든 것이 한 순간에 끝장날 것이다. 그러나 그는 미리엘 주교를 떠올리며, 만일 침묵을 지킨다면 저주를 받을 것이라는 생각에 이른다. 그의 영혼은 이미 하나님의 것이라고 맹세하지 않았던가? 고뇌 속에서 결단을 내린 장발장은 수치심에서 벗어나기 위해 정직함과 인간의 존엄성을 위해 법정에 나가 배심원들 앞에서 자백을 한다. 자신이 장발장이라고……. 전적으로 변화한 장발장, 인간적인 장발장이 아니고는 이런 행동은 불가능하다. 그가 되묻는 "Who am I?"는 양심에 대한 속삭임이자 정직한 인간성을 잊지 않기 위한 주문이다. 장발장은 법정에서 자신의 모습을 드러냄으로써 오히려 양심의 가책에서 벗어나고 자유를 얻게 된다. 그가 법정으로 달려가지 않았더라면 겉으로는 아무 탈 없이 지낼 수 있을지 몰라도 가책과 죄의식과 수치심으로 죽을 때까지 괴로워했을 것이다.

장발장이 과거의 수치스러웠던 모습을 드러내는 장면이 한 번 더 있다. 장발장은 코제트와 결혼을 앞둔 마리우스에게 자신의 과거와 코제트의 비밀을 털어놓는다. 자신이 실은 코제트의 친아버지가 아니며 과거에 범죄자였다고 말한다. 이에 놀란 마리우스는 왜 그 말을 하느냐고 묻는다. 장발장이 이렇게 대답한다. "무슨 까닭인가 하면 그 대답은 간단하지. 정직해지고 싶어서야." 입을 다물고 있으면 코제트의 아버지로서 안락한 삶을 누릴 수 있겠지만 그것은 양심을 속이는 일이 된다. 따라서 장발장은 자신의 본 모습을 털어놓으면서 말한다. "이렇게 털어놓는다는 것은 정말 힘든 일이지. 밤새도록 내 욕심과 싸웠어. 털어놓지 않고 전처럼 살아가고 싶은 마음에서였지. 하지만 그렇게 할 수는 없었어. 내 주위 사람들은 기쁨이 넘치겠지만 내 영혼 밑바닥은 역시 암흑 속에서 그대로 있을 것이니까." 영화에서 주교의 촛대는 언제나 장발장의 곁에 있다. 이 촛대는 그가 흔들릴 때마다 정직과 영혼의 순수함을 교시해 주는 역할을 한다. 장발장이 임종을 앞두었을 때야 마리우스는 자신을 살려 준 생명의 은인이 장발장이라는 사실을 알게 된다. 코제트와 마리우스는 임종을 앞둔 그의 앞에 나타나 입맞춤을 하고, 장발장은 그들에게 은촛대를 남겨 준다.

둘째, 장발장이 보여 준 팡틴과 그녀의 딸 코제트에 대한 사랑과 헌신은 어디에서 비롯된 것일까? 우선 팡틴에 대한 죄의식이 작용했을 것이다. 팡틴은 공장에서 쫓겨나던 순간 사장인 그가 모르는 척했다고 원망한다. 장발장은 죽어 가는 팡틴에게 코제트를 책임지겠다고 말하고 이 말을 끝까지 지키는 신의를 보인다. 또 하나는 누이와 조카에 대한 연민이 작용했을 것이다. 남편에게 버림받고 어렵게 살고 있는 팡틴과 그녀의 어린 딸은 자신의 누이와 조카의 모습과 다를 바 없다. 두 모녀는 자신의 누이와 그 가족의 투사체였던 것이다. 그런데 흥미로운 것은 누군가를 돕는다는 것은 결국은 자기를 위한 것이 된다는 사실이다. 장발장은 어린 코제트를 돕기 위해 그녀를 만나지만 그 순간부터 어두운 과거가 사라지고 새로운 여정이 열림을 느낀다. 홀로 살아오면서 오랫동안 누군가 사랑하기를 거부했지만 코제트의 존재로부터 사랑을 느끼고 진정한 행복감이 밀려옴을 느낀다. 그는 코제트 덕분에 증오의 삶에서 벗어나 처음으로 사랑을 배운다. 장발장이 코제트를 도운 것이 아니라 코제트가 장발장을 도운 것이 된다. 전혀 알지 못하는 누군가를 사랑하고 헌신하는 것은 이처럼 행복감을 준다. 장발장은 코제트와의 만남으로 볼 수 없었던 것을 보게 되었노라고 고백한다. 그것은 바로 사랑일 것이다. 또 하나 생각할 것은 장발장은 코제트에게 모든 것을 주지만 코제트에게는 아무것도 바라지 않는다는 점이다. 코제트가 마리우스와 사랑에 빠졌을 때 잠시 마음이 흔들리지만 그는 곧 젊은이들의 사랑이 아름답게 맺어지기를 진심으로 바란다. 그가 위험천만한 혁명의 현장에 나타나 마리우스를 보살핀 것도 순전히 코제트를 위한 것이다. 장발장의 어린 시절은 행복하지 못했을 것이다. 풍족한 삶의 환경에서 부모나 주위 사람으로부터 극진한 사랑을 받았을 리 없다. 보통 심리학에서 결핍의 경험은 지나친 집착을 형성할 가능성이 크다고 본다. 하지만 장발장은 트라우마나 정신적 결함을 전혀 보이지 않는다. 일시적 변화가 아닌 완벽한 변화가 이루어진 까닭이다. 그에게 보이는 것은 조건 없는 용서, 자비, 용기 그리고 사랑이다. 움켜쥘 수 있는 힘이 있음에도 아무것도 쥐려 하지 않는다. 집착과 소유는 고통의 근원이다. 소유에서 해방되고 자유로워질 때 진정한 행복이 솟구친다. 장발장은 모든 것을 내준 미리엘 주교의 또 다른 얼굴이었던 것이다. 영화의 말미에 코제트와 마리우스가 결혼을 하게 되자, 장발장은 그들에게 전 재산을 아낌없이 물려주고 마리우스에게 자신의 과거를 고백한 다음 그들 곁을 떠난다. 코제트가 걱정 없이 살 수 있도록 모든 것을 내려놓는다. 그의 모습은 마치 무소유를 실천한 성자와 같다. 쓰레기장에서도 아름다운 장미꽃이 피어날 수 있다는 것을 장발장은 몸소 실천하고 있는 것이다.

셋째, 장발장은 자베르를 죽일 기회가 있었지만 그를 죽이지 않는다. 〈레 미제라블〉에서 흥미진진한 것은 장발장과 자베르 사이의 쫓고 쫓기는 관계, 그들 사이에 벌어지는 갈등이다. 그는 자베르를 악한 사람으로 보지 않고 자신의 임무에 충실한 사람으로 본다. 혁명의 와중에 장발장은 자베르를 죽일 수 있었지만 오히려 그를 풀어 주는데 이 때문에 자베르는 정신적인 혼란을 겪는다.

장발장과 자베르: 자비 대 정의

사람은 변할 수 있을까? 사람의 근본은 결코 변할 수 없다고 말하는 사람이 있는가 하면 변하는 게 사람이라고 말하는 사람도 있다. 장발장의 행적을 보면 위고는 사람은 변할 수 있다고 믿었던 것 같다. 그러나 한편으로 자베르의 끈질긴 신념을 보면 사람은 결코 변하지 않는다고 할 수도 있겠다. 자베르는 인간은 결코 변할 수 없다고 생각한다. 그에게 있어 한번 죄인은 영원한 죄인이다. 〈레 미제라블〉에서 커다란 갈등과 흥미로움을 조성하는 요소 중 하나는 장발장과 자베르의 극적 대립 관계다. 1815년으로 설정된 영화의 첫 장면에서 중노동에 시달리는 장발장과 죄수들 그리고 높은 곳에서 그들을 감시하는 자베르의 위엄 있는 모습이 대조를 이룬다. 죄수와 간수의 만남에서 자베르는 장발장을 수감번호 24601로 대한다. 장발장과 자베르의 악연은 영화

끝까지 이어지면서 극을 긴장으로 몰아넣는다. 자베르는 장발장에게 가석방 허가서를 건네면서 법의 의미를 모른다면 다시 굶주릴 것이라고 말하고 자신의 이름 자베르를 잊지 말라고 경고한다.

8년이 흐른 1823년 장발장은 몽트뢰유에서 마들렌이라는 이름으로 완전히 성공한 기업가가 되었고 시장 직마저 맡고 있다. 그런데 운명의 장난처럼 감옥에서 그를 담당했던 자베르가 이곳에 부임한다. 자베르는 가석방 중 사라진 장발장을 쫓고 있는 중이다. 그는 시장을 처음 보는 순간 낯이 익다. 그리고 마차를 들어 올리는 시장의 모습에서 그가 무거운 깃발을 들어 올렸던 죄수 장발장이라는 것을 확신한다. 경감은 비밀리에 파리에 보고서를 보내지만 장발장이라는 인물은 이미 붙잡혀 재판을 받고 있다는 답장을 받는다. 자베르는 시장 앞에 나가 자신의 잘못을 고백하고 무고죄로 고발하라고 한다. 그러나 시장은 경감이 의무를 다한 것일 뿐이라며 크게 개의치 않는다. 두 사람 사이의 대결에서 장발장이 승리를 한 것처럼 보인다. 그러나 양심의 가책을 받은 시장 장발장은 시장이란 가면을 벗고 장발장의 모습을 드러냄으로써 다시 자베르에게 쫓기는 신세가 된다. 그를 뒤쫓다가 놓친 뒤 자베르는 다리 난간에서 노래를 부른다. 노래 'Stars'는 자베르의 신념을 잘 보여 준다.

> "저 캄캄한 어둠 속으로 도망자는 사라졌네. 하나님을 거부하고 타락한 죄인이여. 주여, 제 증인이 되소서. 절대 포기 안 하리. 놈과 다시 만날 때까지! 놈과 다시 만날 때까지! 그는 어둠의 길을 가고 난 주님의 길을 가네. 선한 길을 따르는 자에게는 주님의 상이 있으리. 사탄처럼 타락한 자들에겐 불꽃과 칼의 심판뿐! 밤하늘의 저 무수한 별들은 제각기 흩어져 저 광활한 어둠 속을 빛으로 밝히고 있네. 너희들은 파수꾼, 조용하지만 흔들림

없이 밤새 세상을 지켜 주네. 밤새 세상을 지켜 주네. 너희는 자신의 자리를 알고 가야 할 길을 알지. 계절을 따라 돌고 또 돌아 늘 제자리를 지키네. 광명성처럼 하늘에서 떨어질 땐 불꽃이 되어 떨어지네. 그것이 자연의 섭리. 그것이 주의 뜻. 낙원으로 가는 길목에서 타락하여 떨어지는 자들은 반드시 대가를 치르리. 주여, 놈을 찾게 해 주소서. 가두게 해 주소서. 단단한 쇠창살 속에! 그때까진 나 결코 멈추지 않으리! 나 맹세하노라. 저 하늘의 별들에 맹세하노라!"

그가 장발장을 추적하는 까닭은 개인적인 원한이 있어서가 아니라 선한 자를 보호하고 타락한 죄인을 심판하기 위해서다. 자베르는 악한 사람이기보다는 법을 수호하는 정의의 인물이다. 소설에서 자베르는 이렇게 묘사된다. "그는 자베르라는 경찰관이었다. 그는 아주 단순한 사람이었다. 비교적 착하기는 했지만 권력에 대한 존경과 반역에 대한 과장된 증오를 품고 있었다. 그에게 반역이란 도둑질이나 살인, 그 밖의 다른 모든 범죄를 말하는 것이었다. 관직에 있는 사람은 무조건 믿으면서도 일단 법을 어기고 범죄를 저지른 사람은 모두 경멸하고 미워했다. 절대로 용서하는 법이 없었고 예외도 없었다." 과장스러운 면이 있긴 하나 예외 없는 범죄에 대한 경멸은 자베르의 특징이다. 따라서 자베르와 장발장의 싸움은 선과 악의 싸움이 아니라 이성과 감정, 법과 인간, 원칙과 관용, 불변과 변함의 싸움이라고 할 수 있다. 한 번 죄인은 영원한 죄인이라는 불변의 원리를 주장하는 사람이 자베르인 반면, 몸소 보여 준 것처럼 변화가 가능하다는 것을 주장하는 사람이 장발장이다. 경감의 존재가 불변의 이데아를 주장한 플라톤이나 불로장생의 불로초를 찾았던 진시황을 대변한다면 장발장의 존재는 변화의 철학자인 니체나

들뢰즈를 대변한다고나 할까?

다시 9년이 흐른 후 1832년 파리가 배경이다. 이때는 서두에서 밝힌 것처럼 6월 혁명이 일어난 해다. 여기서는 청춘 남녀 마리우스와 코제트의 사랑 이야기가 첨부된다. 사복 차림의 자베르는 시위대에 잠입하지만 신분이 발각되어 죽을 위기에 빠진다. 이때 그를 처형하겠다고 자원한 사람이 장발장이다. 하지만 자베르를 구석으로 끌고 간 장발장은 그를 어떻게 처리할지 고민하지 않는다. 그가 자원한 것은 처음부터 그를 살려 줄 생각이 있었기 때문이다. 예상과는 달리 자신을 풀어 주자 자베르는 이렇게 말한다. "한번 도둑은 영원한 도둑일 뿐. 넌 원하는 건 반드시 훔치지. 너와 내 목숨을 맞바꾸자? 나와 흥정하자 이건가? 그냥 지금 날 쏴 죽여. 날 놔주면 후회할 거야. 난 널 꼭 심판할 테니까!" 그러자 장발장이 화답한다. "자네 생각은 틀렸어. 언제나 틀렸지. 나도 남들과 똑같은 인간일 뿐. 자넬 보내 주겠네. 아무 조건 없이 흥정도 애원도 필요 없어. 난 자네를 전혀 원망하지 않아. 자넨 주어진 의무를 다했을 뿐. 내가 살아 나간다면 뤼드롬마르메 5번지에 있을 걸세. 우린 다시 만나겠지." 장발장의 대사를 들으면서 하나의 질문이 떠오른다. 장발장은 왜 자베르를 살려 주었을까? 그것도 일부러 자원까지 해서 말이다. 자베르를 살려 주면 '생명의 은인이여! 정말 고맙습니다!'라고 말하기를 기대했던 것일까? 그렇지 않다. 누구보다도 자베르를 잘 알고 있는 장발장은 그가 살아 있는 한 끝까지 자신을 추적할 것이라는 것을 안다. 다만 장발장은 한번 도둑은 영원한 도둑이라는 그의 생각이 틀렸음을 보여 주고 싶었던 것이다. 이번에 자비를 베푼 것이 장발장이지만 그들의 관계는 곧 역전되고 만다. 마리우스가 속한 시위대는 사상자를 내고 진압된다. 장발장은 중상을 당한 마리우스를 들쳐 업고 저 유명한 파리의 하수구를 통해 현장을 빠져나간다. 자베르는 그들을 추적한다. 그리고 곧 그의 손아귀에 걸려든다. 장발장은 죽어 가는 마리우스가 치료받을 수 있게 한 후 다시 오겠다고 약속하지만 자베르는 한 발자국이라도 움직이면 쏘겠다며 총을 겨눈다. 그러나 자베르는 유유히 사라지는 장발장을 향해 끝내 발포하지 못한다. 그것은 자베르에게 직무유기이자 신념과 원칙을 거스르는 치명적인 행위다. 소설에서는 자베르의 심정을 이렇게 묘사한다. "자베르를 놀라게 한 것은 장발장이 그를 용서한 일이었고 그를 당황하게 만든 것은 바로 자기가 장발장을 용서한 일이었다. 자베르는 그 범죄자에 대한 존경이 영혼에 스며드는 것을 느꼈다. 괴롭지만 장발장의 거룩함을 인정하지 않을 수 없었다. 동정심이 많고, 선량하고, 불행한 자를 돕고, 악을 선으로 보답하고, 미움을 용서로 보답하고, 복수하기보다 불쌍하게 여기고, 인간이라기보다 천사에 가까운 전과자. 자베르는 그의 존재를 인정하지 않을 수 없었다. 지금까지 자기가 옳다고 믿어왔던 것이 와르르 무너진 것이었다." 신념의 무너지면 그 결과는 예정되어 있다. 영화에서 자베르는 장발장의 신념과 자신의 신념 두 가지는 공존할 수 없다는 것을 한탄하고 다음과 같이 '자베르의 자살(Javert's Suicide)'을 부르며 깊은 강물에 몸을 던진다.

"놈은 어떤 악의 화신인가? 날 덫에 가두고는 다시 풀어 줬지. 날 죽이고 자신의 과거에서 벗어날 절호의 기회였는데! 칼 한 번 휘두르면 끝이었는데! 복수하는 대신 그는 날 살려 주었네. 도둑에게 빚지고 살 순 없어. 이 추격을 포기할 순 없어. 감히 법을 우롱하다니. 놈에게 침을 뱉어 주리라. 놈과 나는 공존할 수 없어. 둘 중 하나만 살아남는 거야. 모든 게 너무 혼란스러워. 놈을 믿어도 되는 것인가? 그의 죄는 용서받을 수 있나? 그의 죄를 사면해도 되는 걸까? 확신에 차서 해 온 일에 왜 이렇게 회의가 들려 할까? 돌 같던 내 마음이 아직도 떨리네. 내가 알던 세상이 어둠 속에 사라졌네. 그는 천사인가 아니면 악마인가? 과연 그는 알까? 자신이 오늘날 살려 줌으로써 내 영혼까지 죽여 버렸다는 사실을. 손을 뻗어 보지만 다시 쓰러질 뿐. 오늘 밤은 별도 어둡고 차갑구나. 무너질 듯한 저 허공을 나 하염없이 바라보네. 이제 나 벗어나리라. 장발장의 세계로부터! 더 이상 갈 곳이 없네. 더 이상은 살아갈 수가 없네!"

자베르의 죽음은 위고의 인생관을 대변한다. 위고는 혁명의 와중에서 법과 질서의 미명 아래 죽어 간 엄청난 희생을 목격하고, 인간에게 필요한 것은 법보다는 자비와 은총 그리고 관용과 용서라고 생각했다. 자베르와 장발장의 대결에서 장발장에게 손을 들어 준 것은 바로 그 점을 보여 주고 있다. 소설 『레 미제라블』이 다양한 장르로 연출되어 만인의 찬사를 받은 것을 보면 내용과 주제가 선명하고 감동적일 때는 장르에 관계없이 훌륭한 작품이 될 수 있다는 것을 알 수 있다.

생각해 보기

1. 작가 위고와 그가 살았던 그 시대의 프랑스와 그의 소설은 어떤 관계가 있는가?

2. 사람은 변화가 가능하다고 생각하는가? 그렇다고 생각한다면 그 이유가 무엇이며 그렇지 않다고 생각한다면 또 그 이유는 무엇인가?

3. 미리엘 주교는 장발장에게 어떤 영향을 미쳤는가?

4. 이야기치료에 대해 생각해 보자.

5. 각자 삶의 이야기를 새롭게 쓰라면 어떻게 쓰고 싶은가?

6. 인간에게 양심 또는 수치심이란 무엇인가?

7. 장발장이 스스로 재판장에 나가서 진실을 밝힌 까닭은 무엇인가?

8. 자베르와 장발장은 어떤 성격을 대표하고 있는가?

9. 코제트에 대한 장발장의 헌신적인 사랑은 어디에서 비롯된 것인가?

10. 장발장의 대사 "Who am I?"는 어떤 의미를 지니고 있는가?

11. 각자의 신념은 무엇인가?

6

〈올드보이〉와 복수의 심리

연극과 영화는 가깝고도 먼 사이다. 영화 초창기 밀월 관계를 형성했던 두 연인은 영화가 상업적 성공을 거두자 관계가 소원해졌다. 연극은 영화에 연기자와 관객을 빼앗긴다고 불만을 터트렸고, 영화는 매체의 특징과 시대적 흐름에 편승하여 폭발적 인기를 누렸다. 그런데 대중의 입지가 강화되고 문화와 예술에 대한 관심이 고조되면서 연극과 영화는 슬쩍 다시 손을 잡았다. 탄탄한 플롯을 지닌 연극치고 영화화되지 않은 것이 별로 없다. 그리고 영화로 만들어진 연극은 대개 홍보의 차원에서 상당한 혜택을 입었다. 연극 소극장의 경우 관객이 꽉 들어차면 100석에서 200석 정도가 될 것이다. 한 달 동안 공연을 한다고 해 봤자 5,000명 이상이 관람하기는 힘들다. 그러나 영화는 떴다 하면 1,000만 명이 넘는다. 홍보적 측면에서 연극은 영화와 비교가 되지 않는 것이다. 영화는 연극의 스토리를 도입하고 영화의 성공 덕분에 연극이 관심을 받는다면 두 장르가 윈윈의 합일점을 찾았다고 할 수 있다. 물론 아무 연극이나 영화로 제작되는 것은 아니다. 또 연극을 영화로 제작한다고 해서 무조건 성공하는 것도 아니다. 영화감독들이 눈독을 들이는 연극에는 나름대로 특징이 있다. 먼저 눈여겨봐야 할 것은 대사다. 소설과는 달리 연극의 대사는 리듬과 운율이 살아 있다. 연극의 대사가 구어체여서 그런 점도 있지만 오랜 전통을 지닌 연극의 운문 대사는 한 편의 시(詩)와 같다. 아름다운 리듬과 운율을 지닌 연극의 시적 대사는 관객의 심금을 울린다. 따라서 깊이 있는 대사를 재미있게 음미할 줄 알게 된 현대 대중의 성장은 고전 연극의 가치를 이해하는 계기가 되었고 연극이 영화로 각색되어 일반 관객과 만날 수 있는 원동력이 되었다. 또 다른 하나는 탄탄한 플롯이다. 연극이나 영화에서 이야기의 구성만큼 중요한 것이 있을까? 어떻게 보면 이들 장르에서 이야기는 핵심 사항이다. 만화, 소설, TV 드라마, 연극, 영화 심지어 게임에 이르기까지 이야기는 생명이다. 『천일야화』의 세헤라자데처럼 이야기를 멈춘다는 것은 곧 죽음을 의미한다. 이야기가 계속해서 듣고 싶은 술탄은 하룻밤이 지났지만 그녀를 죽일 수 없게 되고 이야기는 천일밤하고도 하룻밤이나 더 지속된다. 이야기가 이어지는 한 그녀의 생명은 온전한 것이다.

롤랑 바르트(Roland Barthes)는 이야기와 죽음 및 생명의 관계에서 저자의 죽음을 언급한다. 저자가 자신의 작품에 있어 절대적이라는 것은 의심할 여지가 없다. 인물들을 창조하고 인물들 사이에서 이야기를 만들어 가는 저자는 마음대로 이야기 구조를 구성하고 결말을 내린다. 그런데 따지고 보면 저자의 이야기는 독창적인 그만의 고유한 것은 아니다. 그가 쓴 글은 이미 누군가가 생각했던 것이며 이전에 누군가가 썼던 것을 반영하고 있다.[1] 이것이 사실이라면 작가의 작품은 전적인 작가의 창조물이기보다 일종의 변종, 표절 또는 패러디가 된다. 또한 작품은 작가의 손을 떠나면 독자의 해석에 따라 새롭게 태어난다. 특히 결말이 열려 있는 작품은 독자가 자신의 입맛에 따라 읽을 수 있으므로 독자 고유의 작품이 될 수 있다. 저자가 작품의 모든 것을 결정한다면 작품은 오로지 저자의 소유로 남게 되지만, 저자가

1) 필자도 이 점에 전적으로 동의한다. 이 책만 해도 잘 알려진 영화를 재탕, 삼탕 하는 것 같아 나의 순수한 창작이라고 하기가 민망하다.

사라질 때 작품은 누구의 소유도 아닌 것이 되면서 독자는 다양하게 작품을 바라볼 수 있게 된다. 포스트모더니즘 시대에 들어와 절대적 경전으로 신성시되던 고전 작품들이 새롭게 해석되어 다양한 모습으로 새롭게 태어나는 현상도 저자의 죽음과 관계가 있다.

만화 〈올드보이〉 한국판 겉표지. 일본판과 똑같다.

〈올드보이〉는 일본 만화로 시작되었다. 그리고 만화가 영화로 각색되고 흥행이 되자 잘 몰랐던 원작에 대한 관심이 커졌다. 그리고 〈올드보이〉는 연극으로도 제작되었다. 만화, 영화, 연극의 순으로 제작된 〈올드보이〉는 전작의 영향을 받았겠지만, 진정한 새로운 장르로 태어나기 위해서는 전작의 죽음이 필요하다. 영화 〈올드보이〉는 만화의 죽음을, 연극 〈올드보이〉는 영화의 죽음을 전제로 할 때 진정한 성공을 보장받을 수 있다.

만화 『올드보이』

〈올드보이〉가 칸 영화제에서 대상을 받자 국내 언론에 대서특필 되면서 감독의 명성은 물론 영화에 대한 관심이 엄청나게 커졌다. 더불어 원작이 1997년에 총 8권으로 출간된 일본 만화라는 것이 밝혀지고 만화를 보려는 독자층이 부쩍 늘어났다. 츠치야 가론 원작, 미네기시 노부아키 작화의 만화 내용은 이렇다.

평범한 삶을 살아가던 고토는 어느 날 아무런 영문도 모른 채 폭력조직이 운영하는 사설 감금소에 수감된다. 이 부분은 영화와 닮았다고 할 수 있지만, 고토라는 인물과 영화의 오대수는 전혀 다른 캐릭터를 지니고 있다. 오늘만 대충 수습하며 산다는 오대수와는 달리 고토는 존재감이 크게 드러나지 않는 평범한 인물이다. 대충 건들건들 살아가며 하고 싶은 말이 있으면 아무렇지도 않게 내던지는 오대수가 감금된 것은 혀를 잘못 놀린 댓가지만 고토가 감금된 이유는 상당히 애매하다. 고토를 감금한 카키누마는 고토와 초등학교 동창이다. 동창이라는 점은 같은데, 영화의 인물들은 고등학교 동창생이다. 카키누마는 6학년 때 전학을 와 왕따를 당했다. 카키누마가 고토를 기억하는 것은 음악 수업에서 자기가 노래를 불렀을 때 고토가 한 방울의 눈물을 흘렸기 때문이다. 참으로 이해하기 어려운 일이다. 자기 노래를 들으며 눈물을 흘렸다면 고맙게 생각할 수도 있었을 텐데……. 하지만 고토의 모습을 보면서 카키누마는 '비참하고 추한 심연'을 들켜 버린 느낌을 받는다. 왕따를 견디며 지내던 카키누마는 마음속으로 저들은 자신의 깊고 외로운 아픔을 결코 이해하지 못하는 한심한 수준의 사람들이라고 경멸하고 있었다. 타인에 대한 경멸은 자신의 처지를 어느 정도 합리화시켜 줄 수 있다. 그런데 뜻밖에도 고토의 눈물로 인해 카키누마는 속마음을 들킨 것이 되어 버렸고 고토의 정신 수준이 자신보다 높다고 생각하게 되었다. 그리고 이는 카키누마에게는 견딜 수 없는 치욕이었다.

졸업 후 카키누마는 사회에 진출하여 부동산과 주식으로 막대한 돈을 벌게 된다. 그런데 긴장이 풀려 버린 어느 날 난데없이 6학년 음악 시간에 느꼈던 수치심과 모욕감이 떠오른다. 카키누마는 고토를 찾을 결심을 한다. 아마 인기가 많았던 초등학교의 모습으로 짐작하건대 고토는 현재 성공적인 삶을 살고 있을 것이다. 그러나 그를 찾고 보니 빛에 쪼들리는 별 볼일 없는 평범한 삶을 살고 있는 것이 아닌가? 고토의 모습에 더욱 화가 난 카키누마는 그를 감금시켜 폐인으로 만들어 버릴 것을 계획한다. 하지만 예상과는 달리 고토는 감금소에서 10년을 견디며 복수를 다짐한다. 카키누마는 고토에게 "자신이 누구인지, 왜 그랬는지 알아 오면 나를 죽일 기회를 주겠다."고 말한다. 그러나 고토는 6학년 때의 기억도 감감할뿐더러 음악 시간에 눈물을 흘린 것도 기억하지 못한다. 그러니까 카키누마는 순전히 타인의 의미 없는 행동에 상처를 입었던 것이다. 고토는 당시 동창들의 증언과 정보를 통해 어슴푸레 기억을 더듬어 낸다. 그의 대답은 "네가 노래를 불렀을 때 너를 불쌍히 여겨 슬퍼했던 것 같다."가 전부다. 어찌 보면 별 이유도 아닌 것 때문에 고토에게 병적으로 집착한 카키누마의 행동은 집단 따돌림, 고독, 개인화 성향 같은 일본의 정서를 이해하지 못하고는 쉽게 납득할 수 없다.

여기서 이유 자체를 따지는 것은 별 의미가 없다. 다만 사소한 말 한 마디가 남에게는 커다란 상처가 될 수 있다는 사실이다. 장난삼아 던진 돌이 개구리에게는 목숨을 잃게 하는 치명적인 물건이 될 수 있듯이 말이다. 이 점은 영화에서도 그대로 재현된다. 고토와 마찬가지로 오대수 역시 과거에 무슨 일이 있었는지 까마득히 잊고 산다. 누구라도 그랬을 것이다. 자기가 한 말을 일일이 기억할 사람은 없으니 말이다.

연극 〈올드보이〉, 영화와 관계가 없다?

만화에서 영화로 그리고 다시 연극으로, 문화 콘텐츠의 크로스오버가 여실히 드러나는 릴레이식 관계 맺음이다. 연극을 영화로 만든 〈왕의 남자〉가 대히트를 친 이후, 원작이었던 연극 〈이(爾)〉가 재공연되어 만원사례를 기록한 것이나 연극 〈날 보러 와요〉가 영화 〈살인의 추억〉의 원작으로 알려진 후 재공연이 성공한 사례는 널리 알려져 있다. 말하자면 영화에서의 대박이 연극의 흥행을 보증했던 것인데, 2006년 역으로 칸 국제영화제에서 대상을 거머쥐어 국내외 영화팬들의 집중을 받았던 영화 〈올드보이〉를 연극 무대에서 만날 수 있게 됐다.

최치언 극작, 김관 연출의 연극 〈올드보이〉는 '탈출왕, 스스로 감금을 선택하다'라는 문구와 더불어 원작의 상상을 뛰어넘는 반전을 내세우고 있다.

연극 제작사인 JT컬처는 이미 영화 〈라이방〉과 〈나생문〉을 연극으로 제작하여 상당한 흥행 성적을 기록한 경력이 있다. 제작사는 '연극을 영화로'라는 일반적 흐름이 아닌 '영화를 연극으로'라는 역 흐름이라는 독특한 아이템을 선보이고 있다. 따라서 세 번째 프로젝트 〈올드보이〉가 성공한 영화의 후광을 업으려는 것이 아닌가 하는 기획 의도를 의심받을 수 있다. 그러나 제작사 측은 강하게 부인한다. 영화 〈올드보이〉의 연극화는 전혀 다른 새로운 차원에서 이루어진 것이라는 것이다. 연극은 원작 만화 판권을 구입하여 전적으로 새롭게 각색을 한 것이기 때문에 새로운 창작물에 가깝다고 할 수 있고 따라서 영화와의 관련성을 떠올리면 안 된다는 것이다. 그렇다고 해도 영화가 워낙 강하게 기억에 남아 있는 만큼 연극이 영화와 거리두기를 하려면 할수록 오히려 영화를 떠올리지 않을 수 없다. 아마 연극이 기대하는 것도 이런 측면이 없지는 않을 것이다.

연극 〈올드보이〉는 영화에서 강하게 표현된 근친상간이라는 소재도 털어내고 납치, 감금, 복수가 주요한 틀을 형성한다. 또한 감금된 이유와 복수의 방법도 영화와는 다르다. 오대수에 해당하는 무태천은 스스로 탈출왕이라고 자부하는 인물이다. 그는 영화에서 철웅(오달수 분)이 대표자인 사설 감금업체에 자기 발로 찾아가 6개월 후에 풀어 주는 조건으로 감금 계약을 체결한다. 무태천은 이미 누군가에게 열두 번이나 납치되었다가 탈출한 경력이 있는 소유자로서 탈출에 관한 자신감이 충만해 있다. 그러한 무태천은 자신을 옥죄어 오는 알 수 없는 누군가로부터 도망치기 위해 스스로 갇히려고 한다. 하지만 무태천은 그렇게 자의적으로 감금당한 후 6개월은커녕 10년이 더해진 기나긴 세월을 독방에서 지내는 신세가 되고 만다. 무태천은 스스로 감금을 택했지만 실은 그 누군가 치밀하게 계획한 복수의 덫에 걸려든 것이다. 뒤늦게야 그 사실을 깨달은 무태천은 풀려나자마자 그 누군가에게 복수할 것을 다짐한다. 무대는 누가 무슨 이유로 자신을 가두었는지 이를 파헤치는 여정과 복수의 집념으로 가득하다. 마치 오이디푸스가 생명을 걸고 스핑크스의 수수께끼를 풀듯 무태천의 목숨을 건 문제 풀이가 무대에서 펼쳐진다.

앞서도 잠깐 언급했지만 다시 이 문제를 제기하지 않을 수 없다. 연극이 영화를 염두에 두지 않고 각색을 했다 해도 과연 영화로부터 자유로워질 수 있을까? 그러긴 힘들 것이다. 관객은 무태천을 오대수로 생각할 것이며, 더블 캐스팅된 김정균, 추상록을 최민식과 비교할 것이다. 더구나 주인공의 캐릭터는 크게 달라진 것이 없다. 좁은 공간에 갇혀 풀려날 날을 기약할 수 없는 한 남자가 절치부심하며 견디어 낸 세월을 통해 형성된 그의 행동과 어투는 영화나 연극이나 필름 누아르의 주인공을 연상시킨다. 또 납치된 후 남겨진 딸을 통해 처절하게 복수당하는 오대수와 달리 무태천에게는 아들이 있다. 딸에서 아들로 바뀐 것은 영화에서 커다란 주제인 근친상간에서 벗어나려는 의도일 것이다. 그럼에도 사슬에 묶여 개처럼 끌려 다니는 아들로 인해 주인공은 오히려 복수의 대상 앞에 무릎을 꿇고 마는데, 이는 영화에서 이우진 앞에 무릎을 꿇는 오대수의 모습과 흡사하다. 따라서 연극은 영화의 거대한 그늘에서 벗어나기만 하더라도 연극으로서 어느 정도 성공한 것이 될 것이다. 무대의 인물들이 관객의 뇌리에 박혀 버린 영화 속 인물, 헤어스타일, 말투를 깨끗이 털어내고 새로운 인물로 환골탈태할 수 있다면 그 자체로 절반의 성공을 거둔 셈이다.

이 시점에서 궁금한 것은 연극에서 수수께끼의 해답이다. 오대수는 혀를 잘못 놀린 대가로 엄청난 운명의 소용돌이에 휩싸이지만, 과연 무태천은 무슨 까닭으로 복수의 대상이 된 것일까? 이 물음에 대답하기 위해 연극의 배경은 무태천의 중학교 시절로 거슬러 올라간다. 그리고 과거에 그가 "여학생의 도시락을 먹었다"와 "여학생을 먹었다"의 언어 유희 속에서 무당의 딸이었던 한 여학생에게 상처를 입혔던 사실이 드러난다. 여기서 오해를 해서는 안 된다. 소위 납치녀인 그 여학생이 무태천의 말에서 생겨난 오해로 상처를 입었기 때문에 복수를 한 것이 아니다. 그 여학생이 참을 수 없었던 것은 무태천이 다른 학생들 도시락은 다 먹었는데 오직 자기 도시락만 까먹지 않았던 행동으로 인해 느낀 왕따의 비참한 기분이었다. "그런 거지같은 새끼가 내 도시락 좀 안 먹었다고……. 우리 반 애들 꺼 다 먹었는데……. 미친년들! 더러운 고아새끼가 지들 도시락 까먹으면 지들이 상전이 된 기분인가 보지. 내가 더러운 거야……. 우리 집이 무당집이라서……. 태천이도 안 먹는 년이라고. 무태천, 니가 뭔데 이런 장난을 해! 니가 뭔데……." 왕따 문제는 바로 원작의 만화의 내용과 연결된다. 결국 자기 도시락만 손대지 않았던 이유로 무태천은 길고 긴 세월을 독방에서 갇혀 있어야 했다. 감금의 어이없는 이유는 약간 코믹한 느낌을 주지만 한편으론 섬뜩하다. 도시락 문제는 그 여학생이 지니고 있었던 심리적 열등감, 무당집 딸이라는 열등감이 투사된 집단 따돌림의 감정으로 수렴된다. 한 인간으로서 또래로부터 따돌림을 당하는 것처럼 비참한 것은 없다. 이는 뒤집으면 그만큼 또래와의 공동적 교류가 삶에서 중요한 요소라는 말이 된다. 무당집 여학생의 이 뼈아픈 대사는 장난으로 던진 돌이 죽느냐 사느냐의 문제로 귀결되듯, 영화에서 '모래알이든 바위덩어리든 물에 가라앉기는 마찬가지'라는 교훈과 연극에서 '바늘 끝만한 티끌이라도 눈에 들어가면 아프기 마련'이라는 교훈을 담고 있다. 말하자면 동창생들 간의 모래알 같은 말이나 사건이 집채만한 바위 덩어리로 커져 인생을 통째로 뒤흔들 수 있다는 메시지인 것이다. 살아가면서 정말 조심해야 할 것은 말과 행동이다.

연극은 영화에 비해 훨씬 엽기적이고 자극적이며 비현실적이다. 오이디푸스 왕이 스스로 두 눈을 찔러 장님이 된 것처럼, 영화에서 혀 잘림으로 자신의 죄를 치르려 했던 오대수의 잔인한 신체 훼손과 유사한 장면이 무대에서 빈번히 등장한다. 또한 성욕과 배설 코드가 난무하여 마치 아라발(Arrabal)의 '공황연극(théâtre panique)'을 보고 있는 듯한 느낌을 준다. 치밀한 미장센을 통하여 은유와 상징을 축소시키고, 시니컬한 대사와 무대 장치의 순간적 변신으로 공연적 볼거리를 제공하고 있는 연극 〈올드보이〉를 과연 관객은 영화와 무관한 공연으로 바라볼 수 있을까? 매우 궁금한 부분이다.

영화 〈올드보이〉

박찬욱 감독의 최초 흥행작은 2000년에 개봉한 영화 〈공동경비구역 JSA〉다. 이 영화는 간결하고 산뜻한 영상, 적절한 유머와 사회적 메시지가 잘 혼합되어 대단한 호평을 받았다. 감독의 이 영화는 청룡영화상 감독상, 백상예술대상 영화감독상, 도빌 아시아영화제 작품상, 대종상 영화제 최우수작품상을 수상한다. 2003년 개봉된 〈올드보이〉는 〈복수는 나의 것〉(2002), 〈친절한 금자씨〉(2005)와 더불어 박찬욱 감독의 복수 3부작이다. 감독의 수상 경력은 화려하다. 〈복수는 나의 것〉으로 부산영화평론가협회상 최우수작품상, 감독상을 수상하였고, 2002년 이탈리아 필름 누아르 페스티벌 심사위원 특별상, 2003년 우디네 극동영화제 관객상을 수상하였다. 〈올드보이〉는 청룡영화상 감독상, 대한민국 영화대상 감독상, 백상예술대상 작품상, 대종상 감독상을 수상하였고 칸 국제영화제에서 '심사위원 대상'을 수상하였으며, 〈친절한 금자씨〉는 청룡영화상 작품상 및 베니스 국제영화제에서 '젊은 사자상'을 수상하였다. 2009년 〈박쥐〉로는 칸 영화제에서 '심사위원상'을 수상하였다.

영화 〈올드보이〉는 만화나 연극에서와는 달리 감금의 이유와 복선이 명확하게 짜여 있다. 또한 미도의 존재를 통해 근친상간의 터부를 보여 주고 있어 풍요롭고 입체적인 메시지를 전달한다. 더불어 유머, 간결한 대사, 다양한 색감, 적절한 영상 편집과 다채로운 촬영 기법 등 영상 매체의 미학을 충분하게 활용하고 있어 보는 재미를 더해 준다.

소문의 심리학

〈올드보이〉에서처럼 사소한 소문이 사람들에게 커다란 상처를 남기는 것을 보면 소문은 참으로 무서운 것이다. 니콜라스 디폰조(Nicolas DiFonzo)는 소문의 심리학에 대한 저서 『루머사회(*Watercoder Effect*)』에서 누가 소문을 만들어 내고, 소문이 어떻게 퍼지며, 사람들이 소문을 믿는 이유가 무엇인지 인간의 심리와 사회적인 현상을 분석한다. 저자는 "매사에 의심 많은 사람조차도 소문 앞에서는 냉정한 사고를 하는 것이 힘들다. 만약 모든 정보가 진실인지 하나하나 의심하고 알아보려 한다면 살아가는 데 필요한 시간과 에너지가 거의 남아 있지 않을 것이다. 그리하여 인간은 매우 중요한 문제에 대해서만 진실 여부를 확인할 필요성을 느낀다. 또한 완전히 잘못된 거짓이라 해도 다른 사람이 전한 소문을 믿는 것은 인간관계를 부드럽게 만들어 준다."고 말한다. 사람들은 소문에 대해 일일이 진위 여부를 따지지 않으며 자기와 긴밀하게 연결되어 있는 소문에 대해서만 신경을 쓴다는 것이다. 자기와 관련이 없으면 별 뜻 없이 다른 사람에게 전달하기 때문에 소문은 근거나 생각 없이 널리 퍼질 수 있다. 더 중요한 것은 그 소문이 진짜인지 가짜인지를 식별하는 문제보다도 소문을 전하는 사람과 전달받는 사람은 긴밀한 인간관계를 형성한다는 사실이다. 소문을 공유한다는 것 자체에서 서로 친밀감을 느끼는 것이다. 그럼 소문은 왜 퍼지는 것일까? 저자는 사람들이 소문을 퍼뜨리는 상황과 심리에 대해 다음과 같이 말한다. "사람들은 애매모호한 상황에 대한 설명을 만들고 평가를 하기 위해 소문을 활용한다. 또는 일시적 불확실성에서 벗어나기 위해서 혹은 타인과 소문을 공유하고 지위를 상승시키기 위해서 소문을 퍼뜨리기도 한다." 사람들은 애매한 것들을 분명하게 하고 싶을 때, 또 다른 사람과 소문을 공유하면서 자기 입지를 강화시키려고 할 때 소문을 퍼뜨린다는 것이다. 특히 현대사회에서는 SNS의 발달로 인해 '~ 카더라'와 같은 확인되지 않은 소문들이 순식간에 퍼져 마녀사냥이 이루어지기도 한다. 여하튼 소문내기 행동은 인간 사이의 연대감 형성 문제와 자기를 드러내기 위한 수단과 밀접한 관계가 있다.

데니스 웨이틀리(Denis Waitley)는 『들여다보는 심리학(*Psychology of Human Relationship*)』에서 어떤 종류의 사람이 헛소문을 잘 내는지 언급한다. 소문을 잘 내는 사람의 심리에는 권력욕이 있다는 것이다. 소문 듣기를 좋아하고 잘 퍼뜨리는 사람은 소위 사회심리학적 관점에서 자기에게 정보가 많다는 것을 자랑하는 사람이다. 정보가 많다는 것을 보이고자 하는 사람은 힘, 권위에 대한 집착이 강한 사람이다. 이런 사람들은 많은 정보를 갖고 있다고 믿도록 하여 타인의 관심을 유도하거나, 적대적 관계에 있는 사람에 대해 헛소문을 퍼트려 자신의 위치를 확보하고자 한다. 그러니까 유달리 소문을 잘 만들어 내는 사람, 소문에 관심이 많은 사람, 소문을 잘 퍼트리는 사람은 관계 속에서 우위에 서고 싶어 하는 권력욕이 강한 사람으로 볼 수 있다.

오대수의 입놀림은 권력욕과는 크게 상관없어 보인다. 그러나 친구들 사이에서 소문을 공유하면서 유대감을 확산시키는 것은 오대수의 경우에도 해당된다. 남들은 알지 못하는 어떤 일을 함께 나눈다는 것 자체만으로 친밀감이 형성되기 때문이다.

오대수의 심리적 변화 양태

영화의 앞부분에 오대수는 술에 취해 시비가 붙어 파출소에 끌려와 있다. 파출소에서 오대수의 행동은 가관이다. 옆 사람에게 시비를 붙이고 경찰에게도 시비를 붙인다. 그런데 한국 사회에서 그러한 오대수의 주사가 특별한 것으로 비치지는 않는다. 오대수는 그야말로 가장 평범한 소시민적 인물인 것이다.

독방의 초상화는 벨기에 화가 제임스 앙소르(James Ensor)의 작품 〈슬퍼하는 남자(The Man of Sorrows)〉(1892)다. 초상화 밑의 문구 "웃어라, 온 세상이 너와 함께 웃을 것이다. 울어라, 너 혼자 울 것이다."는 미국의 여류 시인 엘라 휠러 윌콕스(Ella Wheeler Wilcox)의 시 〈고독(Solitude)〉의 첫 구절이다. 이 시에는 기쁠 때는 세상이 모두 내 편이 되지만, 슬플 때는 철저히 혼자 남게 된다는 통찰이 들어 있다. 그렇지 않은가? 이 세상 누구도 내 편이 되어 주지 않고, 믿었던 사람들도 내가 가장 필요할 때 나를 떠나는 경험을 하지 않았던가?울 때는 혼자일 수밖에 없는 것이다.

파출소에서 오대수는 이중적인 모습을 보여 준다. 욕을 마구 해 대며 시비를 거는가 하면 딸의 생일 선물인 천사 날개를 어깨에 달기도 한다. 이 모습은 그의 내면에 천사도 있고 악마도 있는 것처럼 보인다. 남과 특별히 다를 것 없이 그저 결혼해서 딸 하나 낳고 조그만 아파트에 살던 오대수는 비 오는 밤거리에서 까닭 모를 납치를 당하고 만다. 정신을 차려 보니 처음 보는 독방이다. 지금부터 오대수는 어떠한 설명도 듣지 못하고 아무런 영문도 모른 채 배달되는 만두만을 먹고 TV만을 바라보며 15년 동안의 독방 생활을 시작한다. 길고 긴 15년 동안 오대수에게는 많은 심리적 변화가 일어난다. 그의 심리적 변화는 불치병에 걸린 환자의 심리와 유사하다. 1단계는 부정이다. 그는 처음에 자신을 다른 사람으로 잘못 알고 감금했을 것이라고 생각한다. 2단계는 분노다. 그는 분노에 떨면서 밖으로 나가기만 하면 그 누군가를 죽이고야 말겠다고 결심한다. 3단계는 타협이다. 지금이라도 나가게만 해준다면 아무 일도 없었던 것으로 해 주겠다는 조건을 달면서 타협을 시도한다. 4단계는 우울이다. 심리적인 무기력과 우울증이 생겨나고 상실감이 생겨난다. 극도의 정신적 분열이 생겨나고 개미 환상이 일어난다. 그는 점차 독방의 그림 속의 인물을 닮아간다. 그림 속의 인물은 얼굴 전체에 피를 흘리는 예수의 모습이다. 활짝 웃는 것인지 우는 것인지 알 수 없는 오대수의 표정은 곧 〈슬퍼하는 남자〉의 표정과 무척이나 닮았다. 5단계는 수용이다. 자신의 상황을 인정하고 체념을 하게 된다. 이때부터 그는 더 이상 징징거리지 않고 혹시 모를 미래를 대비한다. 벽을 샌드백 삼아 두드리는 것은 체념과 수용의 상태에서 나온 행동이다. 자신의 상황을 수용한 그는 옥중일기도 작성한다. 마치 악행의 자서전처럼 자신의 모든 것을 적어 나간다. 체념, 인정, 자서전 적기는 냉정해진 상태다. 이제부터 그는 이성적인 인간이 되어 왜 자신이 이런 끔찍한 일을 당하지 않으면 안 되었는가를 면밀히 분석하고 복수를 다짐한다.

프로그램된 오대수의 행동

자신의 힘이 아닌 누군가에 의해 임의로 풀려난 오대수는 자신을 감금한 알 수 없는 그 누군가를 찾아 나선다. 그런데 그가 알지 못한 무서운 사실 하나는 그가 하는 앞으로의 모든 행동이 독방에 감금되어 있는 동안 프로그램이 되었다는 것이다. 그 프로그램은 미도에게도 적용된다. 그러니까 오대수와 미도의 첫 만남에서 서로 관심이 끌리도록 프로그램되었던 것이다. 오대수는 프로그램에 따라 한 치의 오차도 없이 행동한다. 그는 일식집 '지중해'를 방문하고 익숙한 멜로디에 반응한다. 또한 그가 산 낙지를 통째로 먹고 정신을 잃어 미도의 아파트로 가게 된 것도 운명적인 프로그램 때문이다.

운명론자들에 따르면 인간의 운명이란 신이 만든 프로그램에 다름 아니라고 한다. 한 인간이 태어나 지구상 어딘가에서 성장하고, 친구를 만나고, 이성을 만나 사랑을 느끼고, 결혼하고, 가족을 이루는 등의 모든 것이 운명이라면 삶 전체가 신의 섭리로 프로그램되어 있는 것이다. 인간이 게으르면 게으른 대로, 운명을 거스르려고 노력하면 노력하는 대로 이 모든 것이 프로그램된 것으로서 인간은 결코 그 프로그램에서 벗어날 수 없다. 그것은 신탁(神託)에 의해 결정된 운명의 덫으로부터 어떻게든 빠져나가려고 애쓰지만 결코 빠져나갈 수 없었던 오이디푸스 왕의 모습과도 같다. 여하튼 누군가 15년 동안 철저하게 준비한 결과 오대수는 미도와 재회를 하게 되고, 그녀와 근친상간을 범할 수밖에 없는 운명적인 상황에 빠진다.

독방에서 나온 오대수는 일종의 탐정이 되어 복수를 하기 위해 알 수 없는 그에게 접근한다. 휴대폰이 울려 전화를 받지만 휴대폰 너머의 저쪽 목소리는 도대체 누군지 알 수가 없다. 오대수는 질문한다. “넌 누구냐?” 그리고 이어 왜 자신을 감금했느냐고 따진다. 그러자 전화 저편의 목소리가 질문이 틀렸다고 말한다. 왜 감금했느냐가 아니라 왜 지금 풀어 주었느냐고 질문을 해야 한다는 것이다. 그러고는 5일 안에 문제를 풀면 복수할 기회를 주겠다고 말한다. 이제부터 오대수는 휴대폰 속 목소리의 임자를 찾아 나선다. 에버그린, 상록수에서 힌트를 얻은 그는 모교인 상록수 고등학교를 방문하면서 까맣게 잊고 있었던, 전혀 기억에 남지 않은 한 사건에 대해 알게 된다. 그것은 한 여학생의 자살에 관한 것이다. 이처럼 까마득한 자신의 과거를 향해 한 걸음씩 다가가는 플롯은 소포클레스의 비극 〈오이디푸스 왕〉과 흡사하다. 오대수와 오이디푸스 왕은 자신과 관련된, 그러나 기억에서 사라져 전혀 알지 못하는 사건으로 운명적인 비극에 휩싸인다는 점에서 닮아 있다.

그는 결국 주범인 이우진과 정면으로 마주 선다. 이우진 역시 오대수가 찾아올 것을 기대하고 있었다. 그리고 이제 피할 수 없는 복수 대 복수의 장면이 펼쳐진다. 오대수가 복수의 일념으로 이우진을 만났을 때(실은 이우진이 그렇게 하도록 유도한 것이긴 하지만) 단번에 그를 죽이려고 달려든다. 그런데 이우진은 전혀 방어하지 않고 오히려 태연하다. 그 이유는 첫째, 자신에게는 스스로 죽을 수 있는 버튼이 있기 때문이며, 둘째, 자신이 죽으면 오대수가 그토록 궁금해했던 감금 이유를 알아낼 수 없다는 것을 잘 알기 때문이다. 따라서 이우진은 오대수가 결코 자신을 죽일 수 없다는 것을 안다.

이우진의 입장에서 15년 동안의 감금 자체로는 복수가 성립하지 않는다.

감금은 오직 진정한 복수를 위한 준비 작업일 뿐이다. 15년은 미도의 성장을 준비한 시간이었다. 이우진이 상처받았던 소문의 내용을 그대로 되돌려 주고 싶었기 때문이다. 진정한 복수는 바로 미도를 겨냥하고 있었다.

〈올드보이〉의 얽히고설킨 복수 심리

〈올드보이〉에서 복수는 순전히 개인적인 것이다. 무협영화처럼 집단을 대표해서 복수를 하는 것이 아니라, 이우진 개인이 죽은 누이에 대한 보상심리로 복수를 하는 것이다. 이우진은 소문에 대한 억울함으로 자살을 선택한 누이의 죽음의 원인으로 오대수를 지목하고 그에게 책임을 묻고자 한다. 사실 아무리 억울하고 원통해도 이우진이 보여 준 복수의 집념은 집착을 넘어 병적인 수준에 가깝다. 그는 물려받은 막대한 재산을 이용하여 똑같은 방법으로 철저하게 복수하고 말겠다는 일념에 사로잡혀 있다. 그의 삶은 오로지 복수라는 한 가지 목표만을 향해 나아간다. 이우진의 심리는 결코 건강하지 않다. 오로지 복수만을 위해 행동하는 이우진은 몸도 그렇지만 정신적으로도 매우 피폐해 있다. 그리하여 막상 마음먹은 대로 완벽하게 복수가 이루어지자 더 이상 살아갈 에너지도 삶의 의미도 찾지 못한다. "상처받은 자에게 복수심만큼 잘 듣는 처방도 없어요. 하지만 복수가 다 이뤄지고 나면 어떨까? 아마 숨어 있는 고통들이 찾아올 걸." 복수는 완성되었지만 통쾌함보다는 고통이 밀려온다. 고통에 밀려 그는 죽음의 길 이외에 들어설 길이 없다.

오대수는 감금 상태에서 벗어나자마자 자신을 감금한 미지의 인물을 찾아 나선다. 복수를 하려는 것이다. 그런데 오대수의 복수 형태는 이우진의 그것과는 좀 다르다. 까닭 모를 상황으로 예상치 못하게 삶의 나락에 빠져 버린 오대수의 입장에서 그가 행하려는 복수는 도대체 누가 무슨 이유로 자신을 이처럼 깊은 불행 속으로 빠지게 했는가 하는 궁금증과 함께 간다. 그러므로 영화는 이우진이 손바닥 위에 오대수를 올려놓고 바라보는 시점과 아무것도 모른 채 이우진에게 접근해 가는 오대수의 상반된 시점으로 나뉜다. 두 사람이 만나기까지 카메라는 이우진의 시점으로 작용하면서 줄곧 오대수의 모습을 반영한다. 관객은 독방에 갇힌 오대수를 감시하는 CCTV 화면을 바라보는 것처럼 오대수를 바라본다. 관객과 같은 시점을 지닌 이우진은 오대수의 모든 것을 꿰뚫고 있다. 그는 오대수의 성격, 가족, 생활 습관, 행동 반경 등 일거수일투족을 면밀하게 기록하면서 복수의 때가 오기를 기다린다. 그리고 그를 풀어 준 뒤에도 도청 장치를 설치하여 감시한다. 반면, 오대수는 누가 무슨 이유로 자기에게 그러한 고통을 가했는지 아무것도 모른 채 어둠 속에서 물건을 찾듯 하나하나 단서를 찾아 나간다. 잊지 말아야 하는 사실은 오대수가 복수를 다짐하도록 하는 것도 이우진의 복수의 계획 속에 들어 있다는 것이다. 오대수의 복수심은 자극된 복수심으로 이우진의 복수심 안에 포함되어 있다. 이처럼 중첩되어 있는 두 인물의 복수심은 결국에 상호 충돌하게 됨으로써 극단적인 결말을 향해 나아간다.

〈올드보이〉와 정신분석학

영화에서 오대수에게 시선을 집중한다면 자칫 놓칠 수 있는 것이 있다. 바로 이수아와 이우진 남매에 관련된 것이다. 하나의 질문, 왜 이우진은 오대수에게 복수하기 위해 그토록 평생 무섭게 집착했을까? 이 편집증적 집착은 정신병리적 현상이다. 집안이 엄청 부유하고 비밀이 많은 인물로 설정되어 있는 이들 남매는 추측하건대 정신적으로 건강하지 못하다. 영화에서 그들의 어린 시절이 설명되어 있지 않아 제대로 알 수 없지만 그들의 행적을 볼 때, 그들의 과거는 문제가 많을 것이다. 먼저 이우진을 보자. 평생 복수심에 칼을 갈며 자신이 당했다고 느끼는 것을 있는 그대로 처절하게 되갚아 주려는 사람은 많지 않다. 더구나 상대방이 악의적으로 저지른 것도 아니고 어쩌다 보니 그럴 수도 있는 것에 대해 복수의 칼을 품고 평생 살아간다는 것은 병적인 집념이다. 그의 학생부에는 "누나를 여의고부터 우울 증세를 보임. 각별한 주의 관찰 요망." 이라고 적혀 있다. 누나의 죽음 이후에 주의를 요하는 우울증을 앓고 있다는 것은 누나의 죽음이 그에게 정신적인 커다란 충격을 주었기 때문이다. 이수아의 행보 또한 심상치 않다. 주안이 기억하고 있는 이수아는 이렇다. "겉으로는 새침하고 요조숙녀데, 이게 이게 속으로는 걸렌기라……. 이놈 저놈 안 따먹은 놈이 없다고 소문이 마, 파다했을 걸?" 물론 소문이긴 했지만 운동장에서 그녀가 잘 알지 못하는 오대수에게 보여 준 정감 있는 태도와 말투는 일반적인 소녀의 모습은 아니다. 모두를 사랑하듯 행동하는 사람, 한꺼번에 여러 이성과 관계를 유지하는 사람은 나르시시즘에 기반을 둔 자기애의 성향이 강한 사람이다. 이런 사람은 자존감이 낮아 상처도 쉽게 받는다. 혼자인 것을 견딜 수 없어 하며 부족하다고 느끼는 면을 이성과의 관계를 통해 보상받으려는 보상심리 또한 강하다. 이런 사람은 여러 이성을 동시에 사귀는 것이 자신의 보호와 생존을 위해 필요하다는 방어기제를 작동시킴으로써 윤리적으로 죄의식을 갖지 않는다. 그렇지만 또 다른 여자 동창의 말을 빌면 순진한 수아는 절대 헤픈 여자가 아니었다. 다만 비밀이 굉

장히 많은 아이였고 사귀는 남자가 있었다는 정도다. 여하튼 여고생 이수아는 동생의 성적 행동에 대해 적극적으로 거부하지 않는다. 오히려 젖을 빨리는 행위는 모성적 본능에 충실한 어머니의 모습처럼 보인다. 이수아의 행동, 삶과 죽음은 순전히 동생을 위한 것이다. 그녀는 누나 이전에 어머니였다. 결국 이수아는 상상 임신으로 스스로 목숨을 끊는다. 그러나 죽음의 행위 또한 자신에 대한 괴로움이 아닌 임신으로 고민했을 동생에 대한 걱정에서 비롯된다. 그녀는 까마득한 댐 아래로 떨어지려는 자신의 팔을 붙잡고 놓지 않는 동생에게 이렇게 말한다.

> "그동안 무서웠지? 인제 걱정 안 해도 돼……. 다 없었던 일로 되는 거야, 그치? 그러니까, 누나 놔줘……. 응? (엉엉 울면서 도리질하는 우진. 자유로운 오른팔을 뻗어 대롱대롱 매달린 우진의 카메라를 잡는 수아) 나 기억해 줘야 돼, 알았지? (자기 얼굴을 향해 카메라를 조준하는 수아, 힘겹게 미소를 지어 보이면서 셔터를 누른다. 펜트하우스에서 대수가 살인의 증거로 제시했던 그 사진이 찍힌다. 이제 수아의 손을 잡은 우진) 난 후회 안 해……. 넌?"

동생과의 은밀한 관계를 결코 후회하지 않으며 죽는 순간에도 셀카를 찍는 이수아는 지독한 나르시시즘의 화신처럼 보인다. 이들 남매의 행동을 종합해 보면 이들은 철저하게 폐쇄적인 틀 속에서 결핍된 욕망을 서로에게 표출한 특징적 관계로 요약할 수 있다. 정신분석학 관점에서 이들은 부모와 완벽하게 단절되거나 대립적이어서 오직 둘만의 세계 속에 갇혀 살았던 것이다.

정신적 결함, 욕망의 결핍이 강했던 두 남매의 성격을 볼 때 앞서 했던 질문에 다음과 같이 가정할 수 있다. 모성적 애정 결핍과 부성의 부정적 존재가 이우진에게 정신적으로 강한 외상을 입혔다. 따라서 그가 오대수의 복수에 집착했던 것은 오대수와 동일시한 아버지 혹은 사회적 질서에 대한 반항심에서 비롯된 것이다. 그가 경호원에 둘러싸여 고립된 펜트하우스에서 철저하게 반사회적이며 폐쇄적인 삶을 살았던 것이 이를 증명한다. 그리고 오대수는 증오의 대상인 아버지이자 욕망을 제어하는 사회적 질서였던 것이다.[2] 그렇다면 오대수를 향한 복수심은 단순히 오대수가 혀를 잘못 놀려서라기보다는 외적인 구실일 뿐이며, 사실은 오대수의 등 뒤에 서 있는 아버지 같은 거대한 힘(법, 질서, 권력)을 대상으로 하고 있는 것이다.

이우진과 이수아를 중심으로 〈올드보이〉의 근친상간이라는 주제를 눈여겨볼 때 오이디푸스 콤플렉스를 떠올리지 않을 수 없다. 프로이트는 발달단계에서 남근기에 해당하는 3~6세의 남아가 어머니를 사이에 두고 아버지에게 느끼는 경쟁적 심리 현상을 오이디푸스 콤플렉스로 명명했다. 그리스 신화에 정통했던 프로이트는 왜 신화 속에 근친상간의 주제가 들어 있을까를 숙고하다가 그것이 인류 보편적이고 원초적인 문제라는 것을 알아차렸다. 남근기 아이는 아버지와의 힘(pallus)의 비교에서 열등의식을 느끼게 되고 더 이상 경쟁 구도를 지속하게 된다면 거세될지도 모를 불안감에 휩싸이게 된다. 결국 아이는 성적 대상인 어머니를 포기함으로써 오이디푸스 콤플렉스에서 벗어나게 된다는 것이다.

---

2) 라캉(Lacan)의 정신분석학에 입각하여 오대수가 법이자 질서인 상징적 아버지라는 점은 김경애(2004: 16)에서도 언급되고 있다.

소포클레스의 〈오이디푸스 왕〉

그리스의 위대한 비극작가인 소포클레스는 그리스 신화의 인물 '오이디푸스 왕'에서 모티브를 따 비극을 창작하였다.

〈오이디푸스 왕〉은 그리스 아테네 출신의 비극작가인 소포클레스의 작품으로 BC 430년 무렵 공연된 것으로 전해진다. 〈오이디푸스 왕〉은 당시의 다른 유명한 비극작가들도 다루었으나 소포클레스의 작품이 특히 유명하다. 이 비극은 신화의 내용을 연대기 순으로 설명하는 대신 꼭 필요한 장면만을 무대에서 연출할 수 있도록 극적 플롯을 도입했기 때문에 어느 정도 신화에 대한 사전 지식을 필요로 한다.

막이 열리면 도시국가 테베의 왕궁 앞 제단의 층계 위에 오이디푸스 왕에게 탄원을 하기 위해 백성들이 모여 있다. 험난한 여정 끝에 스핑크스의 수수께끼를 풀어 테베를 구한 영웅이 된 오이디푸스는 이미 테베의 왕비와 결혼을 하고 왕위에 올라 있다. 백성들이 현명한 왕을 알현하고자 하는 것은 테베에 역병이 들어 죽음의 재앙이 넘쳐나기 때문이다. 국가를 덮친 재앙에 깊이 상심한 왕은 처남인 크레온에게 어떻게 하면 백성을 사지에서 구할 수 있을지 신탁을 듣고 오도록 명령한다. 예언자를 동반하고 돌아온 크레온은 선왕인 라이오스를 살해한 자를 찾아 벌을 주라는 아폴론 신의 지시를 전달한다. 이제부터 오이디푸스는 국가의 안위를 위해 라이오스의 살인자를 추적하기 시작한다. 소포클레스의 〈오이디푸스 왕〉의 플롯은 이렇게 살인자를 밝혀내는 긴장감과 박진감으로 관객을 흡입한다.

크레온과 동행한 앞을 보지 못하는 늙은 예언자 테이레시아스가 오이디푸스 앞에 불려 나온다. 그러나 테이레시아스는 "왕께서는 왕의 운명을, 나는 내 운명을 지고 가는 것이 좋습니다."라고 말하며 결코 살인자가 누군지 밝히려 들지 않는다. 그러나 왕의 간청과 위협으로 예언자는 어쩔 수 없이 "당신이 찾는 그 살인자가 바로 당신 자신입니다."라고 말하고 만다. 또한 현재 왕이 가장 가까운 혈육과 부부가 되어 함께 살고 있음을 언급한다. 이를 믿을 수 없는 오이디푸스는 예언자에게 의심의 눈초리를 보내지만 예언자는 독설을 멈추지 않는다. 앞을 보지 못하는 예언자는 모든 것을 알고 있는 반면, 백성을 스핑크스로부터 구한 현명한 왕은 두 눈을 멀쩡히 뜨고 있는데 아무것도 모른다는 사실이 참으로 아이러니다. 앞서 인용한 예언자의 대사는 오이디푸스가 친아버지인 라이오스의 살인자이며 친어머니와 결혼한 근친상간을 범하고 있고, 그로 인해 자식까지 낳았다는 사실을 밝히고 있다. 예언자는 마지막으로 다음과 같이 예언을 하면서 왕 앞에서 물러간다. "자기 자식들의 형제이자 아버지, 자기 어머니의 아들이자 남편, 아버지의 잠자리를 빼앗은 자, 아버지의 살인자라는 사실이 밝혀질 것입니다." 이 끔찍한 말은 근친상간에 의해 형성된 얽히고설킨 가계도를 보여 준다. 즉, 오이디푸스는 선왕인 라이오스 왕과 현재 왕비인 이오카스테 사이의 아들이라는 점, 오이디푸스가 생모와 결혼했다는 점, 이오카스테는 어머니이자 아내라는 점, 현재의 자식들은 자녀이자 형제라는 점을 밝혀 주고 있는 것이다.

하지만 이를 인정할 수 없는 오이디푸스는 크레온과 불화를 겪게 된다. 예언자를 데리고 온 크레온이 왕권을 노리는 것이라고 의심하기에 이른 것이다. 이에 중재를 나선 이오카스테는 과거에 있었던 신탁을 이야기한다. 신탁의 내용인즉, 라이오스 왕과 왕비 사이에서 태어날 사내아이의 손에 왕이 살해될 운명이었으며, 그 후 아들이 탄생하자 신탁이 실현될 것을 두려워한 그들은 사흘 된 아들의 뒤꿈치를 뚫은 다음 밧줄로 묶어 양치기를 시켜 산 속에서 죽이도록 명령을 내렸다는 것이다. 그러나 왕비는 이 신탁을 듣고 선왕인 라이오스 왕이 포키스 삼거리에서 어떤 도둑에 의해 살해되었다는 소문이

돌았으므로 그 소문이 사실이라면 오이디푸스와는 무관한 일이라며 안심시킨다. 하지만 이 소문은 듣는 순간 오이디푸스는 마음이 더욱 심란해진다. 그래서 오이디푸스는 왕비에게 라이오스 왕의 죽음에 대한 소문을 더욱 자세하게 묻고 라이오스 왕의 일행 중 유일하게 살아남은 노예를 불러 주기를 청한다. 그리고 오이디푸스는 근심어린 목소리로 자기의 과거를 왕비에게 이야기한다. 오이디푸스의 과거는 다음과 같다.

사실 오이디푸스의 아버지는 코린토스의 폴류보스 왕이고 어머니는 메로페다. 하루는 술 취한 누군가가 오이디푸스를 주워 온 자식이라고 떠들어 댔다. 오이디푸스는 이 사실을 아버지에게 고하였지만 아버지는 사실무근이라며 크게 화를 냈다. 그러나 소문이 꼬리를 물고 이어지자 마음이 편치 않았던 오이디푸스는 아무도 몰래 퓨토의 포이보스 신과 대면하게 된다. 포이보스 신은 그가 아버지를 죽이고 어머니와 결혼하여 애를 낳게 될 것이라고 말한다. 그러자 그는 신탁이 이루어지지 않도록 아비지의 곁을 떠나 코린토스로부터 멀리 달아났다. 그리고 그는 여행 중 삼거리에서 우연히 만난 노인 일행과 시비가 붙어 본의 아니게 한 사람을 제외하고 그들을 전부 죽여 버렸다.

따라서 오이디푸스는 살아남은 노예를 불러 정확한 사실을 알고자 한다. 이에 이오카스테는 신탁에 따르면 라이오스가 친자식 손에 죽을 것이라고 했기 때문에 걱정할 것이 없다고 오이디푸스를 위로한다. 이오카스테가 신전을 찾아 아폴론 신에게 오이디푸스의 안위를 빌고 있을 때 코린토스에서 사자가 온다. 그는 오이디푸스의 아버지인 코린토스의 폴류보스 왕이 죽게 되어 오이디푸스를 코린토스의 왕으로 모시려고 한다는 말을 전한다. 이를 들은 이오카스테는 뛸 뜻이 기뻐하여 왕을 청하여 왕의 아버지가 연로하여 돌아가셨다고 말하고 아버지를 죽일 것이라는 신탁이 사실이 아니었다는 증거라고 말한다. 그러나 곧 사자는 폴류보스 왕이 오이디푸스의 친아버지가 아니라는 사실을 알려 준다. 바로 그 사자가 산중에 버려진 아이를 양치기에게서 넘겨받아 자식이 없는 폴류보스 왕에게 바쳤다는 것이다. 사자는 그 증거로 발꿈치의 상처를 언급하고 그로부터 오이디푸스라는 이름이 생겨났음을 말한다.

왕은 계속해서 자신의 출생을 밝히고 싶어 하지만 왕비는 이제 그만두라고 말린다. 그러나 여기서 멈출 수 없는 왕은 아기를 건넨 라이오스의 양치기를 찾아 대령하라고 명한다. 서슬이 퍼런 왕의 명령에 불려 온 양치기는 라이오스의 친아들인 아기를 죽이라는 명과 함께 아기를 넘겨받았지만 차마 죽이지 못하고 코린토스의 사람에게 넘겼다고 고백한다. 모든 것이 분명해지자 오이디푸스는 자신의 저주스러운 운명을 탄식하며 퇴장한다.

이후 무대에 사자가 나타나 그 후의 일을 전한다. 이오카스테 왕비는 스스로 목숨을 끊었고 죽은 왕비 앞에서 오이디푸스는 스스로 두 눈을 찔러 장님이 된다. 죄 많은 눈이 다시는 누구든지 보아서는 안 된다는 절규의 외침과 함께……. 그리고 그는 크레온에게 두 아들과 두 딸을 부탁하고 자신을 추방시키라고 말한다.

근친상간의 의미

인류에게 있어 근친상간은 터부(taboo)다. 근친상간은 전통적 · 관습적으로 인간이 범해서는 안 될 금기 사항인 것이다. 법률과 종교는 엄격하게 근친상간을 금한다. 그러나 인간의 역사에서 근친상간에 대한 일화는 끊임없이 생겨난다. 언론에서도 충격적인 근친상간의 패륜적 실체가 종종 보도된다. 예를 들어, 친딸을 성폭행한 아버지가 중형을 선고받았다는 뉴스며, 독일에서 따로 자라났던 친남매가 가정을 이루어 삼남매를 두었다는 보도(동아일보, 2007)다.

인류의 역사에서 근친상간의 뿌리는 깊다. 성서에서도 근친상간의 경우를 목격할 수 있다. 소돔과 고모라로 유명한 롯은 두 딸과 겨우 소돔을 탈출한다. 이제 남은 사람은 세 사람 뿐, 두 딸은 후사를 남기고자 아버지에게 술을 먹이고 동침을 한다(창세기 19장 30~38절). 사무엘하 13장에는 다윗의 자녀에 대한 이야기가 등장한다. 왕의 아들 압살롬은 여동생 다말이 이복오빠인 암논에게 성폭행을 당하자 이에 원한을 품는다. 압살롬은 한 연회에 암논을 초대하여 취하게 한 다음 살해한다는 내용이다. 동서양의 왕족들은 다른 가문과의 혼인으로 왕권이 유출되는 것을 막고 왕족 혈통의 순수성을 지키기 위해 근친혼을 권장했다. 가지가 옆으로 넓게 퍼지는 것을 막고 줄기를 튼튼하게 하는 소위 가지치기를 근친혼의 효과로 보았던 것이다.

인류학자 레비스트로스(Lévi-Strauss)는 근친상간을 경제학적 관점에서 풀어내고 있다. 아마존의 원시부족을 연구한 그는 『슬픈 열대(*Tristes-Tropiques*)』에서 친족 체계를 분석하면서 근친상간의 터부를 교환 원리와 상호 호혜의 원칙으로 설명한다. 자연적 상태의 원시인 무리에서는 동물과 마찬가지로 근친혼이 성행했을 것이지만 문화적 상태로 넘어오면서 일정한 근친 범위 내에서는 엄격하게 혼인이 금지되었다. 대신 가족(부족)의 딸을 다른 가족(부족)에게 넘기고 다른 가족의 딸을 넘겨받음으로써 상호 호혜적인 관점에서 혈연관계를 맺고 가족(부족)의 영역을 확장시켜 나갔다는 것이다. 이것은 대립적이었던 개인 혹은 집단 간의 통합을 이루는 사회 구성의 원칙이기도 하다. 이러한 결혼 개념은 현대의 가족에서도 정략결혼을 통해 자신(자기 가족)의 입지를 넓히려는 것과 상통한다.

프로이트의 계승자인 라캉(Lacan)은 오이디푸스 콤플렉스를 거의 그대로 이어받는다. 라캉은 개인이 세계와 관계를 맺는 방식에 따라 상상계, 상징계, 실재계로 나눈다. 이 세계는 프로이트의 발달단계처럼 순차적으로 이루어지는 것은 아니다. 먼저 상상계는 어린아이가 아직 어머니와 미분화된 상태로 여기에는 '거울 단계'가 있다. 어린아이는 거울에 비친 자신의 모습을 보며 이상적인 자아로 착각한다. 하지만 거울에 비친 자아는 결코 본질이 아니고 주체를 속이는 환영일 뿐이다. 영화에서 이주아는 동생이 자신의 몸을 만질 때 자신의 모습을 손거울로 비춰 본다. 상상계의 세계인 거울 속에 자신의 모습은 완전체다. 그것이 환상이긴 하지만 완벽한 자아가 실현된 모습이다. 거울 속의 이미지는 자신(어머니)과 동생(어린아이)의 동일화가 이루어진 상상계의 상태다. 모성본능으로 충만한 이주아는 거울로 비춰 봄으로써 사회적 질서(상징계)가 만들어 낸 금지에서 생겨난 죄의식에서도 해방된다. 그런데 바로 해방의 거울을 통해 누군가(오대수)의 침입적 시선을 발견하게 된다. 그녀는 상상계에 머무르려고 하나 아이러니하게 거울은 그녀를 상징계로 안내한다. 깨진 유리창은 상징계로의 통로다. 깨진 유리창 너머에는 아버지(오대수, 사회, 윤리)의 시선이 그들을 노려보고 있다.

여기서 의문은 죽음에 이르는 순간 왜 이주아는 카메라를 작동시켰을까 하는 점이다. 그녀는 죽음을 통해 모든 것을 없던 일로 하고 영점으로 돌리려는 것이 아니었다. 그녀의 죽음은 동생을 위한 사랑의 실천이자 영원히 상상계로 남아 있으려는 욕망, 나르시스의 욕망을 실천한 행위였다.

상징계는 무엇인가? 상상계가 허구라는 사실을 깨달은 어린아이는 아버지를 경쟁자로 적대시하는 심리 현상을 통해 어머니와 동일화된 존재가 아니라는 것을 알아차리면서 상상계에서 빠져나온다. 아이가 들어선 상징계는 언어의 세계이자 기존의 질서가 굳건하게 자리를 잡고 있는 현실 세계다. 언어는 문법이자 질서이자 힘이다. "말 한 마디에 임신하고, 말 한 마디에 사랑에 빠지고"라는 이우진의 말처럼 말의 위력은 절대적이다. '오이디푸스 콤플렉스'는 바로 이 상징계에서 발생한다. 아이는 여전히 어머니와 동일시되고픈 욕망을 지니고 있지만 이를 계속해서 추구한다면 아버지로부터 거세 위협에 처할 것이다. 아버지는 상징계의 대표이자 질서이자 권위로서 아이가 동일시하고자 하는 '대타자(큰타자)'다(김석, 2007). 아이는 아버지 또는 사회적 질서에 인정받으려 하는 타자의 인정 욕망을 갖게 된다. 하지만 상징계에서 타자로부터의 인정 욕망, 즉 남근욕망(근친상간)은 결코 허용될 수도, 충족될 수도 없다. 이를 영화에 대입시켜 보자. 이우진은 누나와 근친적 관계를 맺음으로써 남근욕망을 채우고자 한다. 그것은 당연히 거세 위협이 뒤따를 것이다. 이우진은 어렸을 때부터 아버지(사회질서)로부터 지속적으로 거세 위협(폭력적인 아버지, 권위적이고 위압적인 아버지 등)에 시달려 왔다고 가정할 수 있다. 그가 거세 위협에서 벗어나는 유일한 방법으로는 어머니와 동일시되었던 상상계로 다시금 유턴하는 것이다. 즉, 그는 상징계로 넘어서는 순간 강력한 사회질서, 아버지, 팔루스의 힘에 의해 서둘러 상상계로 되돌아간 것이다. 말하자면 이우진은 비록 몸은 성인이지만 여전히 영유아 시기의 상상계에 머물고 있었던 것이다. 그가 꾸며 놓은 펜트하우스는 일종의 에덴동산이거나 양수가 넘치는 자궁을 은유한다. 이우진이 거울, 물, 카메라 등 이미지에 집착하는 것도 상상계에 머물고자 하는 무의식의 표출이다. 상징계로 진입하고 못하고 계속해서 상상계를 맴도는 것은 폐쇄적이고 고착적인 신경증 환자의 증상이다. 이 증상은 소외의 상태에서 타자를 회피하거나 무시하고 외적 상황을 제대로 인지하지 못하는 광기로 표출될 수밖에 없는데, 이우진이 바로 이런 모습을 보이고 있다. 그리고 자신을 거세시킨, 욕망 충족을 방해하는 아버지로 오대수를 대치시킨 결정적인 사건은 바로 어머니와의 동일시 행위(근친상간)를 방해한 깨진 유리창 너머의 오대수의 시선이었던 것이다. 그리하여 그의 복수는 아버지(오대수)와의 투쟁에서 그의 거세를 목표로 삼는다. 따라서 오달수의 혀 자르기는 일종의 아버지의 거세 의식이 된다. 혀는 성기였던 것이다. "당신 혀가 우리 누나를 임신시켰다니까! 알겠어요? 이우진의 자지가 아니라 오대수의 혓바닥이?!" 원래 〈올드보이〉는 오대수의 혀 대신 성기를 자르는 것으로 설정되었다고 한다.

그러면 실재계는 무엇인가? 상징계의 질서에 갇힌 욕망은 더 이상 그 너머로 나갈 수 없다. 그 너머란 욕망이 최종적으로 목표하는 곳이지만 절대로 도달할 수 없는 세계, 곧 실재계다. 이를 이해하기 위해서 라캉의 "무의식은 타자의 욕망"이라는 말을 이해해야 한다. 사실 우리는 현재 내가 욕망하는 것이 순전히 나의 개인적 욕망인지 아니면 타자(부모)의 욕망인지 생각해 봐야 한다. 타자의 욕망이론은 타자가 정해 놓은 한계(상징계)에서 욕망할 수 있다. 욕망은 욕구 및 요구와 구분된다. 라캉은 식욕이나 성욕과 같은 생리적 충동을 '욕구'로 본다. 이 욕구는 사회나 언어적 질서가 허용하는 범위에서 '요구'로 표현된다. 그런데 욕구를 요구하는 과정에서 왜곡되거나 불충분한 표현이 발생한다. 이 욕구와 요구 사이의 간극에서 '욕망'이 생겨난다는 것이다. 라캉에 의하면 욕망의 발생은 필연적이며 결코 채워질 수 없다. 일반적으로 인간이 원하는 것을 소유하게 되면 더 이상 바라는 것이 없어질까? 그렇지 않다. 욕망은 충족된 것 같지만 얼마 지나지 않아 다시 꿈틀거린다. 채워질 수 없는 것이 욕망이다. 이렇듯 욕망은 실재계를 향해 몸부림치지만 그곳에 도달하는 것은 불가능하다. 실재계는 다만 상징계가 균열을 일으키거나 구멍이 뚫릴 때 언뜻 드러날 뿐이다. 실재계가 살짝 드러나는 그 순간 느끼는 쾌락, 이것이 주이상스(jouissance)다. 쾌락원리인 주이상스는 상징계 너머로 가 보고 싶은 전복적인 충동이다. 주이상스는 상징계를 넘어서는 즐거움, 즉 법, 언어, 이성, 제도 등 규제를 넘어서는 고통스러운 즐거움이다. 그러나 욕망 충족이 전적으로 실현되는 실재계는 허상일 뿐 가는 것도 불가능하지만 가는 것도 꺼리는 곳이다. 실재계는 주이상스를 통해 살짝 맛볼 수 있을 뿐, 혹시라도 가게 된다면 그것은 죽음이 될 것이다. 실재계는 '주체의 원초적 현실'이자 '균열 없는 충만한 세계'이며 '안과 밖의 구분도, 대상과 주체의 구분도 없는' 세계다. 실재계는 때로 환각으로, 때로 광기로 드러나거나, '예술적 영감의 원천'으로 작용하기도 한다. 어떠한 경우에도 닿을 수 없고 어떠한 경우에도 포기할 수 없는 이 모순적 대상이야말로 욕망의 궁극적 귀착점이다(김석, 2007). 실재계는 말이나 문자로 표현할 수 없다. 이우진은 근친상간을 통해 욕망을 실현하려 했으나 오대수의 시선과 혀로 인해 실패하고 만다. 그는 엄밀한 계획을 세워 오대수에게 원치 않는 근친상간을 행하도록 함으로써 처벌을 가한다. 오대수가 스스로 혀(성기) 절단의 처벌을 행함으로써 언뜻 이우진의 복수는 성공한 것처럼 보인다. 그렇다면 이우진의 욕망은 충족된 것일까? 아니다. 복수의 대상자가 혀를 잘랐음에도 이우진의 욕망은 여전히 결핍 상태다. 그리하여 실재계를 탐하는 이우진이 할 수 있는 최후의 선택은 앞서 말한 죽음이다.

영화의 종말에 이르러 모든 사실을 알게 된 오대수는 자신을 괴물로 표현한다. 정말 그럴까? 그럴 수 있다. 그런데 누나로부터, 오대수로부터 그리고 죽음에 이르기까지 일련의 욕망 행적을 보여 준 이우진이야말로 진짜 괴물이 아닐까? 괴물은 오대수가 아닌 이우진이라는 말이다. 만일 그렇다면 이우진의 복수의 핵심은 오대수가 자신과 같은 괴물이 되기를 바랐던 것에 있다고 하겠다. 이우진이 꿈꾼 진정한 복수는 오대수 부녀가 자신들도 모르는 사이에 근친상간을 범하고 말았다는 충격에 빠지도록 유도하는 데 있는 것이 아니다. 오대수도 자기처럼 복수의 집념에 빠져 있는 정신병자, 유아적 상태의 상징계를 결코 떠나지 못하는 나르시스, 타인과의 상호관계가 불가능한 자폐적 괴물이 되기를 바랐던 것이다. 영화의 군더더기로 평가받은 설원에서 오대수와 최면술사의 마지막 시퀀스는, 오대수가 괴물 되는 것에서 벗어나는 것이 골자다. 그렇다면 영화는 결말에서 오대수를 승리자로 간주하려고 했던 것일 수도 있겠다.

생각해 보기

1. 만화 『올드보이』와 연극 〈올드보이〉, 영화 〈올드보이〉를 비교해 보자.

2. 인간 사회에서 소문은 어떤 역할을 하는가?

3. 소문을 내는 사람의 심리는 무엇인가?

4. 감금당한 오대수는 어떠한 심리적 변화를 보이는가?

5. 오대수를 15년 만에 풀어 준 까닭은 무엇인가?

6. 이우진의 복수를 위한 집념은 무엇을 말해 주는가?

7. 이우진과 이수아의 관계는 어떤 의미가 있는가?

8. 이우진의 펜트하우스는 어떤 의미가 있는가?

9. 〈올드보이〉를 정신분석학적 관점에서 생각해 보자.

10. 오대수가 혀를 자른 것은 어떤 의미인가?

〈도그빌〉이 던진 질문: 인간은 선한가, 악한가

덴마크 출신의 라스 폰 트리에(Lars Von Trier)는 무성영화 〈잔 다르크의 수난(La Passion de Jeanne d'Arc)〉(1928)의 감독 칼 데오도르 드레이어(Carl Theodor Dreyer) 이후 덴마크 영화 정신을 계승하고 있다는 평가를 받고 있는 영화감독이다. 그의 영화 가운데 우울 3부작으로 〈님포매니악〉(2013), 〈멜랑콜리아〉(2011), 〈안티 크라이스트〉(2009)가 있다. '미국: 기회의 땅(USA: Land of Opportunities)' 3부작으로는 〈도그빌〉(2003), 〈만덜레이〉(2005), 〈워싱턴〉이 있으나 〈워싱턴〉은 아직 제작되지 않았다. 또한 트리에의 골든 하트 3부작으로 〈어둠 속의 댄서〉(2001), 〈백치들〉(1998), 〈브레이킹 더 웨이브〉(1996)가 있다. 이 외에 〈그들 각자의 영화관〉(2007), 〈오! 마이보스!〉(2006), 〈킹덤 2〉(1997), 〈킹덤〉(1994), 〈유로파〉(1991), 〈범죄의 요소〉(1984) 등의 영화가 있다.

드레이어처럼 트리에 역시 인간과 신, 죽음의 문제에 집착한다. 그는 진실한 사랑의 탐구와 육체의 고통을 통해 영혼을 구하려는 사디스트 성향을 지닌 것으로 평가받고 있다. 트리에는 영화에서 인위적인 것을 배제하며 기술로부터 자유로워짐으로써 현대 영화의 부활을 선언한 '도그마 선언'으로 유명하다. 그는 1995년 봄 코펜하겐에서 토마스 빈터베르그 등과 함께 '도그마 95'를 창립하여 오늘날 편집과 환상주의의 영화적 경향에 반대하는 입장을 밝혔다. 그는 또한 같은 해 코펜하겐에서 '도그마95'의 이름으로 '순결선언'으로 명명된 규범을 발표하여 영화계를 떠들썩하게 하였다. 이 선언은 다음과 같다.

나는 '도그마95'에 의해 제정되고 비준된 다음 규칙들에 복종할 것을 맹세한다.

1. 촬영은 반드시 사건이 벌어지는 실제 장소에서 이루어져야 한다. 인위적인 소도구와 세트가 사용되어서는 안 된다.
2. 음향과 이미지는 피차간에 절대로 분리되어서는 안 된다.
3. 카메라는 반드시 핸드헬드여야 한다. 들고 찍기에 의해 나타나는 움직임이나 정지 상태는 허용된다.
4. 필름은 컬러여야 하며 일체의 특수 조명은 허용되지 않는다.
5. 옵티컬 작업과 필터의 사용은 금지된다.
6. 피상적인 액션(살인, 폭력 등)을 담아서는 안 된다.
7. 시간과 공간을 뛰어넘는 것은 금지된다.
8. 장르영화는 허락되지 않는다.
9. 필름 규격은 반드시 아카데미 35밀리미터이어야 한다.
10. 크레디트에 감독의 이름이 올라서는 안 된다.

이에 덧붙여 나는 감독으로서 개인적인 취향을 자제할 것을 서약한다. 나는 더 이상 예술가가 아니다. 한 순간이 전체보다도 중요하기 때문에 나는 더 이상 '작품'을 창조하지 않을 것이다. 나의 궁극적 목표는 캐릭터와 세팅을 통해 진실을 끌어내는 것이다. 모든 기호와 미학적 고려를 포기하는 한이 있더라도 가능한 모든 방법을 동원하여 이를 지킬 것을 맹세하고 '순결서약'을 행한다.

이 선언은 영화감독으로서 창조적 존재임을 거부하면서, 사실을 왜곡시키지 않고 있는 그대로를 카메라에 담겠다는 의지의 표명이다. 오늘날 대형 블록버스터 영화에서 만날 수 있는 화려한 CG 기술, 시공간을 넘나드는 현란함, 인물들의 파격적인 액션, 인위적이고 화려한 세트를 생각해 본다면, 인물의 캐릭터와 세팅만으로 영화적 메시지를 전달하고자 하는 다큐적 성격의 도그마 선언은 파격적이다. 이러한 특징을 지닌 그의 영화에서 중요한 것은 인물과 장소가 될 것이고, 〈도그빌〉은 이런 점을 충실하게 실천하고 있다. 크레디트에 감독의 이름을 올리지 않는다는 것은 감독이 영화의 총지휘자나 창조적 예술가라기보다는 방송국 기자처럼 진실을 구현하는 한 개인일 뿐이라는 전언이 담겨 있다.

'도그마95'의 순결 선언을 한 지 3년 뒤 이 선언에 의거하여 제작한 〈백치들〉이 1998년 칸 영화제에서 개봉되어 커다란 반향을 불러일으키며 트리에는 칸 영화제에서 주목하는 감독이 된다. 그는 1984년 〈범죄의 요소〉로 칸 영화제에 첫발자국을 남긴 후, 1991년 〈유로파〉로 기술상을, 1996년 〈브레이킹 더 웨이브〉로 심사위원 대상을 수상했다. 그리고 그는 〈백치들〉에 이어 뮤지컬 영화 〈어둠 속의 댄서〉로 다섯 번째 칸 영화제에 도전하여 결국 2000년 제53회 때 황금종려상 및 여우주연상을 거머쥔다. 하지만 〈어둠 속의 댄서〉는 정교한 편집으로 극단적인 사실주의를 주장한 선언을 뒤집은 것이 아니냐는 논란을 일으키기도 하였다. 이에 대해 그는 현장 사운드, 폭력 금지, 세트 배제, 옵티컬 처리 금지 등의 계명을 어긴 것은 사실이지만 완성된 뮤지컬 장면을 위해 치밀한 녹음과 6개월 동안 컴퓨터를 통해 색 보정 작업이 이루어졌다고 변명하고 있다. 이렇듯 독자적인 철학으로 인해 많은 이슈를 몰고 다니는 트리에는 연극 무대를 방불케 하는 세트를 설정한 〈도그빌〉에서 또한 번 파격적인 영화 방식을 선보이며 논란의 중심에 선다.

트리에는 영화라는 예술 장르를 통한 이념의 표현이 어디까지 가능한 것인지 그 극점을 향해 가 보겠다는 의지로 가득 차 있는 것 같다. 사디스트의 시선을 지닌 그는 잔인하고 고통스러운 장면을 극단적으로 설정한 후 눈 하나 깜짝하지 않고 냉정하게 카메라를 들이댄다. 그리고 영화 〈도그빌〉에서도 이러한 기대를 저버리지 않는다. 트리에는 극사실주의를 표방한 '도그마95'의 선언에 따라 카메라 기법 또한 영화의 특징인 속임수를 가능한 한 줄이려고 한다. 샷을 길게 촬영한 롱 테이크나 핸드헬드 촬영으로 인한 흔들리는 화면은 현실 그대로를 담아내려는 의지를 보여 준다. '도그마95' 선언이 정면으로 무시된 것들도 있긴 하다. 도그마 선언 1항에서는 세트 사용을 금하고 사건이 실제로 벌어지는 장소가 되어야 한다고 언급하고 있지만, 〈도그빌〉은 전체가 세트장에서 촬영되었다. 6항에서 살인이나 폭력 같은 피상적인 액션을 거부한다고 밝히고 있으며, 10항에서 크레디트에서 감독의 이름을 올리지 않는다고 선언하고 있지만 〈도그빌〉에서는 이 조항들이 무시되었다.

연극인들 가운데 〈도그빌〉에 관심을 갖는 사람들이 의외로 많다. 영화가 연극적 기법, 특히 서사극의 기법을 많이 활용하고 있기 때문이다. 예를 들어, 이야기 구성을 프롤로그와 9개의 장으로 나누어 전개시키는 것, 극작품이 서두에 무대 지시를 통해 인물과 상황을 설명하듯 영화 역시 인물과 상황을 사전에 제시하는 것, 연극 관객의 시점과 유사한 전지적 시점의 내레이터가 존재한다는 것, 장면 전환이 암전을 통한 무대적 전환과 유사하다는 것, 기둥만으로 설치된 세트로 인해 마을 전체가 관객의 시선에 완전하게 노출되어 있다는 것 또한 연극 무대와 흡사하다. 보통 연극의 관객은 무대에서 진행되는 모든 것이 사실이 아니라는 것을 알고 있지만 이를 반박하지 않는다. 오히려 허구를 사실로 믿고 싶어 한다. 관객이 된다는 것은 극적 허구를 기꺼이 진실이라고 믿을 마음의 준비가 되었다는 뜻이다. 무대에서 살인 사건이 일어나도 관객 중 누구도 깜짝 놀라거나 경찰에 신고하는 사람은 없다. 그것이 허구임을 알기 때문이다. 그럼에도 그들은 허구의 무대를 보면서 눈물을 흘리거나 감정의 동요를 일으킨다. 무대에 기둥 하나를 세워 놓고 집이라고 하면 관객들은 그대로 믿는다. 〈도그빌〉도 이러한 극적 믿음을 강요한다. 번듯한 건물은 없다. 몇 개의 기둥이 세워져 있을 뿐이고 공간은 흰색의 선으로 구획되어 있다. 다만 인물들이 건물의 문을 여닫을 때 여닫는 소리가 난다. 기존 영화에서는 볼 수 없는 연극적 장치에 처음에 관객은 어리둥절하지만 시간이 지나면 인물들의 마임 연기에 자연스럽게 익숙해진다. 허구적 무대지만 벽이 있고 집과 교회가 있고 실제 거리가 있는 것처럼 자발적 믿음을 갖게 되는 〈도그빌〉은 지극히 연극적인 영화인 것이다.

또한 연극은 전통적으로 막과 장으로 나뉘어 있다. 장소가 변하면 막이 바뀌고, 무대에 등장하는 인물들의 변화가 있을 때 장이 변하는 것이 보통이다. 〈도그빌〉 역시 영화로는 독특하게 장들로 구분되어 있다. 그리고 각 장에는 다음의 제목이 제시되어 있어 사전에 그 내용을 알 수 있도록 안내하고 있다.

프롤로그: 마을과 주민들 소개

제1장: 톰이 총소리를 듣다. 그리고 그레이스를 만나다

제2장: 톰의 계획에 따른 그레이스의 육체노동

제3장: 그레이스에게 드리운 어두운 그림자

제4장: 도그빌에서 행복한 나날

제5장: 독립기념일

제6장: 이를 드러낸 도그빌

제7장: 도그빌에 질려 떠나는 그레이스

제8장: 회의에서 진실이 밝혀지다

제9장: 방문객이 오고 영화가 끝난다

〈도그빌〉의 공간

영화는 1930년대 미국의 대공황이 한창이던 때 로키 산맥 깊숙한 곳에 위치해 있는 작은 산골마을인 도그빌이 배경이다. 한때는 광산이 있어 잘 나가던 시절도 있었겠지만 폐광이 되자 이제는 잊힌 곳이 되었다. 대부분의 주민은 가난하고 대개는 오두막집에서 살고 있다. 높은 지대에 있는 이 마을은 폐광 입구에서 도로가 끝나 버려 더 이상 나갈 수 없다. 도그빌은 외부와 소통할 수 있는 길이 단 하나밖에 없는 완벽하게 차단되어 있는 마을인 것이다. 자연에 의해 외부와 격리되어 있는 도그빌은 하나의 독립된 세상이다. 에덴동산이나 노아의 방주나 이오네스코의 〈의자들〉의 배경이 되는 섬 혹은 로빈슨 크루소의 섬 같은 곳이다. 자체로 규율을 지닌 우주이기도 한 이 공간은 그들만의 문화, 법칙, 관습이 있다. 여주인공 그레이스가 주민들에게 철저하게 착취당하고 유린될 수 있었던 것도 외부와 단절된 폐쇄된 마을이었기 때문에 가능했다. 이곳에는 법을 집행하는 경찰, 공무원 등 국가기관이 없으며 주민들이 투표로 결정하는 것이 곧 법이 된다. 완전한 자치구이자 그들만의 사회인 것이다. 따라서 그들이 그레이스를 자신들과 동등한 위치에서 받아들이기란 거의 불가능했을 것이다.

영화의 결정적인 특징 가운데 하나는 공간의 운용에 있다. 영화의 첫 장면은 이례적으로 극단적인 하이앵글로 잡은 조감도의 형태다. 하늘에 떠 있는 비행기에서 바라본 광경처럼 마을이 한눈에 들어온다. 주택은 지붕이나 벽이 없기 때문에 집 안의 특정한 가구도 보인다. 집과 길은 흰 선으로 구획되어 있고 길과 집 안 기구의 이름이 흰 글씨로 제시되어 있다. 대로는 느릅나무 길(Elm St.)인데 마을을 지나 더 이상 나아가지 못하고 끊겨 버렸으며 험난한 바위와 폐광이 앞을 가로막고 있다.

이런 방식으로 제시된 〈도그빌〉의 공간은 마치 사각형의 연극 무대와 흡사하다. 보통 연극의 관객은 전지전능의 시점에서 무대에서 제시되는 것을 전체적으로 조망한다. 설령 연출가가 무대의 한쪽 부분을 일부러 감추기 위해 그쪽 조명을 어둡게 하더라도 관객이 의도적으로 그쪽에 집중한다면 어두운 부분이라도 보는 것이 가능하다. 인물들은 실험실의 상자에서 양육되는 모르모트처럼 정해진 구역에서 몸을 움직이고 있어 관객은 절대자의 시

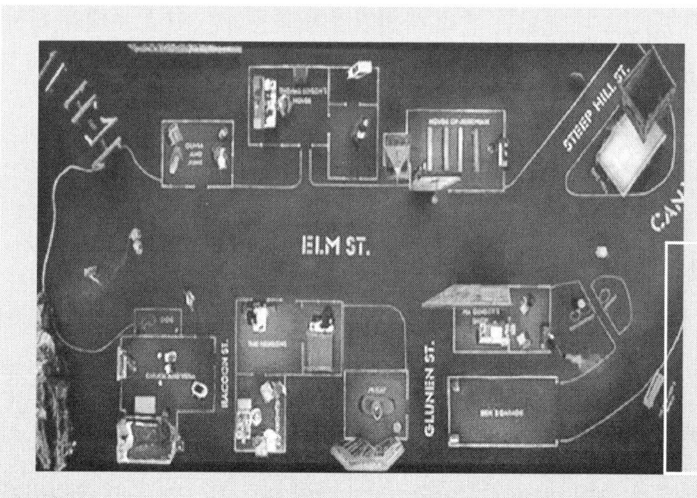

오른쪽의 굽어진 길을 따라 올라오다 보면 느릅나무 길을 만나게 된다. 주택들은 이 길을 중앙에 두고 양쪽에 진열되어 있다. 왼쪽 위쪽으로 폐광이 있으며 길은 더 이상 나아가지 못한다.

선으로 마을 공간의 구석구석이며 주민들의 일거수일투족을 관찰할 수 있다. 영화와 연극의 차이점으로 자주 거론되는 것 중 하나가 시각적 관점의 동시성 여부다. 영화나 TV 드라마 같은 영상예술에서 시간적 동시성을 표현하기 위해 흔히 사용되는 것이 화면 분할이다. 이를테면 서로 통화하는 두 사람을 분할된 화면에 동시에 제시함으로써 같은 시간에 통화를 하고 있음을 알려 준다. 그렇지 않고서는 시간적으로 동시에 일어나는 장면을 표현하기 어렵다. 반면, 연극은 조명이나 공간 분할을 통해 다른 곳에서 동시에 벌어지는 일을 관객에게 제시한다. 무대 한쪽에 카페를 설치하고 다른 쪽에 집 안을 설치함으로써 한 친구가 카페에서 기다리는 장면과 그 시간에 다른 친구가 집 안에 있는 장면을 동시에 제시하는 것이다. 그런데 〈도그빌〉은 지붕이나 천장은 물론 벽도 세우지 않으며 단지 간단한 기둥과 흰 페인트 선으로 공간을 나누고 공간의 특징적인 주요 도구들만 간단하게 설치하여 연극 무대처럼 전체를 한눈에 볼 수 있다. 또한 인물들이 마임의 동작으로 흰 선으로 구현된 문을 여닫고 나갈 때 문을 여닫는 소리나 노크 소리를 통해 외부와 내부의 통행을 구현하고 있으니 영화는 관례에 의거하여 작동하는 연극 무대와 흡사하다고 하겠다.

등장인물

그레이스가 도착했을 때 톰은 이곳 주민들은 좋은 사람들, 정직한 사람들이라고 소개한다. 자칭 소설가라고 소개하는 톰에 따르면 마을에는 전직 의사였다가 은퇴한 그의 아버지가 있고, 그의 집안일을 거드는 흑인 올리비아

공간 전체가 한 시점으로 제시되는 만큼 그 속에 존재하는 인물들 역시 한꺼번에 제시된다. 말 그대로 모든 부분에 카메라가 설치되어 있어 숨을 곳이 없다.

는 장애인 아들 준과 함께 산다. 그 외에는 다알리아, 올림피아, 다이애나, 아테나, 판도라, 제이슨, 아킬레스의 일곱 아이를 둔 척과 베라 부부, 가게를 운영하는 진저와 글로리아, 성당을 관리하는 마사, 운송사업자 벤, 유리 제품 가게를 운영하는 어머니, 누나 리즈와 함께 살고 있는 톰의 친구 빌 헨슨, 장님인 맥케이가 있다. 이들은 한데 모여 톰의 의견에 따라 그레이스가 이곳에 머물도록 할 것인지 주민 투표를 한다. 투표 결과 일단 그레이스가 2주간 마을에 머물도록 결정된다. 이 결정 이후에 톰은 다시 주민에 대해 언급하는데 그 뉘앙스가 처음과는 많이 다르다. 척의 일곱 아이들은 서로 미워하고 싸우며, 헨슨 가족은 싸구려 유리컵을 갈아서 비싸 보이게 하는 일로 먹고산다고 소개한다. 그리고 맥케이가 장님이라는 사실은 모두 알고 있으나 정작 본인은 그걸 숨기기 위해 집에만 틀어박혀 있다. 트럭을 모는 벤은 매달 한 번씩 술을 마시고 창녀촌에 가는데 본인은 이를 부끄러워한다. 마사는 예배당 관리를 하고 있다. 진저와 글로리아는 가게를 운영하는데 톰은 가게 물건들이 너무 비싸다고 투덜댄다. 가게의 거지같은 도자기 인형을 보면 이곳 사람들 수준을 알 수 있다고 한다. 톰의 말투에서는 도그빌에 대해 근본적인 회의가 묻어난다. 그가 보기에 주민들은 정직성이 결여되어 있고 수준도 미흡하기 때문에 가르쳐야 하며 교훈을 제시해 주지 않으면 안 된다. 척 또한 도그빌이 썩었다는 의견을 보이는데 이 점에서 매우 다른 성향의 두 남자는 의견을 같이한다. 또 하나 흥미로운 것은 척의 일곱 아이들 이름이 모두 신화의 인물이라는 점인데, 제이슨을 제외하고는 별다른 역할이 없다.

주민이라고 해 봤자 몇 명 되지 않는 이곳에서 그들은 서로를 속속들이 알고 있어 어려운 일이 생기면 서로 돕는다. 산속의 작은 마을에서 모두는 이웃사촌이다. 톰의 아버지 역시 마을의 공동체 의식이 훌륭하다고 생각한다. 또한 이들은 마을 일을 결정할 때 15명 주민의 투표로 결정한다. 그것도 만장일치가 되어야 결정되므로 외관상 모범적으로 민주주의가 실현된 마을처럼 보인다. 인간의 삶에 있어 공동체는 필수다. 그런데 그들만의 공동체를 형성하고 있을 때 외부인의 유입은 어떤 영향을 끼칠까? 영화는 폐쇄적인 공동체가 외지인을 만났을 때 어떻게 작용할 수 있는지 그 예를 면밀하게 보여 준다. 공동체는 꼭 필요한 것이긴 하나 이것이 부정적으로 기능할 때는 오히려 집단적 허구나 광기로 작용할 수 있는 위험이 도사리고 있다.

톰과 척

톰은 특별한 직업이 없다. 스스로 작가라고 말하고 있지만 내레이터에 따르면 "실제로 종이에 쓰는 글은 '아주 큰'과 '작은' 같은 단어에다가 물음표를 붙이는 게 고작"이며, 이야기를 만든다거나 플롯을 구성하는 것에는 훨씬 미치지 못하는 수준에 머물러 있다. 의사였던 아버지는 은퇴한 후 연금으로 생활을 하고 있다. 반면, 톰은 특별한 노동도 하지 않고 생산력도 없는 인물이다. 그럼에도 자신을 주민들의 정신적 길잡이로 생각하고 있으며 주민들에게 '일련의 도덕 재무장 모임을 제안'하여 무언가 도움을 주어야겠다고 생각한다. 하지만 정작 주민들은 톰을 우습게 보고 그의 말을 잔소리 정도로 여길 뿐이다. 그레이스를 처음으로 만나고 도움을 준 사람은 톰이다. 그러나 주민들과 그레이스 사이에서의 처신을 보면 실천 의지가 박약하고 지식인인 척하는 인물로 보일 뿐이다.

톰은 그레이스에게 사랑을 느낀다. 그레이스 역시 자신을 보살펴 주는 톰에게 관심이 있다. 그런데 그레이스에 대한 톰의 애정은 무엇인가 이상하다. 플라토닉 사랑도 아니고 그렇다고 척처럼 야수같이 달려들지도 않는다. 그래서 그레이스가 척에게 성폭행 당한 사실을 털어놓았을 때 위로의 말을 건네기도 한다. 재미있는 것은 톰이 그레이스를 돕고 그녀를 사랑했음에도 그레이스에게 톰이 가장 경멸스러운 대상, 즉 그레이스가 손수 처리하고 싶은 대상이 되었다는 점이다. 왜 그랬을까? 몇 가지 구체적인 행동을 보면 그 이유를 알 수 있다. 그레이스가 탈출을 계획했을 때 그녀를 전적으로 돕지만 사실은 실패하도록 만든 장본인이 톰이다. 또 탈출을 위해 제공한 10달러는 톰이 훔친 것이지만 그레이스에게 뒤집어씌운다. 톰이 최악인 것은 자신의 과오를 끝까지 인정하지 못하고 방어기제를 작동시킨다는 점이다.

"아버지를 실망시켜 드릴 수가 없었어요. 처음엔 날 의심했지만 내가 당신이라고 설득시켰어요. 당신을 생각해서 그런 거예요. 여길 탈출할 실낱같은 기회라도 잡으려면 사람들이 우리가 얼마나 가까운지 알아선 안

돼요. 그들은 내가 당신을 도우려 한 걸 몰라요. 만일 돈을 가져간 게 나란 걸 알았다면 나는 이렇게 당신과 얘기하고 있지도 못해요."

톰은 비겁자였던 것이다. 탈출에 실패한 그레이스에게 탈출 방지용 개목걸이가 씌워진다. 그러자 마을 남자들의 능욕이 더욱 손쉬워진다.

"마을 남자들 대부분은 성욕을 채우기 위해 밤에 그레이스를 찾았습니다. 아이들은 가끔 시간 외에 종을 쳤습니다. 그럴 때마다 마사는 매우 헷갈렸습니다. 하지만 사슬을 달아 놓은 후로는 일이 전보다 쉬워졌습니다. 침대에서 당하는 능욕은 이제 더 이상 비밀도 아니었습니다. 사람들이 정말 성행위로 치지도 않았으니까요. 마치 살아 있는 사람들이 암소와 하는 것 정도로 창피하게 여겼지만 그 이상은 아니었습니다. 톰은 모든 것을 보았습니다. 그래서 괴로웠고, 특히 남자들이 다녀갔을 땐 심했습니다. 하지만 그는 성심껏 보살폈습니다. 마치 거미 같은 방법으로……. 바람 때문에 자기 거미줄에 걸렸을 때 거미가 하듯이 말입니다."

양심상 그레이스를 범할 수 없었던 톰이 더 이상 견딜 수 없게 되자 그레이스로 하여금 주민들 앞에 나서 모든 진실을 밝힐 것을 제안한다. 이에 그레이스는 주민들 앞에서 부당한 희생자임을 밝히지만 그들은 그레이스를 믿지 않고 오히려 톰마저 의심한다. 주민들은 톰에게 그레이스와 자신들 중 택하라고 위협한다. 톰은 그레이스에게 이 말을 전하면서 자신은 당연히 그레이스를 선택했다고 말한다. 그러고는 그레이스의 몸을 허락해 달라고 요청한다. 그러나 그레이스는 거절한다.

톰: 모두 당신 몸을 가졌어요. 나만 빼고요. 정작 사랑을 나눠야 할 사람은 우리예요.

그레이스: 내 사랑 톰. 원한다면 가지세요. 다른 사람들처럼요. 날 협박하고, 날 경찰이나 갱들에게 신고한다고 말하세요. 내게서 원하는 건 뭐든지 가질 수 있어요. 난 당신을 믿어요. 하지만 당신은 자신을 못 믿는군요? 아마 유혹이 생기겠죠. 다른 사람들처럼 강제로 하고 싶은 유혹이……. 그게 바로 그렇게 화를 내는 이유겠죠.

톰: 난 당신을 도우려 한 것뿐이에요.

그레이스: 당신 자신이 너무나 인간적인 게 두려운가 묻고 있는 거예요.

톰: 아뇨, 두렵지 않아요. 전혀요.

그레이스: 됐어요. 내일 일은 내일 걱정해요. 자신을 못 믿겠는 건 죄가 아니에요, 톰."

실은 톰은 그레이스가 아닌 주민들을 선택했지만 새빨간 거짓말을 했다. 그리고 자신이 위험해지자 톰은 그레이스를 제거할 계획을 세운다. 그것은 그레이스에게 버렸다고 거짓말을 한 보스의 명함에 적힌 번호에 전화를 거는 것이었다. 마을을 대표해서 스스로를 대단한 도덕가로 생각했지만 그레이스에게 거짓말을 한 사실이 들통나고, 더구나 주민들의 의심을 사서 위협을 당하는 신세가 되자 톰은 속내를 들켜 버린 것 같아 견딜 수가 없다. 그래서 톰은 자신의 비겁함이 겉으로 드러나게 된 것이 순전히 그레이스 때문이라는 생각이 들자 그녀를 없애기로 결심한다.

"누구보다도 이상과 현실을 잘 분별한다고 자부하던 그였습니다. 어쨌

건 그건 그의 직업이었습니다. 도덕적 주제는 자기 전문 분야였습니다. 자신의 순수성을 의심하게 될 줄은 꿈에도 몰랐습니다. 톰은 화가 났습니다. 고심 끝에 그는 화가 난 원인을 찾아냈습니다. 원인은 괜한 오해를 받아서가 아니었고 자신이 받은 의심이 사실이었기 때문이었습니다! 그가 화난 것은 속내를 들켜서 불쾌했기 때문이었던 것입니다! 그것은 젊은 철학자에겐 충격이었습니다. 너무 현실적이게도 그는 이미 의심이 존재한다면 그것이 커질지도 모른다고 생각했습니다. 언젠가는 너무나 커져서 자신의 도덕적 사명에 치명타를 가할지도 모릅니다. 톰은 멈춰 섰습니다. 작가로서의 경력에 위협을 생각하자 그는 몸이 떨리기 시작했습니다. 그리고 이내 그는 자신이 감수하기엔 너무나 큰 위험이란 결론을 내렸습니다. 그레이스는 마을뿐 아니라 자신에게도 위험한 존재였습니다!"

톰은 자신이 도덕적이고 순수하다고 생각하지만 사실은 비도덕적인 비겁자에 불과하다. 그가 쉬지 않고 주절대는 말은 달콤하고 위로를 줄지 몰라도 행동은 전혀 그렇지 못하다. 톰은 자신의 과오를 정당하게 말할 용기조차 없다. 자신이 처한 상황을 그때그때 거짓말이나 적당한 핑계로 모면하려고 할 뿐이다. 그는 마을의 모든 남자가 그레이스를 범했지만 자신은 그렇지 않았다고 생각하면서 도덕적 책임을 회피하려 할지도 모른다. 하지만 그레이스는 이러한 톰의 무책임과 비겁함을 참을 수 없었다. 마지막에 상황이 역전되었을 때 톰은 그레이스가 겪은 고통을 합리화한다.

"이런 특별한 예시가 예상보다는 훨씬 효과적이죠. 인간에 대해 많은 걸 알 수 있거든요. 고통은 따랐지만 교훈적이지 않았나요? 그렇지 않아요?"

자기기만과 방어기제로 가득 찬 그는 여전히 톰이었다. 값싼 지식으로 주민을 호도하려 했던 톰, 기만적 허세로 끝까지 정직하지 못했던 톰, 그레이스를 갱단에게 밀고하는 이중적 태도를 가진 비겁자 톰이 그의 본 모습이었던 것이다.

반면, 척은 톰과 전혀 다른 성격의 인물이다. 톰이 그레이스가 도그빌에 정착할 수 있도록 적극적으로 돕는 데 반해 척은 처음부터 그레이스에게 노골적인 적대감을 보인다. 무식한 척은 과수원을 재배하는 농사꾼으로 이성보다는 욕망의 본능대로 움직이는 인간이다. 그는 일곱 아이를 둔 가장으로서 과수원을 열심히 돌본다. 톰이 모임에 참석하라고 했을 때는 강의를 듣지 않아도 사는 데 전혀 지장이 없다고 한마디로 거절한다. 그는 먹고 사는 것을 제일 중시하며 낭비하는 것을 견디지 못한다. 그의 관심은 오로지 풍요와 수확에 있다.

그레이스와 척의 첫 대화는 흥미롭다. 그레이스에게 불친절한 척은 직설적인 어조로 도그빌이 속 끝까지 썩었다고 말한다.

> "사람들은 어디까지나 다 똑같다는 걸 알게 됐지. 동물처럼 탐욕스러워. 작은 마을이라고 해서 별다를 것이 없어. 먹을 것만 충분히 준다면 배가 터질 때까지 먹어댈 거야."

인간은 도시든 시골이든 근원적 욕망에 사로잡혀 있다는 것이다. 도시 출신의 척은 도시에서 약육강식의 환경에서 탐욕스러운 인간이 모습을 보았을 것이다. 욕망, 본능, 탐욕의 화신인 척은 그레이스를 단번에 성적 대상으로 삼는다. 톰이 이성이라는 가면을 쓰고 그레이스를 정신적으로 능욕했다면 척은 동물적인 본능으로 육체적으로 능욕한 인물인 것이다. 동물적인 본능에 따르는 척이 범한 비윤리적 행위는 그에게는 과수원의 수확과 다를 바 없을 것이다.

그레이스는 누구인가

총성과 함께 외부인의 출입이 거의 없는 작은 산골 마을에 숨어든 아름다운 여인, 신비로운 비밀에 싸여 있는 그레이스는 누구인가? 마을에 은총을 가져온 천사인가? 아니면 모두를 죽게 한 악마인가?

우아하고 품위 있는 그레이스는 도망자다. 값비싼 모피 옷차림을 한 그녀는 생명의 위협을 받고 도그빌로 숨어든다. 부드러운 손과 귀하게 자라온 자태를 지닌 그녀가 무슨 이유로 갱들에게 쫓기는 신세가 되었을까? 그녀는 과연 누구일까? 관객이나 주민들은 그녀에게 커다란 호기심을 가진다. 그럼에도 그들은 그레이스가 어떤 사람인지를 전혀 알지 못하기 때문에 무턱대고 돕지 않는다. 그리하여 2주간 함께 살아 보면서 숨겨 줄 것인지 말 것인지를 결정하기로 한다. 이 결정은 주민들이 매우 합리적이며 선한 공동체 의식을 지니고 있는 것으로 보인다. 그레이스의 눈에도 이곳 산골마을은 인상적이다. 높은 산속의 마을이 외지인에게는 아름답게 비칠 수 있다. 주민들도 환경이 썩 좋지는 않지만 꿈과 희망을 잃지 않고 열심히 사는 것 같다. 그녀는 주민들의 마음에 들 수 있도록 2주 동안 최선의 노력을 다한다.

그녀가 주민들과 접촉하여 도울 일을 찾는 제2장은 매우 흥미로운 관계맺음의 방식을 보여 준다. 그레이스가 돕겠다고 하면 주민들은 하나같이 그럴 필요가 없다고 정중히 사절한다. 지금까지 살아온 방식을 누군가 불쑥 나타나 흐트러뜨리는 것은 썩 내키지 않는 일이다. 그러나 그레이스는 점차 책 읽어 주기, 악보 넘기기, 약 정리하기 등 사소한 일들을 시작하게 된다. 그녀의 정성스러운 모습에 주민들도 기꺼이 화답하는 모습이다.

그런데 경찰이 그녀를 찾고 있다는 것을 알게 되면서 주민들은 과연 자신들의 행동이 옳은 것인지, 죄를 짓는 것은 아닌지, 위험을 자초하는 일은 아닌지 의문을 품게 된다. 과연 잘 알지도 못하는 사람을 위해 희생해야 할 필요가 있는 것일까의 의문이다. 재미있는 것은 그레이스의 약점에 대해 제일 먼저 속마음을 드러내는 사람이 아이라는 사실이다. 척과 베라 부부의 아들 제이슨은 그레이스가 주민의 호감을 사서 그곳을 떠나지 않으려고 한다는 사실을 잘 알고 있다. 제이슨이 그레이스의 무릎에 앉으려고 한다든가, 엉덩이를 때려 달라고 주문하는 것은 어느 정도 남자아이의 성적 욕망을 표현한 행동이다. 아이가 이러한 태도를 처음 보였다는 사실에서 장차 주민의 태도 변화를 예견할 수 있다. 아이는 속마음을 능숙하게 감추지 못하기 때문에 어른들의 생각을 대변한다고 할 수 있기 때문이다. 또한 아버지 척과 마찬가지로 그레이스를 성적 욕망의 대상으로 삼고 있다는 점에서 오이디푸스 콤플렉스의 측면을 엿볼 수 있다.[1]

1) 영어 제이슨은 그리스 신화에서 이아손으로 발음된다. 그는 펠리아스의 명에 의해 황금양털을 찾기 위해 아르고 호의 원정대를 조직하여 모험을 떠난다. 이아손은 펠리아스의 딸 메데이아의 도움으로 무사히 황금양털을 얻게 되고 이들 사이에 자식들도 생겨난다. 그러나 이아손이 그녀를 배신하고 코린토스의 공주와 결혼하자 이에 분개한 메데이아는 자신의 아이들을 죽이고는 달아난다. 절망에 빠진 이아손은 시름에 빠져 죽고 만다. 신화 속의 이아손의 성격과 특징이 영화의 제이슨과 어떤 연관을 맺고 있는지를 살펴보는 것은 흥미로울 것이다. 어린 제이슨은 아버지 척의 행동을 흉내 내면서 그레이스를 괴롭힌다. 아버지로 인해 거세당한 성적 욕망을 그레이스에게 표현하는 있는 것이다.

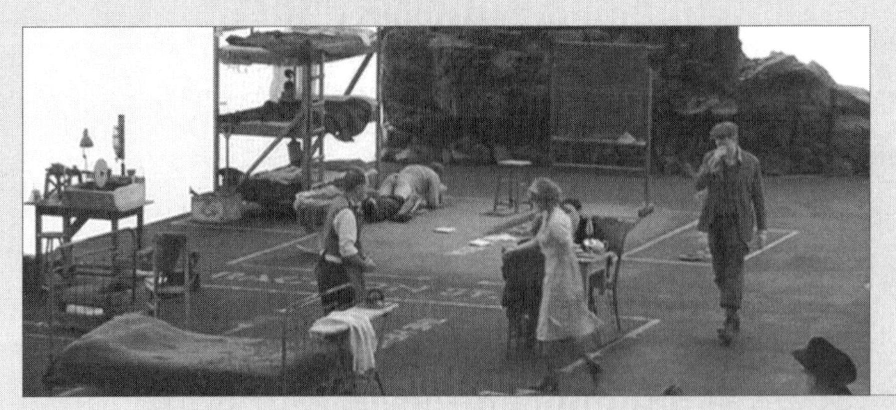

관객은 척의 집 안에서 어떤 일이 벌어지고 있는 줄 알고 있지만 정작 주민들은 아무것도 모른 채 자기 일에 전념하고 있다. 구획된 공간 전체가 관객의 시선에 노출되는 것은 확실히 연극적이다.

주민들은 서서히 태도가 변한다. 자신들이 느끼는 위험 부담만큼 그레이스에게 요구할 권리가 있다고 생각한다. 그리고 이를 알아차린 톰은 그레이스에게 주민들이 느끼는 부담보다 좀 더 많은 보상을 해 줄 것을 제안한다. 이제부터 그레이스의 노동 시간은 늘어나고 급료는 깎이게 된다. 또한 상냥하게 대했던 주민들은 아랫사람을 부리는 태도로 변한다. 노동에 시달리게 된 그레이스는 톰에게 이렇게 말한다. "도그빌엔 정말 끔찍하게 할 일이 많네요. 전에는 아무 도움도 필요 없다더니."

이어 제6장에 이르면 도그빌의 주민들은 본색을 드러낸다. 결정적인 계기는 FBI가 들이닥쳤을 때다. 그들이 밖에 머물고 있어 그레이스가 적극적으로 저항하지 못할 것이라는 것을 아는 척은 강제로 성폭행을 한다. 이 장면은 충격적이다. 뼈대뿐인 건물 형태는 관객의 시선에 전체를 노출시키므로 밖에서 사람들은 아무런 일이 없다는 듯 이야기를 하고 있는데 안에서는 끔찍한 일이 벌어지고 있다. 이런 일들은 아마 영화에서만 일어나는 것은 아닐 것이다.

친절했던 주민들은 점점 그녀의 일거수일투족이 못마땅하다. 결국 베라는 남편과 그레이스와의 관계를 알게 되고 그레이스에게 엄한 벌을 가한다. 그것은 그녀가 힘든 노동의 대가로 받은 급료를 모아서 산 남다른 의미가 있는 도자기 인형을 부수는 것이다. 이때 그레이스의 낙담한 심정은 다음과 같이 묘사된다.

"그레이스는 일생 동안 감정을 자제하는 많은 노력을 쌓았습니다. 그래서 이제는 감정을 조절하는 것이 결코 어렵지 않다고 생각해 왔습니다. 하지만 도자기 인형이 바닥에 박살나자 마치 산 사람이 부서지는 것 같았습니다. 그 인형들은 도그빌과 그녀 간의 만남의 산물이었습니다. 또한 인형들은 모든 역경에도 불구하고 그녀의 노력이 결실을 맺었다는 증거들이었습니다. 그레이스는 더 이상 참을 수가 없었습니다. 태어나서 처음으로 그녀는 흐느껴 울었습니다."

인형이 부서지는 순간 더 이상 견딜 수 없게 된 그레이스는 마을을 떠날 것을 결심한다. 이때 톰이 그녀의 구원자로 나선다. 벤에게 부탁하여 그녀를 마을에서 빼내는 것이 그의 계획이다. 톰은 아버지 몰래 10달러를 빼내어 그녀에게 빌려 준다. 그렇지만 마을을 빠져나간 벤은 경찰들이 있다는 핑계로 옴짝달싹할 수 없는 그레이스를 성폭행하고 만다. 덫에 걸린 연약한 사슴처럼 그레이스는 저항할 수조차 없다. 약점을 악용하여 자신의 욕망을 채우는 것이 인간의 본 모습일까?

그레이스라는 인물에게 많은 의문점이 들지만 크게 두 가지 의문이 있다. 하나는 그녀가 주민들에게 유린당하고 참을 수 없는 모멸감을 안겨 주었음에도 왜 자신을 적극적으로 방어하거나 저항하지도 않는가 하는 점이다. 또 하나는 그렇게 나약하던 그녀가 주민을 몰살시키는 엄청난 일을 저지를 수 있는가 하는 점이다. 그녀가 처음 화면에 나타났을 때 쫓기는 상황 때문에 매우 초조하고 불안한 모습을 보인다. 그럼에도 우아한 옷차림, 태도, 말투로 보아 수준 높은 교육을 받았고 상류층 가정에서 자랐다는 것을 추측할 수 있다. 또 주민들과의 대화, 관계는 그녀의 과거와 사고방식을 이해하는 데 도움이 된다. 그녀는 평생 한 번도 일을 해 본 적이 없고 도둑질을 해 본 적도 없다. 그런데 도그빌에 도착했을 때 너무 배가 고픈 나머지 그녀는 모세의 뼈를 훔친다. 톰이 빵을 제공했을 때 그녀는 다음과 같이 말하면서 자신은 빵을 먹을 자격이 없다고 말한다. "그러니까 이제 제 자신을 벌해야 해요. 저는 오만하게 자라서 이런 일엔 제 스스로를 가르쳐야 해요." 그녀는 단 한 번도 훔쳐본 적이 없기 때문에 모세의 뼈를 훔친 것에 대해 벌을 받아야 한다는 것이다. 그리고 자신이 오만하게 자랐다고 말한다. 그녀는 자신의 영혼이 매우 순수하다고 생각했던 것 같다. 영화의 결말에서 알 수 있듯이 그레이스의 아버지는 막강한 갱단의 우두머리다. 아버지는 엄청난 권력을 지니고 있지만 범법자이고 무법자다. 아버지의 위치와 상황을 고려할 때, 그레이스가 아빠에게 반항적이었다면 일종의 방어기제로 자신은 티끌만큼도 더러움 없이 최대한 순수하고자 하는 욕망을 가졌을 것이다. 그녀는 외부와 담을 쌓고 자신을 억제하고 조절하면서 스스로 감정을 자제하는 것이 가능한 상태에 이르렀을 수 있다. 도자기 인형이 부서졌을 때 처음으로 울었다는 사실에서 이러한 가정이 성립한다. 그렇다면 그레이스가 저항하지 못하고 도그빌 주민들에게 철저하게 당하는 이유를 어느 정도 납득할 수 있다. 아무리 절망적인 상황에 직면한다고 해도 그처럼 철저하게 인권이 유린당하는 상황을 견딜 수 있는 사람은 드물다. 그녀가 치욕을 참고 인내하는 것은 나약하고 힘이 없어서가 아니라 순수해야 한다는 강박관념에 사로잡혀 있었기 때문이 아닐까?

톰이 갱 두목이 건넨 명함에 전화를 한 탓에 갱들이 도그빌에 다시 나타난다. 갱 두목은 그레이스의 아빠였다. 영화 시작 때 들린 총소리는 두목이 딸을 향해 쏜 총소리가 분명하다. 그들은 아마도 권력 이양에 대한 이야기를 했던 것 같고 딸이 이를 완강하게 거부하자 화가 치민 갱 두목이 고집 센 딸을 향해 총을 발사했을 것이다. 그러나 어느 정도 시간이 지난 지금 아빠는 그때의 행동을 후회하고 있다. 당시 대화 중 딸은 아빠가 오만하다고 비난했던 것 같다. 톰 덕분에 다시 만나게 된 부녀는 차 안에서 긴 대화를 나눈다. 그들의 대화는 꽤나 수준이 높다. 오만에 대한 이야기를 하고, 어린 시절 불우했던 살인자는 동정을 받아야 하는가, 본능에 따라 저지른 죄를 용서해야 하는가 등을 이야기한다. 그러는 와중에 그레이스에게 어떤 깨달음이 생겨난다. 자신이 티끌 하나 없는 순수한 사람이라고 믿었던 것, 그것이 바로 자신이 오만하다는 증거가 아닐까 하는 것이다. 그녀는 여태껏 자신은 아빠와는 다른 사람이라고 생각해 왔으나 실은 그렇지 않다는 것을 도그빌 주민들을 통해 깨달았다. 그리고 처음에 순수하게만 보였던 주민들의 변해 가는 모습에서 그녀는 인간에 대한 교훈을 얻었고 자신에게도 적용시킨다. 자신에게도 순수함을 가장한 비인간적인 모습이 있을 것이고 그렇다면 자신 역시 도그빌 주민이나 아빠와 다를 게 없지 않은가? 그러한 깨달음은 고통스러운 것이지만 일단 인정을 하고나자 후련함이 밀려온다. 이제는 그녀는 순수라는 틀에서 벗어났다. 순수해야 한다는 강박관념에 사로잡혀 한없이 나약했던 그레이스는 분명하게 알게 된다. 도그빌 주민들의 행동이 나빴다는 것 그리고 바로잡을 힘이 있다면 바로잡는 것이 의무라는 생각이 들었다. 그들을 바로잡기 위

해 그들에게 복수하는 것, 그것은 도그빌과 인류 그리고 그레이스 자신을 위하는 일이 될 것이다. 그녀는 세상을 조금이나마 더 나은 곳으로 만들고 싶은 생각에 주민들을 몰살시킬 것을 결심한다. 그들은 상황만 허락한다면 언제든지 자신에게 범한 행동을 똑같이 하게 될 테니까. 내레이터는 이 상황을 이렇게 설명한다. "마침내 그녀의 슬픔과 고통은 제자리를 찾은 것 같았습니다. 그들이 한 짓은 나빴습니다. 그리고 바로잡을 힘이 누군가에게 있다면 바로잡는 것이 그녀의 의무인 것입니다. 다른 마을을 위해서 또한 인류를 위해서 그리고 그레이스 자신을 포함한 인간을 위해서."

세 개의 포스터가 있다. 맨 왼쪽 포스터에는 사과를 실은 트럭 속에 누워 있는 그레이스가 있다. 잠든 그녀의 모습에는 피곤함과 곤궁함, 외로움과 고독함이 있다. 두 팔로 옷을 여미고 있는 자세는 어딘가 불안하고 상처를 입은 모습이다. 그녀는 톰과 벤의 도움으로 사과 운송 트럭을 타고 도그빌을 몰래 빠져나가려고 시도하였으나 벤의 배신으로 상처만 입고 제자리로 돌아오고 만다. 두 번째 포스터에는 그레이스의 얼굴이 클로즈업되어 있다. 그녀의 눈빛과 표정에는 불안과 경계심이 가득하다. 포스터 아래 그녀는 마을 사람들과 홀로 떨어져 그들을 응시하는 이방인으로서의 모습이 아련하다. 그레이스의 동일한 얼굴이 나타나는 세 번째 포스터의 위쪽에는 마을 주민들의 얼굴이 증명사진처럼 나란히 놓여 있다. 약점이 노출된 피지배자 그레이스는 불안한 모습이지만 지배자인 그들은 오만하다. 포스터는 그레이스의 심리와 상황과 도그빌 주민들과의 관계를 여실히 보여 주고 있다.

미국과 갱스터

영화는 일반적인 윤리관에서 빗겨 있다. 갱은 폭력적인 힘을 바탕으로 법을 지키지 않거나 교묘하게 법망을 피하거나 사회적 질서를 유린하는 자들이다. 그런데 영화에서 갱들은 초법적인 존재다. 그들은 최고의 권력자나 신적인 지위를 행사한다. 그들은 맘먹기에 따라 사람을 살릴 수도 있고 죽일 수도 있다. 그러한 범죄자들이 오만을 이야기하고, 은총, 죄와 벌을 이야기한다. 참으로 아이러니가 아닐 수 없다. 그렇다면 감독은 총으로 위협하며 법을 무시하는 갱단을 찬양하는 것일까? 천만에 전혀 그렇지 않다. 〈도그빌〉이 '미국: 기회의 땅(USA: Land of Opportunities)'의 3부작 중 하나라는 것을 앞에서 밝힌 바 있다. 이 영화가 미국에 관한 시리즈란 점을 생각해 보면 감독의 의중을 읽을 수 있다. 갱단은 미국을 상징하고 있는 것이다. 현재 전 세계적으로 자국의 군인을 가장 많이 해외에 파견한 나라는 미국이다. 그러다 보니 세계 전역의 분쟁 지역에는 미군이 있고 그들이 세계의 싸움꾼, 침략자라는 인상을 지울 수가 없다. 그러나 미국은 세계의 경찰임을 자부한다. 자신들은 힘을 바탕으로 분쟁 지역 어디든 개입해서 평화를 중재한다는 것이다. 하지만 미국은 자신들의 입장에서만 법의 질서를 수호하는 경찰이지, 침략당하는 입장에서는 말을 듣지 않으면 총을 들이대고 폭력을 행사하는 깡패 집단이다. 갱들은 인간의 나쁜 모습을 적나라하게 보여 준 도그빌에서 그레이스를 구원하고 주민들을 벌한다. 그들은 심판자가 되어 그들을 속 시원히 응징한다. 하지만 비록 갱들이 구원자이거나 심판자라 하더라도 그들은 사회질서를 어지럽히는 집단일 뿐이다. 감독은 영화 속 갱들이 지니고 있는 이러한 모순을 부각시키면서 미국의 모순적 태도에 경종을 울리고 싶어 하는 것처럼 보인다.

거리두기와 교육

감독의 도그마 선언 10항은 크레디트에 감독의 이름이 올라서는 안 된다는 것이다. 이는 감독이 영화를 창작한 것이 아니라는 뜻이다. 보통 영화감독은 영화를 제작할 때 자신의 예술관이나 인생관 등을 토대로 어떤 메시지를 전달하려는 의도를 갖고 있다. 자기만의 스타일이 있는 것이다. 따라서 감독은 몽타주, 편집, 클로즈업 등과 같은 영화 기술을 활용하여 자기의 색채를 보이고자 노력한다. 그러나 트리에처럼 영화의 시각이 감독의 시각이 아닌 카메라 자체의 시각으로 보이게 하려고 한다면 롱 테이크, 롱 쇼트, 핸드헬드 또는 편집과 같은 영화의 인위적인 테크닉을 배제하고 자연스러운 상태에서 촬영된 것처럼 해야 한다. 이러한 영화는 다큐멘터리 영화와 유사하므로 감독의 순수창작 영화라고 하기에는 미흡하다. 어떤 현상이나 주제를 찍겠다는 의도는 감독의 것이지만 자연을 향해 열려 있는 카메라의 눈 자체는 감독의 독창적인 아이디어나 예술성이 깃든 시선이라고 할 수는 없기 때문이다.

감독의 시선이 아닌 카메라의 시선에 주체성을 부여한 영화감독으로는 트리에에 앞서 소련 출신의 지가 베르토프(Dzyga Vertov)가 있다. 프랑스 누벨바그에 커다란 영향을 끼친 베르토프가 관심을 가진 것은 카메라에 의해 "부지불식간에 포착되는 삶이었다. 그는 미래의 영화는 곧 사실(fact)의 영화라고 주장했다. 그리고 인간의 눈보다 우위에 있는 카메라의 렌즈가 이 세상을 총체적으로 파악할 것이고 시각적인 혼란을 응집력 있고 객관적인 상(像)으로 조직할 것이라고 보았다"(씨네21, 2002). 누벨바그의 대표 감독 중 한 사람인 고다르는 베르토프의 이론과 브레히트의 서사극 이론을 수용한다. 그는 영화는 현실에 참여해야 한다는 믿음으로 자신은 가능한 한 카메라 뒤에 숨어 점프 컷, 연속성 파괴, 인용, 인물의 카메라 응시, 수평 트래킹 등의 기법을 통해 거리두기를 시도한다. 관객은 영화 속의 사건과 거리를 유지하면서 동화되는 대신 비판적이고 객관적인 태도를 유지한다. 비판적이고 객관적인 태도는 현실에 대한 참여나 고발로 이어질 것이다. 이렇듯 다큐 스타일의 영화는 감정이입이 아닌 거리두기를 추구하므로 관객을 교육시키고자 할 때 효과적이다. 감정이입이 허용되지 않는 거리두기 영화에서 관객들은 실험 상자를 관찰하듯 스크린을 냉정하게 관찰할 것이다. 형사가 증거물을 통해 범인을 색출하는 것처럼, 관찰자의 시선을 지닌 관객은 스크린에서 도대체 무슨 일이 벌어지고 있는지, 왜 그런 일이 벌어지고 있는지를 분석한다. 화면에 나타나는 인물들의 행동과 사건을 반추하면서 자신의 행동과 사건에 비추어 본다. 거리두기 영화는 관객으로 하여금 그가 처한 현 상황이 무엇인지를 깨닫는 기회를 제공하고, 스스로를 돌이켜 보도록 자극하는 것이다.

이처럼 영화의 거리두기는 관객에게 자극을 주고 습관적인 지각 방식에서 깨어나도록 하는 교육적 효과가 있다. 반대로 극영화는 관객들의 감정을 자극한다. 관객들은 극영화를 보면서 웃다가 울고 울다가 웃는다. 감정이 이입되어 주인공의 불행이 자신의 불행이 되고 주인공의 행복이 자신의 행복이 된다. 관객의 감정을 자극하는 방식이야말로 극영화의 특징인 것이다.

브레이트의 사극

연극에서 거리두기의 서사극을 만들어 낸 사람은 독일의 극작가이자 연출가인 브레히트(Brecht)다. 그는 서양에서 아리스토텔레스 이래로 감정이입에 의존했던 전통적인 연극 형식에 반대한다. 연극은 감정보다는 이성을 우위에 두고 사회변혁을 꾀할 수 있어야 한다고 주장한다. 연극은 극작가나 연출가가 아닌 사회에 봉사해야 한다는 것이다. 서사극은 관객으로 하여금 무대에서 벌어지고 있는 사건들이 사실이나 현실이 아닌 연극일 뿐이라는 것을 강조한다. 서사극은 몰입을 방해하는 각종 장치로 이루어져 있다. 브레히트가 구분한 극적 연극과 서사극의 차이점에 대해 살펴보면 다음과 같다.

1. 극적 연극은 줄거리와 같은 플롯에 중점을 두지만 서사극은 서술적 이야기로 진행된다.
2. 극적 연극은 관객을 무대 상황으로 유도하며, 사건과 연결시켜 수동적인 감명을 느끼게 한다. 서사극은 관객을 관찰자의 입장에 머물게 하며, 유동적 사건의 전개에서 능동적으로 인상을 받게 한다.

3. 극적 연극은 관객으로 하여금 수동적 경험 속에서 감정을 유발시킨다. 서사극은 능동적 인상 속에서 관객으로 하여금 세계의 모습에 대해 결론을 내리게 한다.
4. 극적 연극은 관객에게 체험을 전달한다. 서사극은 관객에게 장면을 연구시킴으로써 지식을 전달한다.
5. 극적 연극은 동정이나 증오나 의구를 느끼게 하고 정신적으로 정화시킨다. 서사극은 관객에게 판단을 촉구한다.
6. 극적 연극은 관객에게 암시를 준다. 서사극은 관객에게 토론을 위한 논쟁을 제공한다.
7. 극적 연극은 고정불변의 인간상을 보여 준다. 서사극은 가변적이며 변화하는 인간을 보여 준다.
8. 극적 연극은 결말에 대한 긴장감을 주지만 서사극은 사건 진행 자체에서 긴장감을 준다.
9. 극적 연극은 한 사건이 중심이 되어 한 장면이 다른 장면으로 연쇄적 상호관계에서 이어져 나간다. 서사극은 장면과 장면이 명확한 줄거리를 가지고 독립적인 위치에 있다.
10. 극적 연극은 사고가 존재를 결정한다. 서사극은 사회적 존재가 사고를 결정한다.
11. 극적 연극은 사건 전개가 직선적이고 진화적인 결정론이다. 서사극은 사건 전개가 곡선적이고 중간 발언을 통해 사건의 진행 중 극의 도약을 초래한다. 즉, 사건이 돌발적으로 변화될 수 있는 계기를 극에 삽입시켜 극의 환영(illusion)을 방해한다.
12. 극적 연극은 모든 사건, 인물이 현실 그대로임을 강조한다. 서사극은 이러한 무대 약속을 거부한다.

13. 극적 연극은 객석의 불을 끄고 무대의 조명과 함께 극이 시작된다. 관객은 긴장된 상태에서 무아의 경지에 빠져들게 된다. 서사극은 극장의 불을 끄지 않는다. 극이 진행되는 동안에도 불은 그대로 있다. 관객이 극장에 들어오면 막은 이미 열려 있다. 조명 기구 및 장치도 그대로 볼 수 있다. 무대 전면을 넘어 배우가 관객을 향해 직접 질문과 독백을 한다든가, 막이 오른 후나 장면마다 표어, 명구, 격언을 내걸어 붙인다든가 또는 막을 내리지 않고 무대를 바꾸기도 한다. 감정이 격화될 만한 곳에 의식적으로 춤과 노래를 삽입한다. 이 모든 것이 극적 연극, 즉 긴장 요소로 충만된 환영극(Illusion Theatre)을 파괴하기 위한 장치다.
14. 극적 연극은 장치가 사실적인 데 반해 서사극은 상징적이다.
15. 극적 연극은 감정이 위주가 된다. 서사극은 이성이 위주가 된다.
16. 극적 연극은 폐쇄된 희곡 형식으로 극중의 현실이 침해되지 않는다. 서사극은 개방된 희곡 형식으로 연극을 연극으로 노출시키며, 환영의 파괴를 의식적으로 노력한다.

출처: 김기선 역(1999: 34-35).

관객의 변화를 목적으로 하는 서사극은 일종의 교육연극이다. 서사극은 관객이 변화되기를 요구하며 사회의 틀에 얽매여 권력자나 다수의 횡포에 아무런 의식 없이 따라가는 것을 경계하도록 가르친다. 습관적인 의식을 일깨우고자 하는 것이다.

〈도그빌〉에서 거리두기 기법은 무엇인가? 다시 말해 감정이입을 막는 장치는 무엇인가? 보통 인간은 감정을 이입시키려는 특징이 있다. 거울신경세포의 작용으로 한 사람의 감정이 공감을 일으켜 다른 사람으로 전달된다. 옆 사람이 눈물을 보이면 같이 따라 우는 것이다. 그렇다면 〈도그빌〉에서 감정 이입을 방해하는 장치는 무엇인가? 예를 들면, 사건뿐 아니라 인물들의 심리적 흐름을 묘사하는 냉정하고 차분한 남성 내레이터의 목소리는 감정의 전이를 방해한다. 또한 전체를 9개의 장으로 나누고 각 장마다 제목을 달아 놓은 것도 매끄러운 연결을 방해한다. 편집을 자제한 롱 쇼트, 핸드헬드의 흔들리는 화면은 환각을 줄이려는 기법이며, 전체를 드러내는 공간의 운용은 전지전능의 시점을 갖도록 하여 냉정한 상태가 유지되도록 한다.

행동주의: 환경의 지배를 받는 인간

실화를 바탕으로 만든 〈엑스페리먼트(Das Experiment)〉(2001)라는 영화가 있다. 영화는 임의로 교도소를 만들어 참가자들을 모집한 다음 교도관과 죄수로 역할을 나누는 것으로 시작된다. 그런 다음 그들이 어떤 모습으로 변해 가는지를 실험한다. 실험 참가자들은 처음에는 즐거워하지만 시간이 지남에 따라 진짜 교도관이 되고 죄수가 된다. 교도관은 폭력적이 되고 죄수를 끔찍하게 학대한다.

그런데 영화가 아닌 현실에서 '스탠퍼드 감옥 실험(Stanford prison experiment: SPE)'을 한 심리학자가 있다. 스탠퍼드 심리학과 교수인 필립 짐바르도(Phillip Zimbardo)는 모의 교도소 실험을 주관한 사람이다. 1971년 그는 모의 교도소를 만들고 일당 15달러를 주기로 하고 참여자 모집 광고를 냈다. 그리고 대학생 70명의 지원자 중 24명을 선발한 후 무작위로 교도관과 죄수로 나누어 역할을 맡겼다. 실험 참가자들은 정신적으로 아무 문제가 없었으며 악물 중독이나 범죄 이력도 없었다. 처음에 그들은 주어진 역할에 잘 적응해 나갔다. 하지만 얼마 가지 않아 자신의 역할에 너무나 충실한 나머지 실험은 통제할 수 없는 지경에 빠져 버렸다. 교도관들은 죄수들에게 굴욕을 강요하고 폭력을 행사했다. 실험이 진행될수록 교도관들의 행위가 더욱 가혹해졌고 실험은 원래 14일 동안 진행될 예정이었지만 6일 만에 끝나고 말았다. 더 이상의 진행이 불가능했기 때문이다. 이러한 실험 결과는 인간에게 어떤 일정한 상황과 역할이 주어진다면 그에 순응하려는 심리적 성향이 있다는 것을 분명하게 보여 준다.

스탠퍼드 감옥 실험은 폐쇄된 마을에서 주민들과 그레이스 사이에 일어난 이해할 수 없는 일들을 어느 정도 설명해 준다. 일반적 상황이라면 납득할 수 없는 일들이 일어난 것은 약점을 잡은 자와 약점을 잡힌 자라는 불평등적 환경에서 일어났던 것이다. 약점은 잡은 자는 권력자이자 교도관이 될 것이고 약점을 잡힌 자는 피권력자이자 죄수가 될 것이다.

비극의 재탄생

연극사의 서두를 장식하는 그리스의 위대한 비극은 인간 본성을 탐구하는 연극이다. 주인공이 선한가, 악한가의 판단 이전에 그가 인간인 까닭으로 그럴 수밖에 없는 인간적 운명을 처절하게 그리고 있기에 비극은 빛을 발한다. 〈도그빌〉 역시 인간성의 문제를 끝까지 파헤치고 있어 마치 한 편의 그리스 비극을 보는 것 같다. 인간의 몸은 불편을 느끼게 되면 윤리와 제도에서 쉽게 벗어난다. 갑자기 해고를 당해 분유를 살 돈이 한 푼도 없는데 갓난아기가 배고픔에 지쳐 울고 있다면 가장이 선택할 수 있는 길은 무엇인가? 그가 분유를 훔쳤다고 해서 그를 비윤리적인 인간이라고 단죄할 수 있을까? 그레이스와 아빠의 대화도 이 물음에 다다른다. 아빠는 어쨌든 죄는 죄라고 말하고, 딸은 본능에 따른 죄는 용서해야 한다고 말한다. 당시 그레이스는 본능에 따르는 인간의 죄를 용서하고 싶은 마음으로 가득 차 있다. 물론 해답은 없다. 여러분은 어느 쪽인가?

> 아빠: 어린 시절이 불우했던 살인자는 정말로 살인자가 아니다? 넌 환경만 탓하겠구나. 네 말대로라면 강간범이나 살인자도 피해자란 말이구나. 하지만 난 그런 놈들은 개라고 본다. 놈들이 자기가 토한 걸 다시 먹을 때 그만두게 만들려면 패는 수밖에 없어.
>
> 그레이스: 하지만 개들은 본능에만 따라요. 그런 그들을 용서하면 왜 안 되는 거죠?

통상 인간의 죽음 앞에서 통쾌감을 느끼는 것은 죽임을 당하는 그가 엄청 나쁜 짓을 저지른 지독한 악당일 때다. 또 그가 죽지 않으면 우리 편이 죽을 수밖에 없는 생존 게임에서 나쁜 편의 죽음은 더할 나위 없는 통쾌감을 준다. 그렇다면 주민을 몰살시키는 〈도그빌〉의 마지막 장면을 어떻게 바라봐야 할까? 아이나 부녀자 가릴 것 없이 인정사정없이 뿜어 대는 기관총 세례와 아비규환의 상황에서 죽어 가는 사람들을 보며 슬프고 우울한 느낌이 드는가 아니며 통쾌한 느낌이 드는가? 누군가는 통쾌함을 느끼면서 폭력에 의한 악의 응징을 정당한 것으로 판단하며 이렇게 생각할 수도 있다. "그럴 만도 하지. 애나 어른이나 청순하고 가련한 그레이스에게 얼마나 못된 짓을 했는데……." 폭력을 수단으로 악을 응징하는 영화의 마지막 시퀀스는 감독이 관객에게 던지는 물음이다. 여러분은 이것이 정당하다고 보는가 묻는 것이다. 인류의 역사는 폭력 혹은 전쟁의 역사이며 앞으로도 인간에 의한 인간에 대한 비극적 만행은 계속될 것이다. 그렇다면 다음의 질문들이 꼬리를 문다. 인간은 정말로 악한 존재인가? 고립된 마을은 애초에 선한 인간들이 사는 곳이었지만 한 사람의 등장으로 내재되어 있던 악한 모습이 드러나고 만 것인가? 만일 그들에게 선악과 같은 시험이 없었다면, 아름다운 젊은 여인이 등장하지 않았다면 그들은 여전히 선한 사람으로 살아갔을 것인가? 이렇듯 〈도그빌〉은 마지막에 이르러 인간에 대한 근본적인 물음을 최고의 방식으로 표현하고 있다. 죽어 가는 자나 죽이는 자, 그들 모두는 인간이다. 그리고 과욕의 덫에 걸린 도그빌 주민들의 슬픈 이야기는 인간에 대해 심사숙고할 기회를 제공한다. 주민들 앞에 불쑥 나타난 그녀의 이름이 그레이스(Grace, 은총)인 것은 참으로 아이러니다. 신의 은총이 그들을 멸망의 나락으로 빠트렸으니 말이다. 그렇다고 던져진 먹이에 독이 묻은 줄 모르고 욕망을 자제하지 못한 채 개처럼 침을 흘리며 덥석 문 그들을 탓할 수도 없다. 사실 누군들 이런 상황에서 달콤한 유혹을 당해 낼 재간이 있었을까? 무슨 단어든 '개'자가 붙으면 조롱거리가 된다. 개(dog)와 마을(ville)의 합성어인 도그빌을 번역하면 '개마을'이 된다. 주민 모두가 몰살당하지만 땅바닥에 그려진 그림에 불과했던 개, 모세는 살아남는다. 살아남은 모세는 실제 개로 변한다. 경우에 따라서는 개만도 못한 것이 인간일 수 있다는 의미일 것이다.

생각해 보기

1. 〈도그빌〉의 공간의 특징은 무엇인가?

2. 〈도그빌〉은 어떤 방식으로 거리두기를 하고 있으며 거리두기는 무엇을 위한 것인가?

3. 〈도그빌〉의 연극적 성격은 무엇인가?

4. 인간은 선한가, 악한가?

5. 톰과 척은 각각 어떤 유형의 인간인가?

6. 그레이스는 누구인가? 마을에 은총을 가져온 천사인가, 모두를 죽게 한 악마인가?

7. 왜 그레이스는 주민들을 몰살시켰는가?

8. 인간은 환경에 의해 변화될 수 있다고 보는가?

9. 아기는 배고픔에 울고 있고 돈 한 푼 없는 가장이 할 수 있는 일은 무엇일까?

10. 라스 폰 트리에의 '도그마95'의 특징은 무엇인가?

〈버킷 리스트〉, 버킷 리스트 작성하기와 지워 나가기

연기자 출신의 영화감독 롭 라이너(Rob Reiner)는 〈해리가 샐리를 만났을 때〉(1989), 〈미저리〉(1990), 〈어 퓨 굿 맨〉(1992), 〈대통령의 연인〉(1995), 〈앤 소 잇 고즈〉(2014) 등의 흥행작을 제작하였다. 그의 영화는 인간의 감정과 심리를 섬세하게 표현하고 있는 것으로 평가받고 있다. 〈버킷 리스트(Bucket List)〉(2007) 역시 시한부 인생을 선고받은 전혀 다른 성격과 환경을 지닌 두 노인의 감정과 심리를 유쾌하게 그려내고 있다. 라이너는 연기자로서 1978년 에미상 코미디시리즈연기자 부문을 수상하였고, 1987년에는 토론토 국제영화제에서 관객상을 수상하였다.

죽음에 대한 생각

인간은 누구나 예외 없이 죽음을 향해 나아간다. 어느 누구도 죽음을 피할 수 없다면 시한부 인생이라는 말이 꼭 불치의 암 말기 환자만을 지칭하는 것은 아닐 것이며, 다만 죽음을 의식하며 사느냐 잊은 채 사느냐의 차이일 것이다. 죽음은 인간이 가장 두려워하는 것 중 하나다. 그것이 그토록 두려운 이유는 아마도 죽음 이후의 세계에 대해서 말해 준 사람이 없기 때문이다. 누군가 실제로 경험을 한 후 어떻게 대처하는 것이 좋겠다고 이야기를 해 주면 속이 시원할 텐데 죽음에 대해서는 그런 경우가 전혀 없다. 또한 알지 못하는 세계로 인해 인간은 두려움을 느끼게 되고 종교에 의지하려는 경향이 생겨났다. 어떻게 죽음에 대비하면서 살아야 할까라는 물음에는 정답이 없다. 그저 각자 세상을 보는 관점과 인생관에 따라 자기 방식대로 죽음을 예비하고 대비할 수밖에 없다.

영화 〈트로이〉(2004)를 보면, 바다의 신 테티스와 인간인 펠레우스 사이에서 태어나 신들의 세계를 잘 알고 있는 아킬레우스가 트로이의 무녀인 브리세이스에게 신들의 비밀 하나를 알려 준다. 그 비밀이란 영생의 삶을 사는 신들이 죽을 수 있는 인간에게 질투를 느낀다는 것이다. 신과 인간의 결정적인 차이점은 죽느냐 죽지 않느냐에 있다. 그런데 인간은 죽음을 피할 수 없는 숙명으로 받아들이면서도 이 때문에 매우 불행하다고 느끼는 반면, 신들은 오히려 죽을 수 없음을 한탄한다는 것이다. 아이러니가 아닐 수 없다.

숙명처럼 죽음을 안고 살아가는 삶으로 인간은 불안감을 느끼지만, 그 죽음을 도외시하지 않고 당당하게 맞섬으로써 죽음을 극복하고자 한 사상이 있다. 그것은 바로 실존주의다. 실존주의는 죽음을 부정적인 것으로 간주하지 않고 인간은 오히려 죽을 수밖에 없는 유한적 존재이기 때문에 삶이 의미가 있다고 생각한다. 즉, 인간은 죽음이 있기 때문에 현재의 삶에 더욱 소중함을 느낄 수 있다. 비록 하루하루가 죽음을 향해 가지만 그 하루의 삶이 의미로 충만되기를 기원할 수 있는 것이다. 이러한 실존주의 이념을 기반으로 한 심리상담은 내담자가 그의 삶에 어떤 의미가 있음을 스스로 인식하고 깨닫도록 하는 데 중점을 둔다. 실존주의 상담을 처음 언급한 사람은 프랭클(Frankl)이다. 그에 대해서는 앞으로 〈인생은 아름다워〉에서 더 자세히 설명할 것이다.

실존주의 철학과 실존주의 상담 이념을 통해 의료진과 환자, 환자의 가족

사이에서 종종 벌어지는 진실 통보의 문제에 대해 어느 정도 의견을 정리할 수 있다. 과연 의사는 불치의 병에 걸려 살날이 얼마 남지 않은 환자에게 그 사실을 통보해야 하는가? 아니면 충격을 주지 않기 위해 사실을 숨겨야 할까? 현재는 불치병을 본인에게 통보하는 병황(病況) 진실 통보 문화가 어느 정도 정착되어 있는 상태다. 과거에는 가족의 요청이나 의료진의 견해에 따라 환자에게 진실을 말하지 않는 일이 많았지만, 요즘에는 개인의 가치 중심적 결정이 요구됨에 따라 점차 환자가 자신의 병에 대한 알 권리와 치료 과정에 적극적으로 참여하고 결정하는 자율성이 강조되고 있다(전인희, 벽경숙, 2013: 59). 환자(내담자)에게 있어 사는 기간이 얼마 남았느냐보다는 단 하루라도 살아 숨쉰다는 것 자체에 의미가 있고, 매 순간 삶의 의미와 가치를 찾는 것이 중요하기 때문에 이를 통보하는 것이 바람직하다는 쪽으로 방향을 잡고 있는 것이다.

이처럼 죽음의 문제, 진실 통보의 문제에 대해 영화 〈버킷 리스트〉는 생각을 정리하는 데 도움을 준다. 이 영화는 환자에게 서슴없이 진실 통보가 이루어져 그들의 얼마 남지 않은 삶을 정리할 수 있도록 하고 있다. 현대인은 웰빙(well being)을 넘어 웰 다잉(well dying)으로 관심사를 넓혀 가고 있다. 어떻게 하면 잘 죽을 것인가를 고민하는 것이다. 셰익스피어 희극 가운데 〈끝이 좋으면 다 좋아(All's Well That Ends Well)〉라는 제목이 있듯이 가장 행복한 죽음을 맞이할 수 있다면 그의 삶은 해피엔딩이 된다. 따라서 삶의 결말인 죽음을 잘 맞이한다는 것은 인생에서 정말 중요한 일이라고 하겠다. 나날이 개인주의가 팽배하고 가족 구조가 달라지고 있는 상황에서 모든 것을 자식에게 의지했던 과거의 관행에 집착한 채 죽음을 맞이한다면 말년에 낭패를 볼 수도 있다. 이런 점에서 〈버킷 리스트〉에서 보여 준 두 주인공의 행보는 노년의 불안감을 어느 정도 잠재울 수 있는 행복한 죽음에 대한 보고서라고 하겠다.

부조리와 죽음

전쟁은 고통과 공포 그리고 많은 죽음을 양산한다. 가족은 뿔뿔이 흩어지고 일상의 삶은 완전히 피폐해지며 미래는 불확실하다. 그런데 20세기에 들어서면서 유럽은 대규모 전쟁의 참화를 겪는다. 과학이 발달할수록 행복감이 커질 줄 알았지만 전쟁의 피해가 더욱 커지는 결과가 되어 버린 것이다. 양차 세계대전의 비극은 삶과 죽음에 대해, 인간의 이성에 대해 반성하는 계기가 된다. 그리고 실존주의는 이러한 반성에서 생겨난 철학이다. 실존주의 문학이나 부조리 연극 역시 인간 존재에 대한 불안과 부조리를 극복하기 위한 실천적 예술 행위다. 살아 있는 것들은 예외 없이 죽음을 향해 나아간다. 산다는 것은 부조리하다. 이것이 카뮈(Camus)가 바라본 삶의 부조리성이다. 그는 『시시포스의 신화(*Le Mythe De Sisyphe*)』(1942)에서 시시포스가 벼랑 위로 바위를 밀어 올리지만 계속해서 굴러 떨어지는 부조리한 상황을 언급한다. 시시포스의 바위 올리기는 죽음을 향해 나아가는 인간의 모순적인 삶의 모습과 다를 바 없다. 카뮈는 인간이 이처럼 절망적인 상황에 빠져 있지만 그럼에도 인간 존재를 부정하는 부조리한 상황에 끊임없이 반항하는 것이 인간의 의무라고 보았다. 그가 말한 '부조리한 인간(l'homme absurde)'이란 '모든 것이 부조리함을 의식하는 인간(l'homme conscient que tout est absurde)'을 줄인 말이다. 보통 인간은 습관에 젖어 죽음으로 향하고 있는 비극적인 조건에 직면하려 들지 않는다. 그러나 부조리한 인간은 왜 삶이 부조리한가를 자문하며 고뇌한다. 이러한 질문과 고뇌가 자살의 길로 접어들 위험이 있긴 있지만 명철한 의식과 반항을 바탕으로 결국에는 도덕적 가능성을 발견하게끔 할 것이다. 죽음과 직면하고 부조리한 상황을 회피하지 아니하면서 살아야 할 의무를 다하는 행위, 이것이야말로 부조리한 인간의 반항적 행위이며 의무인 것이다. 반항의 정신으로 철저한 의식을 유지할 때 죽음이나 부조리한 상황에 맞설 수 있다는 뜻이다. 이렇게 볼 때 죽음의 사실은 무가치한 것이 아니라 오히려 부조리를 지각하도록 하는 하나의 현실이 된다. 결론적으로 '부조리의 인간'은 이성을 잃은 인간이 아니라 죽음이라는 부조리와 정면으로 대결하는 명석한 반항 정신의 소유자다. 이러한 의미에서 카뮈의 실존주의는 부조리한 현실에 반항하여 인간성을 회복하려는 일종의 휴머니즘이 된다. 또한 부조리한 인간이 취하는 반항의 행동은 사회 참여적 성격(앙가주망, engagement)을 지니게 된다.

죽음을 앞둔 두 노인의 이야기 〈버킷 리스트〉가 인간의 부조리를 이야기하고 있지는 않다. 다만 언젠가는 누구나 처하게 될 죽음을 앞에 두고 두 노인이 의기투합하여 유쾌하게 극복한다는 점에서, 이들이야말로 죽음을 직시하는 '부조리한 인간'과 크게 다를 바 없다는 생각이다.

부조리 연극

카뮈에 따르면 세계는 불합리하고 그곳에 사는 인간이 원하는 것과 다르게 작용하므로 삶은 부조리하다. 그리고 이러한 부조리한 삶의 모습을 연극으로 그려 내고자 한 일련의 작가가 생겨났다. 이들은 전쟁을 겪으면서 느낀 소통의 부재, 고독, 불합리, 소외, 상실과 같은 시대의 비극적 상황을 무대를 통해 그려 내고자 했다. 따라서 부조리 연극은 형식적인 측면에서 기존의 문법과 질서정연한 논리적 언어를 해체하고, 주제의 측면에서 삶의 허위성을 풍자하고 폭로한다. 부조리 연극은 전통적인 연극 세계를 무너뜨리고 의미나 목적도 없는 세계를 제시하는 반(反)연극의 성향을 지니고 있다. 등장인물들의 행위에는 정당한 동기부여도 없고 무대 언어 역시 비논리적이다. 등장인물들은 의미 없는 대사들을 지루하게 나열하기 일쑤다. 그러므로 부조리 연극의 무대는 우연성이 지배하며, 뚜렷한 목적의식도 없고, 개성 없는 군상과 그들이 내뱉는 의미 없는 언어들이 무질서하게 흩어져 있을 뿐이다.

일반적으로 연극은 오락과 유희, 관념의 전달, 교육적인 목적으로 이상적인 인간을 그리거나 합리적인 세계관을 세우려는 경향을 지니고 있다. 특히 비극에서는 공포와 연민의 감정에 휩싸이게 하여 관객의 감정을 정화시키고자 한다. 그러나 부조리 연극은 우연성에 빠진 일종의 놀이처럼 어처구니없는 사건들이 일어나거나 혹은 아무 일도 벌어지지 않기도 한다. 인간의 존재와 그들이 엮어 나가는 삶이 그처럼 부조리하다는 것을 증명하기 위해서인 것처럼 말이다.

대표적인 부조리 극작가로는 노벨 문학상을 수상한 〈고도를 기다리며〉(1952)의 베케트(Beckett), 〈대머리 여가수〉(1950)의 이오네스코(Ionesco), 〈하녀들〉(1947)의 주네(Genet), 〈패러디〉(1952)의 아다모프(Adamov), 〈관리인〉(1960)의 핀터(Pinter), 〈건축가와 아시리아의 황제들〉(1967)의 아라발(Arrabal) 등이 있다.

두 사람의 만남

영화는 거의 모든 것이 대조적인 두 인물을 전면에 내세우면서 삶의 방식 혹은 죽음의 방식에 대해 생각하기를 권한다. 먼저 등장하는 사람은 66세의 흑인인 카터(모건 프리먼 분)다. 그는 젊었을 때 역사 교수가 되고 싶었지만 상황이 허락하지 않아 꿈을 접은 바 있다. 자동차 정비공인 카터는 그 나이에도 여전히 정비소에서 일을 하고 있다. 카터는 유머가 풍부하고 주변 사람들과의 관계가 원만하여 사회적 소통에 전혀 문제가 없다. 또한 그는 평생 아내와 세 자녀에게 헌신했으며 아내 이외의 다른 여자에게는 단 한 번도 눈을 판 적이 없는 모범적인 남편이다. 카터는 정직하고 성실한 삶을 살아온 대표적인 인물인 것이다. 그에게 가장 소중한 것은 가족이다. 교수가 꿈이었던 만큼 지적 성향이 강한 그는 상식도 풍부하고 퀴즈 풀기도 좋아한다. 영화의 첫 시퀀스에서 카터는 젊은 정비공과 퀴즈 맞히기를 하던 중 전화를 받는다. 그의 표정 변화로 보아 전화의 내용이 나쁜 소식임이 분명하다.

두 번째 시퀀스에서는 이 영화의 또 다른 인물인 에드워드(잭 니콜슨 분)가 등장한다. 카메라에 잡힌 커피 향을 음미하는 그의 첫인상은 매우 고약하다. 재벌 사업가인 에드워드는 그가 나오는 첫 장면에서 병원의 운영회의를 하고 있다. 회의 방식에서 보이는 에드워드의 성격은 독단적이다. 자기 말만 일방적으로 주장하는 모습에서 타인과의 관계에서 소통보다는 불통에 더욱 가깝다는 인상을 준다. 이처럼 대조적인 두 사람, 카터와 에드워드가 한 병실을 사용하게 되면서 운명과도 같은 만남이 이루어진다. 모범적인 인생을 살아온 카터와 오로지 자기만을 중심에 놓고 살아온 에드워드의 공통점과 차이점은 다음과 같이 정리할 수 있다.

	카터	에드워드
공통점	남자 노인, 시한부 인생, 같은 병실	
차이점	흑인	백인
	자동차 정비공	재벌 사업가
	가족 있음	가족 없음
	원만한 관계-소통	원만하지 못한 관계-불통
	유신론자	무신론자
	66세	81세
	가장 소중한 것-가족	가장 소중한 것-루왁커피, 사이펀 커피 메이커

낯선 두 인물의 만남은 처음에는 약간의 문제를 야기시킨다. 병원의 소유자로서 1인실을 쓰고자 하는 에드워드와 병원의 환자에 불과한 카터가 우연히 한 병실을 사용하게 되면서, 피차 상대방 때문에 생기는 나름의 불편을 감수할 수밖에 없는 상황이 된 것이다. 그러나 그들은 시한부 인생으로서 동질감을 느끼고 점차 서로에게 관심을 갖게 된다. 그리고 결국에는 의기투합할 기회가 생겨난다. 카터는 인생을 정리하면서 그간 하고 싶었지만 하지 못했던 것을 쪽지에 적어 본다. 뭔가를 적는다는 것은 단순히 생각만으로 정리하는 것보다 좀 더 더 큰 의미가 있다. 설령 그 목록이 실현되지 못하더라도 적어 본다는 것, 즉 표현해 본다는 것 자체만으로 어느 정도 실천 해소의 효과가 있는 것이다. 머리에서 상상의 세계로 맴도는 것이 아니라 종이에 적어 눈앞에 실재하게 함으로써 마치 그 리스트가 실현된 것처럼 느낄 수 있다. 카터가 적은 버킷 리스트는 그로서 엄두를 낼 수 없는 것은 아니다. 그런데 에드워드의 버킷 리스트는 카터의 것과는 전혀 다른 성질의 것으로 카터에게는 거의 실현 불가능한 것이다. 이와 같이 에드워드에게 있어서는 카터의 리스트의 실현이 어려웠을 것이다. 하지만 서로에게 어려운 버킷 리스트는 두 사람이 힘을 합쳐 실천하게 됨으로써 하나하나 이루어 나간다.

병원에 입원을 하였지만 자신의 병에 대해 정확히 모르고 있던 카터는 심심하던 차에 버킷 리스트를 작성해 본다. 대학 신입생 시절 철학 시간에 과제로 작성했던 버킷 리스트를 떠올리고 한번 써 본 것이다. 카터가 버킷 리스트를 떠올리고 적어 봤다는 사실은 의미심장하다. 아무나 버킷 리스트를 적지 않는다. 병원에 입원한 카터는 혹독한 포로수용소에서 삶의 의미와 가치를 생각했던 프랭클처럼 앞으로 남은 시간에 하고 싶은 일이 무엇인가를 적으면서 삶의 의미와 가치를 생각하고자 한다. 젊은 시절 교수라는 직업을 꿈꾸었던 것이나 퀴즈 풀이를 좋아하는 것은 우연히 아니다. 생각하고 자각하는 습관은 지적 탐구라는 그의 성향과 잘 어울린다. 카터의 아내와 자녀들에 대한 헌신은 이러한 자각과 탐구의 습관에서 비롯된 것이다. 버킷 리스트를 작성하는 카터는 한 마디로 '실존적 인간' 혹은 '부조리한 인간'이라고 할 수 있다. 카터가 버킷 리스트를 들고 이를 실천하기 위해 밖으로 나간 것은 평생 함께한 가족과 헤어지고 한 최초의 여행일 것이다. 그만큼 가족은 그에게 소중한 존재였다. 그의 인생은 오로지 가족을 위한 것이었고 가족의 인생이 자신의 인생이기도 했다. 따라서 버킷 리스트를 실천하는 카터의 행동 방향은 'In'에서 'Out'이 된다. 그가 여행을 떠나려고 했을 때 설득을 해야 할 대상은 아내였으니 말이다. 그에게 버킷 리스트는 이제 한번쯤 자신만을 위한 시간이 필요하다는 것과 인생을 정리한다는 뜻이 담겨 있다. 그렇다고 카터가 기존의 삶의 방식을 완전히 바꾸는 것은 아니다. 그가 다시 집으로 돌아왔을 때 가족이 보여 준 따뜻함은 그의 인생이 타인에게 진정한 기쁨이었다는 것을 잘 보여 준다. 버킷 리스트는 누구나 작성할 수 있다. 그러나 이것이 불만족스러운 현실에서 도피하고자 하는 리스트가 되어서는 안 되며 실현 가능한 것이어야 할 것이다.

에드워드는 여러 면에서 카터와 다르다. 자수성가를 한 그는 병원을 몇 개나 갖고 있는 대기업 회장이지만 성격이 독단적이어서 다른 사람과의 소통이 어렵다. 그가 나온 첫 장면에서 제시된 이사회의 장면에서도 이러한 그의 성격이 잘 드러난다. 병원의 운영에 대한 이야기를 나누면서 에드워드는 1실 2인의 원칙을 고수한다. 누구나 예외 없이 병실 하나에 두 명이 사용해야 한다고 못을 박는다. 그런데 정작 자신이 입원하게 되자 병실을 혼자 쓰고 싶어 한다. 결국은 뜻한 바를 관철하지 못하는 바람에 카터와 병실 친구가 되지만 말이다. 에드워드는 여러 번의 이혼을 거치면서 곁에 남아 있는 가족이라고는 아무도 없다. 가족에게 정직하고 성실한 카터와는 달리 에드워드는 가족을 군림하고 지배하려 했다. 예를 들어, 딸과 결정적으로 인연이 끊어진 사건을 보면 에드워드의 성격과 태도를 확실하게 알 수 있다. 아버지로서 에드워드는 뭔가 마음이 내키지 않는다는 이유로 딸이 데려온 남자와의 결혼을 반대함으로써 딸과의 관계가 소원해진다. 그는 딸의 결혼식에도 초대를 받지 못하는데, 결혼 후 딸이 남편으로부터 폭행을 당하는 일이 벌어진다. 그 사실을 알게 된 에드워드는 해결사를 시켜 남편이 다시는 딸에게 접근하지 못하도록 실컷 두들겨 팬다. 이 일은 물론 에드워드 혼자서 결정한 일이었다. 일방적으로 결정하고 행동하는 에드워드의 태도를 잘 보여 주는 에피소드다. 하지만 이에 분노한 딸은 더 이상 아버지를 아버지로 여기지 않고 죽은 것으로 간주하겠다고 아버지와의 절교 선언을 한다. 이처럼 에드워드는 모든 것을 철저하게 자기 방식대로 해석하는 자기중심적 사고방식을 지니고 있었다.

에드워드는 버킷 리스트를 실천하기 위해 누구를 설득하거나 동의를 구할 필요가 없다. 사실 에드워드는 가족이나 친구가 없다. 딸이 있긴 하지만 왕래 없이 남남으로 살기 때문에 혼자나 다름없다. 부부는 아주 특별한 관계로 서로를 상관하고 자극하는 관계다. 또한 부부는 남이 절대로 할 수 없는 조언과 잔소리를 할 수 있는 관계다. 그런데 네 번의 이혼 경력이 있는 에드워드에게 있어 이러한 부부관계는 상상할 수 없다. 마음만 먹으면 거의 모든 것이 가능한 에드워드에게 버킷 리스트는 큰 의미가 없을지도 모른다. 어쩌면 카터가 작성한 리스트 내용은 이미 다 해 본 것일 수도 있다. 그러나 에드워드는 버킷 리스트를 실천하는 과정에서 카터의 사고와 행동을 가까이서 접하게 되고 가족의 소중함을 일깨우게 된다. 영화의 마지막에 에드워드는 골이 깊게

파여 있던 유일한 혈육인 딸을 만난다. 에드워드는 리스트를 실천하면서 'Out'에서 'In'의 방향으로 나아갔던 것이다. 이렇듯 두 사람의 방향의 성향을 보면 'In'과 'Out', 'Out'과 'In'이 적당히 균형을 이루는 것이 가장 바람직한 삶의 형태라는 것을 짐작할 수 있다.

제목 〈버킷 리스트〉의 의미

제목 〈버킷 리스트〉에서 '버킷(bucket)'은 양동이를 뜻한다. 영어 관용구 표현인 'kick the bucket'은 '죽다(die)'의 뜻이다. 이 표현은 중세 서양의 교수형에서 유래되었다. 교수형에 처한 죄인은 목에 밧줄을 건 채 나무로 만든 양동이(bucket)에 올라선다. 그리고 사형 집행인이 양동이를 걷어차면(kick the bucket) 죄인은 허공에 뜨게 되고 죽게 된다. 영화는 '양동이를 걷어차다(kick the bucket)', 즉 '죽다'의 의미에서 양동이 '버킷(bucket)'을 차용하고 거기에 '리스트(list)'를 덧붙여 '죽기 전에 하고 싶은 것들(bucket list)'이란 새로운 용어를 만들어 냈다.

버킷 리스트의 내용

에드워드는 의사로부터 6개월의 시한부를 선고받는다. 의사가 그 사실을 통보할 때 카터는 옆에서 이를 듣고 있다. 살날이 얼마 남지 않았다니! 병실에 침묵이 흐르고 카터는 연민의 정으로 웅크린 에드워드의 등을 바라본다.

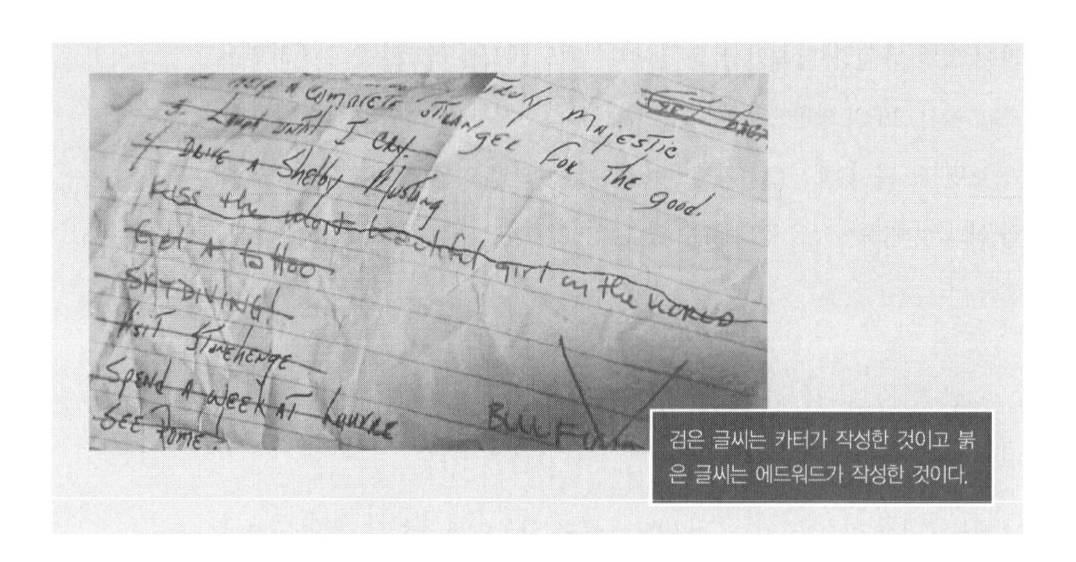

검은 글씨는 카터가 작성한 것이고 붉은 글씨는 에드워드가 작성한 것이다.

그런데 이번에는 카터 역시 암이 온 몸에 전이되어 얼마 살 수 없다는 통보를 받는다. 동병상련이랄까? 침묵 속에서 두 노인은 온갖 상념에 잠긴다. 에드워드는 의사에게 카터의 병 진행 상황을 좀 더 자세히 알아보라고 지시한다. 카터는 가족보다도 먼저 자신이 시한부 삶이라는 사실을 알게 된다. 더 이상 버킷 리스트가 필요 없게 된 카터는 종이를 구겨 아무렇게나 던져 버린다. 카터가 쓰던 것을 궁금히 여기던 에드워드는 구긴 종이를 펴 보고는 그 내용에 대해 묻는다. 카터가 노란 종이에 작성한 버킷 리스트에는 '1. 장엄한 것을 바라보기' '2. 모르는 사람 도와주기' '3. 눈물이 날 때까지 웃어 보기' '4. 쉘비 머스탱(Shelby Mustang) 운전해 보기'가 적혀 있다. 그런데 에드워드는 카터가 던져 버린 종이를 주워 읽을 때는 '모르는 사람 도와주기' '눈물이 날 때까지 웃어 보기' '정신병자가 되지 말기'의 내용이 들어 있다. 그런데 그 다음 화면에 나타나는 종이의 목록에서 '정신병자 되지 말기'는 찾을 수가 없다. 아무튼 카터는 부질없는 짓이라고 하지만 에드워드는 그 종이에 즉시 자신의 버킷 리스트를 적는다. '세상에서 가장 아름다운 소녀와 키스하기' '문신하기' '스카이다이빙 해 보기'가 그것이다. 카터는 버킷 리스트란 그런 것을 적는 것이 아니라며 유쾌하게 웃는다. 또한 그들이 함께 작성한 버킷 리스트에는 '세렝게티 방문하기' '루브르 박물관에서 일주일 보내기' '로마 방문' 등이 있다. 이렇게 두 사람이 합동하여 버킷 리스트는 완성된다. 그런데 재미있는 것은 카터의 버킷 리스트와 에드워드의 버킷 리스트는 그들의 성격만큼이나 사뭇 다르다는 것이다. 카터의 버킷 리스트는 사색적이고 인간적인 반면, 에드워드의 것은 행동적이며 방랑기 있고 자유분방하다.

두 사람은 병원을 떠나 스카이다이빙과 자동차 경주를 한 후 유럽으로 떠난다. 그들은 남불 휴양지에서 근사한 저녁 식사를 하게 되는데, 그때 에드워드는 처음으로 딸이 있다는 사실을 말한다. 그러자 카터는 리스트의 맨 위에 '연락을 안 했던 사람과 다시 만나는 것'을 뜻하는 'Get back in touch'라고 적는다. 물론 에드워드는 화를 내며 즉시 지워 버린다.

카터의 내레이션에 따르면 아홉 번째 리스트는 '세렝게티에서 대형 고양이(사자)의 사냥'이다. 따라서 그들은 아프리카를 거쳐 이집트의 피라미드에 도착한다. 이곳에서 카터는 에드워드에게 두 가지 질문을 한다. 하나는 "인생의 기쁨을 찾았느냐?"이고 다른 하나는 "자네 인생이 다른 사람들을 기쁘게 했나?"다. 이때 에드워드는 자신의 딸과 결정적으로 헤어진 이유에 대해 이야기를 한다. 타인을 기쁘게 했는가의 리스트는 영화 마지막에 에드워드가 딸을 방문함으로써 이루어지는 것으로 설정되어 있다.

이어 이들은 인도의 타지마할, 중국의 만리장성, 티베트의 히말라야를 방문한다. 그들이 방문한 이집트의 피라미드나 인도의 타지마할은 일종의 무덤이다. 절대 권력을 쥐고 있던 왕의 무덤, 혹은 왕비의 무덤 앞에서 카터는 자신은 화장한 후 재를 담을 커피 깡통 정도만 있으면 될 것 같다고 말한다. 사실 죽고 나면 호사스러운 건축물이 무슨 소용이 있겠는가? 그리고 카터는 눈 덮인 히말라야에 접근하여 장엄한 순간을 볼 것을 기대하지만 태풍 때문에 포기할 수밖에 없다. 장엄한 것을 바라보기는 카터의 버킷 리스트 1번이다. 이처럼 그가 간절히 소원하였던 히말라야의 장엄한 풍경을 포기해야 한다는 것은 쓰라린 일임에 틀림없다. 그러나 카터는 이를 담담하게 받아들인다. 정신적으로 충만해 있는 그는 아무런 심리적 결핍이 없기 때문에 일생일대의 아쉬운 순간에도 흔들림이 없다. 날씨 때문에 히말라야를 포기해야 하는 순간 미모의 젊은 여성이 카터에게 접근한다. 그녀는 멋진 말로 카터를 유혹한다. 그러나 히말라야의 아쉬움을 흔들림 없이 잠재운 카터는 이러한 상황에도 역시 감정적 동요를 일으키지 않는다. 그리고 그것이 곧 에드워드의 소행임을 눈치챈다. 사실 에드워드는 시간이 갈수록 카터와 함께 외유하는 것에 부담을 느끼고 있었다. 남편을 돌아오게 해 달라는 카터 아내의 간곡한 통화가 있은 후 더 늦기 전에 그를 가족 곁으로 돌려보내야겠다고 생각했던 것이다. 그리고 젊은 여자 사건이 있은 후 카터는 에드워드의 바람대로 더 이상의 여행을 포기하고 집으로 돌아갈 것을 결심한다.

공항에서 집으로 돌아가는 길에 카터는 비서에게 부탁하여 에드워드 모르게 딸의 집으로 향한다. 차가 딸의 집 앞에 멈추자 에드워드는 그때서야 무슨 일이 벌어졌는지를 알아차린다. 에드워드는 카터에게 심하게 화를 낸다. 그리고 머리끝까지 화가 난 에드워드는 버킷 리스트를 꺼내 그것은 아무 의미도 없으며 그저 심심풀이로 해 본 것이라며 찢어 버린다. 그러고는 잠깐 함께 여행을 했다고 해서 자기 인생에 끼어들 수 있다고 생각한다면 오산이라고 소리친다. 솔직히 그는 딸을 몹시 그리워하고 있음에 틀림없다. 그리워하면

할수록 분노는 더욱 커지는 법이다. 카터에게 정곡을 찔린 에드워드는 일종의 방어기제로 화를 냈던 것이다. 카터는 에드워드가 딸과의 만남을 두려워한다는 사실을 잘 알고 있었다. 뭐가 두렵냐고 묻자 에드워드가 다음과 같이 대답한다.

"자넨 내가 어떤 사람인지도 모르잖아. 난 말야. 맨손으로 대기업을 만든 사람이야. 로열티를 받고 대통령한테 자문도 해 준단 말야. 근데 나보고 뭐가 두렵냐고? 이 여행이 뭐라도 되는 줄 아나? 내가 바뀌기라도 한단 말야? 도대체 내가 뭐가 되겠나? 저 문에 노크하고, 노크를 하면 문을 열고는 놀랐다가 화를 내겠지. 난 너를 사랑한다고 말해 주고 보고 싶었다고 해야 하나? 나 곧 죽을 거니까 찾아왔다고 말하라고? 외롭게 죽기 싫어서?"

카터와 함께 버킷 리스트를 실현했지만 에드워드는 여전히 고집이 세고 자기중심적인 생각을 놓지 않았다. 그리고 에드워드는 여전히 자신이 무엇을 두려워하는지, 정말 스스로 두려워하는 것인지도 모르는 사람이었다.

그렇게 두 사람은 헤어져 각자의 집으로 돌아간다. 영화는 교차 편집을 통해 두 사람의 각자의 상황을 비교하여 보여 준다. 차가운 색의 대저택에 혼자 덩그러니 남아 있는 에드워드와 따뜻한 색의 화면에서 온 가족이 모여 시끄럽게 만찬을 즐기는 카터는 참으로 대조적이다. 에드워드는 혼자서 냉동식품을 꺼내 먹다가 뚜껑이 잘 열리지 않자 화를 내고는 결국 울음을 터뜨리고 만다. 그는 두려웠고 외로웠던 것이다. 반면, 카터는 따뜻한 가족들에 둘러싸여 있다. 이런 점에서 〈버킷 리스트〉는 죽음에 대한 영화이면서 동시에 가족 영화이기도 하다. 에드워드처럼 외롭고 쓸쓸한데 돈이 아무리 많으면 뭐하느냐, 정말 소중한 것은 가족이 아니냐고 말하고 있는 것이다. 인간이 죽음 앞에 이르렀을 때 가지고 갈 수 있는 것은 아무것도 없다. 정말 소중한 것은 마음에 남는다. 그리고 그렇게 남는 것이 기왕이면 기쁨이어야 한다. 그것은 살아가면서 각자 느꼈던 기쁨이어야 하며 또한 그의 존재로 인해 타인이 느꼈던 기쁨이어야 한다. 카터가 말한 것처럼 타인에 의해 생겨난 기쁨이자 나로 인해 생겨난 타인의 기쁨 말이다.

이들이 작성한 버킷 리스트는 그들 생전에 모두 완성되는 것은 아니다. 어떤 것은 카터가 죽은 후 에드워드 혼자서 실천하는 것도 있고 1번처럼 비서에 의해서 이루어지는 것도 있다. 하지만 궁극적으로 그들의 버킷 리스트는 100퍼센트 완성된다.

버킷 리스트는 3번처럼 손쉽게 우연히 이루어지는 것도 있다. 먼 여행 후 집으로 돌아온 카터는 쓰러져 병원에 입원하게 된다. 병문안을 온 에드워드에게 카터는 그가 그토록 애지중지하는 커피 루왁이 야생고양이의 배설물이라는 사실을 알려 주면서 웃기 시작한다. 두 사람은 병실이 떠나가도록 실컷 웃은 다음 3번 '눈물 나게 웃어 보기'를 목록에서 지운다. 또 카터가 최후의 수술을 받으러 들어가면서 남긴 편지를 읽고 에드워드는 딸을 만날 것을 결심한다. 편지에서 카터는 그동안의 일들을 감사하며 에드워드에게 인생의 기쁨을 찾으라고 부탁한다. 딸을 만난 에드워드는 덤으로 손녀도 만난다. 그리고 손녀의 볼에 키스를 한 다음 '세상에서 가장 예쁜 소녀와 키스하기'를 지운다. 버킷 리스트 2번 '모르는 사람을 도와주기'는 카터의 장례식에서 에드워드가 카터를 회고하면서 지운다. 그것은 에드워드가 카터를 도왔다는 의미가 아니다. 그는 카터와의 만남으로 자신이 말년에 이르러 최고의 생애를 보냈다고 생각했던 것이다. 에드워드는 두 사람의 만남이 서로에게 인생의 참된 기쁨이 되었다고 보았다. 따라서 불과 3개월 전에는 전혀 몰랐던 사람들이 서로에게 도움이 되었다고 생각했으므로 2번을 실천한 것이 된다.

리스트의 1번인 '장엄한 것을 보기'는 히말라야를 등정하여 장엄한 광경을 보는 것을 꿈꾸었지만 날씨로 인해 포기할 수밖에 없었다. 그러나 에드워드가 죽은 후 화장되어 커피 캔 속에 안치된 다음 비서에 의해 카터와 함께 히말라야의 눈 속에 파묻힘으로써 완성된다. 비서는 두 개의 커피 캔 사이에 리스트가 적혀 있는 종이를 끼워 넣음으로써 두 사람의 버킷 리스트가 완성되었다는 것을 보여 준다. 이 장면은 시간적으로는 영화의 맨 마지막에 해당하지만 처음 영화의 타이틀을 장식하고 있다. 버킷 리스트 1번 '장엄한 것을 보기'가 영화의 처음과 마지막을 장식하는 것은 무슨 의미일까? 결국 인생이란 '장엄한 것을 보는 것'이라는 메시지를 전하고 싶었던 것이 아닐까? 장엄한 것이란 결국 각자의 몫이긴 하지만 대자연을 의미하는 것일 수도 있고 목표의 성취나 아름다운 사랑일 수도 있다. 평범한 삶을 살았지만 가족에게 헌신하고 스스로에게 정직했던 카터가 보여 준 삶의 태도 역시 장엄한 것일 수 있다. 버킷 리스트를 작성한 다음 하나씩 지워 나가는 이들의 모습을 보면서 이런 생각을 할 수 있다. 인생이란 목록을 만들어 놓고 하나하나 지워 나가는 여정이라고…….

익숙한 것과 새로운 것: 습관에서 탈피하기

일반적으로 버킷 리스트는 안 해 본 것, 안 먹어 본 음식, 안 가 본 곳을 적는다. 안 해 봤다는 이 공통점은 일상과 습관에서의 탈피를 뜻한다. 만일 지금 내가 먹고 있는 한 끼의 식사가 나의 마지막 식사라고 생각한다면 과연 지금처럼 아무 생각 없이 먹을 수 있을까? 한국인 가운데 흰쌀밥을 먹을 때 새로운 맛을 음미하면서 먹는 사람은 과연 몇 명이나 될까? 보통은 아무 생각 없이 몇 번 씹고 꿀꺽 삼킬 것이다. 익숙해져서 더 이상 낯섦이 사라진 상태를 습관이라고 한다. 습관은 일상을 지루하게 하고 더는 의미 찾기를 하려고 하지 않는 수동적 태도를 낳는다. 영화에서 카터는 이 익숙해짐에 대해 이야기한다. 아이들이 떠나고 아내와 단 둘이 남게 되었을 때 아내의 손을 잡아도 아무런 느낌이 없었다는 것이다.

"막내가 대학에 간 뒤로 뭔가 구멍이 생긴 거 같더라고. 숙제 같은 것 안 해 줘도 되고, 공연이나 학교 연극에 안 가도 되고, 우는 소리도 싸우는 소리도 없고 말야. 40년 만에 처음으로 마누라를 조용한 데서 보게 된 거지. 아무런 신경 쓸 것도 없이. 근데 예전엔 항상 손을 잡고 다녔는데, 그게 어떤 느낌이었는지 기억도 안 나더란 말이지. 사랑했던 바로 그 여자인데, 아무것도 바뀐 건 없는데. 근데 뭔가 다르더라고. 그동안에 뭔가 잃어버린 거지."

카터가 죽기에 앞서 처음으로 가족을 먼저 생각하지 않고 자신이 하고 싶은 것을 향해 과감하게 떠날 수 있었던 것은 바로 이 익숙함, 습관에서 탈피하기 위해서다. 그렇지만 익숙함에서 떠난 여행에서 되돌아왔을 때 그는 다시 아내와 가족의 소중함을 알아차린다. 모든 식구가 모여 남편의, 아버지의, 할아버지의 귀환을 환영하며 즐기는 만찬, 쓰러지기 직전 아내와의 뜨거운 포옹은 카터가 밖에서 경험했던 습관 탈피의 결과로 얻어진 것이다. 일상의 소중함을 아는 것은 아이러니하게도 일상을 통해서가 아니라 일상 밖에서

다. 낯섦으로부터 익숙한 것의 가치와 의미를 깨달을 수 있는 것이다.

우리는 낯선 것, 새로운 것을 만나기 위해 여행을 떠난다. 버킷 리스트를 작성할 때 많은 사람이 공통적으로 적는 것이 여행과 관련된 것이다. 여행은 익숙한 것, 습관적인 것에서 탈피하고자 할 때 또는 익숙한 것에서 새로운 것을 찾고자 할 때, 기분 전환을 하고자 할 때 도움이 된다. 젊은이들에게 여행을 권하는 것도 새로운 생각으로 세상을 폭넓게 바라보도록 하기 위한 것이다. 처음 본 광경은 무엇이든 호기심을 유발시키고 숭고미를 발산한다. 그리고 그 앞에서 인간은 감탄과 경이로운 시선을 보낸다. 하지만 아무리 아름다운 풍경도 매일 보면 싫증이 난다. 경치가 아름답기로 유명한 관광지에서 태어나 그곳을 한 번도 떠난 적이 없는 사람은 그곳이 얼마나 아름다운지 알아차리지 못한다. 아마 지긋지긋할지도 모른다. 그러나 그곳을 처음 방문한 여행객은 감탄사를 연발한다. 익숙한 것과 새로운 것에서 생겨나는 감동의 차이가 이들의 태도에서 금방 드러난다. 그러므로 여행은 원래는 지니고 있었지만 잃어버린 감동을 되찾게 해 주고, 자신이 가지고 있으면서도 깨닫지 못했던 소중한 것이 사실은 소중한 것이었음을 깨닫게 해 준다.

인간은 누구나 죽는다. 그러므로 우리가 현재 우리가 영위하고 있는 삶을 소중하게 여긴다면 그 실천 여부를 떠나 적어도 죽기 전에 꼭 해 보고 싶은 버킷 리스트를 적어 소중하게 간직할 필요가 있지 않을까?

단테의 『신곡』

『신곡(*La Divina Commedia*)』은 저승 세계로의 여행을 주제로 이탈리아인 단테(Dante)가 1308년부터 1321년 사이에 쓴 대서사시다. 『신곡』에서 작가 자신이기도 하고 주인공이기도 한 단테는 베르길리우스와 베아트리체의 안내를 받아 지옥, 연옥, 천국을 차례로 여행한다. 그리고 단테는 이곳에서 과거의 신화적 인물들과 영웅들을 만나 죄와 벌, 구원 등에 관한 이야기를 나눈다. 『신곡』에는 에드워드가 자기가 죽으면 가게 될지도 모른다고 불안해하는 지옥의 모습이 생생하게 그려져 있다. 온갖 악취와 뜨거운 불과 추위 속에서 죄 지은 자가 고통으로 신음하고 있는 것이다.

카터와 헤어져 일상으로 복귀한 에드워드는 간부 회의를 진행하면서 단테의 『신곡』 '지옥' 편을 읽어 본 사람이 있느냐고 묻는다. 왜 물었을까? 그것은 지금까지 자신이 살아오면서 의문을 품은 적도 없고 아무 생각 없이 했던 행동에 대해 반성하기 시작했다는 의미다. 무소불위의 권력으로 자신의 모든 행동을 정당화시켰던 에드워드는 카터의 생활 태도와 사고방식을 보면서 스스로를 되돌아본 것이다. 자본주의 사회에서 돈은 권력이다. 아무리 나이가 들어도 돈만 있으면 젊은 여자를 손쉽게 만날 수 있고 어디든 갈 수 있으며 무엇이든 할 수 있다. 카터와 여행을 떠나기 전까지만 하더라도 에드워드는 그런 생각에 사로잡혀 있는 사람이었다. 문제가 생기면 다른 사람을 이해하고 고려하기보다는, 다른 사람은 아랑곳하지 않고 자기 방식으로 해결하던 것에 익숙한 사람이었다. 그러한 에드워드가 카터를 만나고 버킷 리스트를 실천하면서 새로운 삶의 방식에 눈뜨게 되었다. 그리고 죽고 나서 지옥에 갈지도 모른다는 두려움이 생겨난 것이다. 이런 맥락에서 회의석상에서 밑도 끝도 없이 단테의 『신곡』을 언급한 것은 에드워드가 자신의 인생관에 변화를 보인 것이라고 할 수 있겠다.

생각해 보기

1. 각자의 '버킷 리스트'를 적어 보자.

2. 자신의 '버킷 리스트'의 특징은 무엇인가?

3. 각자에게 '장엄한 것'이란 무엇인가?

4. 카터가 에드워드와 함께 여행을 떠난 이유는 무엇인가?

5. 카터의 삶의 방식과 에드워드의 삶의 방식에 대해 생각해 보자. 과연 누구의 삶이 더욱 행복하다고 생각하는가? 그 이유는 무엇인가?

6. 카터의 버킷 리스트와 에드워드의 버킷 리스트는 어떤 차이가 있는가?

7. 에드워드가 딸을 만나게 된 심정의 변화는 어떻게 해서 생겨났는가?

8. 각자의 인생에서 소중한 것은 무엇인가 적어 보자.

9. 부조리한 인간은 어떤 인간인가?

10. 불치의 병에 걸린 환자에게 그 사실을 알려야 하는가? 알려야 한다면 그 이유는 무엇인가? 알려서는 안 된다면 그 이유는 무엇인가?

〈프리다〉와 미술치료

2003 아카데미 음악상 분장상 수상 | 여우주연상 포함 6개 부문 노미네이트
세기의 로맨스, 화려한 찬사!
그들의 만남은 가장 큰 사고이자
최대의 축복이었다!
프리다
FRIDA
셀마 헤이엑 안토니오 반데라스 애슐리 쥬드 에드워드 노튼 제프리 러쉬
www.frida2003.co.kr

2015년 7월 서울 올림픽 공원 소마미술관에서 프리다 칼로(Frida Kahlo)의 전시회가 열렸다. 멕시코가 사랑하는 여류 화가의 전시회가 이제야 열린 것이 때늦은 감이 있다. 칼로는 멕시코 남부 코요아칸 출신의 여류 화가로 그녀의 이름 프리다(Frida)는 독일어로 평화를 의미한다. 그녀는 전 생애 동안 믿기지 않는 정열과 에너지로 한 순간도 안주하지 않고 치열한 삶을 산 여성이다. 그녀는 소아마비와 버스 사고로 인해 몸이 만신창이가 되었지만 그것이 그녀의 삶에 장애가 되기는커녕 그녀는 이를 극복하고 나아가 그림을 통해 치유가 어떤 것인지를 몸소 실천하였다. 그녀의 삶은 하나의 예술이었으며, 그녀의 그림은 그 삶을 온전히 드러내고 있다. 〈프리다(Frida)〉는 전기 영화다. 영화는 그녀의 학창 시절, 가족 관계, 치명적인 버스 사고, 남편 디에고와의 만남과 사랑, 트로츠키와의 짧은 로맨스, 화가로서의 삶 등을 정확하게 전달하려고 노력한다. 우리는 영화를 통해 프리다가 어떤 사람인지, 그녀의 그림이 어떻게 해서 탄생했는지, 그녀에게 그림이란 어떤 의미인지 등을 알 수 있을 것이다.

먼저 프리다 칼로의 생애를 살펴보자. 프리다는 1907년 멕시코에서 태어났는데 6세 때 소아마비에 걸려 오른쪽 다리를 절게 된다. 1910년에는 멕시코 혁명이 발발했으며 이는 그녀의 전 생애에 커다란 영향력을 행사한다. 당시 멕시코인들이 그랬듯이 프리다 역시 정치에 관심이 많았고 특히 자신의 조국 멕시코의 정체성에 대해 많은 고민을 한다. 그녀는 1922년 멕시코 최고의 학교인 예비국립학교(Escuela Nacional Preparatoria)에 입학하는데 특히 미술에서 뛰어난 자질을 보여 준다.

영화에서 프리다가 스스로 언급한 것처럼 그녀의 생애에서 가장 중요한 두 가지 사건을 꼽는다면 하나는 18세 때 당한 교통사고이며, 다른 하나는 디에고와의 만남이다. 1925년 치명적인 버스 사고로 인해 온몸에 치명상을 입는다. 그녀는 세 군데의 요추와 쇄골, 제3~4 늑골, 세 군데의 골반, 오른쪽 다리의 열두 군데에 골절상을 입었고, 어깨뼈는 탈구되었으며, 오른발은 비틀리고 짓이겨졌다. 그녀는 석고 속에서 한 달을 지내야 했고 퇴원 후에도 학교에 나갈 수 없었다. 프리다가 할 수 있는 일이란 침대에 누워 그림을 그리는 일뿐이었다. 그녀는 누운 채 거울을 보며 자신의 모습을 그리기 시작했다. 그

프리다가 그린 처참한 사고 순간의 스케치. 그녀는 사고의 순간과 붕대에 칭칭 감긴 자신의 모습을 여과 없이 그려 내고 있다. 보통 사람 같으면 기억에 떠올리기도 싫은 순간일 테지만 프리다는 이를 구체적으로 표현한다. 가운데 정면을 똑바로 응시하고 있는 얼굴이 인상적이다. 아마도 그녀는 직면을 주저하지 않는 강한 성격의 소유자일 것이다.

녀는 곧 그림만이 고통을 달래 주고 행복한 시간이라는 것을 알아차렸다. “나는 병이 난 것이 아니라 부서졌다. 그러나 그림을 그리는 동안만은 행복했다.” 고 그녀는 고백했다. 의사는 그녀가 임신할 수 없을 것으로 진단을 내렸고 그녀는 오른쪽 다리를 더욱 절게 된다. 그래서 프리다는 ‘절뚝거리는 프리다’라는 별칭을 갖게 된다.

딸 넷 중 셋째였던 프리다는 독일계의 아버지를 무척 따랐지만, 인디언 혈통을 지닌 어머니에 대해서는 양가감정을 지니고 있었다. 프리다는 어머니는 ‘매력적이지만 잔인한 면이 있다’고 기억하고 있음에 반해, 아버지는 ‘지적이고 친절하고 너그러운 성품’을 가졌다고 회고한다. 프리다는 평생 아버지의 곁을 떠나지 않는다. 사실 프리다에게 그림을 그리도록 한 것도 아버지였다. 아버지 역시 사진사로 생계를 꾸리면서 수채화를 그렸다. 그러나 프리

1951년 작, 아버지의 자화상을 그리는 프리다. 아버지와 평생을 함께해 온 카메라가 눈에 띈다.

다는 자신에게 원주민의 피가 흐르고 있음을 잊은 적이 없다. 따라서 그녀는 지속적으로 멕시코 문화, 신화와 신, 지방 고유의 액세서리, 인디언 초상, 전통 의상 등을 그리면서 자신의 정체성 탐구를 이어 갔다.

1928년 프리다는 친구이자 여류 사진작가인 티나 모도티(Tina Modotti)의 권유로 멕시코 공산당에 가입한다. 티나는 디에고가 소개시켜 준 덕택에 프리다와 친구가 되었다. 당시 멕시코는 가부장적 사회이자 남성 중심적 사회였지만 프리다는 동성애를 즐기며 현대 여성으로서 과감하고 자유로운 삶을 살았다. 특히 그녀가 관심을 가졌던 것은 여성해방운동이었다. 그녀는 여행을 즐기면서 자유롭고 해방된 삶을 살고 싶어 했다. 1928년 프리다는 처음 디에고를 만난다. 프리다는 이미 유명인사가 된 디에고를 깊이 존경하고 있었다. 영화에서 그랬던 것처럼 어린 프리다는 디에고에게 자신의 그림을 평가해 달라는 맹랑한 부탁을 한다. 영화에서 디에고는 매우 좋은 그림이라고 간단하게 평하지만 실제로 디에고는 다음과 같은 호평을 내린다.

> "그녀의 그림에서 엄청난 표현의 힘을 느꼈습니다. 캐릭터들이 정확하게 묘사되었고 사실적인 진지함이 있었습니다. 또한 근본적인 조형의 진정성이 돋보였으며 고유한 예술적 개성을 느꼈습니다. 그림은 냉정하고 감각적인 관찰력으로 풍부해진 생생한 관능을 지니고 있었습니다. 내가 보기에 이 소녀는 진정한 예술가가 될 수 있을 것입니다."

1929년 8월 프리다는 21세가 되던 해 디에고와 결혼한다. 유명한 벽화미술가로서 프리다보다 스무 살이나 더 많고 이미 두 번의 이혼 경력이 있는 디에고는 한눈에 그녀에게 반해 버렸다. 또한 디에고의 여성 편력을 잘 알고 있는

'프리다 칼로 박물관'
그녀가 1929년부터 죽기까지
평생 살았던 '푸른 집'이다.

프리다는 자신에게 중요한 것은 마음의 정조라는 사실을 강조하고 결혼을 승낙한다. 결혼을 못마땅하게 여긴 프리다의 어머니는 "이 결혼은 코끼리와 비둘기의 결혼"이라고 표현한다. 프리다는 1929년부터 죽을 때까지 '푸른 집'이라고 불리는 집에서 살게 된다. 현재 이곳은 프리다의 박물관으로 사용되고 있다.

나이 차를 극복하고 예술로 묶인 부부였지만 누구에게도 얽매이고 싶지 않은 디에고의 바람기는 내내 프리다를 괴롭힌다. 남편의 외도를 목격하고 길길이 날뛰는 프리다에게 디에고는 다른 여자와의 섹스는 형식적인 악수와 별반 다르지 않다고 대꾸한다. 디에고의 전 부인은 프리다에게 디에고를 이렇게 표현한다. "그는 누구한테도 묶이지 않아. 자신한테만 충실해. 그게 그의 매력이기도 해. 친구로선 최고지만 남편으론 최악이야. 그는 누구의 남편도 되지 않아." 그러나 프리다 역시 육체적 순결에 얽매이지 않았기에 다른 남자들 그리고 여자들과 자유분방한 관계를 맺는다.

1930년 디에고는 미국의 초청을 받게 되고 이들 부부는 미국으로 떠난다. 그러나 프리다는 미국에서 임신과 유산으로 인한 고통뿐 아니라 지나친 자

〈멕시코와 미국의 국경에서의 자화상〉(1932)
그림 상단의 왼쪽은 멕시코, 오른쪽은 미국이다. 미국은 도시, 공장, 매연, 기계로 가득한 반면, 멕시코는 태양과 달, 신전, 유적, 식물들로 가득하다. 멕시코 국기를 들고 있는 프리다가 생각하는 멕시코와 미국의 모습을 적나라하게 그리고 있는데, 공장의 매연 사이로 성조기가 보인다.

본주의에 환멸을 느껴 그곳을 떠나고 싶어 한다. 하지만 미국에 열광한 디에고는 더 남아 있고 싶어 한다.

1932년 디트로이트에 체류하는 동안 프리다는 그토록 바라던 임신을 하지만 유산을 하고 만다. 그녀의 육체는 임신과 출산을 하기에 너무 손상을 입었던 것이다. 유산 이후 의사는 프리다에게 더 이상 아기를 가질 수 없다는 판정을 내린다. 이때의 고통을 표현한 그림이 〈핸리 포드 병원 혹은 날아다니는 침대〉(1932)와 〈탄생 혹은 나의 탄생〉(1932)이다.

1935년 디에고가 프리다의 친동생 크리스티나와 바람을 피움으로써 프리다는 깊은 상처를 입는다. 결국 그녀는 디에고와 함께할 수 없음을 선언하고 집을 떠난다. 그러나 이 사건으로 인해 그녀는 자각하고 자신의 운명을 개척하는 계기가 된다. 이때 그린 그림이 〈가볍게 몇 번 찌르기〉다.

1937년 트로츠키는 멕시코 정부의 망명 허락을 받아 프리다의 '파란 집'에

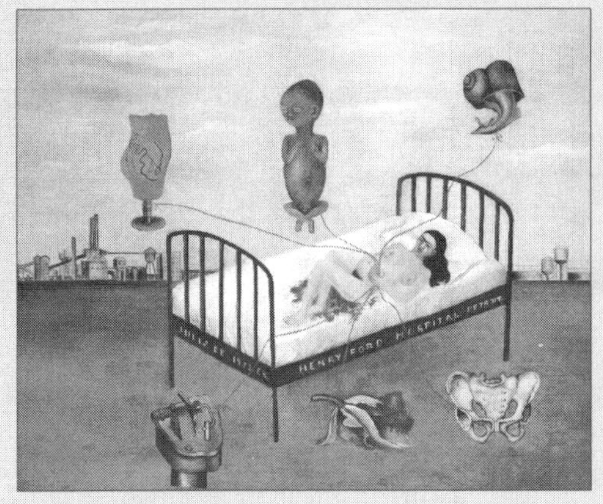

◁〈핸리 포드 병원 혹은 날아다니는 침대〉(1932)
이국 땅에서 홀로 침대에 누워 있는 그녀는 절망스럽게 버려진 모습이다. 지평선 멀리 미국의 공장지대를 그린 것에서 고향 멕시코를 그리는 마음이 엿보인다.

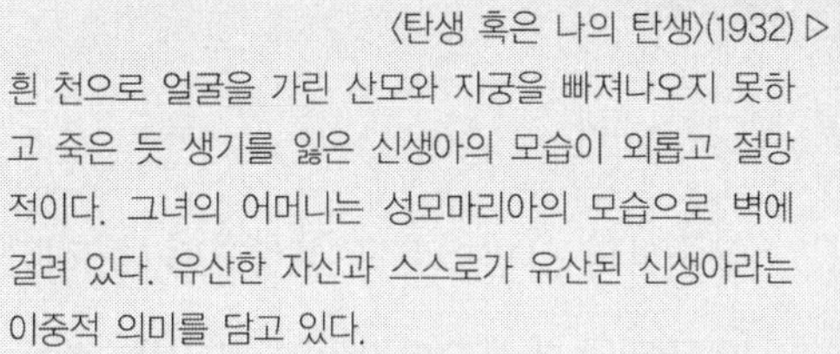

〈탄생 혹은 나의 탄생〉(1932) ▷
흰 천으로 얼굴을 가린 산모와 자궁을 빠져나오지 못하고 죽은 듯 생기를 잃은 신생아의 모습이 외롭고 절망적이다. 그녀의 어머니는 성모마리아의 모습으로 벽에 걸려 있다. 유산한 자신과 스스로가 유산된 신생아라는 이중적 의미를 담고 있다.

거주하게 된다. 그 사이에 트로츠키와 프리다 사이에 짧은 로맨스가 생겨난다. 〈커튼 사이의 자화상〉(1937)은 프리다가 트로츠키에게 보낸 헌사다. 그림 속의 프리다는 "레온 트로츠키를 위해 나의 사랑을 담아 이 그림을 헌사한다."는 편지를 들고 있다. 트로츠키는 1940년에 암살을 당한다.

비록 트로츠키와 사랑을 나누었고 또 다른 외도와 동성애를 서슴지 않았지만 프리다는 디에고와 이혼은 하지 않았다. 1937년 프리다는 두 명의 여자 친구와 함께 뉴욕으로 여행을 떠난다. 그리고 그해 말 디에고와 크리스티나 사이의 관계가 끝났을 때에야 멕시코로 되돌아온다.

1938년 초현실주의의 대부인 프랑스인 앙드레 브르통(André Breton)이 멕시코를 방문하여 프리다 부부를 만난다. 브르통은 그녀의 그림을 보고 초현

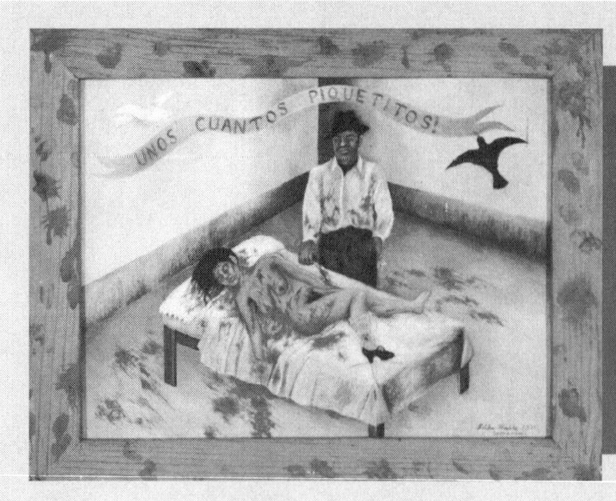

〈가볍게 몇 번 찌르기〉 (1935)
여자를 살해한 한 살인자가 "그냥 몇 번 찔렀을 뿐이오."라고 말했다는 신문 기사를 읽고 프리다는 이 그림을 그렸다고 한다. 두 마리의 비둘기가 물고 있는 문구는 그런 의미를 담고 있다. 왼손에 피 묻은 손수건을 주머니에 넣고 있는 남자의 모습은 당당하다. 이 그림은 크리스티나와 관계를 맺은 디에고의 태도와 그로 인해 받은 프리다 자신의 상처를 여실히 보여 준다.

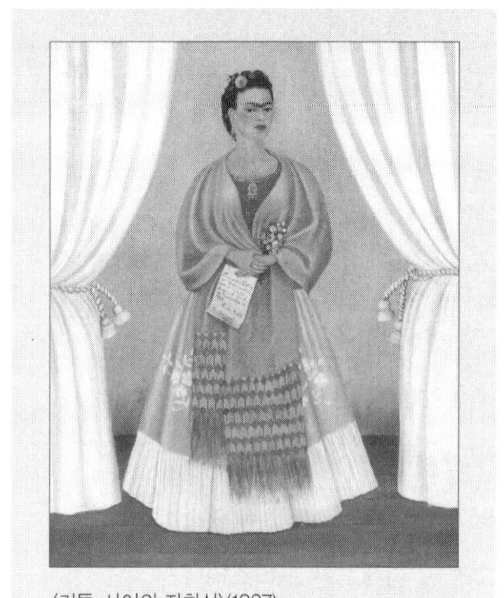

〈커튼 사이의 자화상〉(1937)
트로츠키에게 헌사한 자화상에서 프리다는 아름답게 치장하고 손에 꽃다발과 편지를 들고 있으며 그 모습은 행복해 보인다. 손에는 '나의 사랑 트로츠키'로 시작하는 편지가 들려 있다.

실주의의 그림이라고 찬사한다. 프리다는 자신이 초현실주의자라고 불리는 것을 경계하며 이렇게 말한다. "나를 초현실주의자라고 하는데 그건 정당하지 않습니다. 난 꿈을 그린 적이 없거든요. 내가 그린 것은 나의 현실입니다." 그럼에도 프리다에 반한 브르통은 "프리다의 미술은 폭탄을 두른 리본이다."라고 평한다. 프리다의 그림이 전반적으로 몽환적인 느낌을 주는 것은 사실이다. 꿈과 같은 이미지는 그녀에게 일종의 희망으로 작용하는데 다음의 그림들이 그런 종류의 그림이다.

〈우주, 대지, 나, 디에고 그리고 고귀한 솔로틀의 사랑의 포옹〉(1949)
이 그림에서 디에고를 안은 프리다는 또다시 대지와 하늘의 품에 안겨 있다. 그들의 하모니는 해와 달, 밝음과 어둠의 우주로 나타난다. 그림 왼쪽 하단에 누워 있는 작은 동물은 멕시코의 고대 신화에 등장하는 신적 존재인 솔로틀(Xólotl)로 불리는 개다. 솔로틀은 죽은 자들을 구원하는 역할을 한다. 대지의 가슴에서 젖이 흐르고, 선인장과 열매가 풍요로우며, 인물들은 해탈한 것처럼 평화롭다. 벌거벗은 디에고는 자궁 속의 태아처럼 완전체의 모습을 하고 있다.

〈생명의 꽃〉(1943)
이 그림은 밝은 색 계통의 사람 형상의 식물에서 빛처럼 밝게 피어오르는 꽃이 우주와 조응하는 희망찬 모습을 보여 준다.

초현실주의

초현실주의가 생겨날 수 있었던 것은 프로이트 정신분석학의 역할이 크다. 꿈, 유머, 광기와 같은 무의식의 세계를 탐구했던 정신분석학에 영향을 받아 20세기 양차 세계대전 사이에 꿈적인 세계를 찾아 나선 예술운동이 초현실주의인 것이다. 특히 미술에서는 샤갈, 미로, 에른스트, 마그리트, 마송, 달리와 같은 화가들이 활동을 하였고 문학에서는 브르통이 선구자적인 역할을 하였다. 무의식을 드러내는 '자동기술법'은 초현실주의자들이 즐겨 쓰는 기법이다. 그것은 이성의 통제를 벗어나 자동적으로 예술을 창조하겠다는 것으로 그림이나 시는 그야말로 무의식의 결과가 되어야 한다. 시인은 아무런 사고의 개입 없이 펜이 가는 대로 시를 썼고, 화가들 역시 무념무상의 상태에서 손이 가는 대로 그림을 그리려고 하였다. 이러한 예술 행위는 철저하게 이성을 배제할 때 무의식의 세계가 드러날 수 있다는 믿음을 기반으로 한다.

초현실주의 운동은 이성의 세계에 대한 환멸에서 시작되었다. 이성의 결과인 과학이 인간을 행복하게 해 줄 것으로 믿었으나 오히려 전쟁의 피해만 키운 것을 똑똑히 목격했던 것이다. 초현실주의 전임으로 간주할 수 있는 다다이즘 운동이 논리적 세계를 전적으로 부정하고 파괴하는 것을 목표로 삼았다면 초현실주의는 이러한 폐허 위에 무의식의 세계, 꿈같은 세계를 건설하고자 노력했다. 그러므로 초현실주의 화가들은 피차 아무런 논리적 연관이 없는 오브제들을 화폭에 늘어놓는다. 오브제들의 만남이 논리적이 아닌 비논리적 만남이 됨으로써 미처 깨닫지 못했던 새로운 세계, 무의식의 세계를 발견할 수 있다는 것이다. 새로운 세계는 이성의 억눌림에서 완전히 해방된 세계가 될 것이며, 이 세계에서 초자아에 제압당하고 있던 원초아가 억압의 사슬에서 풀려남으로써 인간은 진정한 자유를 누릴 수 있다. 그리하여 브르통은 초현실주의 제1차 선언에서 "초현실주의여, 친애하는 상상력이여, 우리는 그대를 얼마나 좋아하는가! 우리를 열광시키는 단 하나의 말, 그것은 자유가 아닌가!"라고 말했던 것이다. 초현실주의는 이처럼 인습과 규칙에 의해 억압된 무의식을 풀어헤치고 마음껏 상상력을 발휘하기 위해 온갖 기법을 도입한다. 예컨대, 오브제 위에 종이를 올려놓고 연필 등으로 문지르는 프로타주, 캔버스를 긁어 자국을 만드는 그라타주, 종이를 찢어 붙이는 콜라주 그리고 데칼코마니 등이 있다. 이들은 모두 화가가 사전에 머릿속에 입력한 후 그림을 완성하는 것이 아닌 우연에 의해 그려진 그림이라는 공통점이 있다. 이러한 우연을 '객관적 우연(le hasard objectif)'이라 부르고 이러한 우연한 결과물이 곧 무의식을 드러낸 것으로 보았다.

1925년 브르통은 파리의 피에르 화랑에서 최초로 초현실주의 화가들의 대규모 전시회를 연다. 키리코, 에른스트, 마송, 미로 등이 참여하고 다다이스트인 장 아르프, 만레이, 피카소가 동참함으로써 현대 미술사에 한 획을 긋는다. 그러나 1930년대에 접어들면서 무의식의 그리기가 과연 가능한 것인지, 초현실주의는 그저 현실을 왜곡하고 부정하는 현실 도피의 데카당스일 뿐이라는 비판에 직면하기도 한다. 1936년 파리 샤를르 라통 갤러리에서 '오브제의 초현실주의전'이 열려 다양한 오브제 미술의 유형을 전시한다. 그리고 마지막으로 1938년 제2차 세계대전이 발발하기 직전 파리의 보자르 화랑에서 '초현실주의 구제전'이 열린다. 그 후 초현실주의는 명맥을 유지하다가 1966년 브르통이 죽자 막을 내리게 된다. 초현실주의는 비이성, 비현실, 비논리의 세계를 탐구함으로써 형식에 치우치던 입체파 미술에 경종을 울렸고 그 후 미국의 추상표현주의에 영향을 끼친 것으로 평가받고 있다.

아마도 브르통은 프리다의 그림에서 꿈의 세계를 보았던 것 같다. 비록 프리다가 자기 그림은 자신의 육체적 · 정신적 고통을 표현한 것이며 따라서 엄연한 자신의 현실이라고 항변을 하였지만, 무의식의 탐구라는 명제를 마음속에 품고 있던 브르통에게는 원시적 색감과 몽환적인 그림들이 꿈적인 초현실의 세계로 보였음이 분명하다.

1938년 프리다는 뉴욕의 줄리안 레비(Julien Levy) 화랑에서 최초로 공식적인 전시회를 연다. 이 덕택에 그녀의 그림이 세계적으로 알려지게 된다. 이 전시회에서 관람객들은 고통의 정화 의식을 발견한 것으로 알려져 있다. 1938년

△〈잘려나간 머리〉(1940)
동생까지 넘본 디에고에게 복수하기 위해 그가 좋아하던 긴 머리를 잘라 버렸다. 그림 상단 악보의 가사는 "널 사랑했던 것은 너의 머릿결 때문이야. 머리를 잘랐으니 더는 널 사랑하지 않아."다.

멕시코 전통 의상을 입고 손에 부적을 들고 있는 오른쪽 프리다는 여전히 디에고를 사랑하는 프리다다. 반면, 흰색의 유럽식 의상을 입은 왼쪽의 프리다는 디에고를 사랑하지 않는 프리다다.
▽〈두 명의 프리다〉(1939)

12월 결국 프리다는 디에고와 합의 이혼을 한다. 하지만 이혼을 했음에도 두 사람은 친구로서, 예술적 동지로서의 지속적인 연대감을 갖는다.

디에고와 이혼 후에 그린 그림 〈잘린 머리〉 〈두 명의 프리다〉에는 공통적으로 자르는 도구인 가위가 등장한다. 자르는 것이 꼭 고통만을 의미하는 것은 아니다. 머리와 핏줄을 자르는 것은 디에고와의 단절 의지이자 자신을 지

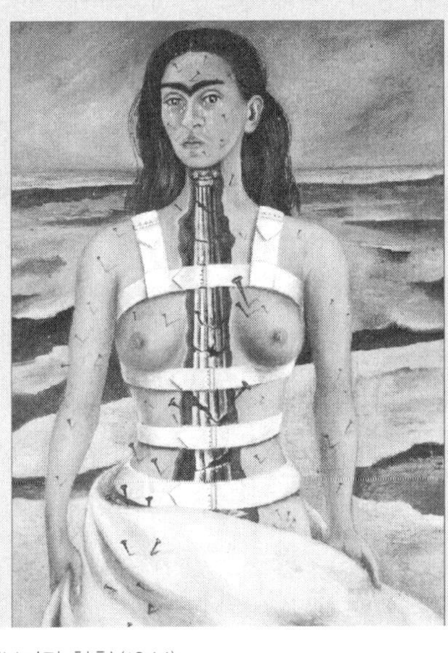

〈부러진 척추〉(1944)
프리다의 척추 상태는 더욱 악화되어 1944년에 석고가 아닌 금속 외과용 코르셋을 착용해야 할 지경이 된다. 여섯 군데나 금이 간 척추는 이오니아 양식의 원주 모양을 하고 있다. 몸에는 56개의 못이 박혀 있으며, 고통의 눈물을 흘리고 있다. 배경의 대지에는 풀도 자라지 않고 쩍쩍 갈라져 있다. 불모의 대지는 그녀의 여성성의 상실과도 관계가 있다. 비록 눈물에 젖어 있지만 반듯한 자세, 정면을 응시하는 시선은 의연하다.

〈상처 입은 사슴〉(1946)
그림 속의 사슴은 아홉 개의 화살을 맞은 수사슴이다. 그녀에게 남자란 스스로를 돌아보게 하는 존재였던 것일까? 그녀는 병원에서 계속 척추를 치료하지만 여전히 고통스러울 뿐이다. 그녀는 고통에서 벗어나기 위해 고함을 치고 울며 숲으로 도망친다. 숲은 황량하고 나뭇가지는 척추마냥 부러졌다. 정면을 응시하는 얼굴, 곧추 선 척추와 자태를 뽐내는 수사슴은 고통 속에서 피어난 우아한 모습이다.

탱하기 위한 수단이다. 그림에 나타나는 그녀의 단호한 얼굴에서 고통과 번민의 흔적을 지우고 다시 일어서려는 강한 의지가 엿보인다.

1939년 프리다는 파리에서 전시회를 연다. 그리고 브르통의 아내와 친구가 된 그녀는 브르통의 집에서 지낸다. 사람들이 평생 꼭 가 보고 싶어 하는 곳 중의 하나가 파리지만 그녀는 그곳이 지저분하다고 생각한다. 음식 또한 그녀를 괴롭힌다. 프리다는 천상 멕시코 여자였던 것이다.

1940년 프리다는 샌프란시스코에 간다. 이때 샌프란시스코에 뒤따라 온 디에고는 프리다에게 재결합을 제안한다. 미워하지만 사랑하지 않을 수 없었던 디에고이기에 프리다는 이를 승낙하고 12월 두 사람은 두 번째 결혼식을 올린다. 이후 프리다의 몸 상태는 더욱 악화되어 병원에서 9개월간 입원을 하게 된다.

프리다의 몸은 점차 허약해지고 재수술을 하지 않으면 안 되는 상태로 악화된다. 그리고 1950년에 이르러 프리다는 계속해서 수술을 하지 않을 수 없는 상태에 이르렀다. 더 이상 걸을 수 없게 된 그녀는 휠체어에 의지해야 하는 신세가 되고 만다.

1953년 프리다는 멕시코에서 최초로 전시회를 연다. 영화의 첫 장면과 마지막 장면에서 볼 수 있는 것처럼 프리다는 디에고와 의사의 만류에도 불구하고 병원 침대를 날라 전시회에 참석한다. 이후에도 그림 그리기를 계속하다가 1954년 자신의 집에서 숨을 거둔다.

죽기 직전까지 그녀는 그림 그리기를 결코 멈춘 적이 없다. 삶의 후반으로 갈수록 병세는 악화되고 고통은 더욱 심해졌지만 오히려 자연, 멕시코, 사랑, 풍요, 따뜻함과 같은 치유된 그림을 그린다. 이를테면 〈태양과 삶〉(1947), 〈우주, 대지, 나, 디에고 그리고 고귀한 솔로틀의 사랑의 포옹〉(1949), 〈프리

〈태양과 삶〉(1947) 〈살아있는 자연〉(1952)

다 가족 초상화〉(1950), 1951년에 그린 일련의 정물화들, 〈살아있는 자연〉(1952)에서 이러한 모습을 발견할 수 있다.

디에고, 사랑과 배신 그리고 사랑

디에고와 프리다, 프리다와 디에고 커플은 사랑하면서 증오하고 증오하면서 사랑하는 관계, 헤어져야 하지만 헤어질 수 없는 숙명적인 관계라고 하겠다. 아버지뻘 되는 나이에 거구인 디에고와 갓 성년이 된 조그만 체구의 프리다는 도대체 어울릴 것 같지 않지만 예술이라는 끈으로 단단히 얽혀 있었다. 더구나 디에고의 유명한 여성 편력은 그를 정신적으로 자기 것으로 만들고자 했던 프리다에게 처절한 고통을 안겨 준다. 영화 〈프리다〉에서 디에고를 앞에 놓고 프리다는 자신의 감정을 솔직하게 말한다. "어떤 남자인지는 알고 결혼했지만 성실하겠다고 약속했잖아. 당신은 동지이자 동료 예술가이며 최고의 친구였어. 하지만 남편이었던 적은 없었어."

〈내 생각 속의 디에고〉(1943)
프리다는 멕시코의 전통 의상을 입고 있다. 그녀는 근본적으로 유럽이나 미국, 기계나 문명보다는 멕시코와 자연, 원시를 더욱 사랑한다. 그녀의 이마에 있는 디에고는 그녀의 사고를 지배하는 것처럼 보이지만 그의 주위에 나무뿌리 혹은 거미줄이 뻗어 있는 것으로 보아 디에고를 지배하는 것은 오히려 프리다처럼 보인다. 그림에서 프리다가 흰 전통 의상으로 몸을 감싸고 얼굴만 나타나는 것은 상처 입은 몸을 감싸고 치유하고 싶은 까닭이다.

앞서 말했듯 1939년 프리다는 전시를 위해 파리를 방문한 적이 있다. 그곳에서 지루한 일상을 보내던 그녀는 디에고에게 편지를 쓴다. "파리는 멋지지만 당신 없이는 무의미해. 12년 결혼 생활이 분노의 연속이었지만 난 나보다 당신을 더 사랑해. 많이는 아니어도. 당신도 날 조금은 사랑하지? 만약 아니면 조금이라도 날 사랑하길 바라. 당신을 존경하는 프리다." 그녀는 디에고를 잊지 못하고 있었던 것이다. 그렇다면 디에고는 프리다를 어떻게 생각할까? 영화에서 디에고는 이렇게 평한다. "전 제 아내를 남편으로서가 아닌 같은 예술가로서 소개하고 싶군요. 저는 그녀를 존경합니다. 그녀의 작품은 강렬하고 부드러우며 강철처럼 강하고 나비 날개처럼 섬세하며 미소처럼 사랑스럽고 인생의 쓴맛처럼 혹독합니다. 지금껏 그녀처럼 고뇌의 시를 화폭에

담은 놀라운 화가는 보지 못했습니다." 그 역시 프리다를 존경하며 사랑하고 있었던 것이다.

프리다의 자화상

프리다 칼로는 화가다. 그녀가 그림을 그리는 것은 당연한 것이며 그림은 그녀의 삶 자체다. 그런데 특히 우리의 눈길을 끄는 것은 그녀가 자화상을 통해 살아오면서 겪은 불행한 자신의 모습을 있는 그대로 적나라하게 노출시켰다는 점이다. 그녀의 그림은 약 250여 점 가운데 70여 점이 자화상이다. 자신 스스로가 그림의 대상이 되었던 것인데 그녀의 자화상은 자신을 아름답게 미화하는 대신 육체적이고 도덕적인 고통을 표현하고 있다. 육체적 · 심리적 고통의 삶을 살다 간 그녀이지만 자신의 고통을 고스란히 자화상으로 담는 집념을 보여 주고 있는 것이다. 삶이 고통스러울지라도 그 고통에 억눌리지 않고 오히려 강하게 반발하며 끝까지 이기려고 시도한 그녀의 저항 정신이 놀라울 뿐이다. 디에고는 1937년 프리다에 대해 이렇게 평가한다. "그녀는 미술사에서 절대적이고 준엄한 진지함을 가지고 작업에 임한 최초의 여성입니다. 전적으로 여성에게 해당하는 특별하고 일반적인 주제를 냉정한 잔인함으로 말한 여성입니다." 한편, 자화상은 인디언 혈통에 대한 근원성 탐구를 추구했던 멕시코의 정체성 찾기와도 관련이 있다. 아버지로부터 물려받은 서구적 현대성과 어머니로부터 물려받은 멕시코의 원주민 사이에서 프리다는 화해의 꼭짓점을 찾고자 하였다.

프리다는 "무엇인가를 그린다는 것은 그것을 바라보기 위한 것"이라고 말한 적이 있다. 그녀는 너무나 고통스러운 일이더라도 가슴에 묻고는 살 수 없는 성격이었다. 이미 앞에서 본 버스 사고를 스케치한 것에서 이러한 조짐이 나타난다. 그녀는 불행한 사건을 잊고 싶지 않았고 오히려 생생하게 기억함으로써, 즉 직면함으로써 극복하고자 하였다. 이처럼 생생한 표현을 통한 직면 그리고 극복과 치유는 예술치료 혹은 미술치료에서 표현의 치료적 기법과 상통한다. 프리다의 그림 중에서 자화상이 제일 많은 이유도 이러한 관점에서 읽을 수 있다. 그녀의 많은 자화상은 특히 찢겨지고 상처받은 모습으로 정면을 응시한다는 특징이 있다. 자화상은 화가가 거울로 자신을 비추면서 그리는 것이지만, 치장을 위해 비추는 것과는 근본적으로 다르다. 화장이나 몸단장처럼 자기 바라보기로 시작하지만 거기에 머물지 않고 자기 직시를

〈나 그리고 나의 앵무새들〉(1941)

〈동물들과 함께 한 자화상〉(1945)

거쳐 심리적 인식과 근원적 자기 찾기로 넘어가는 것이다. 즉, 자화상은 자기 분석이자 고통받는 자아의 탐색인 것이다. 결국 화가의 자화상이란 거울에 비친 모습을 대상화시켜 스스로의 페르소나를 창조해 내는 작업이다. 프리다의 자화상은 화가가 스스로 만들어 낸 페르소나인 것이다. 아마도 프리다는 화폭에 자신의 페르소나를 창출하면서 페르소나와 대화를 하고 그로부터 위로와 평화를 얻었을 것이다. 이렇듯 자화상은 내적 고통을 마음껏 표현하는 장이 됨으로써 고통을 잠재우는 진통제 역할을 했다. 프리다의 자화상에는 종종 자신이 키우는 애완동물, 앵무새나 작은 원숭이가 등장하기도 한다. 비록 동물들과 함께 있는 그녀의 얼굴에는 표정이 없지만 동물에 대한 사랑을 읽을 수 있다. 그 모습은 여성성이나 양육에 대한 열망 또는 사랑의 대상을 찾아 나선 순례자처럼 보인다.

현재 멕시코인들은 프리다와 디에고의 예술적 공헌을 인정하여 2010년 발행된 멕시코의 화폐 500페소(pesos, 1페소가 약 70원) 지폐의 앞뒷면에 두

사람의 초상화를 넣었다. 앞면에는 디에고 리베라의 얼굴과 그의 작품 〈누드와 칼라 백합〉이 삽입되어 있고, 뒷면에는 프리다 칼로의 얼굴과 그녀의 작품 〈우주, 대지, 나, 디에고 그리고 고귀한 솔로틀의 사랑의 포옹〉이 삽입되어 있다. 화폐에 초상화가 들어간다는 것은 대단한 영광이 아닐 수 없다. 그리고 이를 통해 멕시코인들이 이들을 얼마나 사랑하는지 알 수 있다.

프리다와 미술치료

미술은 인간 누구에게나 보편적인 것이다. 아무도 가르쳐 주지 않아도 아이는 자연스럽게 낙서를 하고 뭔가를 그릴 줄 알게 된다. 태초부터 인간의 조상은 동굴 벽에 그림을 그림으로써 자신을 표현하였다. 이처럼 미술은 인간의 본능적 표현 행위이기 때문에 직접적으로 배고픔을 해소시킬 수 없음에도 항상 인간과 함께하여 왔다. 인간 본능에는 뭔가를 그림으로 표현하려는 강한 무의식적인 욕구가 있다고 하겠다. 현재 예술과 치료의 만남이 관심이 증폭되고 있는 것은 예술이란 인간의 원초적 본능과 관련이 있으므로 이를 통해 치료에 이를 수 있다고 보기 때문이다. 우리가 마음 깊숙한 곳에 근본적으로 지니고 있는 표현 욕구를 적절히 활용함으로써 과거의 상처를 드러내고 직면시켜 치유할 수 있다면 이것이야말로 예술치료의 커다란 장점이 될 것이다. 물론 프리다가 미술치료의 관점으로 그림을 그린 것은 아니다. 그녀는 다만 육체의 아픔 그리고 디에고에 의해 받은 심리적 상처를 여과 없이 그림으로 표현하고자 하였다. 그녀는 그림으로 뭔가를 그려 낼 때 비로소 숨 쉴 수 있었고 삶의 의욕을 이끌어 낼 수 있었다. 그림이라는 표현 매체를 통해 위안을 얻고 심리적인 지지를 받는다면 이것이야말로 미술치료의 기본 이념과 다를 바 없다. 프리다는 육체에서 비롯된 근원적인 고통 그리고 정신적 고독을 그림으로 표현함으로써 치유를 경험하게 되는데, 이런 점 때문에 미술치료에서 프리다를 자주 언급한다. 트로츠키는 프리다의 그림에 대해 이렇게 말한 적이 있다. "당신 그림이 표현하려는 건 혼자 된 인간의 아픔이오." 트로츠키는 프리다의 그림에서 인간의 고독과 상실로부터 생겨난 고통을 읽었던 것이다. 우리는 살아가면서 타인과 관계를 맺을 수밖에 없는데 아이러니하게도 상처를 주는 것 또한 타인이다. 타인과의 갈등과 화해, 상처주기와 극복의 과정이 바로 삶의 여정인 것이다.

미술치료란 무엇인가? 미술치료는 미술이라는 예술 매체로 치료를 하고자 하는 예술심리치료의 한 종류다. 미술을 통해 심리적 · 정서적 갈등을 해소시키고 창조적인 삶을 살아가게 함으로써 삶에 의미와 가치를 부여하도록 돕는다. 미술은 인간의 본연적 표현으로 창작 과정에서 개인 내면의 세계를 솔직하게 외현화시킬 수 있는 특징이 있다. 사실 숨기고 싶은 과거, 절대로 남에게 들키고 싶지 않은 상처를 겉으로 표현한다는 것은 어려운 일이다. 그런데 미술은 이를 비교적 손쉽게 표현하도록 하는 커다란 장점이 있다. 이미지로의 표현은 참여자의 방어기제를 약화시키기 때문에 말로 표현하기 힘든 것이 그림으로는 가능한 것이다. 나아가 그림은 참여자의 내적 심리를 즉각적으로 파악할 수 있다는 장점이 있으며, 무엇인가를 만들고 그리고 하는 창조적 순간은 자체적으로 삶의 에너지를 증폭시키는 효과도 있다.

통상 아트테라피(Art therapy)에 해당하는 미술치료는 예술치료, 미술치료, 예술요법, 회화요법 등으로 번역되기도 한다. 그러나 우리말에서 예술치료는 미술만이 아니고 음악, 연극, 시, 소설, 무용, 레크리에이션, 놀이 등 창조적 자기표현을 위한 매체가 포함된다. 'Art'를 좁은 의미의 미술로 번역할 경우에는 미술에서 활용되는 재료나 기법에 따라 그림, 공예, 디자인, 조소, 서예 등이 포함된다.

미술치료는 1961년 『Bulletin if Art Therapy』의 창간호에서 편집자 울만(Ulman)이 처음으로 쓴 용어다. 미술치료는 크게 'Art in Therapy'와 'Art as Therapy'로 분류된다. 울만이 언급한 'Art in Therapy'는 임상치료에 중점을 두는 입장이다. 이 입장에서 미술치료는 정신치료 및 심리치료에 유용하다. 반면, 크레이머(Kramer)가 주장한 'Art as Therapy'는 미술 자체를 중시하는 입장이다. 즉, 미술을 창조하는 행위 속에서 병든 마음을 치유할 수 있고 상상과 현실 세계, 의식과 무의식을 재통합시킬 수 있다고 본다. 미술을 통해 자발성과 창조성을 향상시키고 자기존중감을 강화시킬 수 있다는 것이다. 그림을 통해 자기를 표현하고 이를 승화시킴으로써 문제를 해결하고 자아성숙에 이를 수 있기를 기대한다. 화가로서 자화상 그리기를 통해 자기의 문제와 직면하고 승화시킨 프리다의 경우는 'Art as Therapy'가 될 것이다.

생각해 보기

1. 프리다 칼로의 일생에서 가장 커다란 두 가지 사건은 무엇인가?

2. 프리다의 화풍은 어느 미술 사조에 속한다고 할 수 있는가?

3. 디에고와의 관계에 대해 생각해 보자.

4. 프리다에게 있어 그림을 그린다는 것은 어떤 의미인가?

5. 프리다가 자화상을 많이 그린 것은 무슨 까닭인가?

6. 프리다의 자유분방한 사고와 행동에 대해 생각해 보자.

7. 프리다가 미국과 파리에서 느낀 것은 무엇인가?

8. 멕시코에 대한 프리다의 생각은 무엇인가?

9. 'Art in Therapy'와 'Art as Therapy'에 대해 생각해 보자.

10. 현재 예술치료가 활발하게 연구되고 있는 이유는 무엇인가?

10

〈크루서블〉, 양심과 명예

〈크루서블〉은 니콜라스 하이트너(Nicholas Hytner) 감독의 영화다. 영국 출신의 하이트너 감독은 원래는 연극 연출가였다. 특히 그는 셰익스피어의 연극을 독특하게 해석하여 연출한 것으로 정평이 나 있다. 그는 로얄 셰익스피어 컴퍼니에서 〈리어왕〉과 〈템피스트〉 등을, 영국 국립극장에서 〈조지왕의 광기 3〉 등을 연출한 바 있다. 그는 연극 연출로 베스트 감독상을 비롯하여 다섯 번의 토니상을 수상하여 연출가로서 탄탄한 입지를 굳혔다. 그 후 하이트너는 뉴욕으로 건너가 브로드웨이에서 뮤지컬 〈미스 사이공〉을 연출하여 대히트를 기록한다. 하이트너가 만든 최초의 영화는 〈조지왕의 광기〉인데, 이 영화는 1994년 칸 국제영화제의 황금종려상 후보작에 올랐고, 브리티시 아카데미상을 수상하였다. 하이트너의 또 다른 영화로는 〈열정의 무대〉(2000), 〈내가 사랑한 사람〉(1998), 〈크루서블〉(1996) 등이 있다. 〈크루서블〉은 1997년 베를린 영화제 황금곰상의 후보작에 이름을 올렸다.

아서 밀러와 〈The Crucible〉

'시련' 혹은 '도가니'의 의미인 〈크루서블〉의 원작은 마릴린 먼로의 남편으로도 유명한 아서 밀러(Arthur Miller)의 희곡 〈The Crucible〉이다. 아서 밀러는 1915년 뉴욕에서 태어나 2005년 91세로 세상을 떠났다. 아서 밀러의 딸인 레베카 밀러는 시나리오 작가이자 영화감독이며, 레베카의 남편은 존 프락터 역을 맡은 다니엘 데이 루이스다. 테네시 윌리엄스와 함께 미국의 연극 작가를 대표하는 밀러는 〈모두 내 아들〉(1947)로 평론가상을, 〈세일즈맨의 죽음〉(1948)으로 퓰리처상을 받았다. 그는 1953년 〈The Crucible〉을 발표한다. 밀러의 극작품 〈크루서블〉은 오래전부터 영화인들이 주목하고 있던 희곡이다. 1957년 이 작품은 레이몽 룰로(Raymond Rouleau)가 감독을 하고 실존주의 철학자 사르트르가 각색하여 〈살렘의 마녀들(Les Sorcières de Salem)〉이라는 제목으로 영화화되었다. 이때 이브 몽땅이 존 프락터 역을 맡았다. 또한 1961년에는 미국 작곡가 로버트 워드(Robert Ward)가 오페라로 제작하여 퓰리처상을 받기도 한다.

할리우드에서는 44년이나 지나서야 1997년 하이트너 감독에 의해 영화로 개봉된다. 영화의 시나리오는 아서 밀러가 직접 개입하여 각색이 이루어진 만큼 원작인 희곡에 대한 커다란 훼손 없이 영화가 이루어진 것으로 평가받고 있다. 그러나 연극에 비해 아비게일이 좀 더 부각되고 엘리자베스는 상대적으로 수동적인 모습으로 그려지고 있다. 영화의 미장센은 마치 연극 관객을 염두에 둔 듯하고, 영화가 가질 수 있는 화려한 영상 언어 대신 인물 간의 갈등에 초점을 맞춤으로써 연극적인 영화라는 느낌을 준다. 이를테면, 실내 법정에서 판결하는 장면을 장시간 보여 주면서 인물들 간의 적대적인 감정과 스스로를 변론하는 심리를 섬세하게 묘사하고 있다. 또한 화려한 색 대신 검은색 옷과 흰색 모자의 흑백 대조를 이용하여 선 아니면 악, 백 아니면 흑, 삶 아니면 죽음, 찬성 아니면 반대가 되어야 하는 뚜렷한 이분법적 논리를 보여 준다.

배경

매사추세츠 주의 세일럼은 미국의 역사가 시작된 보스턴 근교에 있는 작은 마을이다. 이주민들이 막 정착하기 시작한 1692년 실제로 이곳에서는 마녀재판이 벌어져 140여 명이 체포되고 19명이 교수형을 당한 일이 있다. 이때의 세일럼 주민들은 개척 초기에 겪는 물자 부족과 낯섦으로 고단한 시기를 보내고 있었고, 엄격한 청교도 규율을 적용하고 있었으며, 이웃 간의 잦은 토지 분쟁으로 마을의 분위기가 전체적으로 어두웠다. 이런 상황에서 마을은 패로 나뉘어 서로 간에 반목을 일삼았다. 〈크루서블〉에서도 사건의 발단과 극단적인 갈등은 주민들의 인간관계가 그 저변에 깔려 있다. 만약 세일럼이 경제적으로 풍요롭고 주민들의 관계가 좋았다고 가정한다면 저 끔찍한 마녀사냥은 일어나지 않았을 것이다. 마을의 부정적인 분위기 속에서 주민들은 신뢰감보다는 갈등을 더욱 키웠고, 때마침 마녀재판이 시작되자 이 갈등은 기름에 불을 붙인 것처럼 주민들 간의 적대감을 폭발적으로 확산시켰던 것이다.

등장인물

존 프락터

존 프락터는 아내와 세 아들을 둔 정직하고 부지런한 농부로서 주민들의 신망을 얻고 있다. 하지만 그는 딱 한 번 하녀로 일했던 아비게일과 부정을 저지르는 실수를 범하고 만다. 아내 이외의 다른 여자를 넘본 것은 십계명을 어긴 것이 되고, 십계명이 곧 법이 되는 엄격한 청교도 마을에서 씻을 수 없는 죄를 지은 것이다. 이로 인해 정직한 삶을 살았다고 자부했던 젊은 농부는 심한 양심의 가책을 받는다.

프로이트에 따르면 양심은 개인의 소원이나 욕구 또는 부모로부터 받은 이상적인 것을 내면화시키면서 이루어진다. 에리히 프롬(Erich Fromm) 역시 양심을 언급한다. 그는 양심을 '생래적 양심' 또는 '선천적 양심'으로 나누고, 양심은 인간으로 하여금 내적 본성에 충실하도록 하며, 어떤 이유로든 이 선천적인 양심의 소리를 부정하게 될 때는 심한 가책을 느낀다고 말한다(정태연, 노현정 역, 2012: 34-35). 즉, 내적 본성에서 벗어나게 될 때 양심의 가책을 느낀다는 것이다. 프롬이 양심을 개인의 내적 본성과 연계된 것으로 본 것과는 달리 프리드리히 니체(Friedrich Wihelm Nietzsche)는 양심이란 개인 내적의 도덕적 이념에서 생기는 것이 아니라고 말한다. 그에 따르면 국가가 개인의 공격적인 본능을 통제하고 억제하게 되면서 개인은 공격적인 본능을 발산하지 못하고 내부로 향하게 되는데, 이로 인해 양심의 가책이 생겨난다는 것이다. 양심을 개인과 사회의 관계에서 바라본 재미있는 발상이다. 니체는 저서 『도덕의 계보학(*Zur Genealogie der Moral*)』 16장에서 다음과 같이 말한다(홍성광 역, 2011).

> "오래된 자유의 본능에 대해 국가조직이 스스로를 방어하기 위해 구축한 저 무서운 방어벽은—특히 형벌로 이러한 방어벽에 속한다—거칠고 자유롭게 방황하는 인간의 저 본능을 모두 거꾸로 돌리며 인간 자신을 향하게 하는 일을 해냈다. 적의, 잔인함과 박해, 습격이나 변혁이나 파괴에

대한 쾌감, 그러한 본능을 소유한 자에게서 이 모든 것이 스스로에게 방향을 돌리는 것, 이것이 '양심의 가책'의 기원이다."

프로이트에 의하면 존 프락터의 양심의 가책은 개인적인 내적 신념에서 생겨난 것이며, 니체에 의하면 마을 전체에 퍼져 있는 엄격한 청교도 분위기가 한 몫을 거들고 있다. 프락터는 마을의 청교도적인 분위기에 압도되어 아비게일과의 사건에 더욱 커다란 심적 고통을 느끼고 심한 양심의 가책을 느끼는 것이다. 플로베르의 소설 『마담 보바리(*Madame Bovary*)』에서처럼 만일 사회가 불륜에 관대한 분위기였다면 개인이 범한 한 번쯤의 일탈은 큰일이 아닐 수도 있다. 여하튼 영화에서 프락터의 양심의 작용은 아내에 대한 죄책감과 책임감으로 나타나고 그 이후에 벌어지는 일련의 사건에 적지 않은 영향을 끼친다.

프락터의 성격은 직선적이고 거침이 없지만 마음속에 둔 말을 거침없이 쏟아내는 형은 아니다. 이를테면, 패리스 목사의 설교나 행태에 반발하여 보여 준 행동은 교회에 참석하지 않는 것이었다. 즉, 목사의 개인적 욕심이나 모순을 지적하는 직면이 아닌 회피의 행동을 보이고 있다. 아비게일과의 사건으로 서먹해진 아내와의 관계도 그렇다. 속마음을 확 풀어 놓고 진실된 대화를 이끌기보다는 한 번의 실수를 용서하지 않는 아내가 야속하게만 느껴진다. 그는 아내가 자신의 정직성을 의심하는 것 같아 화를 내는데 솔직한 대화보다는 감정이 앞서고 있는 것이다. 감정적이고 우유부단한 태도를 보이던 프락터는 아내가 감옥에 끌려가자 더 이상 감출 것이 없다고 판단한다. 그는 앞서 아비게일에게 들었던 사실, 숲 속에서의 일이 악마 놀이가 아닌 소녀들의 치기 어린 장난이었다는 사실을 법정으로 달려가 알린다. 그러나 이미 법정은 아비게일의 말 한마디면 준엄한 법이 되어 버리는 상황에 이르렀다. 심각성을 깨달은 프락터는 더는 감추어서는 안 되겠다고 판단하여 자신의 명예를 더럽혀 가며 아비게일과의 불륜 사실을 털어놓는다. 이 자백은 지금까지 프락터의 삶의 방식이 완전히 무너지는 순간을 만든다. 그러나 결론적으로 그의 명예, 그의 이름은 실추되었지만 오히려 그는 용기 있는 사람으로 거듭난다.

이와 같은 인물의 심리적 변화는 흥미롭다. 실제로 우리 사회는 종종 평범했던 한 인간이 우연히 어떤 일을 겪으면서 영웅이 되어 가는 것을 목격한다. 프락터 역시 그러하다. 프락터가 한때나마 병든 아내 대신 젊은 아비게일에게 빠졌던 것을 보면 그는 영웅적인 신념의 소유자가 아닌 평범한 농부일 뿐이다. 어쩌다 그런 유혹에 넘어갈 수 있는 남자인 것이다. 프락터가 목숨을 부지하기 위해 악마의 꾐에 넘어갔다고 서명하는 것도 그렇다. 그러나 흔들리던 평범한 남자의 모습은 최소한의 존엄성마저 빼앗으려는 재판장의 요구에 맞서면서 점차 강인한 인물로 거듭나게 된다.

아비게일

영화에서 읽을 수 있는 아비게일의 내외적 환경은 열악하다. 패리스 목사의 조카인 그녀는 일찍이 부모를 여의고 삼촌 집에서 거주한다. 그녀는 어린 시절 부모가 인디언에게 끔찍하게 살해되는 장면을 직접 목격한다. 또한 그녀는 부모의 죽음뿐만 아니라 또 다른 살인 장면도 목격한 바 있다. 어린 시절 이러한 무서운 사건을 경험했다는 것은 그녀의 무의식에 극복되지 못한 외상이 자리 잡고 있다는 증거다. 그녀는 죽음에 대한 공포로 인해 무의식 속에 커다란 상처가 남아 있으며 심리적으로 건강한 정신의 소유자라고 보기 어렵다. 아비게일은 근본적으로 인간성을 부정적인 것으로 보고 있다. "세일럼 사람들은 가식적이에요. 기독교 여인들과 신을 믿는다는 남자들! 전부 육욕에 휩싸여 있죠!" 그런데 이랬던 아비게일은 유부남 프락터에게 과도하게 집착하는 양상을 보인다. 아마도 하녀로 있을 때 프락터가 친절을 베풀었을 것이고 그의 행동에 대해 과민하게 반응하여 자신을 사랑하는 것으로 착각했을 것이다. 이때부터 그녀는 프락터의 아내 엘리자베스의 자리를 차지할 집념에 휩싸이게 된다.

아비게일이 처음부터 마을에 분란을 일으키려 했던 것은 아니다. 우연한 사건이 벌어진 틈새 속에서 마을 사람들이 자신의 거짓말을 믿어 주고 그 거짓말이 법과 같은 효력이 발생하는 것을 목격하게 되면서 이를 자신의 정략적인 목적을 위해 더욱 정교화시킨다. 하지만 처음에는 잘못을 감추기 위한 수단이었지만 일이 더욱 확대되어 사람들이 투옥되자 더 이상 뒤로 물러설 수도 없는 처지에 이른다. 더구나 자기 말 한마디면 목숨이 왔다 갔다 하는 판국이 되어 기왕 여기까지 왔으니 엘리자베스를 처치하고 프락터를 차지할 수 있다고 판단한다. 그러나 거짓말이 길어지면 밝혀지는 법, 점차 주민들이 자신을 피하고 해일 목사가 자신의 편이 아님을 알게 되면서 아비게일은 위협을 느끼게 된다. 그녀는 해일 목사를 엮을 목적으로 목사의 부인이 악마와 함께 있는 것을 보았다고 하지만 재판장은 이를 수용하지 않는다. 막다른 골목에 이르렀다고 판단한 아비게일은 도망칠 궁리를 한다. 흥미로운 부분은 그녀가 본의 아니게 죽음으로 몰아넣은 프락터에게 감옥에서 빼 줄 테니 함께 도망치자고 유혹하는 장면이다. 그녀는 여전히 프락터에게 집착하고 있었던 것이다. 그러나 프락터에게 보기 좋게 거절당하자 그녀는 삼촌 패리스 목사의 돈을 훔쳐 바베이도스로 향하는 배를 타고 세일럼을 빠져나간다. 이처럼 마을의 마녀사냥에 원인을 제공한 강한 집착의 소유자 아비게일, 빗나간 욕망을 철저하게 추구하는 아비게일은 어떤 성격의 인물인가?

아비게일이 보이는 프락터를 향한 과도한 욕망은 헤어지거나 버림받는 것을 견딜 수 없어 하는 스토커의 성향을 지니고 있다. 그녀는 숲 속의 의식에서 프락터의 아내 엘리자베스가 죽기를 바란다. 하지만 이후 프락터와 다시 만났을 때, 과거의 일은 이미 끝났다고 단호하게 말하는 프락터에게 그녀는 매일 밤 그를 기다린다고 애걸한다. 프락터는 아무런 희망을 준 적도 없으니 잊으라고 하지만 그럴수록 아비게일은 더욱 집착한다. 스토커는 대개 자신에게 관심을 보였던 사람을 표적으로 삼는다. 그러니까 한때 불륜의 관계였던 프락터에게 버림을 받자 과도하게 매달리는 아비게일의 행동은 일종의 '경계성 성격장애(Borderline Personality Disorder: BPD)'의 성향을 보이고 있다고 하겠다. 스토커 가운데는 어릴 때 충분히 사랑을 받지 못해 심한 결핍감을 느끼는 사람이 많다. 그의 내면에는 누군가의 사랑을 갈망하고 그 누군가의 무관심을 견딜 수 없어 하는 미성숙한 아이가 살고 있다. 궁극적으로 애정 결핍의 한 형태인 것이다.

BPD의 원인으로 대상관계이론의 관점이 거론된다. 대상관계이론에 따르면 개인은 부모나 주 양육자 같은 주요 인물의 관점에서 이 세상을 바라보고 반응한다. 오토 컨버그(Otto Kernberg)에 따르면 아이가 뭔가를 잘 해냈을 때 부모가 칭찬을 하면서도 정서적인 지지나 온정을 주지 않는다거나 애정과 관심을 일관되게 주지 못하여 아동기에 불행한 경험을 한 아이들은 BPD의 주요한 특징인 불안정한 자아를 발달시킬 가능성이 있다(이봉건 역, 2012: 261). 충격적인 부모의 죽음, 애정과 관심을 받지 못한 불행했던 어린 시절을 겪은 아비게일이 바로 이 경우에 해당한다. BPD는 극히 변덕스럽고 극단적이며, 타인에 대한 평가가 극과 극을 오가며 감정의 기복이 심하다. 친구나 연인을 사귈 때 급격히 가까워지며 극단적인 친밀감을 보이다가도 하루아침에 언제 그랬냐는 식으로 극단적으로 냉담해지기도 한다. 대인관계는 지나친 기대를 가지고 가깝게 접근했다가 곧 실망하고 원망하며 멀리하는 양극단의 양상이 반복되는 증세가 나타난다. 행동은 폭발적이어서 예측할 수 없으며, 기분의 변화가 심하여 정상적인 기분이었다가 바로 우울해하고 분노하는 등 이러한 상태가 반복적으로 지속되고, 자제력도 결여되어 있다. 또한 세상을 극단적인 선과 악으로 이원화하여 생각하기 때문에 종교에 쉽게 빠져드는 경향이 있다.[1] 이처럼 감정의 기복이 심하고 충동적이며 정체성이 약하고 자제력이 없어 스스로도 자신을 종잡지 못하는 모습을 아비게일에게서 찾을 수 있다. 즉, 그녀가 보이는 자해 행동이나 분노 역시 BPD의 한 성향이다.

패리스 목사

패리스 목사는 교회에서 자신을 몰아내려는 세력이 있다는 것을 잘 알고 있다. 또한 그는 숲에서 소녀들의 의식을 목격한 사람으로 문제를 일으킨 장본인이다. 숲에서의 사건이 단순히 소녀들의 놀이였다는 아비게일의 말을 믿지 않고 이 기회에 자신의 반대 세력에 타격을 가할 생각을 한다. 패리스 목사의 딸인 베티는 아버지에게 현장을 들키자 놀라움과 두려움으로 말할 수 없는 실신 상태가 되어 버린다.

1) 위키피디아, 2014.

패리스 목사는 하버드대 출신으로 자부심을 가지고 있지만 이 조그만 촌 동네에서 자신의 권위가 서지 않는다는 사실에 무척이나 자존심이 상해 있다. 물질에 집착하는 목사는 촛대 교체, 장작이나 급여 문제로도 주민들과 갈등을 일으킨다. 프락터 역시 물질에 연연하는 패리스 목사를 좋지 않게 보고 있다. 목사의 기록에 의하면 프락터는 17개월 동안 단 26번만 교회에 참석한 것으로 적혀 있는데 프락터가 이처럼 교회에 소원해진 것은 목사의 물질 욕망에 대한 반감 때문이다. 그는 패리스 목사가 세일럼에 오기 전에는 교회 연단의 촛대가 주석이었지만 목사의 주장으로 금으로 바꿨다는 사실을 언급한다. 패리스 목사 역시 자신에게 반감을 보이는 프락터에 대해 불만을 품고 있다. 따라서 패리스는 프락터의 막내에게 세례 주기를 거부한 적이 있으며, 프락터는 이러한 행태를 보이는 패리스 목사는 목사의 자격이 없다고 생각한다. 이처럼 목사는 특정 주민과의 사이가 좋지 않았으므로 악마의 사건이 걷잡을 수 없이 번져 가자 이 기회를 이용하여 프락터를 위시하여 자신에게 비호의적인 사람들을 제거하려 한다.

베벨리의 해일 목사

해일 목사는 이미 다른 마을에서 악마를 물리친 것으로 칭송이 자자한 사람이다. 세일럼이 흉흉해지자 패리스 목사는 곧바로 해일 목사를 불러들인다. 하지만 악마의 소동일 리가 없다고 믿는 프락터는 이를 못마땅하게 여긴다. 비록 악마를 물리치는 일을 하지만 해일 목사는 다른 인물들에 비해 상대적으로 이성적인 성향을 지니고 있다. 그는 마을의 평판과 상황을 두루 살펴 혹시 그들 사이에 어떤 적대감이 이번 사건을 주도하는 것은 아닌가 의심하기 시작한다. 그리고 해일 목사는 프락터가 정직하고 양심적인 사람이라는 것을 알고 끝까지 그의 목숨을 구하려고 노력한다. 그는 부지사 댄포스에게 사람을 보호하고자 왔는데 오히려 거꾸로 가고 있음을 꼬집어 말하기도 한다.

그 외의 인물들

프락터의 아내 엘리자베스는 아비게일의 튀는 행동과는 상반된 절제된 모습을 하고 있다. 조용하며 수동적인 것 같지만 내적으로 강한 여인상을 보여준다. 그녀는 남편의 성실함과 선함을 믿으며 의심하는 마음은 추호도 없다. 그럼에도 엘리자베스는 현재 마을 문제의 핵심에 아비게일이 있으며, 그녀가 악마 소동을 일으키는 원인이 자신의 자리를 차지하기 위한 욕망 때문이라는 사실을 잘 알고 있다. 그리고 그러한 원인을 제공한 남편이 나서서 이 중대한 사건을 해결해 주기를 바라지만 망설이는 남편의 모습에 실망한다. 프락터가 망설이는 까닭은 아비게일과의 전과가 있기 때문이다. 그러나 엘리자베스는 결정적인 순간에 남편이 명예와 자존심을 지킬 수 있도록 행동한다.

마을 주민 가운데 꽤나 넓은 토지를 소유하고 있는 푸트남이 있다. 그는 8명의 자녀를 두었으나 모두 죽고 유일하게 딸 루스만이 남아 있다. 푸트남의 아내 앤은 처음부터 자녀의 죽음을 악마의 탓으로 돌리면서 희생양을 찾는다. 푸트남은 프락터와 땅 소유의 문제로 갈등을 겪고 있어 사사건건 의견 충돌을 일으킨다. 마을에는 이처럼 개인의 욕망들이 거미줄처럼 얽혀 있어 갈등의 원인을 제공한다. 푸트남은 악마의 사건을 이용하여 토지 문제가 얽혀 있는 제이콥스를 고발함으로써 이익을 챙기려 든다. 그리고 이러한 푸트남의 부도덕한 행동을 잘 알고 있는 네베카 너스의 남편인 자일스 코리는 급기야 푸트남을 고발하기에 이른다. 그러나 재판장은 푸트남 편을 들어 자일스 코리를 무고죄로 체포한다.

소녀들의 의식을 주관한 장본인은 흑인 하녀 티튜바다. 소녀들은 악마의 의식에서 책임을 피하고자 모든 원인을 그녀에게 전가시킨다. 티튜바는 위협과 매질을 견디지 못하고 악마를 보았다고 거짓 증언함으로써 마녀 사건의 발단이 된다. 목사는 그녀를 악마로부터 구해 주겠다고 설득하며 다른 누군가를 봤는지 이실직고하라고 윽박지른다. 그러자 그녀는 앤이 언급한 새라 굿과 오스본을 보았다고 거짓말을 한다. 거짓이 진실로 바뀌어 버린 것이다. 산파인 새라 굿과 오스본의 이름을 종용하던 앤은 그녀가 자신의 아기들을 데려갔다고 말함으로써 자녀의 죽음을 보상받으려 한다. 티튜바가 새라 굿과 오스본을 언급하는 그 순간, 침대에서 혼수상태로 누워 있던 베티가 갑자기 눈을 뜨며 브리짓 비숍, 하우이, 배로우가 악마와 함께 있는 것을 보았다고 말한다. 새라 굿은 거짓으로 죄를 시인했으므로 살아남게 되고 오스본과 제이콥스는 악마와의 결탁을 인정하지 않았으므로 교수형에 처해진다. 거짓을 말한 자는 살아남고 진실을 말한 자는 죽음을 맞이하는 어처구니없는 일이 벌어진 것이다.

세일럼의 주민 가운데 악마와 결탁한 자를 찾아내어 엄벌하고자 보스턴 부주지사인 댄포스[2] 판사, 호손 판사, 시월 판사 등이 도착한다. 이들의 수장

2) 영화에서 댄포스 역을 맡은 배우는 폴 스코필드로 영국 연극계에서 널리 알려진 배우다. 영화 〈사계절의 사나이〉(1966)에서 토머스 모어 역을 맡아 깊은 인상을 남긴 그는 〈크루서블〉에서도 깊이 있는 시선과 목소리로 법정을 사로잡는 카리스마를 보여 준다. 그는 2004년 로열 셰익스피어 컴퍼니에서 실시한 투표에서 가장 위대한 셰익스피어 배우로 선정된 경력도 있다.

인 댄포스는 비중 있게 다루어야 할 인물이다. 그는 강인한 신념의 소유자로 자신의 의지를 꺾지 않고 끝까지 관철시키는 인물로 볼 수도 있으나 영화 내내 불편한 진실을 고수하는 장본인이다. 그는 자신의 지식과 경험과 힘을 이용하여 자유로운 영혼을 억압하고 원한이나 개인적 욕심과 결탁한 세력에 동조함으로써 끔찍한 사건에 앞장선다. 폐쇄적인 집념과 아집이 어떠한 불행한 결과를 만들어 내는지 댄포스를 통해 읽을 수 있다. 댄포스를 비롯한 법정의 판사들은 소녀들이 언급한 주민들을 잡아다가 죄를 시인하지 않으면 처형할 것이라고 경고한다. 단, 매카시즘 당시 블랙리스트를 작성했던 방식처럼 죄를 시인할 시 악마와 함께 있던 사람이 누구인지 말해야 한다. 모든 증거가 아이들의 증언으로만 이루어지고 푸트남의 평판이 좋지 못하다는 것을 알게 되면서 그들도 내심 망설여지는 순간이 있기는 하다. 그러나 댄포스는 양심적으로 판결할 것을 맹세하며 뜻을 굽히지 않는다. 하지만 아비게일이 사라진 후 일이 점점 잘못되어 간다는 것을 짐작하지만 기왕 여기까지 밀어 붙인 상황에서 멈춘다면 자신의 잘못을 인정하는 것이 되고 명성에 치명적인 흠집이 날까 봐 두려워한다. 댄포스는 겉으로는 흔들림 없는 강한 모습을 보이지만 실은 비겁자였던 것이다.

구속과 반항

마을의 엄숙한 청교도적 분위기는 청춘의 젊은 피가 용솟음치는 사춘기 소녀들에게는 참을 수 없는 환경이다. 젊음의 뜨거운 욕망을 발산하고픈 심정이 솟구침에도 이를 억제해야 한다면 견디기 힘들 것이다. 소녀들은 우울하고 무거운 마을의 분위기에서 탈출하여 마음껏 자유를 발산하고 싶다. 소녀들이 택한 시간은 어두운 밤이며 장소는 숲이다. 요정이 살 만한 공간, 숲은 욕망의 해방 공간이다. 자연성이 지배하는 그곳에서 인위적 제약이나 구속은 없다. 그러니까 숲은 질서나 제도나 종교가 아닌 자연적인 본성이 그대로 살아 있는 장소다. 또한 그곳을 지배하는 어둠은 초자아가 아닌 무의식의 세계가 된다. 이들은 안개가 내리는 검은 숲 속에 모여 마치 디오니소스의 제전처럼 피의 의식을 거행한다. 숲 속에서 의식을 거행하는 소녀들의 행동은 제의를 거행하는 무녀들과 흡사하다. 소녀들은 각자 가져온 물건을 끓는 물속에 내던지며 자기가 좋아하는 남자의 이름을 부른다. 소녀들은 사랑의 정령이 그녀들의 요구를 들어줄 것이라는 믿음 속에서 제의를 거행한다. 점차 의식이 무르익자 아비게일은 닭의 피를 마시고, 또 다른 소녀는 나체가 된다. 밝은 대낮의 마을에서는 도저히 벌어질 수 없는 일들이 벌어지고 있는 것이다. 그들은 둥글게 모여 춤을 추면서 괴성을 지른다. 어두운 숲 속의 그곳이야말로 이성과 규칙이 사라진 광란의 디오니소스 제전이 행해지는 장소와 같다.

그런데 소녀들의 비밀스러운 의식은 하필 규칙의 수장격인 패리스 목사에게 들켜 버린다. 게다가 우연의 일치로 목사의 딸 베티와 푸트남의 딸 루스가 깨어나지 못하자 패리스 목사는 이들 집단의식을 악마의 의식으로 규정하기에 이른다. 두 소녀가 혼날까 봐 무서워 혼절을 연기한 것인지 정말로 깨어나지 못하는 것인지는 정확히 알 수 없다. 다만 아이들이 지나치게 두려움과 공포에 빠졌을 때는 의식을 회복하지 못하는 경우가 있다. 아이들의 상태를 확인한 베카 너스 부인도 크게 걱정할 일이 아니라고 부모를 안심시키지만, 열도 없고 상처도 없는데 깨어나지 못하는 증상, 의사가 손을 댈 수 없는 증상

극단적인 하이앵글로 잡은 이 장면에서 원으로 둘러앉은 소녀들은 한가운데에 김이 모락모락 나는 불 피운 냄비를 올려놓고 주문을 외운다. 맨 상단에 티튜바가 의식을 주관하고 있다. 소녀들이 그린 흰색의 문양은 이교도의 그것처럼 특이하다.

은 청교도 마을에서 즉각적으로 악마의 소행으로 간주된다. 푸트남 부부가 이 증상을 마법으로 간주하고 종교적 차원에서 처리할 것을 요구하자, 패리스 목사는 자신의 안위를 염려하여 마을 회의를 소집한다. 소녀들의 바람과는 달리 일이 점점 커지자 우두머리격인 아비게일은 소녀들을 모아 놓고 허튼 소리를 하면 죽여 버리겠다고 위협한다. 이제부터 그녀들은 누구도 진실을 밝힐 수 없는 처지가 되어 버린 것이다. 어떤 사건이든 한번 꼬이기 시작하면 예상치 못한 걷잡을 수 없는 곳으로 흘러간다. 해방 공간에서 굴레를 벗어 버리고 마음껏 즐기기 위한 소녀들의 놀이가 마을 전체에 심각한 영향을 끼치는 엄청난 사건으로 확대·변질되어 버린 것이다. 구속에서 탈피하려 했던 소녀들의 치기 어린 행동은 어른들의 욕망, 이기심 그리고 아베게일의 병적 증상과 맞물려 오히려 그녀들을 옥죄는 굴레가 되어 버린다.

정직과 양심

영화에서 프락터와 엘리자베스 사이의 논쟁은 결국 프락터가 아비게일과 어떤 일이 있었는가보다는 선함과 양심의 문제로 귀결된다. 마녀사냥의 소용돌이 속에서 프락터와 엘리자베스 부부는 아비게일의 계략에 걸려든다. 하녀 메어리는 엘리자베스에게 인형을 선물한다. 그리고 아무것도 모르는 엘리자베스는 선물을 고맙게 받는다. 사실 인형의 배에는 바늘이 꽂혀 있었다. 그런데 아비게일이 상처 난 배를 안고 쓰러지면서 악마와 함께 있던 프락터 부인의 영혼이 자신을 찔렀다고 증언한다. 프락터 집에 들이닥친 집행인들은 그곳에서 바늘이 꽂혀 있는 인형을 찾아내고는 엘리자베스를 체포한다. 프락터는 세일럼에서 일어나는 모든 일의 근저에 개인적인 원한이 깔려 있다는 것을 잘 알고 있다. 그리고 그것은 푸트남의 원한이자 아비게일의 원한이다. 정직한 아내는 절대로 악마와 결탁할 일이 없고 이 사건은 아비게일의 농간이라는 것을 분명히 알고 있는 프락터는 메어리의 자백을 바탕으로 사건을 뒤집어엎으려고 한다. 하지만 일이 뜻대로 진행되지 않고 오히려 자신이 막다른 골목에 몰리고 만다. 궁지에 몰린 프락터는 최후의 수단으로 자신이 아비게일과 관계했음을 고백한다. 아비게일이 어떤 흑심을 품고 자기 아내를 고발했는지 밝히기 위해 자신의 외도를, 자신의 부도덕성을 스스로 밝힌 것이다. 청교도 사회에서 외도는 중대한 문제다. 긴장된 분위기가 고조되면서 댄포스는 엘리자베스를 데려와 프락터의 말이 사실인지 진위 여부를 확인하고자 한다.

이제 엘리자베스가 남편과 아비게일 사이에 무슨 일이 있었는지를 증언하기만 하면 모든 판이 뒤엎어질 것이다. 그리하여 법정에서 프락터와 아비게일이 등을 돌리고 있는 사이 엘리자베스에게 왜 아비게일을 해고하게 되었는지 정확하게 말하라는 지시가 떨어진다. 등 돌린 두 사람과 그들 사이에 서 있는 엘리자베스를 잡은 카메라는 삼각형을 형성하며 보이지 않는 무의식의 흐름을 전달한다. 댄포스가 다그친다. 남편이 간음을 했는가? 간통을 범했는가? 그녀의 눈망울이 심하게 흔들린다. 남편의 등을 바라보며 고심을 거듭한다. 간음을 저질렀다고 인정하면 그들은 풀려날 수 있겠지만 남편의 도덕성은 치명상을 입게 될 것이다. 하지만 그렇지 않다고 하면 승리는 아비게일의 것이다. 계속 다그치는 댄포스에 그녀는 "아니다."라고 대답한다. 그녀는 결국 남편의 명예를 선택했던 것이다. 설령 자신에게 어떤 위험이 닥친다 해도 그녀는 남편을 부도덕한 사람으로 만들 수 없었다. 사랑하는 사람을 위해 진실을 진실이라고 말할 수 없는 가슴 아픈 상황이다. 엘리자베스가 결정을 내리는 이 순간이야말로 영화의 명장면 중 하나일 것이다.

상심한 프락터는 뒤돌아서서 아내를 설득한다. 그러자 위협을 느낀 아비게일은 소녀들과 집단으로 악마에게 붙잡힌 흉내를 낸다. 하지만 최후의 카드마저 예상을 빗나가 쓸모없어지게 되자 크게 당황한 프락터는 소녀들의 모든 것이 거짓이라고 고함친다. 그때 결정적으로 메어리가 아비게일 편에 선다. 아비게일의 압력과 분위기에 억눌린 메어리는 자신에게 다가오는 위험을 감지하고 프락터 편에 서길 포기한 것이다. 메어리는 프락터가 위협을 가해 거짓 자백을 시켰다고 말한다. 재판장 댄포스는 고함을 친다. "존 프락터! 네 힘을 봤도다! 넌 적그리스도야." 정직과 올바름보다 비이성과 거짓이 판을 치고 있음을 똑똑하게 목격한 프락터는 절망스럽게 외친다. "천국을 망치고 창녀의 편을 들고 있군요. 하나님은 죽었어!" 하나님이 죽었다니……. 이제 법정은 프락터가 악마의 편에 선 것으로 판정을 내리고 프락터를 체포한다. 자신의 불명예와 수치를 감수하며 아내를 구하러 왔지만 그마저 악마와 놀아난 자가 되어 버린 것이다. 이제 프락터 부부를 비롯하여 체포된 자들은 천국의 축복과 천국의 희망으로부터 파문되고 교수형을 당하게 될 것이다.

푸트남의 땅을 사이에 두고 600에이커의 땅이 있는 제이콥스는 푸트남의 딸 루스의 증언으로 교수형을 당한다. 손주가 26명이나 되는 레베카 너스 부인도 교수형의 대상이 된다. 그녀는 마을의 모든 현상이 결코 악마의 소행이 아니라고 부정한 적이 있다. 해일 목사는 너스 부인이 선한 사람이고 자애롭다는 소문을 들었다고 변론하지만 그녀가 교수형을 당하는 것을 막지 못한다. 자일즈와 마사 등 교수형을 당하는 사람들의 면면은 프락터와 친분이 두텁고 푸트남과는 사이가 좋지 않다. 마을에서 정직하고 양심 바른 사람들은 교수형을 당하고 그렇지 않은 사람들은 이득을 얻는다. 패리스 목사, 푸트남 등이 이 끔찍한 사건을 통해 이익을 얻고 있는 것이다.

명예와 인간성의 회복

광기에 찬 주민들을 등에 업은 권력자들은 거칠 것이 없다. 이제 날이 밝으면 프락터와 죄인들의 사형이 집행될 것이다. 그때 아비게일이 밤사이에 없어졌다는 소식이 전해진다. 그녀는 패리스 목사의 31파운드를 들고 사라져 버렸다. 망연자실한 사람들의 틈을 놓치지 않고 해일 목사는 아침에 죽게 될 사람들은 마을에서 존경을 받는 사람들로서 이들이 교수대에서 기도를 한다면 주민들이 댄포스를 원망할 것이라고 위협하며 당분간 교수형을 중단시킬 것을 요청한다. 그러자 마음이 흔들린 재판장은 자신의 위신이 추락되지 않으려면 프락터의 자백이 필요하다는 생각에 이른다. 따라서 그들은 일단 엘리자베스를 이용하기로 한다. 해일 목사는 그녀를 만나 남편의 목숨을 구할 수 있는 방법이 있다면서 프락터에게 그들이 원하는 거짓을 주라고 설득한다. 그는 이렇게 말한다. "하나님은 거짓말쟁이보다 목숨을 헛되이 버리는 자를 더 저주하실 겁니다." 악마에 유혹되었다고 거짓 자백을 하면 살려주겠다는 것이다. 처음에 엘리자베스는 이 제안에 대해 망설이지만 남편의 목숨이 달려 있는지라 한번 얘기해 보겠다고 말한다. 바람이 부는 물가에서 프락터와 엘리자베스 부부는 가장 불행한 모습으로 만난다. 어쩌다 일이 이렇게까지 꼬였단 말인가? 마지막 기회일 수도 있는 이때를 이용하여 프락터는 아내에게 진심으로 용서를 구하며 아내의 뜻을 따르겠다고 한다. 아내 또한 남편이 죽지 않았으면 좋겠다고 말하며 자신이 용서받아야 할 죄인이라고 고백한다. 그리고 남편에 대해 의심했던 일, 사랑을 표현할 줄 몰랐던 일에 대해서도 용서를 구한다. 아비게일 일로 서로에게 차가웠던 부부는 이제 진정한 사랑을 말한다.

프락터: 당신 용서를 받고 싶소, 엘리자베스!

엘레자베스: 스스로를 용서 안 하면 내 용서가 무슨 소용이죠? 내 영혼이 아니라 당신 영혼이에요. 명심해요. 당신이 무슨 일을 하든 당신은 선한 사람이에요. 저도 죄를 지었어요. 제가 더 잘 했어야 했어요. 존, 전 스스로를 평범하고 잘난 것이 없어 사랑받을 자격이 없다고 여겼어요. 그래서 당신을 의심했던 거예요. 제 사랑을 표현할 줄 몰랐어요. 냉정한 아내일 뿐이었죠.

이들 부부는 서로에게 용서를 구하고 사랑을 확인한다. 그러자 불현듯 프락터는 살고 싶다는 생각이 든다. 목숨만 살려준다면 그까짓 악마와 내통했다는 자백이 무슨 대수겠는가? 자신이 영웅도 아닌데 그냥 자백하고 서명하면 그뿐 아닌가? 결국 프락터는 심판자들을 향해 살고 싶다고 말한다. 거짓 자백을 해서라도 목숨을 구하겠다는 것이다. 그러나 심판자들은 가혹하다. 댄포스는 프락터에게 악마와 결탁했는가를 확인한 후, 그때 다른 죄수들과 함께 있었느냐고 묻는다. 다른 사람의 이름을 대라는 것이다. 이 물음은 청문회에서 밀러에게 요구했던 것과 똑같은 질문이다. 프락터는 강하게 반발하며 아무도 보지 못했다고 당당하게 말한다. 댄포스는 이번에 악마와 결탁했다는 것을 글과 서명으로 남겨 마을 사람들이 볼 수 있도록 교회 문에 붙여야 한다고 말한다. 재판장은 마을에서 프락터의 명망을 이용하여 자신의 잘못을 덮을 생각을 하고 있는 것이다. 그러나 서명을 마친 프락터는 종이를 쉽사리 넘기지 못한다. 그 종이는 만천하에 공개될 것인데, 그렇다면 결백을 주장하며 죽어 간 사람들 그리고 자신의 아들들을 어떻게 볼 수 있겠는가? 프락터는 이름을 쓰고 서명을 했고, 그러한 사실을 재판장이 두 눈으로 똑똑히 보았으니 그것으로 안 되겠냐고 묻는다. 정직함을 추구하며 살아온 한 인간으로서 거짓 서명한 자신의 이름을 도저히 넘겨 줄 수 없었던 것이다.

> "대중 앞에서 참회하면 그걸로 안 되겠소? 하나님은 내 죄를 아시니 굳이 교회에 붙일 필요 없소! 내 친구를 팔아 놓고 어떻게 아들들을 보겠소? 침묵하며 죽어 간 모든 이의 이름을 더럽혔소! 내 이름이니까요! 내 인생에 하나뿐인 이름이니까요! 거짓을 말하고 거짓에 서명했으니까요! 난 이

미 죽은 사람들의 발 사이의 때보다도 못하니까요. 내 영혼을 주었으니 내 이름은 그냥 둬요!"

자기 이름은 그냥 둬 달라고 외치던 프락터는 결국 자기 이름과 서명이 들어 있는 거짓 자백을 찢어 버리고 만다. 거짓의 이름이 만천하에 공개되어 뭇 사람들을 볼 면목이 없는 것보다는 차라리 인간의 존엄성을 지키며 죽음을 선택하겠다는 것이다. 하지만 이렇게 해서 평범한 농부였던 프락터는 죽음에 굴하지 않고 자신의 이름을 끝까지 지키는 고귀한 영웅으로 거듭났다.

마녀사냥

신 중심의 중세 유럽에서 인간의 사고와 행동의 기준은 오롯이 신의 말씀이었다. 따라서 신의 뜻에 거역하는 자는 곧 마귀나 사탄의 영이 들어간 자로 규정되었다. 악마와 결탁한 마녀로 간주되었던 것이다. 마녀사냥(witch-hunt)은 가톨릭의 기득권 유지에도 유용한 수단으로 1500년대에 본격적으로 시작되어 1660년에 이르기까지 유럽 전역에서 광범위하게 있어 왔다. 이때 대략 5만 명에서 8만 명 정도가 희생된 것으로 보고되고 있다. 영국에서도 마녀사냥에 의한 희생자 수가 상당한 것으로 기록되어 있다. 특히 청교도 혁명 전야인 1645년부터 1647년, 찰스 2세 치하에서 수백 명이 마녀의 죄목을 뒤집어쓰고 처형되었다. 따라서 이들의 후예이자 청교도인 세일럼 주민들은 마녀사냥에 익숙한 사람들이라고 해도 과언이 아니다. '하나의 정치적 신조를 절대화하여 이단자를 유죄로 만드는 현상'이라는 마녀사냥의 사전적 정의를 보면 마녀사냥은 개인을 상대로 한 절대적인 신념을 지닌 집단의 히스테리 현상이다. 당시 종교개혁 이후 신구교 사이의 갈등과 종교전쟁을 비롯하여 흑사병의 유행으로 삶은 피폐해지고 수많은 사람이 죽어 나가는 상황이 전개되었다. 그러자 지배층은 이러한 고난의 삶을 마녀의 저주로 돌리고 이들을 희생양으로 삼아 자신들의 기득권을 보호하고자 하였다. 마녀사냥은 주로 재산이 많고 힘이 없는 과부가 대상이 되었는데 재산을 찬탈하려는 목적이 숨어 있었던 것이다.

한번 마녀로 낙인이 찍히면 누구든 그 망에서 절대로 빠져나갈 수 없었다. 그리고 일단 마녀로 의심받으면 스스로 마녀가 아니라는 것을 입증해야 했다. 이를 증명하기 위해 열린 것이 마녀재판이다. 〈크루서블〉에서 제시된 재판도 바로 이러한 유형의 재판이다. 마녀재판은 눈물시험, 바늘시험, 불시험, 물시험 등이 있었다. 눈물시험은 마녀는 눈물이 없으므로 눈물을 흘린다면 마녀의 혐의에서 벗어날 수 있다는 것이다. 바늘시험은 바늘로 찔렀을 때 피가 나지 않으면 마녀라는 증거가 되며, 불시험은 달군 쇠로 지졌을 때 이를 견뎌 내면 마녀라는 증거가 된다. 영화에서 아비게일은 의심을 받게 되자 자기 몸에서 피가 났다는 사실을 말하면서 위기를 모면하려고 한다. 피가 났으니 자신을 마녀로 의심하면 안 되다는 것이다. 물시험 또한 우스꽝스럽다. 물에 던졌을 때 마녀라면 물 위에 뜰 것이고 마녀가 아니라면 가라앉을 것이다. 물 위에 뜨면 마녀로 단죄되어 화형에 처해질 것이고 가라앉으면 익사할 것이므로 어쨌든 죽을 수밖에 없는 것이다. 고문을 참고 견디면 이 역시 마녀의 징표로 몰아갔다. 영화에서 십계명을 외워 보라고 한 것처럼 실제로 성경을 외우도록 하거나 납으로 된 신발을 신고 물위를 걷게도 하였다. 또한 마녀재판에 관련된 모든 비용은 마녀로 찍힌 장본인이 지불해야 했으므로 결국 한

번 마녀로 지목되면 죽거나 전 재산이 몰수되었다.

마녀사냥의 현상적 특징은 다음과 같다. 첫째, 마녀사냥에 동참한 집단은 군중심리에 휩쓸려 자의식을 망각한다. 세일럼에서 악마와 내통한 것으로 단죄를 받은 사람들은 자의식이 강한 반면, 박수를 쳐대는 주민들은 군중심리에 휩쓸린 모습이다. 둘째, 집단적으로 행하다 보니 개인의 책임 소재가 불분명하다. 설령 마녀 화형이 잘못된 것이라고 하더라도 책임질 사람이 없다. 이 점은 영화에서도 분명하게 나타난다. 불리한 상황을 의식한 아비게일이 도주해 버리자 증인은 사라지고 고착화된 의심과 신념만 남는다. 셋째, 군중의 주장은 정확한 정보에 근거하기보다는 상상과 억측을 기반으로 한다. 군중은 이성적인 모습이 아닌 감정적인 모습을 보이며 논리적인 비판 정신이 결여되어 있다. 따라서 영화에서 볼 수 있듯이 사실적 물증의 증거 기반이 아닌 증인의 고발로만 이루어진 마녀사냥은 자칫 거짓 증거에 놀아날 위험이 있다. 넷째, 하나의 목적에만 매달리므로 맹목적이며 합리적인 판단 능력이 떨어진다. 애초에 마녀로 몰아 사형을 시켜야겠다고 결정된 상태에서 재판을 시작한다면 객관적이고 공정한 재판을 기대하기 어렵다. 다섯째, 마녀를 단죄하는 군중을 이루는 개개인들은 상호 간에 일체감을 느낀다. 그들은 공동으로 분명한 적을 만듦으로써 그들 사이에 연대감을 공공연히 한다. 개인이 군중의 일원으로 맹목적으로 상호 동조하면서 안전감과 소속감을 느낀다. 그러므로 군중은 서로 의존하면서 통합과 조화를 강조하는 모습을 보인다.

현대에도 마녀사냥의 형태는 집단 히스테리의 형식으로 여전히 존재한다. 학교에는 교우 관계와 성적 스트레스로 인한 학교 히스테리가 있으며, 전쟁터에는 적을 죽이지 않으면 자신이 죽어야 하는 전쟁에 투입된 군인들의 전쟁 히스테리도 있다. 또한 영화에서처럼 명백한 증거가 없음에도 여론을 몰아가며 어떤 사건을 기정화시켜 버린 후 한 개인을 희생물로 삼는 경우도 있다. 이런 현상은 역사 속에서 항상 있어 왔다. 나치의 선동과 유대인 학살, 미국의 인종차별에서 비롯된 백인우월주의(KKK)와 매카시즘이 그 단적인 예다. 또한 사이버 공간에서 익명의 네티즌들이 벌이는 마녀사냥도 있다. 이들은 비난 대상으로 선정된 개인을 사실 여부도 따지지도 않고 마구잡이식으로 인신 공격한다. 익명으로 자신을 감춘 채 공동의 의견이라는 무기로 무기력하게 노출된 개인을 공격할 때 네티즌은 우월감을 느낀다. 무자비한 개인의 신상털이와 공개적인 인신 공격으로 인해 개인은 커다란 충격과 심리적 외상을 입게 된다. 된장녀, 개똥녀, 국물녀, 루저녀 그리고 타블로의 학력 위조 사건 등이 그 예라고 하겠다.

에버릿 딘 마틴(Everett Dean Martin)의 저서 『군중행동(*Behavior of Crowds*)』(2012)에 따르면 SNS에서 벌어지고 있는 현대판 마녀사냥은 본질적으로 군중행동에 속한다. 개인은 누구나 군중이 될 수 있으며, 군중을 낳고 유지시키는 것은 '신앙(믿음)'이다. 그들 사이에 어떤 믿음이 형성되면 그것은 절대화되어 종종 광신으로 치닫게 된다. 군중이 처음부터 폭력적인 것은 아니지만 일단 폭력적 행동이 개시되면 곧 집단 폭력으로 이어지는 특징도 있다. 마틴이 진단한 군중심리는 영화 〈크루서블〉에서 거의 그대로 적용된다. 처음에 잔잔한 의심으로 시작했지만 패리스 목사와 푸트남 등의 개인적인 믿음이 점차 군중의 동력을 얻자 그 힘이 걷잡을 수 없이 번지면서 광적인 상태가 되어 가는 것이다. 이들 군중이 두려워하는 것은 군중심리에 거역하는 개인성이다. 그러므로 마녀로 지목당하지 않은 개인들은 기꺼이 군중의 무리에 합류하여 마녀를 성토하고 단죄하게 된다.

매카시즘

〈크루서블〉이 할리우드에서 오랫동안 개봉되지 못한 것은 아마도 미국의 정치적 상황과 맞물려 있었기 때문이 아닌가 생각한다. 밀러는 현대판 마녀사냥인 매카시즘(McCarthyism)의 피해자였던 것이다. 냉전시대가 한창이던 1950년대 초반 미국 공화당 상원의원인 매카시가 "국무성 안에 205명의 공산주의자가 있다."는 폭탄 발언을 함으로써 미국은 마녀사냥의 광풍으로 휘몰아쳤다. 그러자 한국전쟁을 경험하고 소련과 중국과 같은 공산주의의 위협을 두려워하던 미국인들은 강력한 반공 노선을 취하게 되었고 이에 반대하는 사람들은 공산주의자라는 낙인에 찍힐 위험에 처했다. 매카시즘은 특정한 정치인들이 여론몰이를 통해 자신들의 이익을 추구한 미국식 마녀사냥이었다. 매카시즘의 회오리 속에서 반미 활동위원회는 할리우드를 주목했다.

진보적이고 자유로운 사상을 소유한 밀러는 젊은 시절 한때 공산당에 가입한 적이 있었다. 그리고 이것이 문제가 되어 그 역시 FBI에 의해 청문회에 소환된다. 그를 고발한 사람은 밀러의 절친한 친구였던 영화감독 엘리아 카잔이었다. 카잔은 밀러의 출세작 〈세일즈맨의 죽음〉(1949)을 초연할 정도로 친한 사이였다. 하지만 청문회에 소환되면서 결백을 증명하기 위해 다른 사람의 이름을 대야 했는데 카잔이 밀러의 이름을 댔던 것이다. 밀러 역시 누군가의 이름을 대라고 종용당했지만 진술을 거부하고 결국에는 국가모독죄로 고소를 당하게 된다. 그러나 이러한 시련에 굴하지 않은 밀러는 청문회 이후 분노에 쌓여 17세기 세일럼에 있었던 마녀사냥에 대한 기록을 근간으로 1952년 〈크루서블〉을 발표한다. 작품으로 자신을 대변하고 사회의 광기를 고발한 작가다운 행동이었다. 그러니까 작품 속의 주인공 프락터, 모든 것이 위선이고 정직함이 사라졌다고 부르짖는 프락터는 집단 광기에 항거한 작가 자신에 대한 옹호이자 분신 혹은 대변인이었던 것이다.

매카시즘을 소재로 한 영화는 〈크루서블〉 이외에도 조지 클루니 감독의 〈굿 나잇 앤 굿 럭〉(2005), 프랭크 다라본트 감독, 짐 캐리 주연의 〈마제스틱〉(2001), 어윈 윙클러 감독, 로버트 드 니로 주연의 〈Guilty by Suspicion〉(1991), 마틴 리트 감독, 우디 앨런 주연의 〈프론트〉(1976) 등이 있다.

연극 〈시련〉

사전에 보면 'crucible'은 첫째로 용광로의 쇳물 괴는 곳 또는 야금에서 도가니를 뜻하며, 둘째로는 가혹한 시련을 뜻한다. 국내에 개봉된 영화는 〈크루서블〉이라는 제목을 사용했고, 연극에서는 번역된 제목[3]을 존중하여 후자의 뜻인 〈시련〉을 제목으로 택하였다. 집단 최면이라는 주제를 크게 부각시키고, 편견과 아집으로 사물을 바라볼 때 얼마나 쉽게 자기최면에 빠질 수 있는가 하는 무서움을 강조하고자 한다면 펄펄 끓는 '도가니'라는 의미는 합당해 보인다. 그러나 연극의 제목을 〈시련〉이라고 선택한 배경에는 집단적인 광기보다는 신념과 용기를 지닌 개인이 겪어야 할 시련이라는 주제를 강

3) 『아서 밀러 희곡집』으로 김윤철이 번역하였다.

조하겠다는 의미로 받아들일 수 있다. 연극의 미덕과 가치를 개인의 죄와 희생과 용서, 신념과 명예에 관한 문제에서 찾을 수 있을 것이다.

한국에서 연극 〈시련〉은 유명하다. 특히 대학입시에서 자주 거론되다 보니 약간 거품이 있는 것도 사실이다. 그렇다고 원작이 지니고 있는 의미와 가치, 이를테면 인물들 간의 치열한 심리적 갈등, 평범했던 한 남자가 자신의 이름을 외치며 죽어 가는 영웅적 행위가 축소되는 것은 아니다. 그동안 많은 공연이 있었지만 대표적인 것으로 2007년 예술의 전당 토월극장에서 공연된 윤호진 연출의 〈시련〉과 2015년 12월 명동예술극장에서 공연된 박정희 연출의 〈시련〉을 꼽을 수 있다. 희곡 〈시련〉은 길이와 인원 등의 엄청난 규모로 섣불리 무대에 올리기가 쉽지 않다. 아마 작품을 손대지 않고 전체를 공연한다면 적어도 240분 정도의 공연 시간을 염두에 두어야 할 것이다. 윤호진의 〈시련〉은 약 185분 정도, 박정희의 〈시련〉은 155분 정도가 소요되었다. 두 공연 다 전체를 그대로 무대에 올린 것은 아니고 부분 각색을 하였다. 우리 관객의 정서상 중간에 휴식 시간이 있긴 하지만 4시간 정도의 공연이 부담스러운 것은 사실이다. 사각형의 프레임으로 제한되어 있고, 비연속적인 영화와는 달리 동시성과 연속성을 통해 전체를 펼쳐 보이는 연극은 밀폐된 공간에서 숨 막힐 정도의 진한 밀도로 인간 욕망을 그려 낼 수 있다는 이점이 있다. 이러한 무대의 강점을 살리기 위해서는 순간적으로 이뤄지는 불꽃 튀는 격한 감정의 교류나 심리적 갈등이 분절 언어가 아닌 신체 언어로 표현되어야 하고, 그렇게 되었을 때 극적 질감의 참맛이 살아나 관객을 흡입할 수 있다.

영화나 두 연극에서 공통적인 것은 첫 장면에서 숲 속의 소녀들의 의식 거행을 실제로 보여 준다는 점이다. 4막으로 구성된 희곡의 1막 첫 장면은 패리스 목사의 이층 침실로 제시되어 있지만 이를 무시하고 어두운 숲 속에서 소녀들이 펼치는 의식 장면으로 시작한 것을 보면 영화감독이나 연출가들에게 소녀들의 집단의식은 매력적인 장면인 것처럼 보인다. 2막은 프락터의 집의 어느 방이며, 3막은 세일럼 교회의 제복실, 즉 법정이다. 댄포스가 등장하는 것은 이때부터다. 4막은 형무소의 감방이다. 따라서 프락터와 엘리자베스의 재회도 영화처럼 야외가 아닌 감방에서 이루어진다. 영화에서는 유죄로 선고된 죄인들이 교수형을 당하는 장면이 재현되지만 희곡이나 연극에서는 프락터가 종이를 찢은 후 처형장으로 끌려 나간 후 엘리자베스의 다음과 같은 마지막 절규로 끝을 맺는다(김윤철 역, 2002: 152). "저 이는 이제 자기의 고결성을 되찾은 거예요. 하나님께선 제가 그걸 다시 빼앗는 걸 용서하지 않으십니다!"

두 공연을 잠시 살펴보면 다음과 같다. 하나는 2007년 뮤지컬 〈명성왕후〉를 연출했던 연출가가 연극판으로 되돌아오면서 들고 온 〈시련〉으로 여러 면에서 의의가 있다. 오래전 실험극장에서 〈아일랜드〉와 〈사람의 아들〉 같은 문제작을 발표했던 그가 뮤지컬에 입문한 지 실로 오랜만에 연극 무대와 다시 만난다는 점과 1979년 〈시련〉을 무대에 올리려고 맹연습하던 중 10·26사태가 일어나 강제로 중단되었던 아픈 과거가 있다는 점이다. 당시 우리의 정치적 상황은 집단의 비합리적 힘에 의해 개인이 희생되는 작품 속 세일럼이나 미국의 1950년대와 다를 바 없었다. 따라서 이번 무대에서 주목해야 할 것은 연출가 역시 언급하고 있는 것처럼, 인간의 아집과 편견이 빚어낸 마녀사냥의 분위기에서 개인 대 개인의 심리적 갈등 묘사가 얼마나 극적으로 표출될 수 있느냐 하는 점이다. 이런 무대에서 행할 수 있는 가장 근원적 방법은 테크닉을 가능한 한 자제하고 배우에게 모든 것을 맡기는 자세가 될 것이다.

특히 집단적 광기의 거대한 힘, 힘에 짓눌려 희생되는 개인들, 죽음의 공포와 그림자 속에서 얄팍한 이익을 챙기는 사람들의 관계, 즉 권력과 인간성, 집단과 개인의 관계를 그린 〈시련〉 같은 작품에서 배우의 연기력은 커다란 힘을 발할 수 있다. 화려한 테크닉을 자랑하는 뮤지컬에서 빈 몸으로 귀환한 연출가의 콘셉트와 무대의 만남이 주목받은 것은 이 때문이다. 공연 당시 꽤나 많은 관객이 보았고 프락터의 비극적 영웅화를 잘 표현함으로써 흡입력이 좋았다는 평가를 받았다.

다른 하나인 2015년의 공연은 이전 공연과 크게 다른 것이 없다. 극의 리듬과 템포가 좀 더 빨라졌고 공연 시간도 약간 줄어들었다. 무대 전체는 나무의 질감으로 표현하여 세일럼 사건 당시의 분위기를 잘 표현했으며, 흰 잠옷을 입은 소녀들이 상황에 따라 무대 상수와 하수에 배치되어 마치 서사극과 같은 분위기를 이끌었다. 무대 안쪽에 36석의 객석을 확보하여 일반 객석과 마주보게 자리를 배치한 것도 흥미롭다. 이들은 마녀재판의 법정에서 상징적인 배심원의 역할을 하게 될 것인데 그렇더라도 극 안으로 들어오는 것은 아니다. 인위적인 음향은 전혀 사용하지 않음으로써 사실적 · 자연적 무대를 강조하여 사실성과 환상성이 혼용된 느낌을 준다. 이 공연에서 흥미로운 것은 댄포스 부주지사에 대한 강조다. 댄포스 역은 요즘 맹활약을 하고 있는 원로 배우 이순재와 남저음 목소리가 매력적인 이호성이 번갈아 맡았다. 원로 배우에 대한 예우 차원에서인지 댄포스가 법정의 무대 중앙에 위치하여 마녀재판을 이끌고 있다.

원작의 배경이 미국이고 시간이 꽤나 흘렀음에도 〈시련〉이 현재의 우리에게 와 닿을 수 있는 것은 인간에게 있어 양심, 정직성, 용기는 시공을 떠나 언제 어디서든 중요한 것이기 때문이며, 집단 히스테리 증상이 오늘날에도 여전히 만연하고 있기 때문이다. 9·11테러 이후 미국의 반테러를 위한 보복성 공격에 반대했던 밀러는 과거 자신이 경험했던 끔직한 사건에 대한 악몽이 현재에도 뚜렷하게 살아 있음을 보여 주었다. 인터넷에서 자행되는 악성 댓글 같은, 자신을 감춘 채 집단으로 한 개인을 무차별적으로 공격하는 마녀사냥은 형태만 변했을 뿐 본질은 여전히 남아 있는 것이다. 집단 히스테리의 특징은 나도 모르는 사이에 가해자가 되거나 피해자가 된다는 점이다. 이런 점에서 밀러의 〈시련〉은 강 건너 불구경 이야기가 아니라 지금 너와 나의 이야기가 된다.

생각해 보기

1. 아서 밀러는 미국 문학에서 어떤 위치를 차지하고 있는가?

2. 밀러의 〈크루서블〉의 탄생 배경은 무엇인가?

3. 세일럼에 마녀사냥이 일어난 근본적인 원인은 무엇인가?

4. 현대판 마녀사냥의 예를 생각해 보자.

5. 군중심리에 대해 생각해 보자.

6. 존 프락터가 "신은 죽었다."라고 외친 까닭은 무엇인가?

7. 인물 아비게일의 성격에 대해 생각해 보자.

8. 소녀들이 숲 속에서 의식을 거행한 까닭은 무엇인가?

9. 인간은 자신의 이익을 위해 타인을 희생시킬 수 있는가?

10. 우리는 부당함에 의한 죽음의 위협 앞에서 자신의 신념을 지킬 수 있는가?

11. 연극 〈시련〉과 영화 〈크루서블〉의 차이점은 무엇인가?

인간의 어두운 본성을 파헤친 〈지옥의 묵시록〉

1979년 칸 국제영화제에서 '황금종려상'을 수상한 프랜시스 포드 코폴라(Francis Ford Coppolla)의 영화 〈지옥의 묵시록(Apocalypse Now)〉의 원전은 영국의 해양 소설가 조셉 콘래드(Joshep Conrad)의 소설 『암흑의 핵심(*Heart of Darkness*)』[1]이다. 1899년 발표된 이 소설은 서구 식민주의와 제국주의의 만행을 폭로한 작품으로 상당한 정치적 논란을 불러일으켰다. 그리고 할리우드는 이처럼 논란의 중심에 섰던 『암흑의 핵심』에 대해 지속적인 관심을 두고 있었다. 특히 서구 문화와 사상의 정체성에 의문을 던진 감독들이 많은 관심을 보였고, 오손 웰즈(Oson Welles)는 이 소설을 영화감독의 데뷔작으로 준비했을 정도였다. 젊은 시절부터 이 소설을 영화로 만들고자 결심하였던 코폴라는 천신만고 끝에 월남전을 소재로 하여 〈지옥의 묵시록〉[2]를 완성하기에 이른다.

영화는 소설을 각색한 만큼 소설과 유사점이 많다. 영화의 배경은 월남전에 개입한 미국이고, 소설의 배경은 식민지 아프리카와 유럽이라는 상황이

---

1) 제목은 '암흑의 심장' '암흑의 오지' '어둠의 심장' '어둠의 오지' 등으로 다양하게 번역되어 있다. 이 글은 민음사에서 출판된 『암흑의 핵심』(이상옥 역, 1999)의 제목을 따랐다.

2) 이 영화의 주요 수상 경력은 다음과 같다. 1979년 칸 국제영화제 황금종려상, 아카데미 최우수촬영상과 음악상, 골든글로브 최우수감독상, 남우조연상, 음악상, 영국아카데미 최우수감독상, 남우조연상 등이다. 이채로운 것은 영화의 기법과 형식의 실험성에 있어 비교가 되는 〈시민케인〉과 마찬가지로 〈지옥의 묵시록〉도 보수적인 아카데미에서 외면을 받았다는 점이다. 그런데 아카데미에서 두 작품이 똑같이 촬영상과 음악상을 받은 것은 우연치고는 매우 흥미 있는 사실이다.

다를 뿐이다. 소설 첫 부분에서 말로는 런던의 템스강을 바라보며 이곳이 미개척지였을 먼 과거를 상상한다. 당시 정복자였던 로마는 현재 문명의 불빛으로 휘황찬란한 런던에서 강도와 살인을 저질렀다.

> "그것은 암흑 세계를 다루어야 하는 사람들에게는 아주 적합한 행위이지. 이 세계의 정복이라고 하는 것이 대부분 우리들과는 피부색이 다르고 우리보다 코가 약간 낮은 사람들을 상대로 자행하는 약탈 행위가 아닌가?" (이상옥 역, 1995: 15).

소설에서 약탈자의 위치에 있는 유럽은 영화에서는 미국으로 설정되어 있으며 아프리카와 월남은 공히 약탈 행위의 대상이다.

영화를 제대로 이해하기 위해서는 중심인물인 커츠 대령의 행동과 그가 죽어 가면서 힘겹게 한 말 '공포'에 대한 숙고가 필요하다. 또한 커츠가 무슨 이유로 조국인 미국을 배반하고 밀림 속으로 들어간 것인지도 생각해 봐야 한다. 이러한 숙고는 영화를 이해하는 중요한 열쇠를 제공할 것이다.

영화의 줄거리는 베트남전쟁 당시 명령을 어기고 탈영한 커츠 대령(말론 브란도 분)을 암살하라는 명령을 받은 윌라드 대위(마틴 쉰 분)가 밀림 속에 들어가 대령을 만난 다음 그를 살해하고 임무를 완성하는 것으로 짜여 있다. 화면을 가득 메우는 광기로 얼룩진 전쟁의 비참한 모습, 이데올로기에 희생당하는 젊은이들, 폭력적인 무력 앞에 나약하게 죽을 수밖에 없는 민간인들, 이를 거짓말로 미화시키거나 숨기는 군 수뇌부 그리고 명령을 어기고 밀림 속으로 들어가 자신의 왕국을 건설한 커츠 대령 등을 통해 영화는 인간의 본성에 질문을 던지고 있다. 대령을 찾아 밀림 사이로 끊어질 듯 이어져 있는 넝강을 작은 해군 수송선을 타고 거슬러 올라가는 대위 일행이 겪는 갖가지 모험은 현대판 오디세이다. 그런데 영화는 안개에 쌓인 콩고강이나 넝강처럼 전체를 관통하고 있는 애매하고 이완된 선율과 화면으로 주제를 쉽사리 밖으로 드러내지 않는다.

이 경우 원전과의 비교 연구는 유용하다. 소설과 영화를 비교 · 분석하면 영화에서 드러나지 않는 중요한 언술 행위 및 사건을 소설에서 찾아낼 수 있으므로 영화의 이해를 위한 소설 읽기는 좋은 방법이다. 나아가 이 글은 영화 속에 그 흔적이 진하게 묻어 있는 프레이저(Frazer)의 『황금의 가지(*The Golden Bough*)』와 엘리엇(Eliot)의 『텅빈 사람들(*The Hollow Men*)』 등을 참고할 것이다. 이러한 비교 방법론을 통해 영화에서 인간의 어두운 본성이 어떻게 드러나고 있는지를 밝혀 보려고 한다.

영화와 소설

〈지옥의 묵시록〉은 소설을 있는 그대로 영화화한 것이 아니라 많은 부분을 각색하였다. 유사점이 많지만 그럼에도 엄밀한 의미에서 양자 간의 차이점은 상당하다. 영화는 소설에서 세세하게 다루고 있는 조그만 사건들과 말로의 섬세한 심리적 변화를 전반적으로 보여 주지 못하는 반면, 과감하고 화려한 전쟁 장면을 첨가하고 커츠의 모습을 극적으로 부각시켜 소설에서 맛볼 수 없는 긴장감과 감동을 준다. 영화와 소설 사이에 차이점이 많음에도 저변에 흐르는 중심 주제와 사상은 거의 일치한다. 이를 파악하기 위해 먼저 영화와 소설의 서사적 구조를 살펴보자.

영화의 서사 구조

영화의 오프닝 장면에서 더 도어즈(The Doors)의 '디 앤드(The End)'가 느린 템포로 흘러나오는 가운데 헬기 부대가 푸른 밀림을 붉게 물들이며 초토화시킨다. 푸른색과 붉은색의 조화가 선명한 화면에 이어 심장의 박동소리를 내는 헬기들의 프로펠러가 디졸브를 통해 실내의 선풍기 펜으로 바뀌면서 카메라는 대위가 누워 있는 실내로 들어온다. 이어 화면이 중첩되면서 윌라드의 거꾸로 된 얼굴이 클로즈업되어 나타난다. 이 장면 전환은 윌라드의 심리 상태를 시각적으로 보여 준다. 아내로부터 이혼당하고 미국 사회에 적응하지 못한 채 화염과 피비린내 나는 정글을 그리워하면서 "난 언제고 정글로 되돌아가고 싶다."고 말하는 윌라드 대위의 목소리가 바로 그것이다. 스스로 상처를 내고 알몸으로 춤을 추는 자아 분열적인 행동과 끈적거리는 목소리는 밀림과 도시 혹은 원시와 문명, 어느 곳에서도 안식처를 찾지 못하는 윌라드의 정신적인 공황 상태를 보여 준다. 소외되고 고립된 윌라드의 불안정한 상태는 커츠의 캐릭터 및 영화의 성격을 이해하는 데 중요하다. 관객은 대위가 보여 주는 심리적 공허함을 바탕으로 그가 겪는 갖가지 사건을 통해 커츠를 이해할 수 있기 때문이다.

나트랑의 군 수뇌부로 불려간 윌라드 대위는 미군 특수부대 출신이며 정보장교인 월터 커츠 대령을 암살하라는 명령을 비밀리에 하달받는다. 커츠 대령이 맹종하는 부하들을 거느리고 캄보디아 오지에서 왕국을 건설하여 반국가적 행위를 서슴지 않는다는 것이 그 이유다. 이제부터 카메라는 주어진 임무를 수행하는 윌라드를 좇는다. 대위는 영화의 줄거리를 이끌어 가는 내레이터가 되고, 관객은 윌라드와 동행하며 그가 겪는 사건을 경험하고 그의 감정을 보이스 오버로 듣게 된다. 대위는 강을 따라 자신을 호송해 줄 네 명의 대원과 함께 작은 수송선을 타고 넝강을 거슬러 올라간다.[3] 윌라드는 상부에서 전달해 오는 자료를 통해 대령에 대한 정보를 축적하며 그에게로 접근한다. 또한 강변을 따라 길게 나열된 어두운 밀림, 더위, 기괴한 소음들, 마약, 무리로 존재하는 몰개성의 원주민들이 대위 일행을 비현실 세계로 인도한다. 윌라드 대위를 싣고 진한 안개를 헤치며 나아가는 수송선은 한번 건너면 다시는 돌아오지 못하는 망각의 레테강을 거슬러 올라가는 것처럼 보인다. 넝강을 따라 가면서 윌라드 대위 일행은 충격적이고 비정상적인 전쟁 양상과 베트남에 대한 미군들의 잔학 행위를 목격한다. 이 충격적인 경험은 대위 일행으로 하여금 심리적인 변화를 겪게 한다. 이같이 일행이 강 상류로 접근하면서 겪는 갖가지 사건들과 커츠의 영토에서 일어난 사건들은 영화를 이끌어 가는 전체적 서사 구조다.

소설의 서사 구조

폴란드 출신인 소설가 콘래드(Conrad)는 17세에 마르세이유에서 프랑스 상선의 선원으로 새로운 삶을 시작한다. 29세가 되던 해 콘래드는 영국 국적과 동시에 선장 자격을 취득하게 되고, 33세에 소설의 배경인 아프리카의 콩고강을 실제로 항해하기에 이른다.

소설은 말로라는 선원이 템스강에 정박 중인 범선 '넬리호'에서 썰물을 기다리면서 배에 동승한 다른 사람들에게 젊은 시절 아프리카에서 경험했던

3) 이런 점에서 〈지옥의 묵시록〉은 일종의 로드무비가 된다.

이야기를 들려주는 형식으로 구성되어 있다. 이러한 정황으로 보아 소설의 화자인 말로는 다름 아닌 작가의 분신인 것을 알 수 있다. 그런데 소설에는 말로의 이야기를 듣는 '나'라는 1인칭 화자가 따로 존재한다. 이 1인칭 화자는 거의 눈에 띄지 않는데 도입부에서 어둠에 젖는 템스강 하구의 모습을 묘사하고 말로를 비롯한 일행을 소개하는 역할을 한다. 그런 다음에야 말로가 말을 시작하는 것이다. 그러므로 이 소설은 말로의 껍질을 쓰고 작품에 내재하고 있는 작가 자신의 이야기, 1인칭 화자의 이야기 그리고 말로의 이야기라는 삼중적인 이야기의 서술 구조를 지닌 "액자소설"(이상옥 역, 1999: 58)이다. 또한 말로는 커츠를 분명하게 이해하게 되면서 어느덧 커츠의 분신이 되는 양상을 보인다. 따라서 소설의 서사 구조는 '콘래드=말로=커츠'라는 등식이 성립한다.

서사적인 구조 면에서 영화와 소설은 크게 빗나가지 않는다.[4] 커츠는 영화와 소설에서 동일하게 거명되며 두 화자의 지향점이기도 하다. 소설의 말로는 영화의 윌라드가 된다. 두 화자를 동일 인물로 간주한다면 소설에서 '나'라고 표현된 1인칭 화자는 영화에서 윌라드의 여정에 동참하는 관객의 시선이 될 것이다. 또한 소설에서 '나'의 존재는 비구체적인 까닭에 영화에서 불특정 다수로 설정하였다. 영화와 소설은 상호 간에 이야기 서술 방법, 즉 서

4) 물론 영화와 소설은 상당한 차이점이 있다. 말로가 아프리카의 밀림으로 떠나게 된 것과 윌라드가 넝강을 따라 캄보디아의 밀림 속으로 들어가는 도입부 역시 매우 다르며, 이들의 모험 양상도 꽤나 차이가 있다. 소설에서 말로는 처음부터 콩고강을 따라 상류로 거슬러 올라가는 것이 아니라 프랑스의 선박을 타고 아프리카에 접근한다. 또한 말로의 임무는 아프리카에서 주재원들이 수집한 상아를 가져오는 일인 반면, 영화에서 윌라드의 임무는 아예 커츠를 제거하는 일이다. 소설에서 말로가 커츠라는 이름을 알기까지는 상당한 시간이 경과되지만 영화에서는 처음부터 커츠가 거론된다.

사적 구조에서 매우 유사한 방법을 취하고 있다. 독자를 암암리에 동참시켜 글 읽기에 몰입하게 하고 화자인 말로에게 동의할 수 있도록 한 콘래드의 글쓰기 기술을 코폴라는 상당히 의식했던 것으로 보인다. 영화에서 윌라드 대위의 보이스 오버, 사건들, 비물질적인 존재로 화면에 간간이 제시되는 커츠 대령은 이러한 글쓰기 기술을 염두에 둔 것이라고 할 수 있다.

여정

영화는 소설과 상당 부분에서 비슷하다. 그럼에도 시대와 배경이 다른 만큼 윌라드와 말로가 직접 체험하는 외적인 사건은 다르다. 소설에서 말로가 처음부터 콩고강을 여행하는 것은 아니다. 그는 우선 프랑스 기선을 타고 아프리카로 향한다. 그리고 떠난 지 30여 일 후에 콩고강의 하구에 도착하게 되고, 작은 기선으로 강가에 위치한 회사 주재소에 도착한다. 이 주재소에는 본격적으로 콩고강을 여행할 말로의 배가 있지만 배는 강바닥에 가라앉아 있다. 그는 상당한 시일을 소비한 끝에 배를 들어 올려 수리를 한 다음 커츠가 있는 암흑의 주재소로 출발한다. 영화에서는 이 부분부터 윌라드 대위가 해군 수송선을 타고 출발하는 것에 해당한다.

영화의 여정

커츠를 찾아 나선 대위는 강을 따라가면서 여러 모험을 경험한다. 그가 겪는 사건들은 하나같이 영화를 이해하는 데 매우 중요하다. 대위를 목적지까지 호송하는 작은 연락선에는 필립스 선장, 유명한 서퍼인 랜스, 기관장 겸 주방장인 셰프, 17세의 클랜이 타고 있다. 이들 일행은 출발 후 맨 처음 킬고어 부대와 조우한다.

킬고어 부대는 전쟁의 양상을 다방면으로 보여 준다. 첫째, 미국 언론은 국민들에게 전쟁의 진정한 모습을 전하는 것이 아니라 연출된 장면을 통해 거짓말[5]하고 있음을 보여 준다. 둘째, 헬기 전투 신은 하이앵글과 로우앵글을 교차시키면서 권력과 힘의 불균형을 드러낸다. 또한 소음과 침묵을 통해 명암을 대비시키는 것은 막강한 공격자와 힘없는 방어자의 대조적인 메타포다. 킬고어는 랜스가 서핑을 해야 하다는 이유로 민간인들을 무차별 학살한다. 승리의 바그너 음악을 들으며 헬기에 앉아 로우 앵글로 지옥이 되어 버린 지상을 바라보는 킬고어의 시선은 베트남전쟁이 정의롭고 인도적인 전쟁이 아니라 독선적인 권력자들의 아집과 거짓에 의한 광적인 전쟁임을 보여 준다. 킬고어에게 있어 조국애, 이념, 평화 따위는 중요하지 않다. 그에게 당장 중요한 것은 카드 놀이이고 서핑이며 바비큐 파티 같은 것이다.[6] 윌라드는 킬고어를 경험한 후 배를 타고 떠나면서 중얼거린다. "킬고어의 전쟁이 그런

5) 코폴라가 〈지옥의 묵시록-리덕스〉에서 새롭게 추가한 것 가운데 하나는 커츠 대령이 윌라드에게 1969년 12월 12일자 '타임' 지에 실린 베트남전쟁 기사를 읽어 주는 장면이다. 감독은 이를 통해 미국의 위정자들이 언론 조작을 통해 전쟁에 대해 거짓을 말하고 있음을 밝히고 싶어 한다. 따라서 킬고어 부대의 TV 촬영 장면은 신문 읽어 주는 장면과 상통한다고 할 수 있다. 이런 맥락에서 감독이 인터뷰에서 〈지옥의 묵시록〉의 주제가 '거짓말'이라고 말한 것이 이해가 된다. 코폴라는 "미국 정부는 월남전에 대해 끊임없이 거짓말을 해댔다."라고 밝히면서 영화를 "반전 영화가 아닌 '반거짓말' 영화로 봐 달라."라고 주문한 바 있다.

6) 2001년 판에는 대위가 중령의 서핑보드를 감추자 화가 난 킬고어가 서핑보드를 찾기 위해 베트남 마을을 무자비하게 사냥하는 장면이 추가되었다. 전쟁광의 킬고어가 더욱 확연히 부각되는 부분이라고 하겠다.

것이라면 그들이 커츠와 다른 점이 무엇인지 궁금해진다. 광기나 살인뿐만 이 아니다. 모두가 다 정신이상이다."

대위를 태운 수송선이 만나는 두 번째 부대는 한밤중인데도 대낮처럼 불을 밝혀 놓고 이상한 분위기에 젖어 있어 커다란 도시의 환락가를 연상시킨다. 홍청거리는 분위기, 고급 일제 오토바이, 카메라를 홍정하는 상사, 플레이보이 바니걸의 공연 좌석을 제공하는 모습은 그곳이 전쟁터이긴 하지만 미국식 상업주의가 병사들 사이에 고스란히 배어 있음을 보여 준다. 병사들은 과연 전쟁을 치르는 것인지, 적은 누구인지, 무엇 때문에 싸워야 하는지 알지 못한다. 이렇게 본다면 바니걸의 위문 공연에 광란하는 병사들은 몇몇의 정치인, 장성의 체스 놀이의 희생양이라고 해야 할 것이다.[7] 이처럼 두 번째 부대에서 알 수 있는 것은 명분 없는 전쟁과 광적인 군인들, 위문 공연이란 허울 아래 젊은 병사들을 헛된 이념으로 옭아매는 장성들 그리고 나아가 자본주의의 폐해 등이다.

그들이 조우하는 세 번째 부대는 강의 최전방 전초기지인 도렁 다리에 배치되어 있다. 그곳의 전투는 일명 비버리힐즈로 불리는 혼돈과 아수라장 자체다. 록 음악이 울려 퍼지는 전투 현장에 지휘관은 존재하지 않고 누가 적군

7) 〈지옥의 묵시록-리덕스〉에서는 바니걸들을 태운 헬기의 연료가 떨어진다. 바니걸들은 대위 일행에게 헬기 연료 두 드럼을 얻는 대신 그들에게 섹스를 제공한다. 연료 두 드럼을 매춘의 대가로 지불하는 것은 바로 전쟁의 상황에서나 가능한 것이며 매춘 행위는 장 뤽 고다르(Jean Luc Godard)가 집요하게 표현한 자본주의에 대한 비판이라고 할 수 있다. 다시 말해 상거래 행위를 자행하는 한 병사가 보여 준 바와 같이 물욕에 희생되는 인간성을 부각시킨 것으로 봐야 한다. 또한 이러한 웃지 못할 매춘 행위는 전쟁에서는 누구나 희생자임을 보여 준다. 위문공연단도 위문을 받는 자들도, 적도, 아군도, 민간인도, 군인도, 남자도, 여자도, 죽는 자도, 죽이는 자도, 윌라드, 킬고어, 커츠까지 누구나 희생자인 것이다.

이고 아군인지, 누가 죽은 자이고 살아 있는 자인지 분간할 수조차 없다. 대위가 커츠를 찾아 나서면서 여러 부대를 만났지만 그들과 맞서 싸우는 구체적인 적의 모습은 좀처럼 화면에 나타나지 않는다. 아마 공포심에 가득 찬 미군들이 상대하는 적은 구체적인 존재라기보다는 열기, 밀림과 같이 비구체적이면서 이상한 마력으로 빠져들게 하는 것들 혹은 자기 자신일 가능성이 크다.

일행은 도렁 다리를 지나 상류로 전진하다가 전혀 성격이 다른 두 번의 공격을 당한다. 1차 공격이 현대식 무기로 이루어진 반면 2차 공격은 창과 활 같은 재래식 무기로 이루어진 점, 1차 공격이 있은 후 짙은 안개를 통과하고 나서 2차 공격이 있었던 점 등은 이들 공격의 의미가 어떻게 다른가를 설명해 준다. 첫 번째 공격은 커츠와 전혀 상관없는 적군 게릴라의 공격이고, 두 번째 공격은 커츠 휘하의 원주민들의 공격이었다. 첫 번째 공격이 살의가 담긴 공격이었다면, 두 번째 공격은 일행을 죽일 의도를 지닌 공격이 아니다. 재래식 무기를 사용한 것은 위협을 가해 배의 기수를 돌리게 하려는 데 목적이 있었다. 이러한 가정은 소설을 근거로 가능하다. 소설에서도 말로 일행 역시 커츠의 영토에 접근해서 원주민들의 공격을 받게 되는데, 말로의 수송선이 커츠를 데려가지 못하도록 위협을 가하는 공격이었다. 한편, 영화나 소설에서 보인 진한 안개는 총의 차원에서 화살 차원으로의 진입과, 문명에서 원시로의 진입을 의미하는 관문 역할을 한다고 하겠다.

윌라드가 커츠의 영토에 들어가기 전에 겪는 갖가지 경험은 커츠가 전쟁을 치르면서 똑같이 겪었던 것으로 전쟁의 공포와 이념의 혼란을 보여 준다. 커츠와 같은 과정을 겪은 윌라드는 소설에서 말로가 아프리카를 경험하면서 커츠를 이해하게 되는 것과 같은 상황을 맞이한다. 대위는 강을 거슬러 커츠에게 접근하면서 갖가지 자료를 통해 점차 그를 알아 가고 사건과 모험을 경험하면서 커츠를 이해하게 된다. 하지만 그럴수록 그와 대면하고 싶은 강렬한 욕구에 사로잡힌다.

소설의 여정

어릴 때부터 콩고강을 여행하고 싶어 했던 말로가 우여곡절 끝에 콩고강의 증기선 선장으로 임용된 후 방문한 회사의 사무실 광경은 매우 인상적이다. 사무실을 "하얀 무덤"으로 표현하는가 하면 사무실에서 만난 두 여자를 "지옥을 지키는 여자"라고 말한다. 또 말로는 "아프리카에 가는 사람들의 심리 변화를 연구하기 위해 이들의 두개골 크기를 재는 의사"를 만나면서 불안을 느끼기 시작한다. 그는 이러한 회사 사람들의 이상야릇한 시선을 처음에는 이해하지 못하지만 오지의 밀림과 접하면서 서서히 그 의미를 깨닫는다.

말로는 프랑스 기선을 타고 대서양을 건너 아프리카의 해안선을 따라가면서 점차 "지하세계로 가는 듯한 기분에 사로잡힌다"(이상옥 역, 1999: 59). 아프리카 해안은 설명할 수 없는 정체불명의 모습을 하고 있다. "해안은 미소를 짓는가 하면 상을 찌푸리기도 했고, 매혹적이고 장려한가 하면 야비하고 무미하거나 야만적이기도" 하면서 "침묵"하고 있다. 이러한 아프리카 해안의 모습은 영화에서 검은 밀림과 안개로 몽롱하고 흐릿하게 나타나는 넝강의 해안을 묘사하는 것 같다.

한번은 말로가 항해 중 해안에 떨어져 정박 중인 프랑스 군함을 만나는데 그 군함은 보이지 않는 적을 섬멸하기 위해 무조건 밀림을 향해 포격하고 있다. 이러한 광경에서 말로는 "광기"와 "애처로운 익살감"(이상옥 역, 1999: 30-

31)을 느꼈다고 말하는데 무형의 적에게 공격을 가하는 프랑스 군함의 광기적이고 익살스러운 사격은 영화에서 킬고어 부대나 도렁 다리의 전투를 연상시킨다. 검은 아프리카 대륙 전체를 적으로 간주하듯이 밀림을 향해 포탄을 쏘아 대는 행위는 킬고어 중령이 비행대에 연락하여 보이지 않는 적을 싹쓸이하기 위해 밀림에 네이팜탄을 쏟아붓는 행위, 도렁 다리 전투에서 어두운 하늘을 향해 총을 난사하는 미군 병사들, 검문한다는 구실로 민간인들을 학살하는 대위의 일행과 다르지 않다.

커츠는 누구인가

지금까지 영화나 소설에서 간접적으로만 존재하던 커츠는 화자의 길고 긴 강의 항해를 끝으로 화자와 직접 맞닥뜨리게 된다. 영화에서 윌라드 대위는 커츠를 대면하기 전에 정보부에서 제공하는 서류와 테이프를 통해 그에 대한 사전 지식을 얻는다. 관객의 입장에서 윌라드 대위의 사전 지식은 정보에 대한 두 층위 중 첫 번째에 해당한다. 즉, 커츠에 대한 기록과 목소리가 첫 번째 층위라면 윌라드의 모험 자체가 두 번째 층위인 것이다. 소설에서 커츠에 대한 정보 제공의 구조도 유사하다. 회계 주임과 지배인을 통한 직접 증언과 말로의 경험을 통해 독자는 커츠를 알게 된다.

윌라드와 커츠

목소리를 통해 본 커츠의 진면목은 무엇일까? 군 당국은 윌라드 대위에게 명령을 하달하면서 커츠의 녹음된 목소리를 들려준다. 녹음기가 작동하면서 다음과 같은 인상 깊은 커츠 대령의 목소리가 흘러나온다.

> "난 달팽이가 면도날을 기어가는 걸 봤어. 그게 내 꿈이야. 악몽이지. 면도날을 기어가다 미끄러지면서도 달팽이는 살아남아. 우린 놈들을 죽여야 해. 놈들을 불 질러 버려야 해. 돼지들, 소들, 마을들, 군인들 모두 말이야. 놈들은 날 암살자라고 하지. 그럼 암살자 놈들이 암살자를 비난하는 건 뭐라고 불러야 할까? 놈들은 거짓말을 해……. 놈들은 거짓말을 해 대고 우린 거짓말하는 놈들에게 자비를 베풀어야 하다니. 난 권력자들을 증오해. 그놈들을 증오한다고……."

커츠의 목소리는 두 가지 측면에서 의미심장하다. 첫째, 그는 아슬아슬한 삶을 살아왔다. '면도날을 기어가는 달팽이'는 면도날 위에 선 것과 같은 위태로운 삶을 살면서도 지금까지 그것을 견디어 온 자신을 의미한다. 둘째, 그는 군대의 권력자를 매우 증오한다. 민간인을 살육하면서 오히려 자신을 암살자로 부르고 거짓말을 해 대는 군대 수뇌부를 증오하는 것이다. 그런데 전체적인 맥락에 비추어 볼 때 이러한 증오심은 어느 정도 자신의 권력욕 실패에 따른 피해의식과 열등감도 담겨 있다.

강을 거슬러 올라가면서 겪은 윌라드의 모험은 커츠가 이미 겪은 것들이다. 따라서 윌라드는 사건을 경험할 때마다 커츠를 떠올리고 그 경험이 쌓여 갈수록 그를 이해하게 된다. 맨 먼저 킬고어 부대를 떠나면서 대위는 킬고어가 치르는 전쟁이 광기, 살인, 정신이상의 전쟁이라고 진단한다. 이어 바니걸의 광란과도 같은 위문 공연이 끝나고 배 안에서 윌라드의 보이스 오버가 이어진다. "커츠가 두목이 된 것은 당연하다. 전쟁은 별 네 개를 단 어릿광대들에 의해 진행된다." 윌라드의 관점은 바로 커츠의 관점이다. 한번은 윌라드 대위 일행이 민간인 정크선을 검문하다가 비무장한 민간인을 몰살시킨다. 이들 중 소녀는 아직 숨이 붙어 있지만 대위는 그녀를 사살하고 만다. 검문하지 말고 지나치자고 말한 것은 대위였고 꼭 검문을 해야겠다고 고집을 피운 것은 선장이었다. 그런데 이번에 선장은 숨이 붙어 있는 베트남 소녀를 우호적으로 대해야 한다고 말하고, 임무를 완수해야 하는 윌라드는 그녀를 죽인다. 이 얼마나 모순적인가? 이처럼 모순과 거짓말투성이의 미친 전쟁을 체험하면서 대위는 점차 커츠를 이해하게 되는 것이다.

말로와 커츠

소설에서 말로는 아프리카에 주재하는 백인들을 통해 커츠에 대한 정보를 얻는다. 최초의 정보는 커츠가 회사에서 유능한 1급 주재원으로 위험한 오지에 들어가 엄청난 상아를 운반함으로써 회사에 많은 이익을 주었고 그 대가로 앞으로 회사의 중역이 될 것이라는 점이다. 이러한 커츠의 모습은 영화에서 윌라드 대위가 읽은 커츠 대령의 과거 경력과 비교해 볼 때 밀림으로 들어가기 전 대령이 가장 뛰어난 장교였다는 점에서 유사하다.

말로 역시 윌라드처럼 커츠를 알아 갈수록 호기심이 커지고 그에게 마음이 쏠린다. 말로는 커츠가 머물고 있는 곳이 암흑의 오지이자 설명할 수 없는 세계, "실로 엄청나게 거대한 세계라는 것을 절감"(이상옥 역, 1999: 60)하게 된다. 또한 커츠가 전도양양한 미래를 마다하고 명령을 무시한 채 최고급의 상아를 내려 보내고 홀로 어두운 밀림 속으로 들어가 버린 이유도 궁금해한다.

〈텅빈 사람들〉과 커츠

원주민들에게 사로잡힌 윌라드 대위는 드디어 커츠 대령과 대면한다. 직접적으로 화면에 처음 나타나는 대령은 긴장감 넘치는 밀도, 밝음과 어둠의 조명 효과, 비현실적인 목소리의 조화를 통해 악마나 신과 같은 절대적 카리스마를 내뿜는다. 윌라드와 커츠의 만남은 전체적으로 매우 상징적으로 처리되어 있다. 윌라드가 자신을 죽이러 왔다는 것을 알고 있는 커츠는 그가 임무 수행의 적격자임을 알아차린다.

소설에서 커츠는 스스로 시를 쓰고 그 시를 암송하는 인물이다. "대단한 음악가" "말솜씨가 대단한 사람" "만능 재주꾼"(이상옥 역, 1999: 163-164)으로 표현되는 커츠는 영화에서 이른 아침 윌라드 대위를 불러 놓고 사원에 앉아 엘리엇의 시 〈텅빈 사람들〉('허수아비'로 번역하기도 함)을 읊는다. 엘리엇(Eliot)은 '실존의 고통에 깊이 사로잡혀' 있는 시인이었다. 엘리엇은 다음과 같이 말했다.

> "고통받는 인간들이 소망하는 것은 무엇인가? 그것은 고통 없음(aponia), '이해를 초월한 평화'다. 그러나 인간이 사는 지상에서 이 평화를 얻을 수 있는 완전한 방법—인간의 궁극의 문제에 대한 해답—은 발견되지 않고 있다. (…) 모든 작품의 심리적 주제는 바로 이 해답 없는 상태의 세계와 인간에 대한 회의다. 인간의 세상에 대한 회의는 세상에 만연한 악과 악이 주는 고통 때문이다."

고통과 악에 대해 말하는 엘리엇을 이해한다면 커츠가 엘리엇의 시를 읽는 것은 우연이 아님을 알 수 있다. '인간에 대한 회의'와 '악이 주는 고통'은 커츠를 이해하는 중요한 어휘들이다. 1925년에 쓰인 "〈텅빈 사람들〉도 그 내용에 있어서는 『황무지』에 대한 일종의 종결부라고 말해질 수 있는데, '죽은 자들보다 못한 삶'을 살고 있는 인간들은 〈텅빈 사람들〉에 묘사된 감옥 속에 사는 인간들과 조금도 다름이 없다"(이준학, 1996: 181-182). 이렇듯 커츠 대령은 가장 절망적인 시로 알려진 〈텅빈 사람들〉의 첫 연을 윌라드 대위 앞에서 읊는다. "우리들은 짚으로 채워진 사람들/그 메마른 목소리는 소리도 없고 의미도 없다"라는 시구는 참으로 공허하고 절망적이다. 그리고 이를 읽는 커츠야말로 삶과 인간에 대한 회의 및 절망에 빠져 있다고 할 것이다.

『황금의 가지』와 커츠

대위가 커츠를 살해하는 장면은 소설에는 없다. 소설에서는 중병에 걸린 커츠가 배 안에서 숨이 끊어지지만 영화에서는 커츠가 잔인하게 살해당하는 장면이 원주민들의 피의 제식 장면과 교차 편집으로 삽입된다. 이 장면은 감독이 프레이저의 『황금의 가지(*The Golden Bough: A Study in Comparative Religion*)』에서 영향을 받은 장면이라고 하겠다. 소설에서 이 부분에 대한 암시가 있긴 하다. 말로는 커츠의 외모를 보면서 그의 대머리가 "마치 상아로 만든 공처럼 인상적이었다."(이상옥 역, 1999: 109)고 설명한다. 영화에서도 커츠 역을 연기한 말론 브란도의 대머리를 강조하고 있는데, 이 대머리는 "밀림이 그를 쓰다듬은 결과 그는 그만 시들어 버렸던 것"이고, "밀림은 그를 받아들였고, 그를 사랑했으며, 그를 껴안았고, 그의 핏줄 속으로 들어가서 그의 육신을 불태웠으며, 어떤 악마의 풍습에 입문시키기 위한 상상하기 어려운 제례를 통해 그의 영혼을 밀림 자체의 영혼에 병탄해 버렸던 것이다"(이상옥 역, 1999: 109). 즉, 커츠의 대머리를 통해 식인 풍습을 상기시키는 '악마의 풍습'이라든가 '상상하기 어려운 제례'를 연관시키고 있다. 이러한 제례는 영화에서 커츠의 살해 장면과 맞물려 원주민들이 소를 죽이는 피의 제식으로 나타난다. 소설의 말로는 다음과 같이 증언하고 있다. "아직껏 원시적 초보 상태에 있던 인간들을 매혹하거나 겁줌으로써 그들이 자기를 위해 몹쓸 악마의 춤을 추도록 하는 능력까지 있었네"(이상옥 역, 1999: 109).

이처럼 영화의 말미를 장식하는 커츠의 죽음 그리고 피의 제식과 『황금의 가지』의 관계는 매우 흥미롭다. 인류학의 고전이라고 일컫는 『황금의 가지』의 "초두는 예부터 '디아나의 거울'이라고 불려온 북부 이탈리아의 조그만 네미의 호수의 묘사로부터 시작된다. 이곳은 '숲의 디아나'라고 불리는 성소였다. 이 성스러운 숲 속에는 한 그루의 수목이 서 있고 그 둘레에는 밤낮없이 흉물스러운 사람의 그림자가 배회하고 있었다. 손에는 번쩍이는 검이 들리어 있었는데, 언제 기습을 받을지도 모른다는 듯이 긴장된 자세로 늘 사방을 두리번거리고 있었다. 그는 사제였다. 그리고 동시에 살인자이기도 했다. 지금 그가 사방을 경계하고 있는 것은 조만간 그를 살해하고 사제직을 계승하려는 자를 찾고 있기 때문이다. 이를테면, 이 성소는 사제직을 계승하는 장소인데 사제의 후보자는 지금까지의 사제를 살해함으로써만 그 직을 계승할 수가 있었다. 이것은 엄격한 이 성소의 율법으로, 사제(전임자)를 살해하고 그 직을 계승한 후에는 보다 힘이 센 사람(사제 후보자)에 의해서 죽임을 당할 때까지 그 직책을 보지할 수가 있었다. 여기서 주목해야 할 일은 네미의 사제는 동시에 왕의 칭호를 가질 수 있다는 점이다. 그러니까 왕(사제)이 되려면 그 선왕을 자기 힘으로 살해하지 않으면 안 되는데, 그것이 바로 사제왕이다"[8](김상일 역, 1983: 2-3). 이 인용문에 의하면 영화에서 커츠를 내려치는 윌라드의 긴 검에 의한 살인 행위를 예견하고 이를 받아들이는 커츠의 행위, 그리고 원주민들이 살아 있는 소를 칼로 내리침으로써 붉은 선혈을 뿌려대는 제식과 병렬적으로 제시되는 커츠를 살해 장면은 결국 윌라드가 커츠의 사제의 계승자가 된다는 것임을 이해할 수 있다. 『황금의 가지』에 빗대어 본다면 그들은 성스러운 신전의 사제들이며 잔혹한 살인 행위는 사제의 계승식인 것이다. 그리하여 윌라드가 전임 사제를 살해하고 스스로 사제가 되었을 때, 모든 원주민은 커츠의 피를 뒤집어쓴 윌라드 대위 앞에 무릎을 꿇는다. 이는 대위가 그들의 왕이 되었다는 의미다. 영화에서 그 의미가 쉽사리 전달되지 않는 커츠의 살해 장면 및 윌라드와 원주민들의 관계는 『황금의 가지』에 대입시키면 의외로 손쉽게 이해할 수 있다.

화면에서는 클로즈업과 어둡고 밝은 조명의 사용을 통해 커츠의 신비로움, 성스러움, 원시적 잔인성을 강조한다. 이들이 벌인 피비린내 나는 사제 계승식은 전임 사제라 할 수 있는 커츠에 의해 준비된 것으로 신화적이고 악마적이며 원형적인 인간의 본성에 따른 행위다. 한편, 사제 계승식이 이루어지는 장소가 성스러운 사원이라는 점을 감안할 때 영화에서는 유혹의 장소이자 본원적 장소인 어두운 밀림이 바로 그곳에 해당한다. 커츠가 바라던 대로 커츠를 죽인 윌라드 대위는 이제 커츠의 모든 것을 이해할 수 있게 된다.

8) 동물의 세계에서도 무리를 이끌던 우두머리가 노쇠해지면 젊은 수컷이 도전하여 그를 내쫓거나 죽임으로써 무리들의 삶이 유지된다. 인간 세계에서도 세대 교체라는 말은 이러한 의미를 담고 있다.

그가 죽어 가면서 "공포, 공포."라고 말한 것조차도 말이다.

커츠와 밀림

이제 "커츠는 왜 밀림으로 들어갔을까?"라는 질문에 대답할 차례다. 커츠가 모든 것을 포기하고 밀림에서 원주민들의 신이 된 이유는 무엇일까? 그는 밀림의 야릇한 마술적 힘에 무엇인가를 느꼈다고 하지만 원주민들에게 각별한 애정을 느낀 것도 아니다. 소설에서는 커츠가 회사에서 공정한 대우를 받지 못했다고 판단한 것이 큰 동기가 되고 있다. 그리고 회사의 태도와 처우에 대한 불만은 영화에서도 같은 맥락이다. 커츠는 군 수뇌부에 의해 부당한 처우를 받았다고 생각한다.

한편, 문명 세계에 비해 밀림은 자유로운 곳이다. 경찰이니 제도니 하는 통제에서 벗어난 전적으로 자유로운 장소다. 문명인들은 자기도 모르는 사이에 이러한 통제에 익숙해져 있다. 하지만 밀림 속에서 인간은 해방감을 느끼면서 잃었던 능력을 발견할 수 있다. 말로는 말한다. "경찰관의 도움을 받지 못하는 철저한 고독으로 인해 그리고 다정한 이웃이 여론이랍시고 속삭여 주는 경고의 목소리를 들을 수도 없는 철저한 침묵으로 인해 한 인간의 자유로운 발길이 어떤 특정한 태초의 땅으로 인간을 이끌고 갈 수 있는지를 자네들은 아마 상상할 수 없을 거야." 이 말은 문명과 단절된 밀림에서 커츠가 어떻게 변해 갔을까를 추측하게 해 준다. 말로의 말은 계속 이어진다. "이런 경찰관이니 이웃이니 하는 사소한 것들이 있느냐 없느냐가 실은 큰 차이를 이루는 법일세. 이런 것들이 사라지고 나면 자네들은 자네들 자신의 타고난 힘에 의존해야 하고 또 스스로 충실하게 살 수 있는 능력에 의존해야 해"(이상옥 역, 1999: 111).

말로가 아프리카의 밀림을 경험하면서 뼈저리게 느꼈던 점은 바로 이러한 것이며 이는 또한 커츠가 느낀 것이기도 하다. 통제가 사라진 밀림 속에서 커츠는 흑인들에게 신으로 군림하며 자신의 본능대로 살아가는 자유를 추구했던 것이다. 영화에서도 커츠는 자유에 대해 이야기한다. "진정한 자유에 대해 생각해 본 적이 있나? 자유, 다른 사람들의 생각으로부터 자유……. 자네 자신의 생각조차로부터의 자유……." 이렇듯 커츠가 질서와 명령을 거부하고 밀림으로 떠난 이유는 진정한 자유를 좇고 원시적인 자연 상태를 추구하기 위한 것이다.[9)]

한편, 말로는 밀림을 경험하면서 밀림에는 마력이 있다고 믿는다. 그리고 "그 마력이 그간 잊혀 왔던 야수의 본능을 일깨움으로써, 또 그간 축조되어 온 괴물 같은 열정의 기억을 되살림으로써 밀림의 무자비한 가슴속으로 그를 끌어들이고 있는 것" 같다고 말한다. 나아가 "오직 그 마력만이 그를 숲과 덤불의 가장자리로 끌어내어 원주민들이 불을 지펴 놓고 북을 치면서 불길한 주문을 외고 있는 곳으로 가게 했다고" 확신하기에 이른다. 밀림은 위험한 곳이며 유혹적인 곳이다. 커츠는 그 유혹에 빠져 원주민들을 가장 잔인한 상태로 몰아넣고 "그의 영혼으로 하여금 인간에게 허용되는 소망의 한계를 넘도록 유인했던"(이상옥 역, 1999: 150) 것이다. 영화 역시 열기의 밀림 속에서

9) 문명의 거부와 자유의 추구라는 이념에서 소설과 영화에서 커츠의 행동은 합당해 보인다. 그러나 동양적 입장에서 원주민들의 신으로 군림하는 백인의 모습은 또 다른 군림과 불평등으로 간주할 수 있다. 알게 모르게 소설가 콘래드나 영화감독 코폴라는 백인우월 사상이 깃들어 있는 것 같다.

광기가 솟아나는 미군들을 재현한다. 밀림은 불법을 자행하도록 부추기며 킬고어처럼 코가 낮은 민족 위에 군림하도록 한다. 그렇다면 밀림의 마력을 체험한 커츠는 그 유혹에 넘어간 것이 된다. 그 유혹에 빠져 악마 행위를 자행하고 그에 대한 인식이 '공포'로 표현된 것은 아닐까?

'공포' 의 의미

영화나 소설에서 커츠는 죽으면서 "공포, 공포."라고 두 번 말한다. 과연 커츠가 한 이 단말마의 비명은 무슨 의미일까? 지금까지 소설과 영화를 비교하면서 줄기차게 커츠를 탐구한 것은 결국 이를 이해하기 위한 것이다. 이를 정리하면 다음과 같다.

첫째, 소설과 영화에서 커츠가 죽어 가는 순간에 이 말을 한다는 점에서 이 말이 죽음에 대한 공포일 가능성을 배제할 수 없다. 커츠의 죽음은 예견된 죽음이다. 특히 영화에서는 의도된 자살이라고 할 수 있다. 대위 일행을 쫓아 버릴 수도, 죽일 수도, 가둘 수도 있었지만 커츠는 순교자적인 죽음 방식을 택한다. 그러나 그가 신의 행세를 했다고 하더라도 그는 결코 신이 될 수는 없다. 카뮈의 희곡 『칼리귤라(*Caligula*)』의 주인공인 절대 권력자 로마 황제 칼리귤라 역시 자신의 암살자를 눈감아 줌으로써 순교를 택하지만 그 역시 신이 될 수 없었던 것처럼 말이다. 인간에게 죽음은 언제나 공포 자체인 것이다. 둘째, 공포는 커츠가 저지른 악에 대한 요약으로 볼 수 있다. 이 점은 특히 소설에서 명백하다. 커츠의 임종을 지켜보면서 말로는 그 의미를 "자기 영혼이 겪은 모험에 대한 판결"로 요약하면서 다음을 덧붙인다. "그 눈은 촛불을 보지 못하고 있었지만, 온 우주를 감싸 안을 듯이 활짝 뜨고 있었고 암흑 속에서 고동치고 있는 모든 심장을 침투할 수 있을 만큼 꿰뚫고 있었어. 그는 자신의 삶을 요약한 후 '무서워라!'라는 말로 판정을 내렸던 것일세"(이상옥 역, 1999: 159).

이는 아프리카에 침탈하여 그들을 노예 상태로 빠트리고 수탈 행위를 일삼는 백인들과 유럽의 제국주의에 대한 공포로 대입이 가능하다. 따라서 커츠의 공포를 깨달은 말로가 다시 유럽으로 되돌아왔을 때 유럽을 새로운 시각으로 바라볼 수 있게 되었고 "무덤 같은 도시" "허식" "바보들의 당치 않는 허세부리기"(이상옥 역, 1999: 161) 등으로 표현했던 것이다. 이 의미는 영화에서 전쟁에 대한 공포와 연결된다. 전쟁에 몸소 참여하여 애국심을 가장한 채 잔인한 행위를 서슴지 않았던 커츠 자신의 경험을 공포로 요약한 것이다. 영화의 마지막 부분에서 클로즈업된 얼굴들로 가득 채워진 화면들 사이로 윌라드의 보이스 오버와 커츠의 목소리가 길게 연결된다. 커츠는 윌라드에게 말한다.

> "난 공포를 본 적이 있어……. 자네가 보았던 공포를. 하지만 자네는 날 살인자라고 부를 권리는 없어. 날 죽일 권리는 있지. 그럴 권리는 있어……. 그러나 날 심판할 권리는 없어. 공포의 의미를 알지 못하는 자들에게 필요한 것이 무엇인지 말로 설명할 수가 없어. 공포, 공포는 얼굴이 있지……. 그러니 자네는 공포를 친구로 만들어야 하네. 공포와 도덕적 두려움이 자네 친구가 되어야 해. 그렇게 하지 못하면 공포는 무서운 적이 되고 말 걸."

이 말을 듣는 윌라드는 마음이 심하게 흔들린다. 윌라드는 "지금껏 대령처럼 너무나 파멸되고 산산조각 난 사람을 본 적이 없다."고 말한다. "모두가 내가 그 짓을 하기를 바랐고 특히 대령이 그걸 원했다. 난 그가 고통을 없애려고 나를 기다리며 그곳에 있는 것처럼 느꼈다." 그러므로 윌라드의 살인 행위는 군부를 위한 것이 아닌 커츠를 위한 것이다. 커츠를 깨닫고 그의 괴로워하는 영혼을 들여다본 순간 대위는 그를 위해 칼을 내려치지 않을 수 없었다.

소설의 커츠에서 한 걸음 더 나아가 영화의 커츠는 엘리엇의 시에서 인간의 허무와 절망을 선택하고, 프레이저의 책에서 원시성과 제의성을 추구하면서 인간이 저지를 수 있는 잔인한 모든 행위를 몸소 경험하고 실천한 인물로 설정하고 있다. 그는 제국주의 미국이 평화의 탈을 쓰고 미치광이처럼 전쟁에 뛰어들어 온갖 거짓과 살육을 저지르고 있다는 사실을 누구보다도 잘 알고 있었다. 윌라드 일행이 비무장한 민간인을 학살했던 것처럼, 커츠 대령 본인 역시 특수부대 시절 세계 평화를 위한다는 거짓 신념으로 온갖 만행을 저질렀던 것이다. 이런 와중에 커츠는 이데올로기와 가치관의 혼란 및 정체성의 상실을 겪었을 것이다. 이 혼란과 상실감이 그로 하여금 명령을 거부한 채 밀림 속으로 들어가게 하지 않았을까? 전쟁을 통해 나타난 어둡고 잔인한 인간의 본성에 대한 처절한 경험, 이것은 참으로 끔찍한 일이다. 그러므로 커츠는 이들을 하나로 종합하여 '공포'로 표현했던 것이다. 공포는 인간의 어두운 본성에 대한 전율이다.

그렇다면 왜 커츠 자신은 아프리카에서 혹은 캄보디아에서 원주민 무리 위에 군림하며 악의 화신으로 행동을 했을까? 커츠는 인간의 잔인한 본성을 스스로 최고의 정점까지 실천해 보려고 했던 것은 아닐까? 스스로 악마의 화신이 되어 삶의 본질과 인간의 본성에 대해 탐구를 하려 했던 것은 아닐까? 이러한 가정은 커츠의 죽음 방식에서 좀 더 구체화된다. 커츠는 예정된 암살자를 끌어들임으로써 타인에 의한 자살을 결행하는 방식을 취한다. 이는 공포를 체험한 인간으로서 가장 잔인한 인간이 되어 잔인함의 극치를 실천한 후, 스스로에게 복수하고 문명에 복수하려는 행위라고 하겠다.

코폴라 감독의 영화들을 살펴보면, 권력을 탐하는 인간의 욕망, 인간의 원초적인 본능, 특히 악에 대한 본능을 탐구하는 것에 관심이 많음을 알 수 있다. 그의 대표작인 〈대부〉나 〈드라큘라〉 등에서 이러한 사실은 확연히 드러난다. 〈지옥의 묵시록〉의 화면을 장식하는 수많은 죽음과 피와 광적인 행위는 인간이 본래부터 지니고 있는 어두운 힘을 드러내기 위한 것이다. 제목 〈지옥의 묵시록〉에서 알 수 있는 것은 '현재' '이곳이' 바로 '요한계시록'에서 언급한 멸망의 시기라는 점이다. 인류의 멸망은 악이 최고로 펼쳐지는 순간 일어날 것이다. 따라서 코폴라가 영화에서 보여 주는 바로 그곳, 그 순간은 악이 지배하는 때이며 인간의 본능적이고 어두운 힘이 완전하게 승리한 때이기도 하다. 그 장소, 그때의 정점에 커츠가 우뚝 서 있다.

생각해 보기

1. 소설과 영화를 비교해 보자.

2. 윌라드 대위에게 비밀 명령이 하달된 까닭은 무엇인가?

3. 킬고어 부대가 보여 준 전쟁의 양상에 대해 생각해 보자.

4. 바니걸의 위문 공연은 무슨 의미를 담고 있는가?

5. 도령 다리의 전투에 대해 생각해 보자.

6. 소설과 영화의 배경이 되는 밀림은 어떤 의미를 담고 있는가?

7. 촉망받던 미군의 장교가 모든 것을 버리고 암흑의 오지로 들어간 까닭은 무엇인가?

8. 〈지옥의 묵시록〉과 엘리엇의 〈텅빈 사람들〉은 어떤 관계인가?

9. 〈지옥의 묵시록〉과 프레이저의 『황금의 가지』는 어떤 관계인가?

10. 대위가 커츠를 살해하자 원주민들이 그 앞에 무릎을 꿇은 것은 무슨 의미인가?

11. 커츠가 죽어 가면서 내뱉은 말인 '공포'의 의미는 무엇인가?

12. 왜 인간은 끊임없이 전쟁을 하는가?

12

〈왕의 남자〉와 대상관계이론

〈이(爾)〉는 김태웅 작 · 연출로 2000년에 초연되었다.[1] 『조선왕조실록』 연산군일기에는 공길이라는 배우 이름이 나온다.

> "배우 공길이 늙은 선비 장난을 하며 아뢰기를 '전하는 요 · 순과 같은 임금이고 저는 고요(皐陶)와 같은 신하입니다. 요 · 순은 항상 있지 아니하나 고요는 항상 존재합니다.' 또 논어를 외워 말하기를 '임금은 임금다워야 하고, 신하는 신하다워야 하고, 아비는 아비다워야 하고, 아들은 아들다워야 합니다. 임금이 임금답지 못하고, 신하가 신하답지 못하면 곡식이 있더라도 어찌 먹을 수 있겠습니까?' 왕이 이를 불경에 가깝다 여겨 곤장을 치고 멀리 유배하였다."[2]

공길은 연산의 총애를 받아 종4품의 지위에까지 오른 실제의 인물이다. 극작가는 『조선왕조실록』에 나오는 배우 공길에게 영감을 받아 연산군의 역사적 사실과 그의 예술적 기질을 적절하게 엮어 극작품을 창작하였다.[3]

1) 창작 과정과 초연에 대해 논란거리가 있긴 하나 이 책에서는 각종 언론 및 인터넷 매체에서 보도된 자료를 근거로 2000년 초연으로 제시하고자 한다.

2) "優人孔吉, 作老儒戲曰: "殿下爲堯舜之君, 我爲皐陶之臣. 堯舜不常有, 皐陶常得存." 又誦《論語》曰: "君君臣臣父父子子. 君不君臣不臣, 雖有粟, 吾得而食諸?" 王以語涉不敬, 杖流遐方."

3) 평범한 군주가 아닌 폭군은 후대에 많은 관심의 대상이 된다. 연산군 역시 역사, 소설, 영화, 희

이 연극은 작품성과 흥행성을 인정받아 그해 동아연극상 작품상, 연극협회 선정 베스트5 작품상과 희곡상, 평론가협회선정 베스트3 작품상 등을 수상했다. 연극 〈이〉는 이준익 감독에 의해 〈왕의 남자〉로 각색되어 영화로 태어나게 되는데 1,230만의 관객을 동원하여 한국 영화사에 하나의 획을 그었다. 이에 힘입어 〈이〉는 더욱 유명세를 타게 되고 2007년에는 남미정 연출로 〈공길전〉이란 제목의 뮤지컬로도 제작된다. 뮤지컬은 퓨전 국악의 느낌을 주는 음악을 통해 극적 감정을 잘 전달했다는 평을 받았다. 연극의 제목인 '이(爾)'는 조선시대에 왕이 2품 이하의 신하를 높여 부를 때 사용한 호칭이다. 연극에서 천한 광대 출신의 공길을 사랑한 연산군이 그에게 벼슬을 내리고 '이'라고 부른다.

연산군은 조선 왕조사에서 가장 잔인한 폭군으로 낙인찍힌 군주다. 그는 왕위에 올라 처음에는 비범한 군주의 모습을 보이기도 한다. 그러나 점차 정서적으로 불안함을 노출하면서 무오사화와 갑자사화를 일으켜 조선 국토를 피바다로 만들고 패륜적 행위를 일삼다가 결국에는 신하들이 일으킨 중종반정으로 왕위에서 축출되고 만다. 역사는 승자 측의 기록이므로 연산군에 대한 사실이 왜곡되었다고 보는 관점도 있다. 또한 연산군이 일으킨 사화는 어머니에 대한 복수가 주가 아니었고, 이를 빌미로 사림과 중신들의 힘을 축소시키고 왕권을 강화하려 했다는 설도 있다. 권력 투쟁의 희생자든 애정 결핍

곡, 드라마 등에서 크게 주목받았다. 연산군을 소재로 한 소설로는 박종화의 『금삼의 피』(1936), 정비석의 『연산군』(1996), 신봉승의 『실록대하소설 조선왕조 500년 11. 폭군연산』(2007) 등이 있고, 영화로는 신상옥의 〈연산군〉(1962), 임권택의 〈연산일기〉(1987) 등이 있으며, 연극으로는 이윤택의 〈문제적 인간 연산〉(1995) 등이 있고, TV 대하드라마로는 무수히 제작되었다. 뿐만 아니라 연산군이 총애했던 후궁 장녹수에 관련된 소설이나 드라마도 많다.

으로 삐뚤어진 성격이 형성되었든 그가 어떤 이유로 폭군이 되었는지 한마디로 단정하기는 어렵다. 다만 심리학에서 일반적으로 아이의 성격 형성에 결정적인 영향을 미치는 사람이 주 양육자(특히 어머니)라고 언급하는 점을 고려하면, 연산의 어머니가 궁궐에서 벌인 고부갈등과 질투로 인해 궁에서 쫓겨난 후 사약을 받아 사사되었다는 점에서 연산군의 외상과 애정 결핍을 어렵지 않게 짐작할 수 있다. 연극 〈이〉나 영화 〈왕의 남자〉는 모성애의 결핍과 외상을 지니고 있는 최고의 권력자가 어떤 방식으로 불안과 분노를 노출시키는지 잘 보여 준다. 특히 영화는 왕이 창기 출신 유부녀인 장녹수를 후궁으로 삼아 그 치마폭에서 놀아나는 장면과 천한 광대인 공길을 처소로 불러들여 동성애를 하는 장면을 보여 줌으로써 권력자가 지닌 결핍과 외상에 따른 왜곡되고 삐뚤어진 성격, 그에 따른 불안한 정서, 고독을 강조하고 있다.

연극 〈이〉

원작인 연극에서 등장인물은 연산군, 공길, 장생, 장녹수가 전부이며 그 외에 광대들인 우인이 등장하여 다역을 소화해 내고 있다. 장소의 다변화를 꾀하기가 어려운 연극의 특성상 모든 일은 궁에서 벌어진다. 또한 줄거리는 공길을 중심으로 공길과 연산군, 공길과 장녹수, 공길과 장생의 관계로 극적 갈등이 펼쳐진다. 특히 공길과 연산군 사이에서 장녹수의 질투와 장생의 애증의 심리가 긴장감 있게 펼쳐진다.

극막이 오르면 장녹수가 산고를 겪고 있는 가운데 연산군은 버들가지로 천으로 눈을 가린 공길에게 매질을 가하며 가학적인 놀이를 하고 있다. 연산

2006년 공연된 연극 포스터로 영화 〈왕의 남자〉의 원작임을 크게 밝히고 있다. 장생과 공길이 맹인 역할을 하면서 소학지희(笑謔之戲)를 펼쳐 보이고 있다.

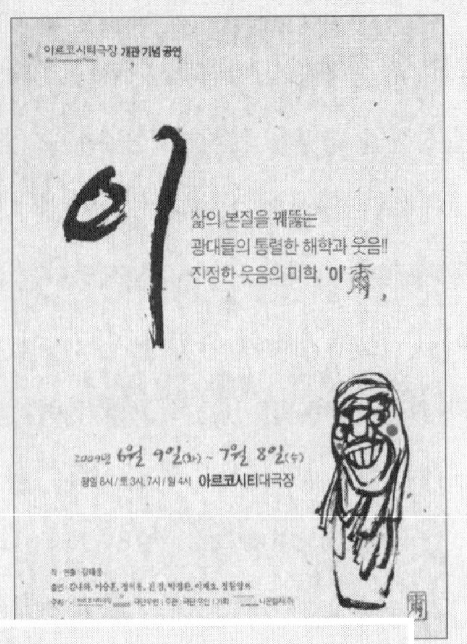

2009년의 연극 포스터는 영화에 대한 언급이 전혀 없다. 기묘한 표정의 탈을 간략하게 제시하면서 광대들의 해학과 웃음을 강조한다.

군은 공길의 등짝을 때리면서 아프면 아프다고 소리를 지르라고 말한다. "제발 아프다고 말해. 이(爾), 너도 아픈 게지? 나처럼 아프지?"(김태웅, 2010: 15). 연산군의 슬픈 외침은 어머니에 대한 상실감과 법도를 내세우는 중신들에게 둘러싸여 아파도 아프다고 말하지 못하는 자신의 처지를 투사하고 있다. 이 장면은 연산군의 가슴 깊은 곳에 아픔(외상)이 자리하고 있다는 사실과 그럼에도 그 아픔을 밖으로 표출하고 있지 못하고 있다는 것을 잘 보여 준다. 또한 감정 처리가 제대로 이루어지지 못하는 가학적인 병적 증상이 역력하다. "외상은 심각하고 강렬한 정서장애의 근원이다. 외상적 사건은 현실감을 흐트러뜨리며, 한 개인을 평생 동안 괴롭히고 지배하는 압도적인 기억 흔적을 남긴다"(이홍표 역, 2008: 96). 연산군은 공길에게 자신의 슬픔을 거둬 달라고 부탁하기도 한다. 공길을 통해 아픔과 슬픔의 상처를 치유하고자 하는 것이다. 연극은 최고 권력의 자리에 있음에도 안고 있는 인간적인 외로움과 고통, 외상을 공길을 통해 치유받고자 했던 연산군의 심리가 잘 드러난다. 공길은 연산군의 연인이자 어머니였던 것이다.

> 연산: 때론 턱없이 헤헤 웃는구나. 그것이로? 이, 너는 정히 그것이로? (사이) 길아 이상하지? 돌아서면 이내 니가 사무치니. 길아, 이리와 나를 안아라(공길은 연산을 안는다)(김태웅, 2018: 18).

연극에서 공길은 왕에게 정치적 소신을 밝히는 등 왕의 삶에 적극적으로 개입하는 성격인 반면, 영화에서는 장생의 보살핌으로 자라나는 여린 싹마냥 수동적인 모습을 하고 있다. 연극은 연산과 공길의 관계를 좀 더 크게 부각시키고, 공길과 장생의 관계는 비교적 소소하게 그리고 있다. 다만 장생의 굳건한 성격과 공길에 대한 사랑은 연극이나 영화에서 유사하다.

연극에서는 처음부터 광대들이 궁에서 생활을 하고 있는 것으로 설정되어 있다. 비록 왕의 광대라지만 자유로운 영혼의 소유자인 장생으로서는 궁에서의 줏대 없는 삶에 불만이 많다. 영화에서도 알 수 있듯이 장생의 불만은 공길을 연산에게 빼앗겼다는 무의식이 작용한 탓이기도 하다. 연산의 위험한 광기를 알아차린 장생은 공길에게 궁을 뜨자고 제안하지만 연산의 가엾음을 깊이 이해하고 있고 모성적 본능이 작용한 공길로서는 장생을 따라나설 수 없다. 하지만 그 사이 기회를 엿보던 장녹수의 음모에 걸려든 공길은 절체절명의 위험에 빠지게 된다. 공길이 언문으로 왕을 비방하는 글을 썼다는 것이다. 필체의 유사성으로 공길은 꼼짝없이 걸려들 위기에 처하는데

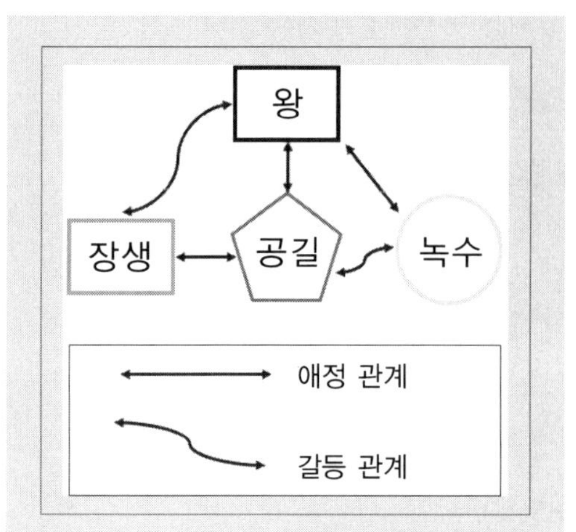

관계도에서 남성은 네모로, 여성은 원으로 표현되는 것이 일반적이지만 네모와 원의 특징을 모두 갖고 있는 공길을 오각형으로 표현하였다. 인물의 관계에서 중심에 서는 것은 공길이다. 공길은 장생과 연산군의 애정의 대상이며, 녹수는 연산군의 애정을 빼앗길까 봐 공길을 제거하려고 한다. 장생 또한 공길을 연산에게서 빼내기 위해 도피를 제안한다.

이때 장생이 나선다. 잃을 게 아무것도 없는 장생은 죽음도 두렵지 않다. 그는 왕 앞에서 거침없는 말을 해 댐으로써 죽음을 자초한다. 울고 싶은데 뺨을 맞은 격이랄까? 분노한 연산은 장생을 죽이기보다는 고통을 가중시키기 위해 두 눈을 뽑아 버리라고 명한다. 이렇듯 공길과 장생, 공길과 연산 그리고 공길과 녹수는 애증 관계를 형성하면서 상호 영향력을 행사한다. 이들의 관계는 다음의 도형과 같이 표현할 수 있다.

공길의 간청으로 공길과 맹인이 된 장생은 왕과 장녹수 앞에서 놀이판을 벌인다. 손발이 척척 맞는 장생과 공길의 놀이판을 바라보던 연산군은 질투를 느끼고는 칼을 빼어 장생을 벤다. 장면이 바뀌면 공길은 우인들과 함께 맹인 놀이를 하며 장녹수에 빠져 있는 연산을 풍자한다. 장녹수는 칼을 들고 공길을 치려 하고 왕이 극구 말리는 사이 반정군이 밀려든다. 공길이 왕에게 죽여 달라고 요청하자 오히려 왕은 공길에게 자신을 치라고 말한다.

연산: (칼을 공길에게 주며) 내 무언가에 늘 쫓기는 기분에 때 없이 갑갑하고 불안했는데, 길아. 이제야 그 정체를 알겠다. 나를 몰아온 것은 바로 죽음이었다. 나를 죽여 다오. 내가 바라던 것은 욕이 아닌 죽음이다.

그러나 칼을 받아든 공길은 자결을 하고 반정군은 밀려오는데 왕은 그를 안고 오열한다. 연산에게 공길의 죽음은 어머니의 또 다른 죽음이나 다를 바 없다. 어머니의 두 번째 죽음으로 연산은 더 이상 삶의 희망을 잃고 어둠 속으로 사그라져 간다.

> 연산: (웃다가) 인생 한바탕 꿈! 그 꿈이 왜 이리 아프기만 한 것이냐? 자, 반겨 줄 이 이제 아무도 없으니 나를 빨리 저 어둠 속으로 데려가 다오. 탕진과 소진만이 나였으니 나를 어서. 한때 깜빡였던 불길이로. 바람 앞에 촛불이로. 다 탄 불길이로. 연기같이 사라질 불꽃이로. 다 탔구나! 다!

연산의 탄식 소리를 마지막으로 연극은 막이 내린다.

등장인물

연산군은 실제의 인물이므로 그의 성격을 파악하기 위해서는 그를 둘러싼 역사적 인물을 살펴볼 필요가 있다. 어느 누구나 마찬가지로 연산에게 가장 커다란 영향력을 행사한 사람들은 가족으로 아버지 성종을 비롯하여 어머니 폐비 윤씨, 할머니인 인수대비 그리고 그가 사랑한 여인 장녹수 등을 거론할 수 있다.

폐비 윤씨

연산군의 생모인 윤씨는 후궁들과의 문제로 시어머니인 인수대비와 심한 고부 갈등을 겪은 것으로 유명하다. 윤씨는 남편이자 연산군의 아버지인 성종의 용안에 상처를 내어 폐비가 된 후 사약을 받아 죽게 된다. 윤씨의 죽음에는 질투심이 강한 본인의 성격이 한몫을 거든 점도 있으나, TV 드라마에서 흔히 볼 수 있듯 궁궐 여인들과 사대부 집안에서 권력을 쥐기 위한 암투의 희생자라는 점도 배제할 수 없다. 윤씨는 궁에서 쫓겨난 후 자신의 과오를 뉘우치며 검소하게 살았으나 후궁들의 사주를 받은 내시가 성종에게 거짓 보고함으로써 진노를 사 결국은 사약을 받게 되는 처지에 이른다. 분한 마음을 가눌 길이 없던 윤씨는 사약을 마시며 흘린 피를 한삼자락으로 닦아 친정어머니에게 넘겨 주면서 세자가 왕이 되면 전해 줄 것을 유언한다. 그리고 이 피 묻은 적삼은 연산군으로 하여금 무오사화와 갑자사화를 일으키게 하는 결정적인 원인을 제공한다.

장녹수

노비 출신의 장녹수는 기록에 따르면 미모는 그리 뛰어나지 않지만 춤과 노래 등 기예 분야에서 빼어난 재능을 가졌던 것으로 보인다. 연산군은 장녹수의 소문을 듣고 입궐시킨 후 후궁으로 삼아 숙용에 봉한다. 『조선왕조실록』에는 장녹수에 대해 "왕을 조롱할 때는 마치 어린아이 다루듯 했고, 왕을 욕할 때는 마치 노예를 대하듯 했다. 왕이 아무리 노했다가도 녹수만 보면 기뻐서 웃었으므로, 상주고 벌주는 일이 모두 그의 입에 달려 있었다."라고 기록되어 있다. 연극과 영화에서도 장녹수는 연산군에게 반말을 하면서 아이 다루듯 한다. 아마도 연산군은 그러한 장녹수의 어머니와 같은 행동으로부터 유아의 상태로 돌아가 결핍된 모정을 채우려고 했던 것 같다. 장녹수 치마 속으로 들어가는 연산은 유아기로의 퇴행적인 행동을 보여 준다. 그런데 기록에 의하면 왕의 권력을 등에 업고 기세가 등등해진 장녹수는 권력을 남용하여 사리사욕을 채우는 데 혈안이 된다. 그녀의 횡포가 나날이 심해지자 백성들의 원성이 자자해지고 이는 중종반정의 명분을 주어 연산군이 몰락하는 원인이 되기도 한다.

연극이나 영화에서는 연산의 총애를 받고 있는 장녹수가 공길의 등장으로 입지를 위협받게 되는 것으로 설정하고 있다. 연산이 사랑한 두 사람인 장녹수와 공길은 다음의 유사성을 지닌다. 첫째, 천민 출신이다. 연산이 굳이 그들을 가까이 한 것은 사림과 중신들의 양반적 행태에 신물이 났기 때문이다. 왕과 그들은 적대적 관계로 앙숙이었는데 천한 것들을 곁에 둠으로써 그들이 소중히 여기는 법도를 비웃고자 하는 속셈이 있었다. 둘째, 예능인이다. 장녹수는 이미 춤과 노래로 정평이 나 있던 창기였고, 남사당패의 공길은 연극놀이의 광대다. 역시 상당한 예술적 기질을 지니고 있던 연산은 그들에게 남다른 정을 느꼈을 것이다. 그런데 연산의 총애를 받았던 장녹수가 아이를 출산하면서 그동안 예술적 동반자이자 왕의 연인이자 어머니로서 자신이 해오던 역할을 공길이가 메우고 있음을 알게 된다. 질투심에 불타오른 장녹수는 공길을 제거할 기회를 엿본다. 실제로는 연산과 녹수 사이에 딸이 하나 있을 뿐이지만 연극과 영화의 광대 놀이에서는 왕을 닮아 커다란 남근을 지닌 아들을 낳는 것으로 묘사하고 있다.

연산군

연산군은 1476년 성종과 폐비 윤씨 사이에서 태어났다. 윤씨는 질투심이 심하여 시어머니인 인수대비의 분노를 샀고 후궁들과의 권력 암투에서 패배함으로써 궁궐에서 축출된 후 1482년 사사를 당한다. 정신분석학에서는 일곱 살 이전에 성격 형성이 완성되는 것으로 본다. 그렇다면 연산군의 비뚤어진 성격은 어머니의 부재 및 죽음 방식과 어느 정도 연관되어 있다고 하겠다. 그가 왕이 되었을 때 엄청난 저항에 부딪히면서도 어머니를 복권시키려고 했던 점, 어머니 죽음에 관여했던 사람들에게 철저하게 복수했던 점을 보면 그가 얼마나 어머니를 그리워했는지 알 수 있다. 정서적 불안 증세, 분노 조절의 미흡, 아버지 성종에 대한 콤플렉스, 유아적 성향을 보인 연산군에게 있어 생모인 폐비 윤씨 사건은 그의 성격 형성에 결정적인 역할을 했을 것이다. 과연 연산군은 언제 생모의 죽음을 알게 되었을까? 그가 생모와 이별을 한 것은 3세 때였다. 유모에 의해 길러진 연산군은 잔병이 많아 궁궐 밖 강희맹의 주택에서 피접(避接) 생활을 하게 된다. 그가 만 6세가 되던 해 폐비 윤씨는 사사되었는데 이 정도의 나이는 뒤숭숭한 궁궐의 분위기를 감지할 수도 있다. 성종은 "이 일은 백 년 동안 입에도 꺼내지 말라!" 고 엄명을 내렸지만 이토록 엄청난 사건이 쉬쉬하고 덮어질 수는 없는 노릇이다. 연산군은 세자의 자격으로 국사를 논하는 자리에 참석하였으므로 폐비에 대한 이야기를 들었을 수도 있다. 공식적으로 폐비 윤씨에 대한 전말을 알게 된 것은 왕이 된 후 읽게 된 성종의 '행장록(行狀錄)' 때문이다. 조선은 왕이 승하하면 왕에 대한 모든 것을 상세하게 기록하여 명나라에 보내는 것이 관례였다. 연산군은 왕으로서 이 행장을 보게 되었고 정현왕후가 계모라는 사실을 알게 된다. 이때 그는 친모에 대해 질문을 하고 어찌된 일인지를 물었다고 전해진다. 그날 연산군은 밥을 먹지 않았다고 한다.[4)]

어린 연산군은 어머니 윤씨가 폐비된 후 새로 왕비가 된 정현왕후의 손에서 자랐다. 그는 처음에는 정현왕후를 생모로 알았다. 그런데 정현왕후는 폐비 윤씨의 친척임에도 딸을 왕비로 만들 욕심으로 윤씨의 축출에 앞장을 섰던 사림파 윤호의 딸이니만큼 과연 연산군을 얼마나 애지중지했을까는 의문이다. 더구나 정현왕후는 아들 진성대군(후일의 중종)을 낳았으므로 암암리에 연산군과 친아들을 차별했을 가능성이 있다. 할머니 인수대비 역시 자신과 극한 대립을 벌였던 폐비 윤씨의 아들을 곱게 보지는 않았을 것이다. 정현왕후와 인수대비는 훗날 연산군에게 패륜에 가까운 모욕을 당하게 되는데 이런 사실로 보아 연산군은 두 사람에게 커다란 반감을 가졌던 것 같다. 1498년 사초의 문제로 훈구파와 연합하여 어머니의 복수를 꾀한 것이 무오사화다. 또한 1504년 훈구파 내에서 분란이 발생하자 연산군은 이를 이용하여 다시 한 번 어머니의 한을 풀고자 한다. 윤씨의 폐비 사태를 주도했던 선왕의 두 후궁인 엄귀인과 정귀인을 비롯하여 사건의 관련자인 훈구파와 사림파의 대신들을 처형하고 이미 사망한 사람에 대해서는 부관참시를 하는데 이것이 갑자사화다. 인수대비에 대해서는 연산군이 머리로 받았다거나 밀쳤다는 이야기가 전해지는데 그 사건이 있은 지 얼마 못 가서 인수대비는 죽고 만다. 어머니에 대한 복수심이 극에 달하면서 일어난 이러한 일련의 사건은 국가를 다스리는 존엄한 왕의 행동이라고 보기가 어려울 정도다. 이성을 잃은 광기에 찬 모습은 정신적으로 건강한 사람에게서는 나타날 수 없는 행동이다.

4) 나무위키, 2015.

한편, 연산군은 역대 조선 왕들 가운데 예술적 기질이 가장 출중한 왕으로 정평이 나 있다. 그는 많은 시를 남겼을 뿐만 아니라 춤도 잘 춘 것으로 유명하다. 연산은 특히 처용으로 분장하고 처용무를 잘 추었다고 전해진다. 말을 타고 처용무를 추는 묘기를 부린 적도 있다고 한다. 영화에서 연산군이 보여 준 것처럼 그는 실제로 연기력이 매우 뛰어난 것으로 기록되어 있다.

죽음보다 더한 사랑: 장생과 공길

영화 초반에 남사당패의 꼭두쇠가 공길에게 몸을 팔도록 강요하면서 장생과 갈등을 일으킨다. 남사당패는 엄격한 위계질서를 지닌 집단이므로 꼭두쇠에게 반항하는 것은 있을 수 없는 일이다. 그러나 장생은 목숨이 위험에 처하는 순간에도 결사적으로 공길을 지킨다. 장생과 공길은 과연 어떤 과거사를 가지고 있는 것일까? 이들은 동성애의 관계일까? 남사당패의 관례로 보았을 때 그런 개연성이 있지만 연극이나 영화의 줄거리에서는 뚜렷한 동성애의 코드를 찾을 수는 없다. 이들을 비슷한 연배로 본다면 처음에 어린 나이에 남사당패의 삐리로 시작했을 것이다. 장생은 친구인 공길을 보살펴 주면서 점차 서로를 의지하게 되고 떼려야 뗄 수 없는 관계가 되었을 것이다. 특히 장생이 공길이 몸 파는 것에 대해 극도의 혐오감을 보이는 것을 보면 친구 이상의 애정적 감정이 있음을 짐작할 수 있다. 그러나 장생의 공길에 대한 사랑은 육체적인 것 이상이다. 궁에서도 두 사람은 한방을 쓰는데, 장생이 잠든 공길에게 이불을 덮어 주는 장면에서 플라토닉의 사랑을 느낄 수 있다. 연극이든 영화든 이들의 동성애적 관계를 분명하게 보여 주지는 않지

이 영화 포스터는 삼각관계의 미묘한 심리를 잘 표현하고 있다. 공길은 연산의 어깨에 손을 올리고 있고, 한쪽 입술이 올라간 냉소적인 표정의 장생의 손에는 말뚝이탈이 들려 있다.

영화의 포스터를 패러디한 인상을 주는 이 연극 포스터는 시선의 방향으로 관심도를 보여 준다. 연산의 비스듬한 태도는 위엄 있는 군주의 모습과는 동떨어져 있다.

만 분명한 사실 하나는 장생과 공길은 연극 속 연인이라는 사실이다. 말뚝이탈은 장생이고 각시탈은 공길이다. 장생의 바람은 단순하다. 그는 그저 누구의 간섭도 받지 않고 공길과 함께 놀이를 펼치는 광대로 살고 싶을 뿐이다. 말하자면 말뚝이와 각시로 한 쌍을 이루어 살고 싶은 것이다. 이런 점에서 장생과 공길의 관계에 초점을 맞춘다면 〈왕의 남자〉는 광대를 위한 영화라고 할 수 있다. 장생은 다시 태어나도 광대로 살겠다고 하고 공길도 이에 화답한다. 광대에 대한 애착은 이들이 기예와 예술을 사랑하는 것이기도 하지만 나아가 연극 속에서 이루어진 연인의 관계를 깨지 않겠다는 서약이기도 하다.

장생과 공길이 서로를 아끼고 목숨보다 소중히 여기는 장면은 곳곳에서 드러난다. 장생은 공길에 관한 것이면 물불을 가리지 않는다. 설령 왕 앞이라고 하더라도 공길을 위하는 일이라면 목숨이 아깝지 않다. 죽음도 두렵지 않다고 연산에게 대드는 장생의 모습은 그의 강직한 성격을 잘 보여 준다. 연산의 왕좌가 끝났음을 직감한 김처선은 자신의 삶을 정리하면서 옥에 갇혀 있는 장생을 풀어 준다. 그는 놀이판은 끝났으니 이제 공길을 버리라고 말한다. 그러나 장생은 절대로 목숨을 구걸하거나 공길을 버릴 사람이 아니다. 공길도 마찬가지다. 서슬이 퍼런 왕 앞에서 장생의 목숨을 살려 달라고 애원하는 모습은 장생과 다를 바 없다. 그럴수록 연산은 장생을 살려 줄 수 없다. 제목 〈왕의 남자〉처럼 공길은 연산의 연인이자 어머니이며, 장생은 어머니를 죽인 아버지이기 때문이다.

장생과 공길의 서로에 대한 감정은 말뚝이탈과 각시탈 이외에도 맹인 놀이에서도 분명하게 나타난다. 연극에서는 맨 마지막에 나오지만 영화에서는 두 번에 걸쳐 맹인 놀이가 벌어진다. 한 번은 남사당패를 도망쳐 온 후 꽃이 만발한 들판에서 이루어진다. 앞을 보지 못하는 두 맹인은 서로를 만나기 위해 팔을 허우적거려 보지만 번번이 실패한다. 그러다가 결국 두 맹인은 서로를 알아차리고 힘차게 포옹한다. 겨우 만나게 된 두 맹인은 포옹으로 서로의 온기와 사랑을 느낀다. 영화의 마지막 장면에서 공길은 두 눈이 뽑혀 실제로 맹인이 돼 버린 장생과 줄타기를 한다. 줄타기를 하면서 장생과 공길은 연극의 감정이 실제의 감정임을 확인하고 이를 상대에게 전한다. 그들은 다시 태어나도 광대로 태어날 것을 서로에게 맹세하는 것이다. 인간사 한 판 신나게 놀다 가면 그뿐, 광대로 다시 만나 제대로 한번 맞춰 보고자 한다. 극 속에서 한 쌍이었던 그들은 실제로도 서로를 사랑하는 한 쌍이었음을 확인하는 것으로 영화는 마무리된다.

남사당패와 동성애

역사적으로 사당패는 잔치나 술자리에서 여자들이 노래를 부르고 춤을 추는 형태였으나, 조선 후기에 생겨난 남자들만의 사당패를 남사당패라고 한다. 보통 고려시대에는 가면을 쓰고 연희를 벌이는 사람을 광대라고 칭하였으나 조선시대로 넘어오면서 줄타기, 인형극, 땅재주, 탈놀이, 무동춤, 판소리꾼까지 폭넓게 광대로 불렀다. 이들은 혹독한 훈련을 통해 풍물, 버나(사발과 쳇바퀴 돌리기), 살판(땅재주 넘기), 어름(줄타기), 덧보기(가면극), 덜미(꼭두각시 놀이)와 같은 난이도가 높은 기예를 익혔다. 〈왕의 남자〉에서 장생과 공길도 탈놀이, 줄타기, 인형극 등에서 훌륭한 솜씨를 보여 준다. 남사당패는 궁중의 행사, 마을의 행사, 환갑과 혼인 등에 불려 다녔다. 영화에서 볼 수 있는 것처럼 유랑 생활을 하는 남사당패는 이 마을 저 마을을 떠돌면서 노래, 춤, 줄타기, 연희 그리고 매춘으로 삶을 유지했다. 남사당은 가장 천한 계급으로 고아나 가난한 천민 출신의 아이들 또는 유괴한 아이들로 인원을 충당하였다. 이들이 비록 천하다고는 하지만 우두머리인 꼭두쇠를 중심으로 위계질서가 매우 엄격하였다. 영화에서처럼 장생의 하극상은 있을 수 없는 일이었다. 보통 남사당은 숫동모와 삐리인 암동모가 짝을 이루었는데 대개 숫동모와 암동모는 동성애 관계였다. 남정네에게 몸을 파는 것은 암동모인 삐리들이었다.

〈왕의 남자〉에서도 남사당패의 형태, 즉 기예, 꼭두쇠, 매춘, 유랑 등이 잘 드러난다. 영화가 시작되면 양반집 행사에서 남사당패는 신나게 판을 벌인다. 말뚝이탈을 쓴 장생과 각시탈을 쓴 공길은 마치 한 쌍의 부부처럼 논다. 늙은 양반은 공길의 여성스러운 자태에 음흉한 눈빛을 보이고 꼭두쇠에게 귓속말로 속삭인다. 저녁에 공길을 보내면 두둑이 챙겨 주겠노라고 말했을 것이다. 공길은 극중 여자 역할을 담당하는 암동모인 셈이며 매춘의 대상이 었던 것이다. 장생은 꼭두쇠를 거역하여 공길의 매춘 행위를 거부함으로써 꼭두쇠와 갈등을 일으킨다. 공길은 장생의 발목을 자르려는 꼭두쇠를 죽이게 되고 두 사람은 패거리에서 도망친다.

연극은 현실을 바로 보게 한다

장녹수와 공길은 연적 관계다. 그런데 공길에게는 있지만 녹수에게는 없는 것이 있다. 그것은 광대 놀이다. 물론 녹수도 역할 놀이를 통해 연산의 어머니가 된다. 그러나 그 놀이와 역할은 단조로우며 한계가 있다. 처음으로 광대들의 익살스러운 놀이를 접한 연산은 그 감동을 잊지 못하고 처소로 돌아와 녹수와 똑같은 장면을 연출한다. 하지만 놀이라고 같은 놀이가 아니다. 광대들의 놀이는 훨씬 다채롭고 풍부한 레퍼토리를 지니고 있다. 처소에 불려간 공길은 연산에게 인형극, 그림자극 등 다양한 연극 매체를 소개하고 이에 연산은 깊은 감동을 받는다. 그런데 인형극이든 그림자극이든 연극은 직접 표현할 수 없는 것을 거리두기를 통해 간접적으로 표현하도록 하고 그로부터 현실을 바로 보도록 하는 힘이 있다.

궁 안의 광대 하면 〈햄릿〉이 떠오른다. 햄릿 왕자는 광대들을 이용해 선왕의 유령으로부터 들은 현왕의 살해 방식을 그대로 재현한다. 광대들은 무대에서 정원에서 잠자고 있는 왕의 귀에 독약을 부어 넣는 동생의 장면을 연기한다. 광대의 연극에 깜짝 놀란 현왕은 사색이 되어 자리를 박차고 일어난다. 그의 태도에서 햄릿은 숙부가 아버지를 살해한 범인이라는 사실을 확인하게 된다. 햄릿에게 있어 연극은 살인자를 밝히는 진실의 도구였던 것이다. 이처럼 진실을 밝히는 도구로서 연극은 〈왕의 남자〉에서 어떠한 역할을 하는가? 첫째, 연극은 연산의 슬픔과 고통의 근원이 무엇인가를 명확하게 밝혀 준다. 보통은 자신의 괴로움이 어디에서 비롯된 것인지 알 수 없는 경우가 많다. 연산도 아마 그랬던 것 같다. 도대체 선왕의 이야기만 나오면 왜 가슴이 답답한지, 중신들이 법도 이야기만 하면 왜 숨을 쉴 수 없는지 그 이유를 알 수 없다. 그러나 마당에서 펼쳐진 연극, 처소에서 펼쳐진 인형극과 그림자극을 통해 연산은 그동안 할 수 없었던 말을 하게 되고, 숨을 쉴 수 있게 되며, 비로소 고통의 근원을 깨닫는다. 그림자극을 하고 난 후 그는 처음으로 눈물을 흘린다. 둘째, 연극은 중신들의 비리와 폐비 윤씨의 죽음을 둘러싼 진실을 밝힌다. 광대패들이 우스꽝스럽게 펼치는 소극의 웃음 속에는 중신들에 대한 풍자가 매섭다. 웃음과 풍자로부터 중신들의 간사한 이중적 형태가 적나라하게 드러난다. 또한 사약을 받는 황후의 경극 장면은 이미 짐작하고 있던 사실을 재현하고 있지만 그 힘이 얼마나 커다랗고 위험한가를 분명하게 보여 준다. 극적 장면에서 연산은 현실과 비현실을 혼돈한 상태가 되어 실제로 아버지의 후궁들을 살해하고 만다.

사회 풍자는 정신적 해방이다

저잣거리에서 서민들을 대상으로 놀던 광대 놀이는 사회 풍자(웃음, 해학, 코미디)를 담고 있다. 원래 코미디(comedy)는 지배자에 대한 피지배자의 조롱 수단이다. 연극에서는 잘 드러나지 않지만 영화는 광대의 풍자적 놀이판을 분명하게 보여 준다. 장생은 한양에서 만난 광대 패거리들과 함께 왕을 가지고 놀아 보자고 제안한다. 그는 소위 뜰 수 있는 놀이가 무엇인지를 잘 알고 있었다. 따라서 장생은 연산군이 되고 공길은 장녹수가 되어 최고의 권력자를 마음껏 풍자한다. 과장된 왕의 성기이며 장녹수가 아들을 낳는 장면 등 이들 연극은 백성의 마음을 시원하게 자극한다. 몰려든 구경꾼들은 광대들의 소극에 속이 뻥 뚫린 듯 배꼽이 빠지도록 웃는다. 사실 윗사람을 풍자하는 것처럼 재미있는 것도 없다. 어느 사회든 아랫사람은 윗사람을 습관적으로 싫어한다. 어스름한 저녁에 직장인들이 선술집에 몰려들어 안주 삼아 씹는 것은 바로 자신들의 상사다. 그것처럼 스트레스를 해소해 주는 것 없고, 그것처럼 재미있는 것이 없다. 윗사람은 시키는 사람이고 아랫사람은 명을 받들어 시킨 일을 하는 사람이다. 큰 소리를 치는 사람이 윗사람이고 쩔쩔매는 사람은 아랫사람이다. 그런데 이들을 마음껏 조롱하고 풍자한다고 가정해 보자. 평소 제대로 말 한마디 못하던 아랫사람은 얼마나 통쾌할까? 왕과 후궁을 풍자할 때 백성의 속 시원함은 이루 말할 수 없었을 것이다. 장생과 공길의 패거리가 벌인 판에 사람들이 그토록 많이 몰려든 것도 다 이런 이유에서다.

학생들 사이에 야자타임이 있다. 선배가 후배가 되고 후배가 선배가 되는 시간인 것이다. 후배의 행동이 과하여 야자타임의 후유증이 남는 경우도 있지만, 항상 후배였다가 그 시간에 선배에게 반말을 하고 명령을 내리면 그것만큼 재미있는 일이 어디 있겠는가? 야자타임은 스트레스를 한 방에 날릴 수 있는 기막힌 놀이인 것이다. 후배는 이 기회에 선배에 대한 불만을 말하고 선배는 후배의 불평을 받아 주며 야자타임은 매우 유효한 사회적 놀이가 된다. 화회탈춤도 일종의 야자타임으로 볼 수 있다. 양반은 일 년 내내 하인들을 부려먹는다. 하지만 하인도 인간인지라 하루도 빠짐없이 소처럼 일만 한다면 불만이 쌓일 것이다. 그래서 일 년에 딱 한 차례 양반은 사비를 들여 하인들이 실컷 먹고 마시고 놀도록 해 준다. 더구나 하회탈춤은 양반을 풍자한다. 그럼에도 지배층인 양반은 자신들을 풍자하는 하회탈춤에 대한 모든 경비를 제공한다. 그날 마음껏 놀고 욕하면서 스트레스를 풀라는 지배층의 지배 논리가 숨어 있는 것이다. 풍선에 바람이 너무 많이 들어가면 터져 버린다. 그러나 간간이 바람을 빼 주면 풍선은 적당한 크기로 유지된다. 하회탈춤이라는 풍자극을 통해 피지배층의 불만을 해소시킴으로써 그들을 다시 부려먹을 수 있었던 것이다. 역사적으로 볼 때 탈출구가 없는 극단적인 지배는 반란의 대상이 되었다. 이런 점에서 서민들을 웃음바다로 몰아 넣는 광대들의 풍자놀이는 그들에게도 좋고 지배계급에게도 꼭 나쁜 것만은 아니다. 김처선이 왕을 능멸한다고 하여 광대들을 잡아들였지만 실은 그들을 처단하려 했던 것이 아니다. 오히려 적당히 볼기를 몇 대 쳐 주고 왕 앞에서 연기를 하도록 함으로써 그들에게 왕의 광대가 될 기회를 제공했던 것이다.

연산군은 권력자이지만 한편으론 날개 꺾인 독수리의 모습을 하고 있다. 권력은 주어졌지만 중신들에 의해 다시금 재갈이 채워졌다. 최고의 자리에 앉아 있지만 핫바지에 불과하다. 마음대로 할 것이란 아무것도 없는 이 모순 속에서 연산은 미칠 것만 같다. 그런데 연극을 통해 그는 웃음을 되찾는다. 광대들의 놀이는 피지배층을 만족시키는 것인 줄 알았는데 풍자의 당사자인 왕이 웃음을 그칠 줄 모른다. 맨 처음에 왕이 웃지 않았다면 광대들은 죽은 목숨이었다.

긴장한 광대들은 질펀한 성을 소재로 연산과 녹수의 행태를 소극으로 펼친다. 그런데 놀이가 시작되었는데도 왕의 표정은 변화가 없을뿐더러 웃을 기색도 전혀 없다. 죽느냐 사느냐 하는 마당에 그들은 제대로 된 연기는커녕

사시나무 떨 듯 떤다. 절체절명의 위기 속에서 장생과 공길의 즉흥극은 드디어 연산을 웃게 만든다.

장생: 요, 요망한 것. 그래 좋다. 입을 채워 주지. 윗입을 채워 주랴, 아랫입을 채워 주랴?

공길: 윗입. (공길, 폴짝 물구나무를 서 사타구니를 장생의 면전에 댄다.) 자, 윗입 대령이요. (가만히 지켜보던 연산, 크게 웃음을 터뜨리며 포복절도한다.)

자신들을 풍자한 광대들의 연극에서 실컷 웃고 난 왕은 그들을 곁에 두겠다고 명한다. 자신과 애첩을 풍자한 연극을 보고 연산은 왜 화를 내는 대신 웃음을 터뜨렸을까? 자신의 앞에서 늘 머리를 조아리는 대신과는 달리 무엄하게도 자신을 풍자하는 광대들의 객기를 인정한 것일까? 이에 대한 대답은 잠시 미루기로 하자. 물론 예술을 좋아하는 연산의 기질상 그들의 놀이 자체가 흥미로웠을 것이다. 아리스토텔레스는 연극은 모방에서 비롯되었다고 말한다. 왕은 처소에서 장녹수와 더불어 광대들이 자신들을 흉내 낸 장면을 다시 흉내 낸다. 모방을 모방하는 것이다. 이는 연극(모방)을 통해 실제화의 가능성을 보여 주는 장면이다. 실은 연산은 현실 속의 광대였던 것이다.

눈을 감으면 볼 수 있다

'본다'는 것은 사실을 알게 되거나, 인식하거나, 깨닫는 것을 의미한다.

봤다고 하는 것은 명백한 증거가 된다. 그러나 정말로 본다는 것이 그처럼 분명한 것일까? 오히려 눈을 통해 시각적으로 보는 것에 집착할 때 진정한 깨달음에서 멀어지는 경우가 있다. 그러므로 진정으로 보기 위해서는 눈이 아닌 마음으로 봐야 한다는 말이 있으며, 눈에 보이는 것이 전부가 아니라는 말도 있다. 〈어린 왕자〉에서 어린 왕자는 사막이 아름다운 것은 보이지 않는 어딘가에 우물이 숨어 있기 때문이라고 말한다. 봄으로써 분명해지고 알게 되는 것이지만, 시각적 봄에서 벗어날 때 진정한 깨달음에 다다르게 된다는 것이다. 이런 점 때문에 오래전부터 문학과 예술에서는 시각적 바라봄에서 벗어나는 눈 찌르기가 자주 등장한다. 자신이 확고하게 믿어 왔던 신념이 실은 잘못된 믿음이라고 판명되었을 때, 자신의 세계가 온통 무너지는 것을 느낄 때 그들이 취하는 행위는 눈 찌름이었다. 오이디푸스 왕이 자신의 두 눈을 찔러 스스로 맹인이 된 것이 이러한 맥락에서다. 셰익스피어의 비극 〈리어왕〉에서 왕의 충직한 부하였던 글로스터 백작 역시 사생아의 꼬임에 빠져 진실을 알지 못하지만 눈이 멀고 나서야 비로소 진실을 깨닫는다. 눈뜬 장님이라는 말이 있다. 눈을 뜨고 있으나 실체를 보지 못한다면 장님이나 다를 바 없다. 벨기에 출신으로 노벨문학상을 수상한 메테르링크(Maeterlinck)의 『장님들(*Les Aveugles*)』(1890)도 이 점을 보여 준다. 12명의 장님이 어두운 숲에 고립되어 춥고 배고픈 상태에서 자신들을 인도해 줄 것을 믿는 신부를 하염없이 기다리는 이 작품은 눈은 뜨고 있지만 사실을 깨닫지 못하는 우매한 인간을 묘사한다.

〈왕의 남자〉에서 장생은 어명에 의해 두 눈을 잃고 말았지만 앞에서도 보았듯이 그동안 장생과 공길은 즐겨 맹인 놀이를 해 왔다. 과거 두 사람은 남사당패에서 도망쳐 먼 길을 가는 도중 허한 마음을 달래기 위해 '소학지희(笑

謔之戲)'를 펼쳤다. 이들의 맹인 놀이는 아마도 훗날 장생이 맹인이 될 것임을 암시하는 것이라고 본다.

공길: 아야! 아 이놈아, 눈 달아 뒀다 뭐해?

장생: 아 이놈아, 눈 달아 뒀다 뭐해?

공길: 눈이 삐었냐?

장생: 눈은 안 삐고 산 넘다가 다리를 삐끗했지. 근데 이 소리가 강 건너…… 강봉사?

공길: 이 냄시 들 질러…… 봉봉사?

장생: 아이고, 이거 반갑구만. (만나려고 하는데 자꾸 엇갈린다.) 이봐, 나 여기 있고 너 거기 있어? (또 엇갈린다.)

공길: 아, 나 여기 있고 너 거기 있지. (또 엇갈린다.)

장생: 나 여기 있고 너 거기 있어?

공길: 아, 너 거기 없고 나 여기 있지.

맹인들의 유명한 대사 "나 여기 있고 너 거기 있지."는 맹인인 까닭에 몸은 엇갈리지만 내가 있고 네가 있음을 안다는 의미다. 아무튼 맹인이 아닌 상태에서 맹인 연기를 하던 장생은 눈이 뽑힌 진짜 맹인이 되어 연기를 한다. 연기가 실제가 된 것이다. 줄 위에 오르는 장생은 눈이 멀고 보니 세상이 어떤 것인지 알 수 있을 것 같다. 장생은 줄타기를 하면서 사설을 읊는다.

"내, 실은 눈멀기로 말하면 타고난 놈인데, 그 얘기 한번 들어들 보실라우? 어릴 적 광대패를 첨 보고는 그 장단에 눈이 멀고, 광대짓 할 때는 어느 광대놈과 짝 맞춰 노는 게 어찌나 신나던지 그 신명에 눈이 멀고, (울컥 하는 걸 겨우 참으며) 한양에 와서는 저잣거리 구경꾼들이 던져 주는 엽전에 눈이 멀고, 얼떨결에 궁에 와서는…… (차마 말을 잇지 못한다.) 그렇게 눈이 멀어서…… 볼 걸 못 보고, 어느 잡놈이 그놈 마음을 훔쳐 가는 걸 못 보고. 그 마음이 멀어져 가는 걸 못 보고. (사이) 이렇게 눈이 멀고 나니 훤하게 보이는데 두 눈을 부릅뜨고도 그걸 못 보고."

장생은 그간 평생을 살면서 사실은 눈이 멀었다는 것과 실제 눈이 멀고 보니 공길의 마음이 잘 보인다는 것을 말하고 있는 것이다.

김처선은 왜 광대들을 궁궐로 불러들였을까

김처선이 연산에게 직언할 때 광대를 불러들인 이유를 분명하게 말한다. "제가 광대들을 구해 드린 건 간악한 중신들을 거둬 내어 마마께서 세상을 바로 보시도록 하고자 함이었사옵니다." 중신들의 힘이 막강하여 왕이 상대적으로 위축되어 있다면 왕권 강화는 쉽지 않다. 그런데 연산은 이미 사화를 일으키고 법도에 어긋나는 일을 일삼았으므로 이를 빌미로 중신들의 견제가 더욱 심해진 상태였다. 왕과 중신 사이에 직접적인 대결은 서로에게 위험하다. 어느 한쪽이 죽어 나갈 수밖에 없다면 국가의 안위가 흔들릴 것이다. 그런데 김처선은 광대들의 연극을 통한다면 위험하지 않게 간악한 중신들을 뿌리 뽑을 수 있다고 보았던 것이다. 연극은 안전한 거리두기를 담보하면서 모든 표현이 가능한 예술 매체이기 때문이었다.

김처선이 광대를 궁으로 불러들여 그들로부터 얻고자 한 것은 다음과 같다.

첫째, 비리를 일삼는 대신들의 처벌이다. 그는 장생에게 비리 신하들의 전말을 알려 주면서 그들의 비리를 전면에 폭로하도록 한다. 연극에서 그들의 실태를 풍자함으로써 그들의 위선과 비리를 까발리라는 것이다. 법도를 중시하는 중신들이 뇌물을 받는 장면이나 성상납을 받는 장면에서 취기가 돈 연산은 흐뭇하고 당사자인 중신들은 불편하다. 연극놀이가 무르익을 무렵 흥을 이기지 못한 연산이 직접 연극에 참여한다. 연극에의 참여는 현실과 비현실이 혼돈된 상태를 의미한다. 연산은 자리를 박차고 일어나 연희가 진행되는 마당으로 내려온다. 왕은 머리를 조아리더니 왕관을 벗어 "받아 주십시오!" 하고 외친다. 그 역시 광대가 되어 연희에 끼어든 것이다. 왕의 개입으로 구경꾼도 광대가 된다. 모두가 함께 어울려 춤을 추다가 연산은 신하들에게 술을 따른다. 왕, 신하들, 광대들 모두가 연극판에 끼었다는 것은 연극과 현실이 하나가 되었다는 것을 뜻한다. 이로써 연극은 더 이상 허구가 아니라 오히려 진실을 밝히는 현실이 되었다. 중신 가운데 연극의 대상이 된 형조판서 윤지상은 사색이 되어 임금이 하사한 술잔을 떨어뜨린다.

(연산은 형조판서 윤지상을 정신없이 발로 차 뭉갠다.)

연산: 여봐라. 형조판서 윤지상을 파직시키고, 전 재산을 몰수하여 국고에 편입하라. (연산, 가려다 몸을 돌려 선다.) 그리고 죄 많은 윤지상의 손가락을 잘라 모든 조정 대신들이 본보기로 돌려 보라.

이때 연산은 연극의 힘을 똑똑히 체험했을 것이다. 그가 서슴없이 마당(무대)으로 들어선 것은 실은 관객의 태도가 아니다. 관객이란 무대에서 행해지는 일에 자발적으로 의심하기를 저버린 사람이다. 관객이 무대에서 벌어지는 일련의 사건에 대해 의심하거나 개입하면 연극은 성립할 수 없다. 그러나 연산은 관객에서 자발적 연기자가 됨으로써 연극판을 전체로 확대시킨다. 연산이 윤지상을 지목하자 연극판은 아수라장이 된다. 연산은 그를 파직시키고 손가락을 자르라고 명함으로써 중신들에게 받았던 억눌린 감정이 순식간에 해소되는 카타르시스를 경험한다. 자신의 예술적 기질과 광대들의 만남으로 그는 바야흐로 술이나 성이 아닌 전혀 다른 해소 방식이 있음을 발견한다. 연산군에게 광대들은 한풀이를 해 주는 묘약이지만 중신들에게는 원수가 된다.

둘째, 왕의 외상인 폐비 윤씨의 사건을 들춰내어 왕을 치료하도록 한다. 그러나 심리치료의 관점에서 볼 때 권력자인 왕을 내담자로 본다면 이런 방식의 외상 표현은 매우 위험하다. 영화에서도 연극이 진행되는 과정에서 광기가 솟구친 연산은 현실과 비현실을 구분하지 못하고 살인을 저지르고 만다.

셋째, 광대들에게 왕을 풍자하도록 함으로써 연산이 자신의 모습을 직면하기를 바랐다. 김처선은 광대를 통해 세상을 바로 볼 수 있다고 생각했다. 허구를 통해 진실을 직시할 수 있다고 보았던 것이다. 왕 앞에서의 직언은 죽음이다. 그러나 연극과 같은 허구의 세계는 직언이 아닌 은유로 더욱 깊이 있게 세상을 똑바로 보도록 한다. 김처선이야말로 임금을 사랑한 신하다. 그는 연극을 통해 왕이 스스로를 깨닫고 간신들을 물리쳐 현명한 왕으로 거듭날 수 있기를 바랐던 것이다.

넷째, 광대를 통해 왕의 외상이 치유되고 장녹수의 품에서 벗어나기를 기대했다. 그러나 연산은 장녹수의 품에서는 벗어나는 것처럼 보였으나 대신 공길의 품에 이끌린다.

연극으로 감정을 해소하다

연산은 감정 해소 기능이 미약하다. 짜증스럽고 불만에 가득 찬 왕은 표정도 없고 웃을 줄도 모른다. 보통 외상이 심한 사람은 감정 표현이 어렵다. 그런데 이러한 연산에게 웃음을 찾아 준 것이 바로 광대들이다. 연산은 상실과 외상으로 고통받고 있지만 이를 어떻게 처리하고 극복해야 할지 알지 못한다. 기분 전환을 위해 술과 여자를 가까이 하지만 일시적일 뿐이다. 감정 처리 기능이 미비한 연산이 제일 싫어하는 것은 자신을 지배하려 하거나 제어하려는 사람들이다.

우선 그는 아버지 성종에 대한 반감이 크다. 오이디푸스 콤플렉스를 지니고 있는 연산에게 있어 아버지는 거역할 수 없는 절대자였기에 그 앞에서는 모든 감정을 억제할 수밖에 없었다. 세자 시절 성종이 아끼던 사슴을 향해 활을 쏘았다는 야사는 아버지를 향한 분노 표출을 보여 준다.

두 번째는 중신들이다. 중신들 가운데 상당수는 어머니의 죽음에 직간접적으로 관여한 자들로 어전회의에서 사사건건 트집을 잡아 연산의 발목을 잡는다. 그들은 연산의 깊은 상처를 알아주기는 커녕 궁중의 법도와 선왕의 이름을 들먹이며 그를 옭아매고 제어하고자 한다. 연산은 중신들과 사사건건 대립하면서 분노가 하늘을 찌르지만 중신들을 어찌해 볼 도리가 없다. 이러한 왕의 마음을 읽은 김처선은 광대들을 이용해 중신들의 치졸한 모습을 천하에 적나라하게 드러내고자 한다.

세 번째는 어머니를 내쫓는 데 결정적인 역할을 한 인수대비와 성종의 두 후궁이다. 어머니의 원수임을 뻔히 알지만 궁궐의 역학 관계로 그들에게 손쓸 수가 없는 상황은 연산에게 무력감과 절망감과 절망을 안겨 준다. 따라서 연극이 주는 재현 효과를 분명하게 체험한 연산은 광대들의 연희를 통해 복수의 기회를 갖고자 한다. 광대들은 주어진 각본에 따라 경극을 시작한다. 황후로 분장한 공길은 후궁들의 모함으로 인해 황제로부터 사약을 받는다.

> "황제의 사랑이 크고 크지만 그 사랑을 원하는 이 또한 많구나. 황제가 내게 친히 보약을 내리시니 내 어찌 받지 않으리오. 아들아! 다행히 목숨을 보전하거든…… 나를 황제가 거동하는 길 옆에 묻어 황제의 행차를 보게 해 다오. 아들아."

연산은 가슴에 묻어 두었던 과거의 상처가 생생하게 재현되자 더 이상 자신을 제어할 수 없는 정신 분열 상태에 빠지고 만다. 왕은 '어머니'를 외치며 극 안으로 뛰어들어 죽어 가는 어머니(공길)를 안고 오열한다. 허구와 현실을 구분하지 못하는 상태가 되어 버린 것이다. 왕은 자리를 뜨려는 두 귀인을 무대 안으로 밀치고 의금부 도사의 칼을 빼어 들어 그들을 처단한다. 그의 처단은 경극이 벌어지는 무대 판에서 이루어진 까닭에 현실이 아닌 연극이 된다. 연산은 이를 말리는 인수대비마저 밀쳐 내어 죽음에 이르게 한다. 이 경극이 연산의 지시에 의한 것인지는 불분명하다. 왕의 지시냐는 장생의 물음에 김처선은 긍정도 부정도 하지 않는다. 그러나 복수심에 가득 찬 연산이 기회만을 노리고 있었던 것이 분명하므로 직접적인 지시는 아니더라도 김처선이 연산의 속마음을 읽은 것이라면 왕의 지시라고 해도 크게 틀린 것은 아니다.

연극의 치료 기능

중신들을 소재로 연극놀이를 벌였던 감흥을 잊지 못한 연산은 저녁에 공길을 처소로 부른다. 그는 윤지상 때문에 깨진 판을 아쉬워하며 공길에게 함께 놀 것을 제안한다. 이때 공길은 소매에서 두 개의 손가락 인형을 꺼낸다. 말뚝이탈 인형과 각시탈 인형이다. 남사당패에서 장생과 짝으로 놀이판을 벌일 때 말뚝이탈은 장생이고 각시탈은 공길이었다. 왕의 처소에서 공길은 말뚝이탈 인형과 각시탈 인형으로 남녀의 애정 장면을 연출한다. 말뚝이탈이 각시탈의 얼굴을 쓰다듬자 각시탈이 말뚝이탈의 품에 안긴다. 호기심에 가득 찬 연산이 참지 못하고 놀이에 개입하여 자신이 말뚝이탈 인형을 집어 든다. 연산의 말뚝이탈이 각시탈을 쓰다듬는다. 그의 연행은 조심스럽고 수줍음으로 가득하다. 말뚝이탈이 된 연산은 인형을 통해 왜곡되지 않은 사랑

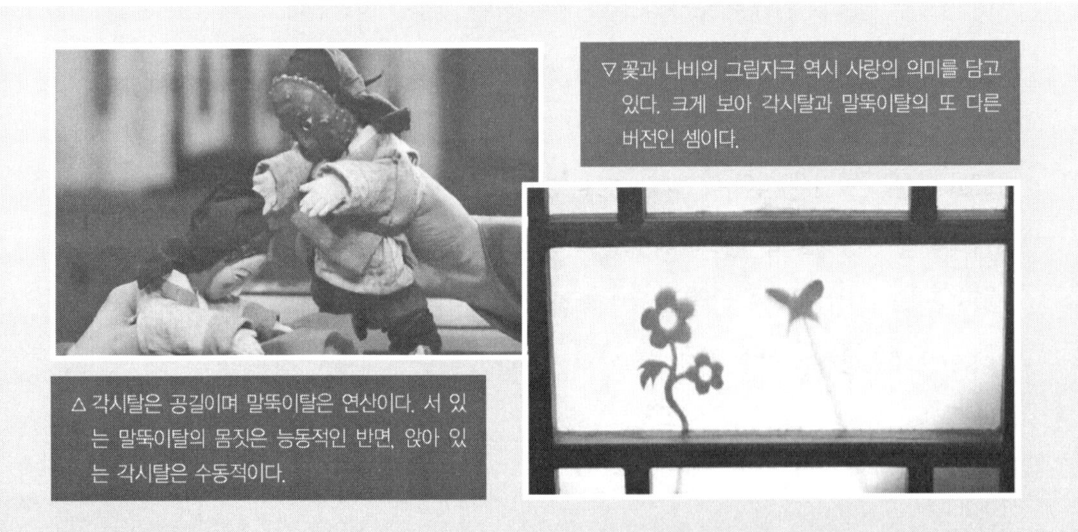

▽ 꽃과 나비의 그림자극 역시 사랑의 의미를 담고 있다. 크게 보아 각시탈과 말뚝이탈의 또 다른 버전인 셈이다.

△ 각시탈은 공길이며 말뚝이탈은 연산이다. 서 있는 말뚝이탈의 몸짓은 능동적인 반면, 앉아 있는 각시탈은 수동적이다.

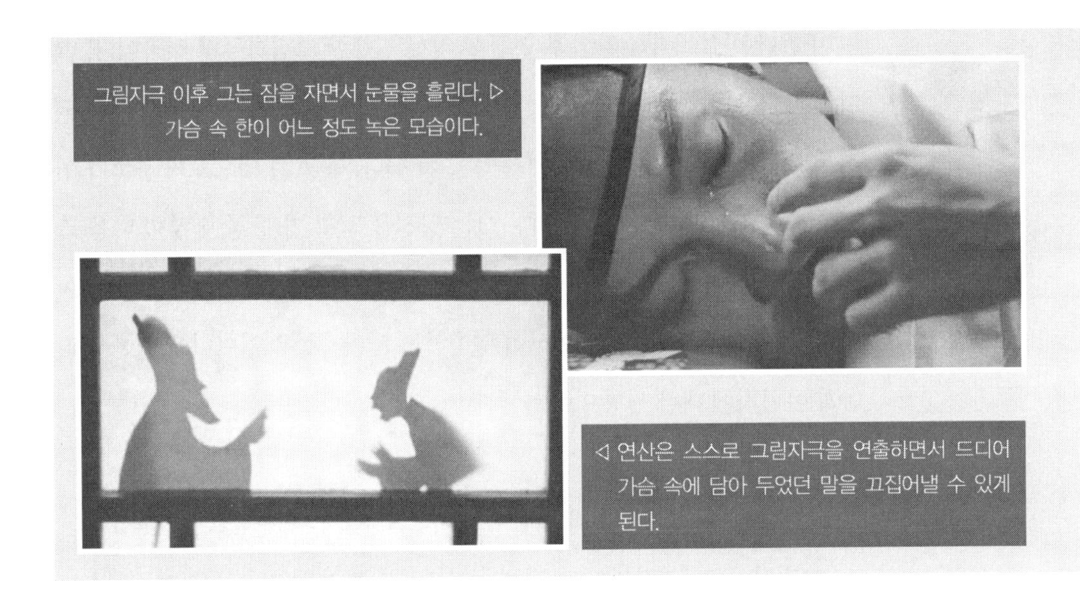
그림자극 이후 그는 잠을 자면서 눈물을 흘린다. ▷ 가슴 속 한이 어느 정도 녹은 모습이다.

◁ 연산은 스스로 그림자극을 연출하면서 드디어 가슴 속에 담아 두었던 말을 끄집어낼 수 있게 된다.

의 감정을 느끼고 표현한다. 동성애의 코드가 담겨 있는 인형놀이는 다음의 의미를 함축한다. 첫째, 연산이 말뚝이탈 인형의 역할을 맡은 것은 각시탈의 대상이 장생에게서 연산으로 넘어간 의미가 있다. 둘째, 연산은 간단한 인형놀이지만 진지한 사랑을 느낀다. 사랑을 느끼고 전하는 행위는 애정 결핍의 참여자에게 중요한 순간이다. 동감과 포용으로 참여자를 안아 줌으로써 결핍에 따른 왜곡된 정서를 어느 정도 완화시킬 수 있기 때문이다.

공길은 이번에는 그림자극을 보여 준다. 나비가 꽃을 향해 가는 그림자극을 보며 연산은 모든 시름이 사라진 어린아이 같은 천진난만한 표정을 짓는다. 나비가 연산의 심정을 상징한다면 꽃은 어머니거나 공길 혹은 또 다른 사랑하는 대상일 것이다. 왕은 연극놀이를 통해 위안을 얻고 웃음과 슬픔 같은 정서 표현이 가능하게 된다. 또 다른 현실인 연극은 그에게 막혀 있던 감정을 밖으로 표현하는 수단이자 치료제였던 것이다.

이 간단한 그림자극은 차후 연산이 직접 진행할 그림자극의 서곡이다. 그 사건은 다음과 같이 진행된다. 어전회의에서 분노의 광기가 극에 다다른 연산은 희락원으로 달려가 찢어져라 북을 쳐 댄다. 북을 쳐 댐으로써 분노가 어느 정도 가라앉자 공길을 찾는다. 그는 공길을 끌고 가 용상에 앉힌 다음 그림자극을 펼쳐 보인다. 왕의 자리에 앉게 된 공길은 왕으로서 유일한 관객이 된다. 공길 대신 광대가 된 연산이 연출하는 그림자극은 어머니에 대한 그리움과 아버지에 대한 원망으로 가득하다.

"(어린 목소리로) 아바마마, 어머니가 그립습니다. (무섭고 엄한 목소리로) 어미는 생각하지도, 입 밖에 내지도 말라 하지 않았느냐! (가여운 목소리로) 아바마마, 한 번만이라도 어머니를……. (엄한 목소리로) 못난 놈! 니가 그러고도 성군이 될 수 있겠느냐? 아바마마, 아바마마."

연산은 1인 2역으로 아버지와 자신을 번갈아 연기한다. 엄한 목소리의 아버지를 두려워하는 어리고 가여운 목소리는 현재 연산의 가슴속에 묻어 있는 어린 자신의 모습이다. 그림자극이 끝난 뒤 연산은 공길이 따라 주는 술을 마시며 눈물을 흘린다. 고독한 권력자의 모습이 화면을 가득 채운다. 잠자는 연산은 눈물을 흘리고 공길은 눈물을 닦아 준다. 이 그림자극이 중요한 것은 연산이 아버지에 대한 콤플렉스, 어머니에 대한 그리움을 말과 형상으로 표현했다는 점이다. 그렇게도 어려웠던 외상의 표현은 연극의 거리두기로 안전감을 담보할 수 있었기 때문에 가능했다. 최고의 권력자가 그림자극을 통해서야 겨우 어미에 대한 그리움과 한을 처음으로 표현하게 되었다는 것은 아이러니다. 광풍의 바다가 잔잔해진 것처럼 그림자극 이후 연산은 영화에서 가장 진지하고 슬픈 표정으로 잠이 든다.

연산군과 대상관계이론

프로이트 정신분석학의 영향을 받은 대상관계이론(Object Relations Theory)은 인간은 태어날 때부터 항상 대상(object)을 추구한다는 것과 그 대상과 관계를 맺는다는 것에 초점을 둔 이론이다. 정신분석학이 개인 분석에 집중했다면 관계의 범위를 더 넓힌 것이 대상관계이론이다. 대상관계이론을 처음 시작한 클라인(Klein)은 "엄마와 아기의 관계에서 초기 단계의 중요성을 강조한다. 페어베언(Fairbairn)은 정신병리를 다른 사람과의 잘못된 관계에서 생긴 것으로 정의하면서 엄마와의 관계를 통해서 신체적 접촉을 통한 즐거움을 추구하면서 자아가 발달한다고 보았다"(추정선, 2004: 439). 이 정의에 따르면 연산과 어머니 윤씨 사이에서 초기 단계의 관계 형성에 문제가 있었고 이로 인해 온전치 못한 성격이 형성되었다고 할 것이다. "엄마와의 분리 과정에서 감정 발달이 이루어지며 유아기 초기 단계에서 엄마와 비자연적으로 분리되면 감정적인 박탈을 느껴서 나쁜 자아 이미지를 경험하고 병든 자아가 형성된다. 모정의 박탈, 부적당한 양육, 어린이에게 유용하지 못한 부모 관계와 접촉에 대한 좌절 관계 등은 대상 이미지를 나쁘게 만든다고 보았다."

대상관계이론은 대상 추구를 인간의 가장 기본적인 동기로 간주하고 이 대상과 연관되어 인격이 형성된다고 본다. 인간은 살아가면서 다른 사람들과 관계망을 형성하고 그 안에서 대상을 추구하는 존재다. 인간은 결코 혼자서는 태어날 수도 없으며 삶을 영위할 수도 없기 때문에 대상과 관계를 맺는 것은 지극히 당연하다. 태어날 때 이미 고유한 성격을 지니고 있다고 하더라도 개인은 대상 및 환경과 관계 맺게 되고 또 그로부터 영향을 받아 현재의 모습으로 정립된다. 타인과의 관계가 나의 성격 형성에 영향을 끼치고 타인에 대한 인식 역시 나의 성격 형성에 중대한 요소가 된다. 설리번(Sullivan)은 "정신병리로 간주될 수 있는 모든 것을 아동기에 실제로 경험했던 대인관계적 불안에 대한 다양한 반응의 측면에서 설명한다. 정신분열증 환자들은 초기 삶에서 치명적인 불안을 겪었던 사람들이라는 것이다"(이재훈 역, 2004: 448). 연산의 분노와 충동적인 행동 역시 과거의 대상 추구와 대인관계에서 생겨난 불안이 축적된 결과다. 인간은 불안감이 엄습하면 이를 극복하기 위한 안전장치로 과거의 익숙한 행동 유형으로 되돌아간다. 폐비 윤씨를 둘러싼 암투와 소용돌이의 환경에서 어린 시절의 연산에게 불안과 두려움의 무의식적 층위가 형성되고 타인과의 상호작용에서 일정한 패턴이 형성되었을 것이다. 영유아기에 대상이란 주로 어머니다. "유아가 출생 초기에 어머니로부터 충분한 애정과 보살핌을 받지 못하고 반복적으로 거부당하거나 무시당하거나 혹은 처벌을 받으면서 성장한다면, 유아의 내면에 형성되는 표상들은 대체로 부정적인 성격을 갖게 된다. 따라서 유아는 자신과 타인에 대한 경험 중 부정적인 측면만을 지각하게 되고, 그 결과 낮은 자아존중감과 취약한 자아구조를 갖게 되며, 타인에 대해서도 왜곡된 지각과 부정적인 정서를 형성하게 되어 성인이 되어서도 대인관계에서 어려움을 겪게 된다"(남영옥, 2001: 64). 또한 아버지에 대한 열등의식과 자신감 결여는 낮은 자아존중감으로 이어지고 이로 인해 왜곡되고 부정적인 정서를 지니게 되었을 것이며, 왕이 된 현재 중신들과의 관계에서 불안이 생겨날 때 방어기제로서 어린 시절의 감정 상태로 되돌아가게 되는 것이다. 이처럼 연산이 보이는 감정 조절의 미숙이나 안하무인의 유아적이고 충동적인 태도를 이해하고자 할 때 대상관계이론은 유용하다.

대상관계이론에서는 성격과 대인관계의 장애가 변하기 어렵다고 본다. 과거의 관계 유형이 계속해서 투사되고 다시 내면화되기 때문이다. 따라서 심리치료 과정에서 치료사는 내담자로 하여금 새로운 긍정적 대상 관계를 경험할 수 있도록 하는 것이 중요하다. 위니컷(Winnicott)은 치료사에게 필요한 것이 안아 주는 능력, 공감적 이해, 반영, 견디어 주는 능력이라고 보고, 이러한 능력을 바탕으로 치료사가 충분히 좋은 어머니의 역할을 하는 것은 통해 치료가 이뤄질 수 있다고 말한다(윤가현 외, 2012: 432). 〈왕의 남자〉에서 연산이 아이가 되어 녹수의 치마 속으로 들어간다든가 공길로부터 연인이자 어머니를 느끼는 것은 바로 이들이 연산의 결핍 대상인 어머니를 어느 정도 충족시켜 주기 때문이다. 녹수나 공길은 일종의 심리치료사, 상담사로서 중신들이 할 수 없는 능력, '안아 주고 공감하고 반영하며 견디는 능력'을 어느 정도 지니고 있었던 것이다.

외상 재현의 위험성

어린 시절 대상과의 애착 관계에 문제가 있는 참여자는 심리치료에서 당시의 애착 관계를 다시 형성하기 위해 치료사나 다른 집단 구성원에게 강한 애착 욕구를 느낀다. 연산이 녹수나 공길에게 느끼는 애착도 이런 유형이다. 이는 매우 중요한 순간으로 치료사가 어떻게 반응하느냐에 따라 둘 사이에 강한 애착 관계를 형성하기도 하고 관계의 균열을 경험하기도 한다. 만일 참여자가 치료사에게 실망감을 느낀다면 도움을 구하는 그들의 목소리는 공황 상태에 빠져 까다로운 요구로 변질될 것이다. 이런 종류의 참여자를 치료하기 위해서는 안정적인 회복 환경을 마련하여 참여자가 언제든 자신의 욕구에 반응해 주는 사람을 찾을 수 있어야 한다(김세준 역, 2012: 411). 연산이 녹수나 공길에게 남다른 애정을 느낀 것은 그들로부터 어머니의 모습을 보았기 때문이다. 어린 시절에 잘못 형성된 대상 관계를 그들을 통해 보상받으려고 했던 것이다. 그러나 불행히도 녹수나 공길은 전문적인 심리치료사가 아니었고 참여자는 최고의 권력자였다. 연산은 자신의 욕구에 반응해 주는 사람을 찾았지만 준엄한 왕 앞에서 그들은 이에 적절하게 대응할 줄 몰랐다. 다만 놀이를 통해 연산이 감정을 발산하고 위로받는 선에 그치고 말았던 것이다. 만일 그가 녹수나 공길을 통해 깊이 있는 긍정적인 감정 해소를 할 수 있었다면 더할 나위 없었겠지만 공길과의 연극놀이를 통한 과거 외상의 재현은 결론적으로 연산을 더욱 괴롭히고 위험한 상황에 빠트리고 말았다. 미해결된 어린 시절의 상처를 지닌 참여자의 완전한 회복은 오랜 기간 전문가의 세심한 치료를 요한다. 심리치료에서는 회복 과정에 있는 참여자라고 할지라도 약물에 의존하지 않고서는 자신의 강렬한 감정을 견딜 수 없는 상태라면 어린 시절의 상실과 외상을 다루는 작업이 오히려 위험할 수 있다고 경고한다. 경우에 따라서는 "분노를 표현하지 않는 것이 참여자에게 더 도움이 되는 것이다"(김세준 역, 2012: 412).

그러나 공길이 사전 지식이나 준비 없이 연산의 일방적인 요구에 의해 연극 매체를 통해 어린 시절을 상기시킴에 따라 왕은 걷잡을 수 없는 감정의 소용돌이에 휩싸이게 되고, 무의식 속에 잠재해 있던 아이가 튀어나옴으로써 군주의 위엄을 잃으며 유아적 행동을 범하고 만다. 이를테면, 비리 중신들을 소재로 한 광대들의 연희에서 연산이 분을 참지 못하고 대신에게 발길질을 하거나 즉석에서 파직시키고 손가락을 자르도록 명한 것은 분노를 억제하지 못한 결과다. 이는 연극이 그만큼 참여자의 무의식 속에 잠재해 있는 외상을 표출시키는 힘이 크다는 것을 반증하는 것이다.

연산의 병적 진단

연산은 감정 조절에 어려움을 보이고 스스로 제어가 불가능하며 술이나 성 또는 광대에 강하게 의존하는 등의 정서적 특징을 보인다. 충동적인 감정 폭발, 지나친 민감성, 자아분열 행동 등은 그가 심한 외상에 시달리고 있음을 보여 준다. "외상에 시달리면 감정적 억압 상태와 갑작스러운 감정 폭발 또는 행동을 통해 감정을 표출하는 일을 반복한다. 지나치게 민감한 태도와 폐쇄적 태도 또는 자아를 분열시키는 일을 반복하는 것은 외상 반응의 특징 중 하나다."(김세준 역, 2012: 421) 연산은 어머니의 죽음과 관련하여 외상을 입었음이 분명하지만 왕이 되기 전에는 이를 표현할 수 있는 상황이 아니었다. 연산이 비로소 어머니를 언급할 수 있게 된 것은 왕이 되고 나서다. 그럼에도 법도를 내세우는 중신들의 반대로 어머니를 언급하고 복원시키고자 함에 있어서 왕 마음대로 할 수가 없었다. 그가 술이나 성을 탐닉한 것은 외상으로 인해 상실된 안정감과 조절 능력의 대체 수단이었다. "외상으로 고통받는 사람들은 감정 조절에 어려움을 겪고, 결국 외상으로 인해 상실하게 된 안정감과 조절 능력을 회복하기 위해 약물에 의존하게 된다"(김세준 역, 2012: 421). 이와 연관되게 연산은 녹수에게 어머니의 이미지를 좇으면서 중독성의 행동을 보이고 있는데 그의 앞에 공길이 나타난다.

궁궐로 들어온 광대들은 목숨을 담보로 하는 통과의례를 거친다. 그들이 살아남기 위해서는 왕이 웃어야 한다. 이 웃음의 조건은 왕의 감정이 메마른 상태라는 것을 의미한다. 정서장애가 있는 것이다. 보통 정서장애의 근원으로 과도한 스트레스, 정서의 회피와 부인, 정서 조절의 문제, 심리적 외상, 역기능적 의미 구성 과정이 있다(이홍표 역, 2008: 87). 이들 가운데 연산의 경우 주목할 수 있는 것은 심리적 외상이다. 특히 아동기의 심리적 외상은 강한 기억 흔적을 남긴다. 그것은 아동기에는 외상의 경험을 언어로 상징화하거나 묘사할 수 있는 능력이 발달되지 못한 까닭이다. "경험을 언어로 상징화하고 묘사할 수 있는 상징적 능력이나 서술적(narrative) 능력이 충분히 발달하지 못한 아동기에 경험하는 외상적 경험들은 더욱 강한 기억 흔적을 남기게 된다. 아동기의 외상적 경험은 상징화되지 못한 채 정서 기억 속에 저장되기 마련이며, 바로 이 때문에 더욱 수용하기 어렵고 강렬한 정서적 흔적을 남기게 되는 것이다"(이홍표 역, 2008: 97-98). 이에 따르면 연산의 병적인 집착과 과도한 분노는 수용되지 못한 외상에 대한 정서 기억 때문이다. 특히 아동기에는 외상의 경험을 상징화하고 서사화하는 능력이 부족한 까닭에 혼란스러운 상태로 기억에 저장된 채로 남아 있다. 이 관점은 연산이 광대들의 연극놀이에 매료되는 까닭을 어느 정도 이해하게 해 준다. 연극은 역할과 놀이를 통해 서사화와 상징화가 가능한 예술이므로 기억 속에 고착화되어 있는 과거의 외상을 서사화와 상징화를 통해 밖으로 불러낼 수 있다. 두 광대가 엮어가는 이야기(서술화) 속에서 윗입, 아랫입이라는 성적인 상징 놀이는 아무런 표정도 없던 연산을 웃게 만든다. 광대들의 연극놀이가 연산 자신을 풍자했다는 사실은 중요하지 않다. 그들의 놀이에 들어 있는 서사성과 상징성이 풀리지 않았던 연산의 외상을 시원하게 자극했으므로 그는 통쾌하게 웃을 수 있었다. 광대의 기질이 있었던 연산은 연극을 통해 외상의 자극과 외현화의 과정에서 감정의 정화를 맛보았던 것이다.

연산과 거세불안

연극에서 연산의 특징은 유아적 기질과 동성애의 코드, 광기가 부각되긴 하지만 영화에서는 오이디푸스 콤플렉스, 모성애 결핍, 분노, 불안, 광기가 좀 더 강하게 그려진다. 연산은 아버지 성종에 대한 심한 오이디푸스 콤플렉스를 지니고 있다. 아버지에 대한 원망은 어머니를 지키기는커녕 죽음으로 몰아갔다는 사실에서 비롯된다. 정신분석학에서 아버지는 초자아이며 사회적 질서이자 법이다. 아버지는 법도에서 벗어나는 것을 용납하지 않는다. 그런데 그러한 아버지가 어미를 내쫓고 죽이기까지 했으니 연산에게 아버지는 대단히 모순적인 존재다. 따라서 연산은 선왕에 대해 예민한 반응을 보이며 선왕의 언급 자체에 대해 분노한다. 아버지에 대한 원망과 상대적인 박탈감, 열등감을 보이고 있는 것이다. 영화에서 연산이 선왕에 대해 심한 거부 반응을 보이는 대표적인 두 시퀀스가 있다.

한번은 어전회의에서 일어난다. 어전회의에서 위선적인 격식과 법도를 내세우고 선왕을 언급하는 중신들의 태도에 숨이 막힐 지경이다. 중신들은 선왕을 떠받들면서 자신과 비교를 하는데 연산은 치밀어 오르는 분노를 참지 못하고 이조판서 성희안을 그 자리에서 파직시켜 버린다. "왕을 뭘로 아는 거야? 입만 열면 선왕. 무덤까지 따라들 가지. 내 어미를 궁에서 내쫓았어. 그게 성군이야? 내쫓아 죽여 버렸어. 그게 그렇게 대단한 성군이 할 짓이라 이거지". 아버지에 대한 강한 반발은 오이디푸스 콤플렉스의 전형이다. 남자아이는 사랑의 대상인 어머니를 빼앗아 간 절대적 존재인 아버지와 맞서고자 할 때 거세불안에 시달린다. 연산은 제위에 오르기 전에는 어미를 죽인 선왕에 대해 막연한 증오와 불안감을 무의식 속에 간직하고 있었지만 이제는 자신이 왕이다. 아버지와 동일한 힘을 갖게 된 지금 다시 아버지와 비교 대상이 되고 열등의식을 갖게 된다는 것은 견딜 수 없다.

두 번째는 연산이 총애하는 김처선의 발언이다. 김처선은 연산의 그림자라 할 만큼 그를 곁에서 보좌하고 광대들을 궁에 끌어들인 인물이다. 김처선은 왕이 공길에게 집착하는 것을 보고 직언을 한다. 화가 난 연산은 "네가 죽을 때가 됐나보다!" 하고 쏘아붙인다. 김처선이 "소인 죽는 것은 두렵지 않사오나 저승에서 선왕을 뵐 낯이 없다."고 대답하자, 분을 참지 못한 연산은 길길이 날뛰면서 김처선을 당장 내쫓아 버린다. 자신을 알아준다고 믿었던 신하의 입에서 선왕 이야기가 나왔으니 배신감이 컸을 것이다.

연산은 아버지와 비교될 때 거세불안의 무의식이 작동하면서 신경이 예민해지고 화가 치밀지만, 정작 해소 방식은 알지 못한다. 거세는 권력 상실을 의미한다. 따라서 중신들이 선왕을 언급하는 것은 연산에게 있어서 왕의 자리를 위협받는 행위다. 그 말을 꺼낸 중신에게 당장 가혹한 조치를 취하긴 하지만 그것으로 분노가 풀리지 않는다. 중신들에 대한 연산의 분노는 커져 가고 거세불안의 원인 제공자인 아버지에 대한 원망 역시 증폭되지만 해소 방안을 알지 못한다. 이때 그 앞에 광대패들이 나타났던 것이다.

역사에는 '만약'이 성립하지 않는다. 그럼에도 대상관계이론으로 연산을 바라볼 때 만약 그가 어머니의 사랑을 듬뿍 받았더라면, 그의 곁에 충분한 공감 능력이 있는 사람이 있었다면 혹은 전문 상담가가 있었다면 연산의 전기는 달라질 수 있지 않았을까 생각해 본다.

생각해 보기

1. 웃음이란 무엇인가?

2. 희극은 피지배자에게 어떤 역할을 했는가?

3. 김처선이 광대들을 궁에 불러들인 이유는 무엇인가?

4. 연산은 자신을 풍자한 연극을 보고 왜 웃음을 터뜨렸을까?

5. 어머니 폐비 윤씨의 사건과 연산군의 성격을 어떤 방식으로 연관 지을 수 있을까?

6. 연산군의 오이디푸스 콤플렉스는 어디에서 온 것인가?

7. 장생과 공길은 어떤 관계인가?

8. 연산군에게 있어 장생은 어떤 인물인가?

9. 연산군에게 있어 공길은 어떤 인물인가?

10. 장녹수가 연산군에게 반말을 해 대는 것은 무슨 까닭인가?

11. 장녹수가 공길에게 질투를 느낀 것은 무슨 이유인가?

13

〈누들〉,
널 만나 나를 사랑하게 되었어

〈누들(Noodle)〉(2007)은 이스라엘 출신의 아일레트 메나헤미(Ayelet Menahemi) 감독의 영화다. 이 영화는 2008년 제57회 멜버른 국제영화제 초청국제파노라마상과 2007년 제31회 몬트리올 국제영화제(2007) 심사위원 특별상을 수상하였다.

2000년대 초에 이스라엘의 샤론 총리 내각은 불법 체류 중인 외국인 노동자들을 강제 출국시키기로 결정하였다. 당시 이스라엘에서는 외국인 노동자 문제가 크게 불거진 상태였다. 정치권의 이러한 결정에 크게 자극을 받은 메나헤미 감독은 영화 〈누들〉을 제작하여 자신의 생각을 대변하였다.

'널 만나 나를 사랑하게 되었어… 세계를 울린 여섯 살', 이는 〈누들〉의 광고 카피다. 너를 만나게 되어 너를 사랑하게 된 것이 아니라 나를 사랑하게 되었다는 말은 일반적이지 않다. 타인을 만나 타인을 사랑하게 되는 것이 보통이다. 그런데 타인을 만나 그를 통해 자신을 사랑하게 되었다는 것은 너를 통해 나를 깨닫게 되고 그 결과 나의 자기존중감이 회복되었다는 뜻이다. 너는 내가 나를 직시할 수 있도록 해 준 거울이자 멘토라는 의미다. 영화에서 너는 누들이고 나는 미리다. 너는 아이고 나는 어른이다. 그런데 오갈 데 없는 아이를 통해 어른이 치료가 되었다는 것은 순수한 세계의 아이가 오염된 세계의 어른을 치료한 것으로 볼 수 있다. 어른이 아이를 돕는 과정에서 그간 잊고 살았던 사랑, 순수함, 인간다움을 되찾게 된 것이다. 영화 초반부에 어른들은 상호 관계에서 갈등을 빚으며 남을 탓하고 비방한다. 매사에 잘 잘못을 따지고 이를 남의 탓으로 돌릴 때 갈등은 피할 수 없다. 그러나 아이와의 만남 덕택에 어른은 더 이상 남을 탓하지 않으며, 자기의 진짜 모습과 정면으로 대면할 수 있게 된다. 그리하여 결국에는 자신을 사랑하게 된다. 과연 어른들과 누들 사이에 무슨 일이 있었던 것일까?

등장인물

〈누들〉의 인물들은 미리를 중심으로 형성되어 있다. 미리는 항공사에서 스튜어디스로 근무를 한다. 그녀의 손가락에는 두 개의 반지가 끼어 있는데, 이는 두 번의 결혼 경력이 있음을 보여 준다. 그러나 남편의 잇단 죽음으로 그녀는 이별의 아픔을 가슴속에 묻고 있다. 남편의 죽음은 이스라엘이 처한 정치적 · 종교적 · 지리적 현실을 잘 보여 준다. 두 남편과의 사별로 커다란 상처를 받은 그녀는 무기력증에 빠져 있다. 그녀는 잃는 것, 헤어지는 것에 익숙해져 있으며 자기는 뭐든 되는 일이 없다고 생각한다. 영화의 첫 장면에서 비행기에서 내리는 손님들을 배웅할 때나 귀가할 때 미리의 모습은 피곤하고 지쳐 있다. 무표정한 그녀의 모습이 클로즈업된다.

미리와 길라

미리에게는 언니 길라가 있다. 체육 교사인 길라는 남편 이지와 사춘기에 접어든 딸 에일리와 한 가족을 이루고 있다. 하지만 말이 가족이지 이들은 모래알처럼 흩어져 있다. 매사에 짜증을 내는 길라는 남편, 딸, 동생 누구와도 마음을 나누지 못한다. 현재 길라는 남편과 이혼을 고려 중이며 집을 나와 동생의 집에서 기거한다. 사소한 것에도 트집을 잡는 길라의 말투와 태도는 매우 냉소적이다. 하지만 또 하나의 문제는 길라가 보기에 남편 이지와 동생 미리 사이가 심상치 않다는 것이다. 그녀의 시각에서 남편은 자기보다 동생을 더 좋아하는 것 같다. 사실 동일한 직장에서 근무를 하고 있고 많은 부분을 형부에게 의지하고 있는 미리와 이지는 소통이 잘 되는 사이이고, 이지 역시 처제에게 특별한 감정을 보이기도 한다. 보기에 따라 이들 사이가 삼각관계라고 할 수도 있겠다. 사사건건 트집을 잡고 시비를 거는 길라와 이를 받아줄 마음의 여유가 없는 동생 미리 사이의 대화는 마치 서로에게 상처 주기를 경쟁하는 것 같다. 예를 들면, 길라는 동생의 외상으로 남아 있는 전쟁 중에 죽은 두 남편에 대한 이야기를 꺼내고 미리는 길라의 정상적이지 못한 부부관계를 꺼낸다.

길라: 내게 원하는 게 뭐야?

미리: 그만 좀 하란 말야……. 날 끌어들이고, 잔소리하고 날 판단하고…… 7년간 집에만 앉아 있다고 하는 거. 그들을 잃은 거 죄책감 안 느껴.

길라: 내 말이 그거라고. 아비브랑 미키를 죽게 한 게 네가 아니잖아. 이스라엘이 전쟁 중인 걸 좀 믿으란 말야.

미리: 입 다물어, 언니!

길라: 거봐, 얘기하면 안 되는 터부잖아, 맞지? 어떻게 이걸 그만둘래? 내게 갖은 불평을 하고 자기연민에 빠지는 거.

미리: 그럼 어디 보자고……. 언니 부부 관계가 어땠나 봐.

길라: 내게 어떻게 살라고 하기 전에 내가 그럴 필요도 없지. 네가 다 돌아

봐 주잖아.

미리: 내가 어쩐다고?

길라: 돌아봐 준다니까.

미리: 뭐를?

길라: 몰라, 뭐랬는지 기억도 안나. 상처받았다면 미안해.

미리: 내가 상처받은 게 안됐단 거야? 내게 상처 준 게 미안한 거야?

길라: 내가 태어난 게 미안하다, 됐냐?

이렇듯 겉으로 비판적이고 냉정한 길라지만 미리의 부탁을 전적으로 거절하거나 동생의 어려운 상황을 모르는 체하지는 않는다. 텔아비브 시내에서 누들이 살았던 거처를 찾아 나선다든가, 위험한 비행에 동참하는 것을 보면 그녀의 속마음은 겉과는 다르다. 길라는 마음을 열지 않았을 뿐이지 언제든지 동생과 화해할 기회를 엿보고 있었던 것이다. 그런데 미리가 누들을 위해 크나큰 위험을 감수하는 것을 보면서 길라는 비행기 안에서 결정적으로 동생에게 속마음을 털어놓는다. 영화에서 자칫 놓칠 수 있는 이 속마음 털어놓는 장면이야말로 이 영화 최고의 하이라이트이자 중대한 전환점이라고 할 것이다. 길라는 이지를 사랑하지 않지만 그럼에도 현재의 생활을 청산하지 못한 것은 두려움 때문이라고 어렵게 말을 꺼낸다. 그리고 그녀는 자기는 외톨이였고 그런 상태가 다시 돌아올 것을 염려했다고 고백한다. 그런데 미리의 용기 있는 행동을 보면서 자신도 이제는 분명하게 결정할 수 있게 되었다고 털어놓는 것이다.

길라: 이제 그이를 사랑하지 않아, 미리.

미리: 뭐야, 우는 거야?

길라: 뭐, 너만 우는 줄 알아?

미리: 근데 왜 지금까지 함께 살았어?

길라: 우린 두려웠어. 너도 어떤지 알잖아. 나만큼 외톨이로 살았으니까. 이제 그런 인생은 끝났어. 인정하긴 싫지만 네 생각 때문에 충분히 겁내며 살았어.

미리: 내가 어떻게 생각할지 몰라서?

길라: 네 생각보다 더 걱정했어. 하지만 그만두자. 우리 결정했어.

미리: 뭘?

길라: 이혼하기로…….

미리: 어떻게 되는 건데? 뭐? 이제 어떻게 할 건데?

길라: 이제 겁 안 낼 거야. 네게 좀 배웠어.

미리: 정말?

길라: 그래!

미리: 나 무서워.

길라: 이젠 아니야. 애를 위해 뭘 했는지 봐.

미리와 이지

이지는 미리와 같은 항공사에서 근무를 하고 있다. 그는 아내 길라가 딱 한 번 저지른 외도를 알고 있지만 적어도 겉으로는 문제를 삼지 않는다. 그럼에도 그는 아내와 소통 불능의 상태에 빠져 있다. 반면, 미리와는 속마음을 터놓을 수 있는 사이다. 그는 부부 관계를 회복하기 위해 상담을 받으라는 미리의 권유에 따라 길라와 함께 상담받을 것을 생각하지만 길라는 협조하지 않는다. 상담을 권유한 사람이 동생이기 때문이다. 길라는 이지에게 자신을 사랑해서 결혼을 한 것인지, 미리를 사랑해서 결혼한 것인지를 물을 정도로 남편과 동생 사이에 대해 질투심을 느끼고 있다. 이지는 미리가 누들 때문에 곤란해하는 것을 보면서 중국어 회화책을 선물하기도 하고 관공서에 전화를 걸어 문제 해결에 기꺼이 동참한다. 미리에 대한 이지의 말과 태도, 미리 역시 그에게 의지하는 행동을 보면 정말로 길라가 질투를 느낄 만하다. 관객이 보기에도 처제여서 도와주는 것인지, 어떤 감정이 있는 것인지 판단하기 애매하다.

미리와 누들

갑자기 남의 아파트에 혼자 남겨진 여섯 살짜리 외국인 남자아이는 두렵다. 이 나이의 아이에게 엄마의 부재는 삶의 극단적인 위기를 뜻한다. 그러나 위기의 상황에서 아이가 할 수 있는 일이란 오로지 엄마가 돌아오길 기다리는 것밖에 없다. 누구에게도 눈길을 주지 않는 아이는 초인종 소리나 전화벨 소리만 나면 눈이 번쩍 뜨인다. 미리의 입장에서 아이는 골칫거리다. 일에 지쳐 피곤한 몸으로 돌아온 그녀에게 남겨진 아이는 문제 덩어리다. 말이 통하지 않는 아이를 앞에 두고 그녀가 해 볼 수 있는 방법은 한 시간 안에 돌아오겠다고 약속하고 나간 누들 엄마에게 전화를 하는 것뿐이다. 미리와 누들은 그들 앞에 처한 문제를 풀어 나갈 실마리조차 찾기가 힘든 상황이다. 미리와 남자아이 사이에는 아무런 공통점이 없다. 성별, 인종, 국적, 나이에서도 차이가 크다. 다만 한 가지 공통점이 있다면 사랑하는 사람과 이별했다는 점이다. 미리는 남편과 사별했고, 아이는 엄마와 이별했다. 이별의 아픔이라는 공통점은 이들 사이에 하나의 연결 끈으로 작용할 것이다.

이제 미리는 문제의 누들을 놔두고 출근해야 한다. 미리가 없는 동안 누들은 조카 에일리가 돌볼 것이다. 그런데 미리가 근무를 마치고 귀가하자 놀라운 광경이 벌어진다. 누들이 히브리어로 인사를 하는 것이 아닌가! 그사이 에일리에게서 히브리어를 배웠던 것이다. 덕분에 미리는 누들의 원래 이름이 리우라는 것도 알게 된다. 이번에는 미리가 준비해 간 중국어 회화 책자를 꺼낸다. 서로의 언어를 배워 가며 소통하려는 의지가 참으로 가상하고 아름답다. 이러한 노력 덕택에 그들은 점차 소통할 수 있게 된다. 영화에서 슬프고도 감동적인 장면이 있다. 누들은 미리의 침실에 놓여 있는 사진들을 보며 그녀의 가족에 대해 궁금해한다. 미리는 군인이었던 남편 미키, 비행사였던 또 다른 남편 아비브를 설명해 준다. 일상어가 아닌 의성어, 의태어 그리고 몸짓으로……. 누들이 다시 묻는다. "아기는 어딨어요?" 그러자 미리가 대답한다. "아기는 없어." 지금까지 그들은 미리가 묻고 누들이 대답하는 일방적인 관계였다면, 이제 누들이 질문하고 미리가 대답하는 양방적 관계가 된다. 감히 아무도 하지 못했던 질문을 누들이 하고 미리는 담담하게 대답한다. 미리의 표정은 슬프지만 그 순간 가슴에 묻어 두었던 슬픔이 조금은 위로를 받는다.

시간이 지나면서 미리는 점차 누들에게 빠져든다. 자꾸 누들에게 정이 간다. 게다가 주위에서 아이를 키우라고 하니 미리의 마음도 흔들린다. 그러나 헤어짐이 얼마나 커다란 아픔인가를 잘 알고 있는 미리는 자신보다는 누들을 먼저 생각한다. 엄마가 있는 아이니까 엄마 곁으로 가는 것이 당연하다고 생각한다. 누들 역시 미리에 대한 감정이 특별하다. 그에게 미리는 참으로 고

마운 사람, 생명의 은인이다. 비행기 안에서 미리 품에 편히 잠든 모습이나 여행가방 안으로 들어온 미리의 손을 꼭 잡는 행동에서 누들의 마음을 읽을 수 있다.

이들 이외에 미리의 조카 에일리는 누들과 맨 처음 소통하는 인물이다. 그들 둘만 남게 되었을 때 누들은 에일리에게 "난 중국 어린이입니다."라는 말을 반복하고, 에일리는 누들에게 히브리어를 가르쳐 준다. 청소년인 그녀는 아이다운 감성을 갖고 있으므로 누들이 편안한 마음으로 대할 수 있는 누나 같은 존재였을 것이다. 길라의 집에서 키우는 강아지 밤비도 눈여겨봐야 한다. 말을 하지 못하는 밤비가 누들 곁을 떠나지 않는 것을 보면 아이와 강아지는 서로 통하는 면이 있는 것 같다. 그 결과 누들과 밤비는 그 누구보다도 깊은 정이 든다. 또 다른 인물로 중국어가 필요한 시점에서 절묘하게 나타난 길라의 옛사랑 마티가 있다. 어렸을 때 미리, 길라와 한동네에 살았던 마티는 여행 작가이며, 중국어에 능통하다. 마티와 길라의 관계를 알지 못하는 미리는 마티에게 도움을 청하게 되고 마티가 전면에 나선다. 미리의 위험한 여행을 돕기 위해 마티와 길라는 동일한 비행기를 타고 북경을 향한다. 동생의 용기 있는 행동을 보면서 이지와의 관계를 분명하게 청산하기로 결정한 길라는 이번에는 정말로 좋아하는 사람을 찾아 나선다. 그가 바로 마티였다.

문제 해결하기

영화 속 각각의 인물들에게는 주어진 세 가지 당면 과제가 있다. 하나는 누들을 엄마 품에 안기는 것이며, 또 하나는 어른들 사이에 꼬여 있는 문제를 해결하는 것이다. 마지막으로는 누들의 입장에서 엄마를 찾아가는 것이다. 그러나 불행히도 누들은 스스로 문제를 해결할 능력이 없다. 그는 전적으로 미리와 그의 가족들에게 의지하지만 엄마를 만나야겠다는 굳은 의지 하나만은 분명하다. 여섯 살짜리 아이가 보여 주는 집념과 인내와 의지력은 그의 문제를 해결하는 데 밑바탕이 된다.

미리는 첫 번째 문제를 해결하고자 하나 어디서부터 시작해야 할지 난감하다. 그녀는 누들 엄마의 이름과 전화번호 그리고 중국인인 그녀가 불법 체류자라는 사실 이외에는 아는 바가 없다. 문제를 풀어 나가려면 그 실마리를 당사자인 누들로부터 시작해야 하지만 불행하게도 이들은 말이 통하지 않는다. 이제 어떻게 해야 할 것인가? 영화는 미리와 그 가족이 누들을 앞에 두고 이름 물어보기, 손짓과 몸짓 등 말이 통하지 않는 사람들이 행하는 모든 상황을 보여 준다. 그러나 잔뜩 겁을 먹은 아이는 좀처럼 입을 열지 않는다. 결국 그들은 끈질긴 노력과 에일리 덕택에 단서가 될 중요한 정보를 하나 얻게 된다. 아이와 엄마가 '실레쪼' 구역에 살고 있었다는 사실을 알게 된 것이다. 미리와 길라는 누들의 뒤를 좇아 실레쪼 구역의 허름한 아파트에 들어서지만 험상궂은 남자 외국인들이 득실대는 그곳에서 위협을 느낀다. 누들이 살던 방의 벽 한쪽에 붉은 중국 글씨가 쓰여 있다. 미리와 길라는 그것이 누들 엄마가 남겨 놓은 메시지라는 것을 단번에 알아차리지만 위험한 상황에서 오래 지체할 수는 없다. 그곳에 남으려는 아이를 강제로 안고 황급히 떠나려고 할 때 한 여자가 중요한 정보를 알려 준다. 아이 엄마가 이민국 경찰에게 체포되었다는 것이다. 미리와 길라는 곧바로 이민국으로 달려간다. 하지만 이민국 직원은 누들 엄마가 바로 전날 북경으로 추방되었다는 사실을 통보할 뿐이다. 직원의 무책임한 언행에 화가 난 길라는 남겨진 아이가 있다고 하자 직원이 이렇게 말한다. "기념품이 생겼으니 좋아해야죠." 이민국 직원의 경직된 태도는 이스라엘 정부를 대변하는 것으로 볼 수 있다. 감독은 이를 통해 외국인 아이를 인권이 아닌 물품으로 대하는 정부의 태도를 비꼬고 있는 것이다. 이민국에서 누들 엄마의 강제 출국 소식을 확인했을 뿐 더 이상 기댈 것이 없다. 미리는 다음 날 새벽 카메라를 준비한 후 누들을 데리고 다시 실레쪼로 간다. 누들 엄마가 남겨 놓은 붉은 메시지를 카메라로 찍기 위해서다. 미리와 누들은 실레쪼의 아파트에서 장애물을 만나지만 누들의 기지로 중국어 메시지를 카메라에 담는 데 성공한다. 이제 남은 일은 중국어를 해독하는 일이다. 이때 등장하는 인물이 마티다. 마티는 그들을 중국 식당에 데리고 가서 사진 속의 중국어를 해독할 뿐 아니라 북경에 있는 자기 친구의 도움으로 누들이 직접 엄마와 통화하도록 해 준다. 엄마가 있는 곳은 북경의 'Double Happyness'라는 음식점이다. 여기까지는 꼬인 실타래가 잘 풀린 것 같다. 그런데 문제는 정작 이제부터다.

이스라엘에서 태어났지만 엄마가 불법 체류자이기 때문에 누들에 대한 기록이 이스라엘에 있을 리 없다. 물론 엄마의 나라인 중국에도 누들의 기록은 없다. 누들은 몸으로만 존재하고 서류로는 지구상에 존재하지 않는 아이인 것이다. 서류상 존재하지 않는 아이는 비행기를 탈 수 없다. 그런 상황의 누들이 과연 중국으로 추방된 엄마와 만날 수 있을까? 부모가 중국인인 아이는 엄연히 중국인이다. 그러나 아이는 여권이 없으므로 중국인이란 사실을 증명할 길이 없다. 여권을 만들러 갔다가는 불법 체류자로 판명되어 추방될 것이므로 엄마는 아이 여권을 만들 수 없었던 것이다. 그렇다고 미리 일행이 누들을 데리고 중국 대사관으로 간다면 그곳에서는 내무부에서 발행하는 누들과 그의 엄마 사이의 친자증명서와 이스라엘에서의 출생증명서를 요구할 것이다. 중국에 있는 누들 엄마의 혈액을 채취하여 친자 확인을 해야 하는 등 절차와 증명이 너무나 복잡하다. 더구나 그런 서류들을 다 갖추었다고 해도 누들이 엄마 품에 안긴다는 보장도 없다. 한마디로 서류를 통한 합법적인 절차로 누들을 중국에 보내기는 불가능한 것이다. 절망 상태에 빠져 있던 미리 앞에 뜻밖의 기회가 생겨난다. 우연히 자신의 비행 스케줄에 북경 행 비행기가 잡혀 있음을 알게 된 것이다. 미리는 이 절호의 기회를 이용하여 누들을 중국에 보낼 결심을 한다. 여권이 없는 누들을 비행기에 태우는 방법은 단 하나 불법이긴 하지만 여행용 가방을 이용하는 수밖에 없다. 미리는 승무원의 신분이므로 어쩌면 성공할지도 모른다. 그녀가 이렇게 결심하자 처음에는 만류를 하던 주위 사람들도 적극 동참하게 된다. 그리고 미리는 길라와 마티의 도움을 받아 불법적이고도 위험한 여행을 계획한다.

이렇듯 영화는 어디서부터 손을 써야 할지 몰랐던 문제가 하나씩 풀려가는 것을 보여 준다. 꼬여 버린 복잡한 문제의 해결은 한 사람의 힘만으로는 불가능하고 여러 사람이 합심할 때 가능하다. 이 합심은 그들의 갈등 관계마저도 푸는 신비한 힘이 있다. 어른들은 합심의 과정에서 서로에게 닫혔던 마음을 여는 기회를 얻게 된다. 누들의 문제를 풀어 나가자 곧 자신들의 문제도 풀렸던 것이다. 한편, 누들의 입장에서 이번 여행은 일생일대의 중대한 여행이다. 어린아이가 조그만 가방 속에서 6,000킬로미터를 견디어야 하는 것은 엄청난 모험이다. 그러나 누들은 미리를 믿고 이 고난의 시간을 끝까지 견딤으로써 최종 목적지에 무사히 안착하게 된다. 누들이야말로 자신에게 닥친 문제를 해결할 수 있는 능력이 있음을 잘 보여 주었던 것이다.

다문화 사회[1)]

인종이 다른 사람들 사이에서 진실한 사랑이 가능하다는 것을 보여 준 〈누들〉을 보면서 우리 사회의 화두 가운데 하나인 다문화에 대해 생각해 볼 수 있다. 현재 다문화 사회로 접어든 한국은 다문화에 대한 깊은 통찰이 필요한 시점에 있다. 'Better is different.'라는 광고 문구가 있었다. 남과 다른 것이 더 좋다는 의미다. 한때 단일성이 강조되고 남과 같아야 한다는 믿음, 튀어서는 안 된다는 믿음이 있었던 시대가 있었다. 그러나 지금은 남과 달라야 하고 개성이 있어야 한다고 생각한다. 남과의 차이를 개성으로 생각하는 시대, 즉 다양성의 시대가 찾아온 것이다. 과거에 외국인들이 김포 공항에 내리면 한국 사람들 머리가 모두 검은색이라는 사실에 충격을 받았다. 우리는 당연한 것으로 받아들인 '모두가 검은 머리'는 여러 인종이 모여 사는 국가에서는 낯선 풍경이었던 것이다. 그러나 20세기 후반에 들어서면서 한국 젊은이들은 머리에 물을 들이기 시작했고, 대학 강의실은 흑백에서 컬러가 되었다. 교수들 사이에서 머리에 물을 들이고 수업에 참여하는 학생에게 제재를 가해야 한다는 의견도 있었지만, 지금은 당당하게 머리에 물을 들이고 눈치도 보지 않으며 어른들도 크게 시비를 걸지 않는다.

미국은 최초로 오바마라는 흑인을 대통령으로 내세웠다. 단일민족의 기치를 내세웠던 한국이지만 현재는 변화하는 환경으로 이미 다민족 국가의 색

1) 이 부분은 2010년 국제다문화의사소통학회 학술대회에서 발표한 '다문화 가족 의사소통을 위한 연극치료'를 요약한 것이다.

채를 지니게 되었고, 향후 오바마와 같은 인물이 나오지 말란 법도 없다. 따라서 동화 모형이 아닌, 인종의 다양한 문화와 이념을 그대로 공존시키는 다문화 모형에 대한 연구가 필요하다. 인종적 모자이크 혹은 무지개 연합을 표방하며 다문화주의가 공존하는 캐나다와 호주의 경우가 하나의 좋은 예가 된다. 가령 다양한 종족이 모여 사는 캐나다의 몬트리올에는 세계 전역의 음식을 맛볼 수 있으며, 다양한 문화가 혼재하여 독특하고 새로운 문화가 창조되고 있다. 재즈 축제, 게이 축제, 영화 축제 등으로 유명한 이 도시는 한류와 난류가 만나 풍부한 어족을 형성하듯 풍요로운 문화 행사가 연중 펼쳐지고 있다.

단일성의 단점과 다양성의 장점에 대해 교훈을 주는 장님의 코끼리 만지기 우화를 생각해 볼 수 있다. 여섯 명의 장님은 각각 코끼리의 옆구리, 상아, 코, 다리, 꼬리를 만진 다음 코끼리의 생김새를 말하였다. 옆구리를 만진 장님은 코끼리가 담벼락을 닮았다고 했고, 상아를 만진 장님은 창과 비슷하다고 했으며, 코를 만진 장님은 뱀을 닮았다고 했다. 귀를 만진 장님은 부채와 비슷하다고 했으며, 꼬리를 만진 장님은 밧줄과 닮았다고 했다. 장님들은 각기 자신이 만진 것이 진실인 줄 알았기 때문에 그들의 주장은 당연하다. 이 우화는 지나친 자기중심주의나 상대방에 대한 배려 부족에 대해 교훈을 주기도 한다. 자기중심주의는 단편적인 사고의 산물이다. 만일 여섯 명의 장님들이 한데 모여 자신들의 관점을 진지하게 토론하고 의견을 수렴하여 종합적인 의견을 제시하였다면 그들은 코끼리의 진면목을 그릴 수 있었을 것이다. 마찬가지로 미리, 길라, 이지 등이 누들의 문제를 해결하기 위해 자기만의 의견을 고집했다면 문제는 결코 해결되지 않았을 것이다. 상대방의 의견을 귀담아 듣고 합심을 할 때, 문제는 저절로 해결된다. 장님과 코끼리 우화에서도 알 수 있듯 사물을 다방면에서 고려할 수 있는 열린 시각이나 유연하고 다양한 사고의 수용은 문제를 풀어 나가고 진실에 다가갈 수 있는 기회를 제공한다. 문화의 다양성도 마찬가지다. 한 문화권에서 태어나 그곳에서 교육받고 그곳에서만 살았다면 시각과 사고가 경직되어 있을 확률이 높다. 일곱 가지의 색이 모여야 무지개가 완성될 수 있듯 다양한 사고는 한 마리의 코끼리를 훌륭하게 그려 낼 수 있는 것이다.

현재 한국 사회에서 코끼리 전체를 그릴 수 있는 다문화 모형을 형성하기에는 아직 멀다. 특히 단일민족을 강조했던 한국인에게 있어 타인종에 대한 이해와 포용은 매우 부족하다. 한국은 외국인이 살기에 매우 까다로운 나라로 소문이 나 있고, 피부색에 따른 차별이 심한 것으로 정평이 나 있다. 그런데 이제는 어쩔 수 없이 외국인들을 국내에 수용할 수밖에 없는 상황에 처하게 되었다. 그럴 수밖에 없는 가장 큰 이유는 노동력과 신부감 부족일 것이다. 특히 연변이나 동남아 등지에서 들어온 외국인 신부는 그냥 외국인이 아닌 한국 가족의 일원이 되었다는 점을 깊이 있게 생각해야 한다. 생각과 관습과 문화가 다른 사람들이 모여 한 가족을 이룰 때 문제는 더욱 심각하고 중대해진다. 가족은 새로운 세대를 만들어 내고 키워 내는 곳이므로 다문화 가족 내의 원활한 의사소통은 무엇보다도 중요하다. 현재 한국 사회에서 다문화 가정 아동의 특징은 긍정적이기보다는 부정적인 측면이 더욱 크게 부각되고 있다. 그들의 특징을 보면 첫째, 언어 발달이 늦다.[2] 둘째, 학대 아동이 많

2) 다문화 가정 아동 10명 중 4명꼴로 언어 발달이 늦어진 것으로 나타났다. 본지가 입수한 보고서는 언어 발달 교육을 받은 2,400여 명 중 900여 명에 대해 정밀 검사 내용을 분석한 것이다. 복지부의 실태조사 결과, 조사 대상 912명 중 언어 발달 상태가 지연·지체 또는 장애로 나타난 아동은

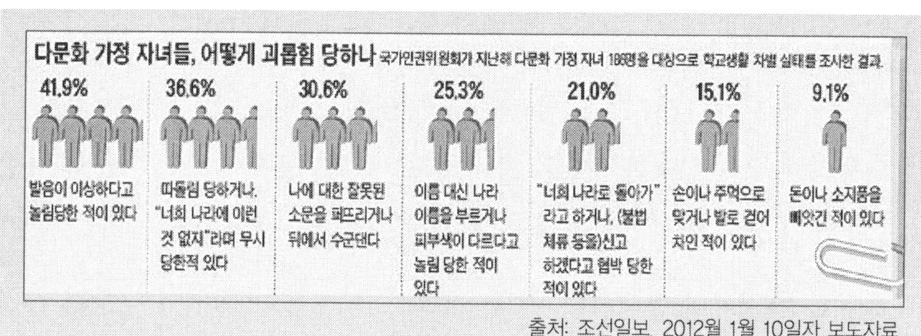

출처: 조선일보, 2012월 1월 10일자 보도자료.

다.[3] 언어 소통의 어려움, 사회적 지지망 부족 등으로 일반 가정에 비해 아동 학대 발생률이 높은 것이다. 셋째, 학업을 중도에 포기하는 경우도 많다.[4] 이들 아동은 저소득층 자녀로서 말이 서툴고 피부색이 다르다는 이유로 집단 따돌림을 당하는 등 학교 적응에 어려움을 보였고 이로 인한 학업 중단, 자퇴, 사회 부적응이 반복되고 있다.

따돌림을 당한 이유를 보면 엄마가 외국인이어서, 생김새가 달라서, 태도

349명(38.2%)이었다. 언어 발달 지연을 겪고 있는 아동의 절반가량은 또래와 1년 이상 격차가 나는 심각한 수준이었다. 특히 연령이 높아질수록 언어 발달 지연의 정도가 심했다. 조사 대상 어린이 중 2세 아동은 80%가 정상 범위에 속했지만, 6세 어린이는 30%대로 떨어졌다(중앙일보, 2010년 3월 5일자 보도자료).

3) 보건복지부와 중앙아동보호 전문기관이 발표한 '2009년 전국 아동학대 현황보고서'에 따르면 다문화 가정에서 방치되거나 학대를 받고 보호 조치된 아동은 전체 5,686건 중 3%인 181건으로 조사됐다. 아동 인구 1,000명당 학대피해 아동 보호율은 전체 평균인 0.55%보다 3배 이상 높은 1.72%로 나타났다. 다문화 가정 내 학대받는 아동의 50.3%는 6세 미만 연령층에 몰려 있어 전체 아동학대 피해 중 48.1%가 초등학생에 몰려 있는 것과도 차이를 보였다. 또 다문화 가정의 아동학대 가해자 93.4%가 부모로, 전체 통계에서 부모가 차지하는 비율(83.3%)보다 10.1%포인트나 높았다(보건복지부, 2010년 5월 13일자 보도자료).

4) 전국에서 다문화 가정 학생이 가장 많은 경기도의 경우, 학업을 중도 포기하는 다문화 학생의 70%가 초등학생이었다. 전국적으로는 의무교육 과정인 초·중학교를 마치지 못하는 비율이 전체의 89%나 됐다(SBS, 2010년 10월 15일자 보도자료).

와 행동이 달라서, 의사소통이 안 돼서, 공부를 못해서 순이다. 아동의 차별은 68%가 학교 내에서 이루어진 것으로 보고되어 있어 학교에서 다문화 가정 아동의 차별이 심각한 것으로 드러났다. 이러한 통계 자료는 다문화 가정 아동에 대한 지속적인 관심과 보살핌이 필요하다는 것을 보여 준다. 그렇다고 다문화 가정에서 발생하는 문제점을 해결하기 위한 대책이 다문화 가정의 아동에만 집중되어서는 안 된다. 이와 병행하여 비다문화 가정의 인식 전환을 위한 교육도 필요하다.

이스라엘을 이루고 있는 유대인들은 세계 도처에 흩어져 살던 시대에 주요 민족들과 동일 민족이 아니라는 이유로 많은 배척을 받아 왔고, 히틀러에 의해 자행된 홀로코스트는 그 정점을 찍었다. 그런데 그들이 국가를 세우고 어느 정도 안정화가 이루어지자, 그들이 당했던 외국인에 대한 정책을 그대로 적용시키고 있는 것이다. 〈누들〉의 감독은 영화를 통해 조국 이스라엘의 자가당착적인 행동을 보여 주고 싶었던 것이 분명하다.

소통

영화 〈누들〉은 온갖 고생 끝에 길 잃은 어린 양에게 길을 찾아 준다는 식의 단선적인 이야기가 아니다. 영화의 이야기는 어린아이가 말도 통하지 않는 곳에 홀로 버려졌다는 사건에서 출발한다. 금방 온다던 아이의 엄마는 오지 않고 휴대폰도 받지 않는다. 이민국에 엄마의 이름을 조회해 봐도 그런 사람은 없다고 한다. 아이로부터는 어떠한 정보도 알아낼 수 없다. 정보의 백지 상태에서 어떻게 아이를 엄마 품에 안겨 줄 것인가! 그냥 경찰서에 신고해서 아이를 맡겨 버리면 되는 것은 아닐까? 그렇다면 아이의 미래가 불투명해질 것이 뻔한데 그래도 되는 것일까? 마치 수수께끼 풀이와도 같은 난해한 일에 부딪히자 미리 일행은 미궁에 빠져 버린다. 더구나 아이는 생김새도 다른 낯선 이방인 앞에서 누구와도 소통하려 들지 않는다. 오히려 기회를 봐서 그곳으로부터 도망치려 한다. 보통 긴장감과 두려움에 짓눌리면 처음에는 배가 고프지 않지만 환경에 익숙해지면서 슬슬 배가 고프기 시작한다. 아이 역시 그렇다. 미리 일행은 때가 되자 아이에게 먹을 것을 가져다준다. 중국 아이인 것을 감안하여 특별히 중국 음식인 누들(국수)을 제공한다. 처음에 아이는 배가 고팠겠지만 음식을 먹으려 하지 않는다. 그들의 태도는 호의적이지만 아이는 음식을 거절한다. 모르는 사람들에게 둘러싸여 있는 아이는 음식이 제대로 넘어갈 심리적 상태가 아니다. 그러나 시간이 흐르고 모두가 잠이 들자 아이는 허기를 견디지 못하고 허겁지겁 누들을 먹는다. 심각한 상황이지만 아이다운 행동에 웃음이 난다. 아이는 끝까지 음식을 거부하지 않고 최소한의 자존심을 지킬 수 있는 방법을 찾아낸 것이다. 이름도 모르고 말도 통하지 않는 아이 그러나 누들을 깨끗하게 먹어치우는 아이, 그래서 아이의 이름은 누들이 된다. 아이가 누들을 끝까지 거부하지 않았다는 것은 소통의 첫 단추를 꿰었다는 것을 의미한다.

사람이란 참으로 이상한 존재다. 누군가에게 한번 사랑을 주고 마음을 열면 그다음부터는 그러한 행동이 어렵지 않다. 또 이러한 행동은 전염되는 특징이 있다. 아이와 소통을 하게 된 미리 일행은 얼어붙었던 자신들의 관계를 되돌아보기 시작한다. 아이는 그냥 있었을 뿐인데 마치 모닥불처럼 주위 사람들의 마음을 훈훈하게 만들고 있다. 아이를 돌보고자 하는 마음, 이타심이 생겨나면서 그들은 그동안 말 못하고 감추어 두었던 상처들을 하나씩 드러낸다. 아이가 한 일은 없다. 하지만 그 아이, 고집이 세고 젓가락질을 잘하고 누들을 깨끗이 먹어 치우는 아이로 인해 주위에 모여든 사람들은 소통을 할 수 있게 된다. 이제 그들은 누들이 처한 위기를 해결하기 위해 머리를 맞댄다. 누들을 중국의 엄마 곁으로 보낸다는 것은 커다란 용기를 필요로 하지만 미리는 주위 사람들과 손잡고 이를 실행에 옮긴다. 냉랭했던 관계는 따뜻한 관계로 변한다. 그 과정에서 미리, 길라, 이지는 서로의 상황을 이해하게 되고 자신의 의사 표시를 정확하게 할 수 있는 용기를 갖게 된다. 위기에 빠진 아이가 오히려 갈등 상태의 어른들에게 문제 해결 능력을 부여하고 있는 것이다. 누들이 없었다면 이들은 어찌 되었을까? 그들은 여전히 갈등을 안은 채 서로에게 상처를 주면서 불행한 나날을 보내고 있지는 않았을까? 이런 생각을 하다 보면 결국 그들이 누들을 도운 것이 아니라 누들이 그들을 도운 꼴이라고 할 수 있겠다.

가장 위험한 여행 그러나 가장 행복한 여행

주인공 미리의 삶이 물에 떠다니는 부초처럼 부유하는 삶이라고 단정 지을 수 있는 몇 가지 이유가 있다. 하나는 그녀의 직업이다. 스튜어디스인 그녀는 하늘을 떠다닌다. 그럼 이런 질문을 해 볼 수 있다. 스튜어디스는 비행기를 타고 여행하기를 좋아할까? 아마 여행을 싫어하는 사람은 없기 때문에 스튜어디스 역시 여행을 좋아할 것이다. 그리고 그것이 직업상이 아닌 순수하게 여행이 목적이라면 아무리 비행기를 많이 탔더라도 여행이라는 것 자체는 즐거울 것이다. 한국에서 한때 스튜어디스라는 직업이 선망의 대상이 되었던 때가 있다. 경제 사정도 어렵고 해외로 나가기가 쉽지 않았던 20세기 중후반에는 해외로 마음껏 돌아다닐 수 있는 직업이 좋았다. 그러나 불편한 좌석에서 장시간 비행기를 탄다는 것은 여간 고역이 아니다. 더구나 지정된 자리도 없이 승객에게 서비스를 해야 하고 시차 적응도 해야 하는 스튜어디스는 강인한 체력이 요구되는 직업이다. 스튜어디스는 땅이 아닌 하늘에 떠 있어야 한다는 점에서 부유하는 직업이라 할 것이다. 정착하지 못하고 부유한다는 것은 뿌리가 없이 바람이 부는 대로 물이 흐르는 대로 떠도는 유랑의 삶과 다를 바 없다.

또 하나는 그녀의 국적이 이스라엘이라는 점이다. 이스라엘도 세계 곳곳을 떠돌던 유대인들이 한데 모여 만든 국가다. 19세기 말 시작된 시온주의(Zionism)는 각국에 흩어져 있던 유대인들을 모아 팔레스타인 지역에 유대인 국가를 건설하는 것을 목표로 삼았다. 그리고 이들은 1948년 유대인 국가인 이스라엘을 건국하는 데 성공한다. 이스라엘은 세계 전역에 흩어져 살던 사람들의 모임이므로 그들 자체가 유목적인 성격을 지니고 있다. 한편, 미리는 사랑하는 사람이 있었으나 불가분하게 두 번이나 헤어진 슬픈 경력이 있다. 이제 그녀에게는 만남이니 정착이니 하는 것들이 어쩌면 불가능할지도 모른다. 미리는 본의 아니게 부유초가 되어 버린 것이다. 이처럼 미리의 직업이나 상황은 정착이 아닌 떠돌아다님에 더 가깝다. 그럼에도 미리는 일생일대의 모험적 여행을 계획한다. 사실 여행이기보다는 직업상 일을 한다고 보는 것이 옳다. 이번 비행은 미리의 일생 가운데 가장 위험한 여행이 될 것이다. 그러나 실은 가장 행복한 여행이라는 이중적 의미를 담고 있다.

헤어짐과 만남, 만남과 헤어짐

영화 속 인물들의 관계는 만남과 헤어짐의 연속으로 이루어져 있다. 사실 인간의 모든 관계가 이러한 헤어짐과 만남 그리고 만남과 헤어짐의 순환 구조로 이루어져 있다고 하겠다. 누들의 경우 엄마와 헤어지면서 미리와 만나게 되고, 엄마와 재회하게 되면서 미리와 다시 헤어진다. 미리는 이미 두 남편과 헤어진 슬픈 경험이 있다. 길라와 마티는 만났다가 헤어진 관계이며, 길라와 이지는 이혼을 결정하게 된다. 이 사이에서 길라와 마티는 다시 만난다. 헤어졌던 사람과 다시 만나고 만났던 사람과 다시 헤어지는 순환이 영화 속 모든 인물에게 적용되고 있는 것이다. 이렇듯 영화 〈누들〉은 인간의 삶이란 만남과 헤어짐의 연속이라는 교훈을 전한다. 사랑하는 사람, 그리운 사람과의 재회만큼 행복한 결말은 없다. 하지만 누들이 엄마를 만나는 순간, 누들과 미리는 헤어져야 한다.

만남이 있으면 헤어짐이 있는 것은 당연하다. 보통 만남은 행복하고 헤어짐은 불행하다. 그러나 영화에서는 만남도 행복하고 헤어짐도 행복할 수 있다는 것을 보여 준다. 누들과 만나기 이전에 미리에게는 헤어짐이란 하나의 외상처럼 자리 잡고 있었다. 주위 사람들은 미리 남편의 죽음에 대해 입도 뻥끗할 수 없었다. 결국 그 상처는 쉬쉬한 채 미리의 가슴 한쪽에 숨어 있었다. 하지만 그 상처는 기회만 닿으면 불쑥 튀어나와 스스로를 괴롭히거나 타인에게도 상처를 입히곤 했다. 그러나 그 헤어짐이 누구의 잘못도 아니라는 사실, 행복한 헤어짐도 있다는 사실을 알게 되면서 미리는 헤어짐의 외상에서 벗어난다. 인생은 만남과 헤어짐, 헤어짐과 만남의 날실과 올실로 짠 스웨터와 같다. 만남과 헤어짐을 잘 짜면 겨울철을 따뜻하게 보낼 수 있는 스웨터가 될 것이다. 만일 만남이든 헤어짐이든 어느 한쪽에서 문제가 불거진다면 그의 삶은 날실이나 올실이 균형을 이루지 못해 구멍이 숭숭한 스웨터가 될 것이다. 미리는 사랑하는 사람과 두 번이나 헤어졌지만 또 다른 만남이 있어 이러한 구멍을 메울 수 있게 된다. 그리고 그녀는 누들과의 헤어짐에서 행복한 웃음을 지을 수 있게 된다.

이처럼 영화 〈누들〉은 헤어짐이 아름답고 행복할 수 있다는 것을 보여 준다. 〈누들〉은 인종과 종교, 계층과 지역에 따라 갈등 양상을 보이고 있는 현대사회에서 인간 본연의 따뜻한 사랑이 무엇인지, 나아가 삶에서 일어날 수 밖에 없는 만남과 헤어짐의 진정한 의미가 무엇인지를 제시하고 있다.

이타심: 남을 돕는다는 것은 무슨 의미인가

완전한 이타심이란 가능한 것일까? 이타심 역시 이기심의 발로가 아닐까? 『국부론(*An Inqurivy into the Nature and Causes of the Wealth of Nations*)』으로 잘 알려진 애덤 스미스(Adam Smith)도 『도덕감정론(*The Theory of Moral Sentiments*)』(1759)에서 이런 물음을 던진 바 있다. 그는 이기심과 이타심을 규정하기 위해 '공감'의 개념을 끌어들인다. 이타심이라고 해서 필히 공감을 얻는 것은 아니다. 자신의 모든 것을 내팽개치고 전적으로 남을 돕는다고 해서 꼭 공감을 얻는다는 보장은 없다. 반대로 이기적인 행동이라도 그것이 적정하다면 공감을 얻을 수 있다. 애덤 스미스는 '제3의 공정한 관찰자'의 공감을 얻을 수 있다면 이기심도 도덕성을 획득할 수 있다고 보았다. 일반적으로 보편타당하다면 이기심도 칭송받을 수 있다고 본 것이다.

그렇다면 사랑하는 사람을 위해 목숨을 버릴 수 있다는 생각은 이기심인가 이타심인가? 그것은 나를 위한 것이기도 하면서 동시에 상대방을 위한 것이므로 이기심과 이타심이 교묘하게 섞여 있다. 그런데 전혀 모르는 사람을 위해 자기를 온전히 희생할 수 있을까? 아마도 종교적 차원을 제외하고 그런 경우는 극히 드물다. 그렇다면 미리와 그의 가족들이 누들을 돕는 것은 이기심일까, 이타심일까? 누들은 그들과는 아무런 상관도 없는 아이이다. 물론 누들이 미리의 아파트에 홀로 남겨졌다는 것에서 그들은 어느 정도 책임감을 느낄 수는 있다. 운전 중에 길가에 혼자 울며 서 있는 아이를 본 것과는 차이가 있다. 그럼에도 인간은 자신과 아무런 관계가 없는 타인이라도 어려운 상황에 처하게 되면 돕는 경우가 있다. 자신의 이익과 무관한 행동을 하는 것은 무슨 까닭일까? 그리고 누군가를 도우면 왜 기분이 좋아지는 것일까? 남을 돕는 행위, 봉사 행위는 심리적으로 어떤 효과가 있는가? 이타성은 타고나는 것일까, 환경에 의해 길러지는 것일까? 이에 대한 논란은 여전히 계속되고 있다. 인간의 이타성이 유전적인 것이든 환경에 의한 것이든 인간이 집단 속에서 협력하고 봉사하는 것은 이타성이 있기 때문이다. 진화론에서는 협력과 공생으로 나타나는 이타성이 종족의 보존과 번영을 위해 필요한 것이라고 주장한다. 인간은 근본적으로 이타성을 지닌다는 것인데 〈누들〉 역시 이러한 이타성을 잘 보여 준다고 하겠다. 나아가 영화는 행복한 결말을 맺음으로써 이타성이 발현되었을 때 공동체는 진한 감동과 사랑을 보상받을 수 있음을 전한다.

영화의 초반부에 미리를 중심으로 한 가족 집단은 갈등이 극대화되어 폭발 직전의 상황까지 이른다. 그런데 누들이 등장하고 이타심이 발현되면서 집단 내에 미묘한 변화가 일기 시작한다. 그동안 후퇴했던 연대감이 다시 전면으로 나선다. 각 개인에게 역할이 주어지고 이타심을 발현하여 누군가를 도왔다는 사실에서 심리적 만족감이 증폭된다. 한번 열린 마음은 누구에게든지 열릴 수 있음을 알게 되고, 피차간에 그동안 할 수 없었던 표현을 하게 된다. 그러자 어느덧 위험 수준에 도달했던 갈등이 극적으로 해소된다. 미리 일행은 누들을 자발적으로 돕는다. 누들을 돕지 않는다고 해서 그들에게 어떠한 비난이나 위험도 닥치지 않을 것이며, 누들을 돕는다고 해서 어떤 이익이 생겨나는 것도 아니다. 그들에게 있어 누들은 철저하게 타인이다. 그럼에도 아무런 연관이 없는 누들을 돕기 위해 미리 일행은 합심하여 자신들의 역량을 총동원한다. 인간이 무료 봉사활동을 하는 이유에는 이타적 동기와 이기적 동기가 혼합되어 있다. 매우 드물긴 하지만 개인의 이기심이 배제된 절대적인 이타심이 있긴 하다. 절대적 이타심은 동정심이나 복지 증진의 심리나 죄의식을 감소하려는 욕구에 의해 나타날 수 있다. 또한 절대적인 이타적 동기는 어떤 개인 혹은 사회나 국가를 도와 이를 개선시키고자 하는 욕구가 수반될 때 생겨나기도 한다. 〈누들〉에서 미리 일행이 누들을 도운 것은 어느 정도 절대적인 이타적 동기에서 비롯된 것이다. 그들이 누들을 돕는 것은 이기적 동기와는 거리가 있다. 오히려 그들은 누들을 도움으로써 어려운 처지에 빠질 수도 있었다. 또한 미리 일행은 업무를 담당하는 이민국 공무원들에게 분노하며 그들에게 기대기보다는 스스로 문제를 해결하려 한다. 적법한 절차에 따라 문제를 해결하지 않고 법에 위배되지만 자신의 힘으로 문제를 해결하려는 그들의 행동은 사회적 개선을 염두에 둔 것이다. 물론 자원봉사는 자아실현이나 성취 욕구를 위한 이기적 동기가 크게 작용할 수 있다. 그럼에도 보통 봉사는 자기이해와 자기성찰의 시간이 된다. 〈누들〉에서도 미리 일행은 아무런 보상도 바라지 않고 전적인 이타심을 바탕으로 누들을 도왔지만 그로부터 자아실현과 성장의 계기를 얻는다. 아무런 이익 없이 오로지 누들에게 초점을 맞춰 도움을 주었지만 그로부터 의외의 커다란 선물을 받았던 것이다. 그들은 이타적 동기의 봉사를 행함으로써 자신의 본 모습을 알게 되고 자기존중감을 갖게 되었으며 스스로 원하는 것이 무엇인지 결정할 수 있게 된다. 새롭게 눈을 뜨게 되고 아집에서 벗어나게 되자 그들은 각기 자신들의 실체를 분명하게 알 수 있게 된 것이다. 건강한 노인이 자원봉사자가 되어 또래의 허약한 노인을 돌볼 때 커다란 행복감을 얻고 건강하고 긍정적인 삶을 살아간다는 사실을 흔히 목격할 수 있다. 이처럼 누군가를 진심으로 도울 수 있었다는 사실로부터 생겨나는 심리적 만족감은 매슬로의 자아실현 욕구와 연계하여 생각해 볼 수 있다.

매슬로(Maslow)의 욕구단계설(Hierarchy of Needs)은 인간의 욕구가 단계별로 형성된다는 동기 이론이다. 인간의 내면에는 5단계의 욕구가 있다. 5단계의 욕구는 결핍 욕구와 성장 욕구로 나뉘는데 결핍 욕구는 한번 채워지면 더 이상 동기로 작용하지 않는 반면, 성장 욕구는 욕구가 충족될수록 더욱 증대된다. 5단계 욕구 가운데 결핍 욕구는 생리 욕구(Physiological Needs), 안전 욕구(Safety Needs), 소속감과 애정 욕구(Belongingness and Love Needs), 존경 욕구(Esteem Needs)이며 성장 욕구는 자아실현 욕구(Self-Actualization Needs)다. 이들 단계에서는 하위 욕구가 충족되면 다음 단계의 욕구가 나타나 이를 충족시키고자 한다. 5단계에서 맨 하위를 차지하고 있는 것이 생리 욕구다. 생리 욕구는 인간의 생명에 꼭 필요한 기본적인 욕구로 배불리 먹고, 따뜻하게 입고, 자려는 욕구다. 생리 욕구가 충족되면 이번에는 다음 단계인 안전 욕구가 나타난다. 안전 욕구는 신체적 · 감정적 위험에서 자신을 보호하고 불안에서 벗어나려는 욕구다. 소속감과 애정 욕구는 가족, 친구 등과 친교를 맺고 원하는 집단에 소속되고 싶어 하는 욕구다. 존경 욕구는 집단에 소속이 되고 나면 타인으로부터 인정을 받고 집단에서 명예나 권력을 누리고자 하는 욕구다. 맨 상위를 차지하는 자아실현 욕구는 자신의 능력과 잠재력을 최대한 발휘하려는 욕구다. 하위 네 개의 욕구와 달리 욕구가 충족될수록 더욱 증대되는 경향을 보여 성장 욕구라고 한다. 자기발전을 통해 자신이 지닌 잠재력을 극대화하여 자아를 완성시키고자 하는 욕구인 것이다. 애덤 스미스가 말한 공감을 바탕으로 한 이기심 및 이타심은 욕구단계설에서 능력과 잠재력 발휘의 자아실현 욕구와 긴밀하게 연결된다고 하겠다.

〈누들〉에서 미리의 위험한 계획에 대해 주위 사람들은 처음에는 반대하지만 결국에는 미리에게 공감한다. 그리고 나아가 적극적인 원조자가 된다. 미리가 어려운 일을 해낼 수 있었던 것은 주위의 도움이 컸다. 그러나 궁극적으로 이러한 도움을 받을 수 있었던 것은 미리의 이타성과 용기, 굳건한 실현 의지와 잠재력 발휘의 자아실현 욕구를 극대화시킨 결과라고 할 것이다.

생각해 보기

1. 다문화 사회란 무슨 의미인가?

2. 외국인을 만날 때 어떤 생각이 드는가?

3. 우리는 외국인을 만날 때 피부색에 따라 다른 생각을 하지는 않은가?

4. 누들을 가방 속에 넣고 불법으로 비행기를 탄 것은 옳은 행동인가?

5. 우리가 미리의 입장이었다면 어떤 행동을 취했을까?

6. 마음을 열었을 때 진정 소통할 수 있다. 미리와 길라는 어떻게 화해하게 되었는가?

7. 누들과 미리의 만남은 어떤 의미가 있는가?

8. 인간은 왜 자원봉사를 하는가?

9. 매슬로의 욕구단계설은 무엇인가?

10. 욕구단계설의 맨 상위를 차지하는 것은 무엇이며 무슨 의미를 지니고 있는가?

〈인생은 아름다워〉와 궁정심리학

〈인생은 아름다워(Life Is Beautiful)〉(1997)는 이탈리아의 국민 배우인 로베르토 베니니(Roberto Benigni)가 공동 시나리오, 감독과 주인공을 맡아 1인 3역으로 만든 작품이다. 도라 역의 니콜레타 브라스키는 실제로 베니니의 아내다. 이 영화는 1998년 칸 영화제 심사위원 대상을 수상하였고, 1999년 아카데미상 7개 부문 후보에 올라 외국어영화상, 음악상을 수상하였으며, 베니니는 남우주연상을 거머쥐었다. 스탈린에게 암살당한 트로츠키가 죽으면서 남겼다는 말 "그래도 인생은 아름답다."에서 제목을 따온 것으로 전해진다.

고색창연한 도시의 골목에서 아이를 자전거에 태운 젊은 부부의 키스신은 단란하고 행복한 가정을 보여 주고 있다. 거리엔 아무도 없고 오로지 그들만이 존재하는 이곳에서 그들의 인생은 참으로 아름답게 느껴진다. 인생을 아름답게 만드는 것은 명예, 재산, 권력이 아니라 사람과 사람의 사랑인 것을 잘 보여 주는 포스터다.

인생은 정말 아름다운가

영화는 크게 전반부와 후반부로 나눌 수 있다. 전반부가 주인공 귀도의 도시 진출, 아내와의 만남과 사랑이라면 후반부는 어둡고 암울한 포로수용소에서의 생활이다. 영화의 제목을 보면 귀도에게 있어 '인생이란 아름다운 것'임에 분명하다. 그런데 냉정하게 살펴보면 귀도의 인생이 과연 제목처럼 아름다운 것이었나 하고 반문해 볼 수 있다. 외형적으로 볼 때 귀도는 특별히 남보다 나을 것이 없다. 부자도 아니고 권력자도 아니다. 부모를 잘 만난 것 같지도 않고 외모가 출중하다고 보기도 어렵다. 더구나 그는 전쟁 중에 악명 높은 유대인 포로수용소에 끌려가 온갖 힘든 노동에 시달린 끝에 총에 맞아 죽는다. 그런데도 영화는 인생은 아름다운 것이라고 한다.

과연 어떤 점에서 귀도의 인생을 아름답다고 한 것인가? 가장 먼저 눈에 띄는 것은 귀도는 모든 것을 긍정적으로 생각한다는 점이다. 마치 세상 물정에 어두운 천진난만한 아이처럼 행동하는 귀도는 무한한 긍정 마인드의 소유자다. 귀도의 이러한 긍정적 행동은 실천 의지만 있다면 무엇이든 실현될 수 있다는 믿음에 근거한다. 영화에서 이러한 믿음이 어떤 특별한 근거가 있는 것은 아니지만 이상하게도 모든 것이 그의 의지대로 이루진다. 내리막길에서 자동차 브레이크가 고장이 나도, 유대인에 대한 압박이 심해져도, 죽음의 수용소에 끌려가도 귀도는 끝까지 긍정의 생각을 놓지 않는다. 둘째, 이처럼 모든 상황, 사건, 사물을 긍정적으로 바라보는 귀도에게 있어 세상은 고통스러운 지옥이 아니라 상상력을 자극하는 재미있는 보물창고다. 자유로운 영혼의 소유자인 그가 보기에 세상은 온갖 흥미로운 놀이로 가득 차 있다. 세상은 유머러스하고 창조적 발상을 제공하는 장난감 가게다. 그러므로 아무리 어려운 상황이 닥치거나 힘든 일이 벌어져도 그에게는 흥미진진한 사건이 되는 것이다. 세상을 바라보는 눈이 이렇다 보니 이 세상은 동화 속 나라와 다를 바 없다. 다른 사람들도 그를 만나면 동화 속의 인물이 되어 버리고 만다. 왕자가 되고 공주가 되는 것이다. 어떻게 보면 귀도는 4차원의 인물, 나사가 빠진 인물처럼 보인다. 그는 사는 것이 힘들지만 "그래도 세상은 아름다운 거야."라며 애써 마음을 추스르는 것이 아니다. 그의 세상은 진짜 즐거운 일로 가득 차 있다. 영화 전반부에서 아내를 만나 데이트를 하고 사랑을 고백하는 장면들은 유쾌하고 즐겁기 그지없다. 귀도는 사랑에 빠진 도라에게 이렇게 말한다. "지붕 아래 서 있었더니 당신이 하늘에서 떨어지고, 자전거가 넘어지자 당신 품속이고, 학교에 사찰 갔더니 또 당신이 있고, 경적을 두 번 울렸더니 차 안으로 들어왔다." 얼마나 아름다운 시구(詩句)인가?

영화는 가볍고 경쾌하고 유쾌하지만 사이사이로 어두운 그림자를 드리우고 있다. 인종에 대한 야만적 편견, 인간에 대한 편견이 곳곳에서 드러난다. 상류사회의 여자들이 레스토랑에 모여 이야기를 나누던 중 한 여자가 독일의 초등학교 3학년 산수 시험에 나왔던 문제를 제시한다. "정신병자는 하루에 부양비가 4마르크, 절름발이는 4.5마르크, 간질병은 3.5마르크가 듭니다. 하루에 평균 4마르크가 드는데, 이들이 30명 만이라고 가정할 때 이들을 전부 없애면 얼마가 절약될까요?" 재미있는 것은 여자들의 관심사가 문제의 내용이 아니라 어떻게 초등학교 3학년 문제에 분수, 퍼센트 방정식 같은 문제를 제시할 수 있느냐였다. 그런데 속물인 도라의 남자친구가 이렇게 말한다. "그건 곱셈만 알면 풀 수 있는 문제죠. 전부 죽이면 하루에 120만 마르크가 절약된다고요." 우스꽝스럽게 표현하고 있는 섬뜩한 내용은 우생학적으로 나치가 종족을 차별하고 게르만 민족의 우수성을 언급한 것과 맥락을 같이한다. 사실 우생학[1]은 이미 플라톤이 언급했던 것이기도 하다. 그는 저서

1) 우생학(優生學, eugenics)은 종을 개량할 목적으로 인간의 선발 육종을 연구하는 학문이다. 영국의 프랜시스 골턴(Francis Galton)이 1883년 창시했으며 나치의 유대인 학살에 이론적 근거를 제공했다. 유전학적으로 인간을 개량하여 우수한 자질과 성품을 지닌 인간을 증가시키고 열등한 인간을 억제하려는 것을 목적으로 한다.

『국가(*The Republic*)』에서 가장 훌륭한 남자와 가장 훌륭한 여자가 동침하도록 해야 하고, 불치병에 걸린 자나 천성적으로 부패한 자는 죽여야 한다고 주장했다. 우생학은 나치에 의해 극에 달하다가 홀로코스트 이후 부정적인 인식이 크게 확산되면서 장애인들에 대한 강제 불임 시술이나 거세 등이 중단되었다. 그러나 현재에도 세계 곳곳에서 우생학이 의식적이든 무의식적이든 꾸준히 진행되고 있음은 부인할 수 없다.

이렇듯 인종차별이 심해지고 유대인에 대한 나치의 압력이 점차 거세지자 유대인인 귀도의 삶에도 어둠이 내리기 시작한다. 그럼에도 귀도는 현실 감각이 없는 사람처럼 이를 대수롭지 않게 생각하며 아내와 아들과 함께 낭만적이고 행복한 삶을 이어 간다. 예를 들면, 상점에 쓰인 문구 "유대인과 개는 출입 금지"를 보고 아들 조수아가 묻는다. "왜 유대인과 개는 상점에 못 들어가요?" 이때 귀도의 대답이 걸작이다. 모든 사람은 좋아하는 것과 싫어하는 것이 있고 따라서 그들이 좋아하고 좋아하지 않는 것을 구태여 뭐라고 할 수는 없다는 것이다. 이런 식의 대답은 경우에 따라 모든 것이 귀에 걸면 귀고리요 코에 걸면 코걸이가 되는 만능주의, 대충주의 또는 허무주의에 빠질 수 있다. 하지만 어려운 일을 만나도 긍정적으로 생각하려는 귀도의 삶의 태도나 인생관을 볼 때, 이 역시 환경의 변화에 무감각하다거나 억지를 쓰는 것으로 보기는 어렵다.

절망의 순간에도 희망은 있다

영화의 후반부는 포로수용소에서의 생활이다. 귀도와 아들 조수아가 독일군에 의해 포로수용소로 끌려가자 도라 역시 유대인은 아니지만 기꺼이 가족이 타고 있는 열차에 오른다. 한 치 앞도 내다볼 수 없는 절박한 상황에서 귀도는 아들에게 이 모든 것이 놀이라고 설명한다. 물론 귀도의 말은 거짓말이다. 하지만 인생을 관조하는 입장에서 우연하게 이루어진 삶의 모든 것이 일종의 놀이라고 한다면 귀도의 말은 거짓말이 아닐 수도 있다. 셰익스피어 역시 인생은 한판의 연극이라고 하지 않았던가! 귀도는 포로들을 이송하는 열악한 기차 안에서도 조수아에게 놀이열차를 타기 위해 가까스로 예약을 했다고 거짓말을 한다. 관객은 귀도의 거짓말에서 그가 비인격적이거나 양심이 불량한 사람이라고 느끼지 않는다. 오히려 조수아에게 귀도의 거짓말이 탄로날까 봐 조마조마하다. 귀도는 놀이에서 승리하여 제일 먼저 1,000점을 받게 되면 부상으로 진짜 탱크를 선물로 받을 수 있다고 한다. 아슬아슬한 상황에서도 귀도는 천부적인 연기력을 뽐내며 주어진 상황을 어찌나 잘 활용하는지 조수아는 감쪽같이 속아 넘어간다. 그 놀이의 결과 조수아는 끝까지 그곳이 죽음의 수용소라는 것을 알지 못하고 그 덕택에 목숨을 구한다.

긴장감이 넘치는 포로수용소지만 귀도의 재치 있는 영화 속 연기는 많은 웃음을 자아내게 한다. 웃음을 주는 희극이라고 해서 꼭 낭만적일 필요는 없다. 어둡고 무거운 삶이라도 세상을 바라보는 시각에 따라 얼마든지 재미있는 희극을 생산할 수 있다. 귀도의 경우를 보면 그 저변에 절망의 순간에도 희망의 끈을 놓지 않는 특유의 긍정 심리가 작용하고 있다. 이를테면, 그들이 수용된 후 독일군들이 들이닥쳐 그곳의 규칙을 설명하기 위해 유대인 중 독일어를 할 줄 아는 사람을 찾는다. 귀도는 죽음을 무릅쓰고 통역을 자원한다. 독일어를 전혀 할 줄 모르지만 조수아에게 놀이의 규칙을 설명하기 위해서다. 귀도는 엉터리 통역을 하면서 그곳이 놀이를 하는 곳이고 1,000점을 얻으면 승리자가 되어 탱크를 받게 될 것이라고 말한다. 전혀 다른 의미지만 동일한 몸짓으로 거짓 통역을 하는 귀도의 연기에 긴장의 순간이지만 관객은 웃지 않을 수 없다. 또한 포로수용소에서 아내에게 메시지를 전하는 장면도 아름답고 감동적인 웃음을 선사한다. 그는 옆의 여자수용소에 갇혀 있는 아내에게 자신과 아들이 살아 있음을 알리기 위해 최선을 다한다. 귀도는 우연히 비어 있는 방송실을 발견하고 마이크로 안부를 전하기도 하고, 어두운 한밤중에 그들만의 사랑의 메시지인 '호프만의 이야기' 중 '뱃노래'를 들려줌으로써 그들의 영혼이 함께하고 있음을 전한다. 아들 조수아를 위해, 아내 도라를 위해 그리고 무엇보다도 자신을 위해 귀도는 결코 희망의 끈을 놓지 않는다. 그의 언행은 이 모든 것을 놀이라고 굳게 믿는 조수아로 하여금 자발적으로 숨어 있도록 했고, 이로써 모든 아이가 죽음의 샤워실로 잡혀 갔음에도 조수아는 위험으로부터 벗어난다. 그리고 어느 날 밤 드디어 연합군의 공세를 견디지 못하고 독일군이 떠나는 순간이 온다. 이제 마지막이다. 독일군들은 트럭에 포로들을 가득 채우고는 어디론가 나갔다가 빈 트럭으로 들어오곤 한다. 오늘 밤만 실수하지 않으면 그들은 1,000점을 얻어 대망의 1등을 하게 될 것이다. 귀도는 아들을 꼭꼭 숨게 한 뒤 여장 차림으로 아내를 찾으러 간다. 그러나 불행히도 동분서주하던 와중에 귀도는 독일군에게 체포되고 만다. 이어 영화에서 가장 아름답고 슬픈 명장면이 펼쳐진다. 숨어 있는 아들이 지켜보는 가운데 귀도는 윙크를 한 후 장난감 병정이 행진하는 걸음걸이로 아들 곁을 지나간다. 죽음의 순간에도 귀도는 삶을 놀이로 만들었던 것이다. 그러나 그의 희생 덕택에 아들 조수아는 살아남아 진짜 탱크에 올라타게 되고 엄마도 만나게 된다. 탱크에 올라타는 순간 조수아는 아빠가 말한 놀이에서 1등을 하고 그 선물로 탱크를 타게 된 것으로 믿었으므로 아마 조수아 생애 최고의 순간이었을 것이다. 비록 귀도는 죽었지만 그의 희생을 통해 아들 조수아에게 인생은 아름답다는 사실을 전함으로써 귀도의 삶은 슬픈 이야기이지만 가장 행복한 이야기가 된다.

'호프만의 이야기' 중 '뱃노래'

'뱃노래(Barcarolle)'는 영화에서 두 번에 걸쳐 나온다. 한 번은 오페라 극장에서 사랑에 빠진 귀도가 오케스트라 석의 도라를 향해 마술을 걸 때다. 또 한 번은 생사를 알 수 없는 포로수용소에서 그들만의 비밀스러운 사랑의 메시지로 이 노래가 울려 퍼질 때다. 오펜바흐(Offenbach)가 작곡한 '호프만의 이야기'는 독일의 소설가 호프만의 소설을 바탕으로 바르비에와 카레가 대본으로 완성한 3막 오페라다. 이 오페라에서 가장 유명한 '뱃노래'는 2막에 나온다. '뱃노래'는 고색창연한 베네치아를 배경으로 유람선 곤돌라 위에서 고급 창부 줄리에타와 주인공 호프만의 친구 니클라우스가 부르는 아름답고 황홀한 사랑의 이중창이다. 가사는 다음과 같다.

> 니클라우스: 아름다운 밤, 오 사랑의 밤, 미소 지어라 우리의 기쁨을! 밤은 낮보다 훨씬 달콤하고, 오 사랑의 달콤한 밤이여!
>
> 니클라우스 & 줄리에타: 시간은 멀리 사라지고, 우리의 부드러운 사랑을 실어가네! 시간은 이 행복한 오아시스로부터 멀리 가고 돌아오지 않네. 불타는 산들바람, 당신의 쓰다듬으로 우리를 품어 주오! 불타는 산들바람, 우리에게 당신의 키스를 주오! 당신의 키스를! 아! 아름다운 밤, 오

사랑의 밤, 미소 지어라, 우리의 기쁨을! 밤은 낮보다 훨씬 달콤하고,
오 사랑의 달콤한 밤이여! 아! 미소 지어라, 우리의 기쁨을! 사랑의 밤,
오 사랑의 밤!

아름다운 밤에 젊은 남녀의 불타는 사랑의 기쁨을 노래하는 '뱃노래'는 오페라 극장에서 도라를 향한 귀도의 마음을 생생하게 전한 것처럼, 포로수용소에서도 비록 몸은 떨어져 있지만 이들 부부가 함께 있음을 느끼게 해 준다.

인간의 의지란 무엇인가

〈인생은 아름다워〉에서 주인공의 언행을 보면 의지만 있다면 불가능한 것이 없는 것처럼 보인다. 영화의 초반부에 귀도는 친구 페루시오와 한 침대에서 잠을 청한다. 친구는 이야기를 나누던 도중에 잠이 들어 버리는데 귀도는 그를 깨워 어떻게 그럴 수 있냐고 묻자 친구는 쇼펜하우어를 인용한다. "의지만 있으면 무엇이든 할 수 있다." 바로 이 문구가 영화 〈인생은 아름다워〉의 가장 핵심적인 의미처럼 보인다. 중요한 것은 주어진 상황이나 환경이 아니라 본인의 의지라는 것이다. 이제부터 귀도는 의지를 담아 주문을 외우면서 두 손을 꼼지락거리면 무엇이든 원하는 대로 된다고 믿는다. 그리고 영화는 정말로 그렇게 되는 것처럼 보인다.

사실 쇼펜하우어에게 의지는 중요한 철학적 개념이지만, 영화에서처럼 '의지만 있으면 불가능한 것은 없다.'는 식의 개념은 아니다. 쇼펜하우어에게 있어 의지란 동물이든 인간이든 삶을 유지하고 번성시키기 위해 행하는

모든 욕망적 행동의 근저를 이루는 것이다. 쇼펜하우어의 의지는 프로이트의 무의식의 개념과 상당히 유사한 면이 있다. 의지는 자기에게 없거나 부족한 것을 채우려는 끝없는 욕망이다. 결핍을 극복하기 위해 부단히 노력해야 하는 인간은 태어나서 죽을 때까지 쉼 없이 경쟁하고 순서를 정하며, 투쟁, 시기심, 질투심, 비교, 경계, 갈등으로 고통을 겪는다. 그리고 이 고통의 배후에 그렇게 하도록 부추기는 의지가 자리 잡고 있다는 것이다. 이렇게 본다면 의지는 분명히 부정적인 측면이 도사리고 있다. 쇼펜하우어에게 있어 세계는 결핍을 해소하려는 힘든 여정이므로 이를 영위해 가는 삶은 고통스러운 것이다. 불가에서 말한 것처럼 인생은 '고(苦)'인 것이다. 세계 속의 삶은 고통스러울 뿐이라는 관점을 지닌 쇼펜하우어의 철학은 염세주의로 불리기도 한다. 의지가 작동하여 더 나은 생존을 위해 결핍을 채우려고 욕망하는 한 인간은 존재한다는 것 자체가 저주받은 것으로 볼 수도 있다. 인간에게 있어 욕망은 결코 채워질 수 없는 것이며 설령 채워졌다 하더라도 금방 지루해하기 때문이다. 이처럼 언제든지 결핍을 채우려 노력해야 하고, 채워졌다 싶으면 권태를 느끼는 것이 인간의 삶이다. 얼마나 힘들고 허무한 세상인가?

그렇다고 쇼펜하우어는 인생은 살 만한 가치가 없다는 것으로 끝내지 않는다. 비록 인간의 이성이 의지에 종속되어 있다 하더라도 인간의 이성은 삶의 불행을 행복으로 바꿀 수 있다고 생각한다. "쇼펜하우어 자신도 삶 자체가 고통이라고 말한다기보다는 고통의 원인이 우리가 우리에게 존재하는 이성적 능력이 감각적 욕망의 노예가 되어 있는 상태에 있기 때문이며, 우리는 이성적 능력을 이러한 노예 상태에서 벗어나게 함으로써 비로소 행복해질 수 있다고 말하고 있는 것이다"(박찬국, 2012: 105). 이성을 통해 의지를 부정하고 욕망의 노예에서 벗어날 수 있다면 행복이 불가능한 것도 아니라는 것이다. 이를 위한 하나의 방법으로 쇼펜하우어는 신체의 욕망에서 벗어나 금욕 생활을 할 것을 제시한다. 인간이 욕망의 속박에서 벗어나 고통스럽지 않은 상태에서 금욕 생활을 하게 된다면 진정한 자유가 가능하다고 본 것이다. 〈인생은 아름다워〉에서 금욕에 대한 이야기는 없다. 다만 이성적 의지와 그 실천이 중요하다는 메시지를 전하고 있을 뿐이다.

삶에서 의미 찾기

불행하게도 귀도는 죽는다. 그러나 그의 죽음은 헛되지 않다. 아버지 덕택에 살아남게 된 조수아는 성인이 되어 내레이터의 회상 형식으로 아버지가 보여 주었던 유쾌한 삶을 전한다. 귀도처럼 아우슈비츠 포로수용소에서 언제 죽을지 모르는 비참한 상태에 빠져 있던 사람들 가운데 끝까지 살아남은 사람들이 있는데, 오히려 아우슈비츠의 끔찍한 경험을 통해 인간성을 성찰하고 수용소의 무시무시한 상황을 증언한 사람들도 있다. 대표적으로는 이탈리아 작가인 프리모 레비(Primo Levi)와 로고테라피(logothraphy, 의미치료)의 창시자인 빅터 프랭클(Viktor Frankl)이 있다. 이들의 공통점은 귀도와 마찬가지로 한 순간도 긍정적인 마음을 잃지 않았으며, 영혼이 결코 무력이나 압력에 굴종하지 않았다는 데 있다.

프리모 레비

귀도처럼 유대계 이탈리아 사람인 레비는 화학자이자 작가로 아우슈비츠 수용소의 생존자로서 수용소 경험을 바탕으로 저술한 『이것이 인간인가(*Se Questo E Un Uomo*)』(1947)가 대표작이다. 그는 제2차 세계대전 때 파시즘에 저항하여 지하운동에 참여하였으나 체포되어 악명 높은 아우슈비츠 수용소로 이송된다. 그곳에서 그는 처참하고 비인간적인 환경을 온몸으로 체험한다. 그러나 그는 이에 굴하지 않고 최악의 조건 속에서도 결국에는 살아남아 1945년 고향으로 돌아온다. 그리고 그는 고향에 돌아온 이후 『휴전』(1963), 『주기율표』(1975), 『멍키스패너』(1978), 『지금 아니면 언제?』(1982), 『가라앉은 자와 구조된 자』(1986) 등의 작품을 발표한다. 과연 인간이란 무엇인가를 생각하면서 썼다는 처녀작 『이것이 인간인가』에서 작가는 수용소에서 겪은 일들을 화학자답게 냉정하고 객관적인 필체로 생생하게 전한다. 엄청난 고통 속에서 오히려 그는 이 상황을 인간성에 대해 성찰의 기회로 삼았던 것이다. 아우슈비츠 수용소에서 살아남은 자들은 극소수(약 15만 명 중 몇 백 명 정도)였으며 수용자들의 평균 수명은 3개월이었다. 그런데 레비는 어떻게 살아남을 수 있었을까? 물론 그에게는 살아야 한다는 강한 의지가 있었다. 특히 살아남아 나치가 저지른 참상을 정확히 알려야 한다는 의지가 생존에 도움을 주었다. 귀도가 조수아와 도라를 생각하며 굴종과 고통을 견디어 냈던 것처럼 말이다. 나아가 자신이 동물이 아닌 인간이라는 사실, 굴욕과 부도덕에서 자신을 지켜내겠다는 의지 역시 생존에 도움이 되었다. 아우슈비츠 수용소는 인간이 인간에 대해 저지를 수 있는 최악의 비극적 상황을 보여 준 곳이다. 그런데 레비가 보기에 이런 상황은 조건만 갖추어진다면 언제든지 재연

될 수 있다. 그는 꼭 인간성의 문제만이 아니라 그러한 상황이 일어나게끔 하는 강제적인 시스템, 즉 구조적인 문제가 인간을 조정할 수 있다고 보았기 때문이다. 행동주의 심리학에서 주장하는 인간은 환경에 의해 얼마든지 변할 수 있다는 논리와 매우 유사하다. 레비는 언제 죽을지 모르는 아슬아슬한 상황에서 이러한 문제들을 숙고할 수 있는 통찰력이 있었다. 불행한 상황, 헐벗은 정신적 고통이 오히려 그에게 사유의 기회를 제공한 것이다. 이처럼 결핍과 부족, 갈증과 허기는 아이러니하게도 생존 의지의 원동력이 되었고 스스로 목숨을 끊겠다는 생각은 감히 일어나지도 않았다.

그런데 이러한 공포의 상황에서 과연 어떤 방식으로 자신의 인격을 지켜낼 수 있을 것인가? 굴종을 견디다 못해 손을 들어 반항하거나 탈출을 시도하다 잡히면 그 결과는 개죽음뿐이다. 행동으로 뭔가를 보여 준다는 것이 근본적으로 차단된 상황에서 할 수 있는 반항은 무엇일까? 이 점에 대해 레비도 많은 고민을 했던 것 같다. 그리고 다음과 같은 결론을 내린다.

> "우리가 노예일지라도, 아무런 권리가 없을지라도, 갖은 수모를 겪고 죽을 것이 확실할지라도, 우리에게 한 가지 능력만은 남아 있다. 그리고 이것은 마지막 남은 것이기 때문에 온 힘을 다해 지켜내야 한다. 그 능력이란 바로 그들에게 동의하지 않는 것이다."

총을 들이대면서 무릎을 꿇으라고 하면 그렇게 하지 않을 수 없다. 동의하지 않는다는 것은 그러한 신체적 모욕에 대한 거부가 아니다. 그가 온 힘을 다해 고수하고자 했던 것은 용맹스럽고 위대한 영웅다운 행동이 아니었다. 대신 그는 주어진 상황에서 최대한 몸을 청결하게 하려고 애썼다. 몸을 자주 씻었으며 옷을 자주 빨고 신발도 자주 닦았다. 냄새를 풍기고 어깨가 구부정하고 신발을 끌며 걷는 것은 총을 든 자들이 원하는 것이다. 하지만 그것은 인간이기를 포기하고 동물이 되는 지름길이다. 이처럼 레비는 사소하지만 인간의 기본적인 행위를 통해 자신이 인간임을 밝히고, 정신적 자유를 통해 그들에게 결코 동의하지 않고 있음을 보여 주려 했다. 그리하여 그는 쓰러지지 않고 끝까지 살아남을 수 있었던 것이다.

빅터 프랭클

빅터 프랭클은 1942년 부모 그리고 아내와 함께 아우슈비츠로 끌려간다. 귀도나 레비와 똑같은 상황에 처한 프랭클도 마음을 다스려 긍정적인 생각을 함으로써 끝까지 살아남았다. 프랭클의 긍정적인 심리는 귀도와 매우 흡사하다. 그 또한 독일군에게 복종할 수밖에 없는 상황이었지만 영혼은 결코 복종하지 않았다. 그리하여 마침내 1945년 프랭클은 수용소에서 독일의 패망을 목격하게 된다. 프랭클은 『죽음의 수용소에서(*Man's Search for Meaning*)』라는 저서에서 그곳에서 자행되는 무시무시한 상황에 대처하여 어떻게 하면 인간성을 지켜낼 수 있을까를 증언하고 있다. 귀도나 레비처럼 주체적으로 할 수 있는 일이라고는 하나도 없는 상황에서 과연 그는 무엇을 할 수 있었을까? 그가 할 수 있었던 단 하나의 것은 최대한 긍정적인 마음을 갖는 것이었다.

프랭클은 수용소에서 4년을 견뎌 내면서 레비와 마찬가지로 복종의 상황에 처해 있었지만 그럼에도 자신의 태도만은 스스로의 의지로 선택하고 결정할 수 있다는 것을 깨달았다. 인간이 주어진 환경을 바꿀 수 없다면 일단은 이를 인정해야 한다. 부잣집에서 태어났든 가난한 집에서 태어났든 그것은 이미 바꿀 수 없는 환경이다. 바꿀 수 없다면 이를 탓하기보다는 일단 인정해야 한다. 아무리 힘든 환경이라도 일단 인정하고 수용하면, 즉 자신에게 주어진 삶에 대해 일정한 의미를 부여하면 현실의 난관을 극복할 수 있다는 것이다. 프랭클 역시 자신이 왜 하필이면 이 시기에 유대인이어서 이처럼 엄청난 죽음의 공포를 체험하게 되었을까를 성찰하면서, 그것이 자신의 삶에서 어떤 의미가 있는 것일까를 생각했다. 수용소에서 보낸 고통스러웠던 시기를 완전히 기억에서 지워 버려야 할 시간으로 치부한 것이 아니라 오히려 자신이 뭔가를 깨달을 계기가 되었다고 믿었던 것이다. 우리는 흔히 좋지 못한 기억, 생각만 해도 치가 떨리는 과거를 애써 잊으려고 한다. 그런데 그러한 기억을 완전히 잊을 수만 있다면 좋겠지만 그렇게 하기란 쉽지 않다. 그러한 기억들은 어떤 자극과 계기가 주어지면 불쑥 솟아 나와 기분을 망치거나 통제하기가 어렵다. 나쁜 과거의 순간을 잊으려고 애쓰는 것은 회피다. 그러나 회피하는 대신 프랭클처럼 이를 성찰하고 어떤 의미를 부여하기 위해 직면한다면 고통스러운 과거는 어느덧 잊고 싶은 순간이 아니라 인생에서 소중한 순간으로 기억될 수 있다. 과거의 상처에서 의미를 찾고 성장의 계기로 삼는다면 인생은 훨씬 행복해질 수 있는 것이다.

프랭클은 수용소의 삶에서 의미 찾기를 포기한다는 것은 곧 죽음을 의미한다는 것을 뼈저리게 느꼈다. 인간이 긍정적이기 위해서는 무슨 상황에서든 반성과 의미 부여가 꼭 필요하다. 최악의 고통에 처해 있더라도 삶의 의미를 지속적으로 묻고 반성하는 사람은 결코 삶의 의욕을 잃거나 좌절하지 않는다. 이 점은 귀도를 생각하면 쉽게 이해할 수 있다. 수용소는 육체적으로 엄청난 고통을 안겨 주지만, 그에 대처하는 귀도의 태도는 본연의 자기 모습에서 멀어지지 않는다. 결코 침묵하지 않으며 무슨 기회든지 잡으려고 애쓴다. 옴짝달싹할 수 없는 상황에 처해 있지만 틈만 있으면 의지의 행동을 실천하려고 노력하는 것이다. 아내에게 자신의 존재를 알리기 위해 방송실에 몰래 들어가 그들만의 음악을 튼다든가 아들에게 수용소의 일상을 놀이로 둔갑시키는 것도 그러한 행동의 일환이다. 귀도와 비교해 볼 때 함께 수용돼 있는 다른 유대인들의 무거운 행동과 어두운 얼굴 그리고 침묵은 그들이 처한 고난에서 어떤 의미를 찾고 있다고 보기가 어렵다. 이들의 표정 및 태도와 극명한 차이를 이루는 사람은 말도 많고 명랑한 얼굴을 하고 있는 귀도와 프랭클인 것이다. 귀도와 마찬가지로 프랭클 역시 수용소 어디엔가 있을 사랑하는 아내를 떠올리며 위안을 얻고 재회라는 희망의 끈을 놓지 않았다고 한다. 또한 아내가 죽었는지 살았는지 알 수 없었지만 아내를 떠올리고 마음으로 대화를 함으로써 행복해질 수 있었다고 회고한다. 아내와의 정신적 대화가 영혼의 대화가 되고 행복의 원천이 되자, 아내가 실제로 죽었다는 사실을 알게 된 순간에도 전혀 동요하지 않고 아내와 계속해서 대화를 할 수 있었다는 것이다. 이렇게 해서 프랭클은 인간이 열망할 수 있는 최고의 목표가 바로 사랑이라는 사실을 깨달았다. 귀도 역시 아내에 대한 사랑, 아들에 대한 사랑이 삶의 최고의 행복이었다. 귀도에게나 프랭클에게나 포로수용소의 삶은 고통스러웠지만 결코 무의미한 시간이 아니었다. "살아야 할 이유를 아는 사람은 어떠한 상태에서도 견딜 수 있다." 이는 니체가 한 말이지만 프랭클이 가장 좋아하는 말이기도 하다. 사실 그것이 좋든 나쁘든 어느 일에서나 의미를 찾는다는 것은 진정 무한한 긍정적인 영혼을 가지지 않고서는 가능하지 않다.

프랭클의 의미치료가 전하는 내용의 핵심도 바로 여기에 있다. 의미치료는 근본적으로 저마다의 삶에는 의미가 있으며, 사람은 원래 삶에서 의미를 발견하려는 의지가 있고 의미를 추구하는 자유를 지니고 있다고 본다. 따라서 심리치료사는 내담자에게 당신의 인생에 어떤 분명한 의미가 있다는 것을 굳이 설득할 필요가 없다. 심리치료사는 내담자가 지닌 외부 환경에 의해 깊숙이 숨어 버린 삶에 대한 자유와 의지, 의미를 스스로 깨닫도록 도와주는 사람일 뿐이다. 내담자가 세상에 존재하게 된 이유와 가치를 곰곰이 생각하고 스스로 발견하도록 안내자의 역할을 하는 것이다. 인간이란 본래부터 삶의 의미를 추구할 수 있는 무한한 가능성을 지닌 존재니까 말이다. 단, 중요한 것은 어느 순간이든 외적 힘이 삶에 미치는 영향이나 삶의 가치에 대해 진지한 고민과 의문을 던져야 할 필요가 있다. 그럴 때 비로소 자신의 삶이 가진 진정한 의미를 찾아낼 수 있고 스스로 인간적인 삶을 살게 될 것이다. 오해해서는 안 될 것이 있다. 의미치료가 과거의 상처를 직면하는 것이라고 해서 자꾸 과거로 되돌아가 과거에 함몰되는 것으로 생각해서는 안 된다. 과거를 되돌아보는 것은 그 속에 거하려는 것이 아니라 극복하기 위한 것이다. 과거를 극복했을 때라야 비로소 과거의 집착에서 벗어나 현재에 충실할 수 있고 미래를 긍정적으로 내다볼 수 있다. 의미치료란 삶에서 의미를 찾음으로써 현재를 충실하게 살고 밝은 미래를 바라보도록 격려하는 심리치료인 것이다. 프랭클은 인간성이 말살된 극단적인 수용소에서 삶이란 시련 없이는 완성될 수 없음을 몸소 체험했던 사람이다. 그리고 그는 현대인에게 만연하고 있는 우울증, 중독성, 분노조절장애 같은 현상도 자신의 삶이 가지고 있는 의미에 대해 생각해 보지 않았기 때문에 생겨나는 것으로 보았다.

알렉산드르 솔제니친

이들과는 약간 다른 상황이긴 하나 어려운 역경 속에서도 정신적 자유와 스스로의 몰입을 통해 이를 극복한 사람으로 소련의 반체제 작가인 알렉산드르 솔제니친(Aleksandr Solzhenitsyn)이 있다. 그의 대표작으로는 소설 『이반 데니소비치의 하루』(1962), 『수용소 군도』(1973)가 있으며, 그는 1970년에 노벨문학상을 수상하였다. 스탈린 관료주의 체제를 비난한 까닭에 10년간 시베리아 수용소에서 생활을 한 솔제니친은 엄청난 추위와 배고픔에 시달리면서도 스스로 행복한 사람이라는 긍정적인 생각을 놓지 않았다. 그는 모든 희망이 사라진다고 해도 의미 있는 목표를 추구할 수 있다면 비록 노예 신분일지라도 주관적으로는 스스로 자유로워질 수 있다고 생각했다. 그래서 그는 몸은 수용소에 예속된 상태에 있음에도 정신적인 몰입을 통해 영혼의 세계를 자유롭게 여행한다. 솔제니친은 극도의 수치심을 유발시키는 상황을 어떻게 극복했는지에 대해 다음과 같이 말한다. "총을 들고 있는 교도관들이 윽박지르는 큰 소리를 들으며 풀이 죽은 죄수들의 대열에 서 있을 때도, 내 머리에는 시와 이미지가 물밀 듯 떠오르는 것 같았다. 그 순간에 나는 자유였고 행복한 사람이었다. 어떤 죄수들은 가시철조망을 끊고 탈출을 시도했지만, 나에게는 어떤 철조망도 없었다. 나를 포함한 죄수들 모두는 고스란히 감옥 안에 있었지만, 사실 나는 그곳으로부터 먼 비행을 하고 있었던 것이다" (최인수 역, 2005: 176). 군인들을 총으로 위협하여 그의 몸을 철조망에 가두었지만 그의 정신은 결코 통제할 수 없었던 것이다.

귀도, 레비, 프랭클 그리고 솔제니친의 공통점은 자유로운 영혼의 소유자이며 매사에 긍정적이었다는 점이다. 나아가 엄청난 외부의 힘이 굴욕을 강요할 때 몸은 어쩔 수 없다 하더라도 정신적으로는 전혀 예속되지 않았다는 공통점도 있다. 그랬기 때문에 이들은 인류 최고의 고난 속에서도 웃음을 잃지 않을 수 있었고, 살아남을 수 있었으며, 자유롭고 행복한 삶을 살 수 있었다.

생각해 보기

1. 귀도가 보여 준 삶의 태도는 무엇인가?

2. 우리는 어려운 상황에 처했을 때 어떠한 태도를 취하는가?

3. 절망의 순간에도 희망은 있다고 생각하는가?

4. 귀도, 레비, 프랭클, 솔제니친의 공통점은 무엇인가?

5. 우리는 난관에 부딪혔을 때 어떤 방식으로 극복하는가?

6. 인생을 긍정적으로 생각하기 위해 필요한 것은 무엇인가?

7. 현재 우리의 삶은 어떤 의미를 지니고 있는가?

8. 현재의 우리 각자가 지니고 있는 고민은 해결 불가능한 것인가?

9. 인간의 의지란 무엇인가?

10. 인생은 정말로 아름다운가?

참고문헌

강영계 역(2013). 에티카[*Ethica, ordine geometrico demonstrata*]. B. Spinoza. 파주: 서광사. (원저는 1677년에 출판).

곽윤정 역(2012). 루머사회: 솔깃해서 위태로운 소문의 심리학[*Watercooler effect: A psychologist explores the extraordinary power of rumors*]. N. DiFonzo 저. 서울: 흐름출판. (원저는 2009년에 출판).

권석만(2012). 현대 심리치료와 상담이론. 서울: 학지사.

김경애(2004). 〈올드보이〉에 나타난 여섯 개의 이미지. 문학과 영상, 5(1), 16.

김기선 역(1999). 서사극 이론[*Dramatic Theory and criticism*]. Be. F. Dukore 저. 원주: 한마당. (원저는 1974년에 출판).

김상일 역(1983). 황금의 가지[*The Golden Bough: A Study in Comparative Religion*]. J. G. Frazer 저. 서울: 을유문화사. (원저는 1890년에 출판).

김석(2007). 에크리-라캉으로 이끄는 마법의 문자들. 파주: 살림출판사.

김성균 역(2012). 군중행동[*The behavior of crowds*]. E. D., Martin 저. 서울: 까만양출판사. (원저는 1920년에 출판).

김세준 역(2012). 상담 및 집단치료에 활용하는 사이코드라마 매뉴얼[*Living stage: a step-by-step guide to psychodrama, sociometry, and group psychotherapy*]. T. Dayton 저. 서울: 시그마프레스. (원저는 2004년에 출판).

김수진(2001). 중남미 문학: 움베르토 에코의 『장미의 이름』 속에서 발견되는 보르헤스적 코드. 스페인어문학, 19, 401.

김시무 역(1994). 영화의 해부[*Anatomy of film*]. B. F. Dick 저. 서울: 시각과언어. (원저는 2009년에 출판).

김양수(1992). T. S. Eliot의 시와 사상-기독교를 중심으로. 파주: 한신문화사.

김용환 편역(2013). 들여다보는 심리학[*Psychology of human relationship*]. D. E., Waitley 저. 경영자료사.

김윤철 역(2002). 아서 밀러 희곡집. A. A. Miller 저. 서울: 평민사.

김정규(1998). 자기심리학과 게슈탈트 심리치료의 대화. 한국심리학회지 임상, 17(1), 20.

김태웅(2010). 이(김태웅 희곡집1). 서울: 평민사.

민경숙(1996). 조셉 콘라드. 서울: 건국대학교출판부.

박찬국(2012). 내재적 목적론. 서울: 세창출판사.

보건복지부, 중앙아동보호전문기관(2009). 2009년 전국 아동학대 현황보고서.

신진철 편역(2015). 위대한 심리학자 아들러의 열등감, 어떻게 할 것인가. A. Adler 저. 서울: 소울메이트.

씨네21(2002). 영화감독사전. 서울: 한겨레신문사.

양유성(2004). 이야기 치료. 서울: 학지사.

양윤모 역(1993). 영화, 어떻게 읽을 것인가[*How to Read a Film: Movies, Media, and Beyond* (2nd ed.)]. J. Monaco 저. 서울: 혜서원. (원저는 1981년에 출판).

윤가현 외(2012). 심리학의 이해(4판). 서울: 학지사.

이봉건 역(2012). 이상심리학[*Abnormal psychology* (11th ed.)]. A. M. Kring, S. L. Johnson, G. C. Davison, & J. M. Neale 공저. 서울: 시그마프레스. (원저는 2010년에 출판).

이상옥 역(1999). 암흑의 핵심[*Heart of Darkness*]. J. Conrad 저. 서울: 민음사. (원저는 1899년에 출판).

이상옥(1986). 조셉 콘라드 연구. 서울: 서울대학교출판부.

이영기 역(1997). 영화사전[*Cinema Studies: The Key Concepts*]. S. Hayward 저. 서울: 한나래. (원저는 1994년에 출판).

이용관 역(1993). 영화보기와 영화읽기[*Art of watching films*]. J. M. Boggs 저. 고양: 제3문학사. (원저는 1991년에 출판).

이윤기 역(2009). 장미의 이름[*Il nome della rosa*]. U. Eco 저. 파주: 열린책들. (원저는 1980년에 출판).

이재훈 역(2004). 대상관계 이론과 정신병리학[*Object relations theories and psychopa-*

thology]. F. Summers 저. 서울: 한국심리치료연구소. (원저는 1994년에 출판).
이준학(1996). 회의와 개발성-T.S. 엘리엇의 시에 대한 포스트모던적 접근. 이정호 편저. 포스트모던 T. S. Eliot. 서울: 서울대학교출판부.
이태구(2014). 내러티브 전개에서의 클로즈업 쇼트의 연출효과. 디지털콘텐츠학회 논문지, 15(1), 55.
이현경 역(2007). 이것이 인간인가[*Se questo e un uomo*]. P. M. Levi 저. 파주: 돌베개. (원저는 1947년에 출판).
이홍표 역(2008). 심리치료에서 정서를 어떻게 다룰 것인가[*Working with emotions in psychotherapy*]. L. Greenberg & S. Paivio 공저. 서울: 학지사. (원저는 2003년에 출판).
이효원 역(2002). 억압받는 사람들을 위한 연극치료[*Drama theraphy*]. R. Landy 저. 서울: 울력. (원저는 1994년에 출판).
이효원 역(2005). 드라마와 치료[*Drama as therapy: Theatre as living*]. P. Jones 저. 서울: 울력. (원저는 1996년에 출판).
전인희, 벽경숙(2013). 암 진단 고지에 대한 암 환자의 인식. 종양간호연구, 13(2), 59.
정탄 역(2008). 셰익스피어는 없다[*Shakespeare code*]. Vi. M. Fellows 저. 서울: 눈과 마음. (원저는 2006년도에 출판).
정태연, 노현정 역(2012). 존재의 심리학(2판)[*Toward a psychology of being* (3th ed.)]. A. H. Maslow 저. 서울: 문예출판사. (원저는 1999년에 출판).
정태진(1997). 조셉 콘라드의 어둠의 속 읽기. 익산: 원광대학교출판국.
지명혁 역(1998). 영화와 현대사회[*Cinéma et société moderne*]. A. Goldmann 저. 서울: 민음사. (원저는 1971년에 출판).
최인수 역(2005). 몰입, 미치도록 행복한 나를 만난다[*Flow: The psychology of optimal experience*]. M. Csikszentmihalyi 저. 파주: 한울.
최창호(1999). T. S. 엘리어트의 宗敎詩: 그 理解와 鑑賞. 서울: 중앙대학교 인문학연구소.
추미란 역(2014). 두려움과의 대화[*Life's operating manual*]. T. Shadyac 저. 서울: 샨티. (원저는 2013년에 출판).
추정선(2004). 대상관계이론에 입각한 상담적 관점에 대한 연구. 부산교육대학교 교육대학원 논문집, 6, 439.

한국영화학교수협의회(1988). 영화란 무엇인가: 영화예술학입문. 파주: 지식산업사.
홍성광 역(2011). 도덕의 계보학[*Zur Genealogie der Moral*]. F. Nietzsche 저. 고양: 연암서가. (원저는 1887년에 출판).
황철암(1996). T. S. 엘리어트. 서울: 건국대학교출판부.

Aristoteles (1449). *Peri poiētikēs*.
Borges, J. L. (1988). *The Library of Babel*. Saint Paul: Macalester College.
Camus, A. (1942). *Le mythe de Sisyphe*.
Camus, A. (1987). *Caligula*. Paris: Folio, Gallimard.
Defoe, D. (1719). *Robinson Crusoe*.
DiFonzo, N. (2009). *Watercooler effect: a psychologist explores the extraordinary power of rumors*. New York: Avery.
Eco, U. (1980). *Il nome della rosa*. Bompiani: Milano.
Hugo, V. (1862). *Les Misérables*.
Strauss, C. L. (1955). *Tristes Tropiques*. Paris: Librairie Plon.

보건복지부(2010). 아동보호전문기관 확충 등으로 학대 피해 아동 발견 및 보호 증가. 2010년 5월 13일자 보도자료.
조선일보(2012). 다문화 가정 자녀들, 어떻게 괴롭힘 당하나. 2012월 1월 10일자 보도자료.
중앙일보(2010). 칫솔을 "치약" … 다문화가정 아동 40% 우리말 서툴러. 2010년 3월 5일자 보도자료.
SBS(2010). 다문화가정 자녀, 적응 힘들어…의무교육도 포기. 2010년 10월 15일자 보도자료.
헤럴드경제(2010). 가정폭력이 학교폭력을 부른다. 2010년 11월 24일자 보도자료.

〈참고 사이트〉
나무위키, 2016 검색. "연산군".
https://namu.wiki/w/연산군

오만록 교수 홈페이지

http://welfare5.com/bbs/index.php?document_srl=13199

위키피디아, 2014 검색. "BPD".

http://ko.wikipedia.org/wiki

찾아보기

인명

내용

저자 소개

▣ 이선형(Lee, Sun-Hyung)

스트라스부르 대학교에서 연극을 연구하여 박사학위를 취득하였으며, 김천대학교 상담심리학과 교수로 재직하고 있다. 연극평론가이자 연극연출가이자 연극치료사이며, 동화도 3편 출간하였다. 현재는 연극의 치유적 기능을 밝히는 데 주력하면서 연극치료 연구에 집중하고 있다. 또한 대구가정법원 김천지원 상담위원, Wee센터 자문위원으로 활동하고 있으며, 한국연극예술치료학회 회장직을 맡고 있다.

그동안의 저서로는 『예술 영화 읽기』(동문선, 2005), 『현대 프랑스 연극의 이론과 실제』(동문선, 2007), 『연극 · 영화로 떠나는 가족치료』(공저, 시그마프레스, 2010), 『연극, 영화를 만나다』(푸른사상, 2011)와 2014년 여석기평론가상 수상작인 『연극은 무엇을 위해 존재하는가』(푸른사상, 2013) 등이 있다.

영화 속 인간심리
Psychology in Cinema

2016년 4월 25일 1판 1쇄 발행
2023년 3월 20일 1판 4쇄 발행

지은이 • 이 선 형
펴낸이 • 김 진 환
펴낸곳 • (주) 학지사
04031 서울특별시 마포구 양화로 15길 20 마인드월드빌딩 5층
대표전화 • 02) 330-5114 팩스 • 02) 324-2345
등록번호 • 제313-2006-000265호
홈페이지 • http://www.hakjisa.co.kr
페이스북 • https://www.facebook.com/hakjisabook

ISBN 978-89-997-0948-7 03180

정가 **17,000원**